Puschkarski

Grundzüge des Vertragsrechts
Deutschland

Reihe Vertragsrecht und Vertragsgestaltung

Armin J. Kammel/Konrad Koloseus

Grundzüge des Vertragsrechts Deutschland

Franziska Puschkarski
Rechtsanwältin

facultas

Zitiervorschlag: *Puschkarski*, Grundzüge des Vertragsrechts Deutschland

Bibliografische Information Der Deutschen Nationalbibliothek

Die Deutsche Nationalbibliothek verzeichnet diese Publikation
in der Deutschen Nationalbibliografie;
detaillierte bibliografische Daten sind im Internet über
http://dnb.d-nb.de abrufbar.

Satz: K. Strobl, Satz- und Grafikstudio Neunkirchen
Druck: Facultas Verlags- und Buchhandels AG

ISBN 978-3-7089-2224-9

Vorwort

§ 311 Abs. 1 BGB besagt: *„Zur Begründung eines Schuldverhältnisses durch Rechtsgeschäft sowie zur Änderung des Inhalts eines Schuldverhältnisses ist ein Vertrag zwischen Beteiligten erforderlich, soweit nicht das Gesetz ein anderes vorschreibt.“* So einfach und selbstverständlich diese Formulierung auch anmutet, so ist sie doch Ausdruck der Privatautonomie und stellt klar, dass das Gesetz dem Ratsuchenden für die Regelung seiner Belange Hilfe, aber auch Grenzen geben will.

Dieses Buch soll einen ersten Überblick über das deutsche Vertragsrecht geben. Dabei will es sowohl dem Juristen als auch dem ratsuchenden juristischen Laien eine leicht verständliche Übersicht der wichtigsten Fragen der Praxis in die Hand geben, die zu jeder Thematik in der weiterführenden Literatur der Fußnoten vertieft werden kann. Ein besonderes Augenmerk wurde auf die Fragen des Wirtschaftsrechts und des Handelskaufs gelegt, die im grenzüberschreitenden Geschäftsverkehr von Unternehmern der beiden Nachbarländer immer wieder auftauchen. Daneben enthält das Buch auch kurze Verweise zur österreichischen Rechtslage, wo ein Vergleich und ein Aufzeigen der Unterschiede angebracht ist.

In die nachfolgenden Darstellungen sind die Erfahrungen meiner nunmehr seit mehr als zehn Jahren sowohl in Deutschland als auch in Österreich praktizierten anwaltlichen Tätigkeit eingeflossen. Nach anfänglichem Optimismus in Bezug auf Ähnlichkeit von Normen und Sprache stellte sich schnell heraus, dass der Teufel im Detail steckt und eine Berücksichtigung der gelebten Rechtspraxis oft hilfreich sein kann.

Mein herzlicher Dank gilt Herrn *Prof. Dr. Armin J. Kammel*, welcher die Aufnahme dieses Bandes in die akademische Reihe des Internationalen Vertragsrechts des Facultas Verlags angeregt und unterstützt hat.

Wien, im April 2024 *Franziska Puschkarski*

Inhaltsverzeichnis

Abkürzungsverzeichnis

ADSp	Allgemeine Deutsche Spediteurbedingungen
AEUV	Vertrag über die Arbeitsweise der Europäischen Union
AGG	Allgemeines Gleichbehandlungsgesetz
AktG	Aktiengesetz
ArbGG	Arbeitsgerichtsgesetz
ArbRAktuell	Zeitschrift „Arbeitsrecht Aktuell“
ArbZG	Arbeitszeitgesetz
BAG	Bundesarbeitsgericht
B2B	Business-to-Business
B2C	Business-to-Consumer
BauR	Zeitschrift „Baurecht – Zeitschrift für das gesamte öffentliche und zivile Baurecht“
BeckRS	beck-online Rechtsprechung
BeckOKBGB	Beck'scher Onlinekommentar zum Bürgerlichen Gesetzbuch
BeckOKUWG	Beck'scher Onlinekommentar zum Lauterkeitsrecht
BeckOKZPO	Beck'scher Onlinekommentar zur Zivilprozessordnung
BGB	Bürgerliches Gesetzbuch
BGH	Bundesgerichtshof
BGHZ	Entscheidungssammlung des Bundesgerichtshofs in Zivilsachen
Besch.	Beschluss
BKR	Zeitschrift „Bank- und Kapitalmarktrecht“
BUrlG	Bundesurlaubsgesetz
BVerfG	Bundesverfassungsgericht
BWNotZ	Zeitschrift „Zeitschrift für das Notariat in Baden-Württemberg“
CCZ	Zeitschrift „Corporate Compliance“
CISG	Übereinkommen der Vereinten Nationen über Verträge über den internationalen Warenverkauf
DAR	Zeitschrift „Deutsches Autorecht“
DB	Zeitschrift „Der Betrieb“
DGVZ	Zeitschrift „Deutsche Gerichtsvollzieher Zeitung“
DNotZ	Zeitschrift „Deutsche Notar-Zeitschrift“
EGBGB	Einführungsgesetzbuch zum Bürgerlichen Gesetzbuche
	EMRK Europäische Menschenrechtskonvention
EU	Europäische Union
EuGH	Europäischer Gerichtshof
FGPrax	Zeitschrift „Praxis der freiwilligen Gerichtsbarkeit“

GbR	Gesellschaft bürgerlichen Rechts
GeschGehG	Gesetz zum Schutz von Geschäftsgeheimnissen
GewO	Gewerbeordnung
GG	Grundgesetz
GmbH	Gesellschaft mit beschränkter Haftung
GmbHG	Gesetz betreffend die Gesellschaft mit beschränkter Haftung
GmbHR	Zeitschrift „Die GmbH-Rundschau“
GWB	Gesetz gegen Wettbewerbsbeschränkungen
GRUR	Zeitschrift „Gewerblicher Rechtsschutz und Urheberrecht“
GRUR-RR	Zeitschrift „Gewerblicher Rechtsschutz und Urheberrecht – Rechtsprechungsreport“
GWG	Geldwäschegesetz
GWR	Zeitschrift „Gesellschafts- und Wirtschaftsrecht“
HG	Handelsgericht
HGB	Handelsgesetzbuch
HOAI	Verordnung über die Honorare für Architekten- und Ingenieurleistungen
HRA	Handelsregisterabteilung A
HRB	Handelsregisterabteilung B
HVertrG 1993	Bundesgesetz über die Rechtsverhältnisse der selbständigen Handelsvertreter (Handelsvertretergesetz)
i.V.m.	in Verbindung mit
JA	Zeitschrift „Juristische Arbeitsblätter“
JN	Zeitschrift „Neue Justiz“
Juris	JURIS – Das Rechtsportal jurisPR-ITR 21/2006 Juris Praxisreport IT-Recht
Jura	Zeitschrift „Die juristische Ausbildung“
JuS	Juristische Schulung
KG	Kommanditgesellschaft
KSchG	Kündigungsschutzgesetz
LkSG	Lieferkettensorgfaltspflichtengesetz
MaBV	Makler- und Bauträgerverordnung
MDR	Zeitschrift „Monatsschrift für Deutsches Recht“
MiLoG	Mindestlohngesetz
MittBayNot	Zeitschrift „Mitteilungen des Bayerischen Notarvereins“
MMR	Zeitschrift „Multimedia und Recht“
MüKoBGB	Münchener Kommentar zum Bürgerlichen Gesetzbuch
MüKoZPO	Münchener Kommentar zur Zivilprozessordnung
MuSchG	Mutterschutzgesetz
m.w.N.	mit weiteren Nachweisen

NJ	Zeitschrift „Neue Justiz“
NJOZ	Zeitschrift „Neue Juristische Online-Zeitschrift“
NJW	Zeitschrift „Neue Juristische Wochenschrift“
NJW-RR	Zeitschrift „Neue Juristische Wochenschrift – Rechtsprechungsreport“
NZA	Zeitschrift „Neue Zeitschrift für Arbeitsrecht“
NZA-RR	Zeitschrift „Neue Zeitschrift für Arbeitsrecht – Rechtsprechungsreport“
NZG	Zeitschrift „Neue Zeitschrift für Gesellschaftsrecht“
öABGB	Allgemeines bürgerliches Gesetzbuch Österreich
öASVG	Allgemeines Sozialversicherungsgesetz Österreich
ÖBB	Österreichische Bundesbahn
OG	Offene Gesellschaft
öGmbHG	Gesetz über Gesellschaften mit beschränkter Haftung Österreich
OHG	Offene Handelsgesellschaft
OLG	Oberlandesgericht
RDG	Gesetz über außergerichtliche Rechtsdienstleistungen
RRa	Zeitschrift „Reiserecht aktuell“
SGB	Sozialgesetzbuch I bis XII
TzBfG	Teilzeit- und Befristungsgesetz
UmwG	Umwandlungsgesetz
Urt.	Urteil
VAG	Versicherungsaufsichtsgesetz
v.	von
Vgl.	vergleiche
VOB/B	Vergabe- und Vertragsordnung für Bauleistungen – Teil B: Allgemeine Vertragsbedingungen für die Ausführung von Bauleistungen
VuR	Zeitschrift „Wirtschafts- und Verbraucherrecht“
WEG	Wohnungseigentümergemeinschaft
WiEReG	Wirtschaftliche Eigentümer Registergesetz
z.B.	zum Beispiel
ZfBR	Zeitschrift „Zeitschrift für deutsches und internationales Bau- und Vergaberecht“
ZfPW	Zeitschrift „Zeitschrift für die gesamte Privatrechtswissenschaft“
ZIP	Zeitschrift „Zeitschrift für Wirtschaftsrecht“
ZMR	Zeitschrift „Miet- und Raumrecht“
ZPG	Zeitschrift „Recht der Personengesellschaften und Einzelunternehmen“
ZVertriebsR	Zeitschrift „Vertriebsrecht“

Literaturverzeichnis

Bamberger/Roth/Hau/Poseck (Hrsg.), BeckOK BGB, Beck'scher Online-Kommentar zum Bürgerlichen Gesetzbuch (53. Edition, 2020)

Baumbach/Hopt (Hrsg.), Beck'scher Kurzkommentar Handelsgesetzbuch (39. Auflage, 2020)

Breithaupt/Ottersbach (Hrsg.), Kompendium Gesellschaftsrecht (2010) *Emmerich/ Lange*, Unlauterer Wettbewerb (11. Auflage, 2019) *Fett/Spiering (Hrsg.)*, Handbuch Joint Venture (2. Auflage, 2015)

Fritzsche/Münker/Stollwerck (Hrsg.), BeckOK UWG, Beck'scher Online-Kommentar zum Gesetz gegen unlauteren Wettbewerb (8. Edition, 2020)

Graf von Westphalen/Thüsing (Hrsg.), Vertragsrecht und AGB-Klauselwerke (44. Ergänzung, 2020)

Kindl/Meller-Hannich/Wolf (Hrsg.), Gesamtes Recht der Zwangsvollstreckung (3. Auflage, 2015)

Kötz, Vertragsrecht (2. Auflage, 2012)

Musielak/Voigt (Hrsg.), Zivilprozessordnung: ZPO, Kommentar (17. Auflage, 2020)

Palandt (Hrsg.), Beck'scher Kurzkommentar Bürgerliches Gesetzbuch (79. Auflage, 2020)

Rauscher/Krüger (Hrsg.), MüKoZPO, Münchener Kommentar zur Zivilprozessordnung (5. Auflage, 2016)

Säcker/Rixecker/Oetker/Limperg (Hrsg.), MüKoBGB, Münchener Kommentar zum Bürgerlichen Gesetzbuch (8. Auflage, 2019)

Schlechtriem/Schwenzer/Schroeter/Ferrari (Hrsg.), Kommentar zum UN-Kaufrecht (7. Auflage, 2019)

Schmitt/Herrmann, Vertragslauseln im Wirtschaftsrecht (2019)

Schulze/Grziwotz/Lauda (Hrsg.), Bürgerliches Gesetzbuch, Kommentiertes Vertrags- und Prozessformularbuch (4. Auflage, 2020)

Vorwerk/Wolf (Hrsg.), BeckOK ZPO, Beck'scher Online-Kommentar zur Zivilprozessordnung (36. Edition, 2020)

Welser (Hrsg.), Erbrechtskommentar (Stand 30.6.2018)

Zöller (Hrsg.), Kommentar Zivilprozessordnung (33. Auflage, 2020)

1. Vorbemerkung

1.1. Gang der Darstellung

Der vorliegende Band beginnt mit einem kurzen Überblick über das deutsche Rechtssystem sowie den Quellen des deutschen Vertrags- und Zivilrechts. Ähnlich dem Aufbau des für das Vertragsrecht maßgeblichen Bürgerlichen Gesetzbuches (BGB) wurde auch für die weitere Darstellung in diesem Buch ein Aufbau gewählt, der sich zuerst mit den allgemeinen Fragen des Vertragsrechts auseinandersetzt und sodann auf einzelne wichtige Vertragsarten eingeht. Zwei besondere Kapitel nehmen die typischen Vertragsarten des Wirtschaftsrechts und des Gesellschaftsrechts ein mit Augenmerk auf die für Unternehmer wichtigsten Fragen. Im Anschluss werden die in der Praxis besonders oft gebrauchte Materie des Arbeitsrechts sowie wettbewerbsrechtliche Vorschriften genauer beleuchtet. Zu guter Letzt sollen die wichtigsten Vertragsklauseln der Allgemeinen Geschäftsbedingungen sowie praktische Hinweis für die Durchsetzung von Forderungen dieses Buch abrunden.

1.2. Das deutsche Rechtssystem

Die Vertragsgestaltung dient der Rechtsetzung zwischen den Parteien. Dabei können die Vertragspartner auf die vom Gesetzgeber definierten Vertragstypen zurückgreifen oder aber ihre vertraglichen Beziehungen weitgehend selbst gestalten, sofern das Gesetz dispositive Regelungen enthält. Das deutsche Rechtssystem basiert auf dem **Grundgedanken der Privatautonomie** und sohin dem Recht des Einzelnen, seine Verhältnisse selbst zu regeln1[1]. Das in Art. 2 Abs. 1 GG verankerte Grundrecht auf freie Entfaltung schließt auch die Vertragsfreiheit mit ein. Die Grenzen der Vertragsgestaltung werden durch zwingendes Recht gesetzt. Sie werden meist dann berührt werden, wenn fundamentale Grundprinzipien in Gefahr sind. Daneben schaffen der Verbraucherschutz, das Gebot von Treu und Glauben und die Sittenwidrigkeit einen weiteren Maßstab für eine Abwägung zwischen der Vertragsfreiheit und einem gesellschaftlichen Miteinander.

Im Handelsverkehr zwischen zwei Unternehmern sind die Grenzen des zwingenden Rechts weiter gesteckt, da der **Privatautonomie der Wirtschaft Vorrang gegeben** werden soll. Im Geschäftsverkehr erfahrene Parteien haben ein geringeres Schutzbedürfnis und einen größeren Gestaltungsspielraum. So finden sich in den §§ 348 bis 350 HGB diverse Erleichterungen für beispielsweise die Vertragsstrafe, die Bürgschaftseinrede und Formvorschriften. Weiterhin schränkt § 310 I BGB die Klauselverbote für Allgemeine Geschäftsbedingungen gegenüber Unternehmern ein und erleichtert deren Einbeziehung in den Vertrag.

---

[1] Musielak, *Vertragsfreiheit und ihre Grenzen*, JuS 2017, 949.

1.3. Die Quellen des deutschen Vertragsrechts

Die wichtigste Quelle für das deutsche Vertragsrecht ist das BGB. Dort findet der Ratsuchende eine Antwort auf die meisten zivilvertraglichen Gestaltungsfragen. Der deutsche Gesetzgeber hat weitestgehend eine Aufspaltung von Verbraucherschutz, AGB-Regelungen oder auch dem Fernabsatz vermieden, indem er all diese Themengebiete in das BGB integriert hat. Auch wenn der Dienstvertrag selbst in den §§ 611 ff. BGB geregelt ist, müssen im Bereich des Arbeitsrechts die Vielzahl weiterer Normensammlungen, wie beispielsweise das Arbeitszeitgesetz, das Kündigungsschutzgesetz oder das Arbeitnehmer-Entsendegesetz beachtet werden. Fragen des Handelsrechts für Unternehmer beantwortet das HGB, aus welchem viele Regelungen in das UGB in Österreich übernommen wurden. Ebenso regelt das UWG die Fragen des Wettbewerbsrechts zwischen Unternehmern.

1.4. Der Aufbau des BGB

Das BGB ist unterteilt in fünf Bücher[2], nämlich den Allgemeinen Teil (§§ 1 bis 240), das Recht der Schuldverhältnisse (§§ 241 bis 853), das Sachenrecht (§§ 854 bis 1296), das Familienrecht (§§ 1297 bis 1921) und das Erbrecht (§§ 1922 bis 2385). Dabei ist der vorangestellte Allgemeine Teil des BGB bemüht, viele Probleme der nachfolgenden vier Bücher sozusagen vor die Klammer zu ziehen und allgemeingültige Regelungen für Willensäußerungen, Form und Vertretung bei Vertragsschluss zu definieren. Das zweite Buch über das Recht der Schuldverhältnisse schafft wiederum in den ersten sieben Abschnitten allgemein für alle Schuldverhältnisse gültige Normen unter anderem über Leistung, Pflichtverletzung und die Beendigung, um dann anschließend in einem gedanklich nachgestellten zweiten Teil die einzelnen Schuldverhältnisse wie Kauf oder Miete näher zu regeln. Das dritte Buch über das Sachenrecht beschäftigt sich mit dem Besitz und dem Eigentum an Sachen. Die letzten beiden Bücher regeln das Familienrecht mit Ehescheidung, Unterhalt und Kindschaftsangelegenheiten sowie das Erbrecht.

Ähnlich dem BGB ist auch das HGB in fünf Bücher aufgeteilt und gliedert sich wiederum systematisch in einen Teil des Personenrechts im ersten und zweiten Buch, einen Teil des Bilanzrechts im dritten Buch sowie dem Handelsverkehrsrecht im vierten und fünften Buch.

1.5. Die Anspruchsgrundlagen

Anspruchsgrundlage kann der vertragliche Anspruch sein, welcher im Vertrag von den jeweiligen Vertragsparteien geregelt und optimalerweise definiert wurde oder den das Gesetz normiert. Das deutsche Rechtssystem kennt daneben auch den vertragsähnlichen Anspruch, bei dem zwar kein Vertrag geschlossen wurde, die Parteien sich aber so verhalten, dass dem einen oder anderen Teil Rechte und Pflichten

[2] Das BGB ist ein Buch, dessen fünf Teile als „Bücher" bezeichnet werden.

aufgrund eines bestimmten Verhaltens auferlegt werden. Dabei gehen die vertraglichen den vertragsähnlichen Ansprüchen vor. Dazu kommen noch die dinglichen Ansprüche, also Ansprüche, die sich aus Eigentum oder Besitz ergeben, sowie auch die deliktischen und kondiktionsrechtlichen Ansprüche[3].

[3] Zur Prüfungsreihenfolge: Linhart, *Das System der Anspruchsgrundlagen*, JA 2006, 266.

2. Grundlagen des deutschen Vertragsrechts

2.1. Die Rechtssubjekte

2.1.1. Die Rechts- und Handlungsfähigkeit der Vertragsparteien

Zunächst einmal stellt sich die Frage, wer Partei eines Vertrages sein kann. **Vertragsfähigkeit setzt Rechtsfähigkeit voraus.** Unter Rechtsfähigkeit versteht der deutsche Gesetzgeber, dass jemand Träger von Rechten und Pflichten sein kann. Jede rechtsfähige Person darf Ansprüche stellen oder auch Schuldner sein. Davon zu unterscheiden ist die Handlungsfähigkeit, also die Fähigkeit einer Person für sich oder Dritte eigene Erklärungen abzugeben bzw. Rechte und Pflichten zu begründen, ändern oder aufheben zu können. Wer rechtsfähig ist, kann sohin Vertragspartei sein, wer handlungsfähig ist, kann einen Vertrag auch selbst abschließen.

2.1.2. Die natürliche Person

Die natürliche Person als Rechtssubjekt ist der Mensch. Die Rechtsfähigkeit natürlicher Personen beginnt mit der Geburt und endet mit dem Tod. Davon zu unterscheiden ist die Handlungsfähigkeit oder auch **Geschäftsfähigkeit** einer Person.

Voll geschäftsfähig ist, wer volljährig ist. Bei Minderjährigen macht das Gesetz Abstufungen. Kinder bis zu ihrem siebenten Lebensjahr sind gemäß § 105 BGB grundsätzlich nicht geschäftsfähig und müssen sich durch ihre gesetzlichen Vertreter – zumeist ihre sorgeberechtigten Eltern gemäß den §§ 1626 ff., 1629 BGB – vertreten lassen. Wer das siebente, aber noch nicht das 18. Lebensjahr vollendet hat, ist beschränkt geschäftsfähig, § 107 ff. BGB. Die **Einwilligung der gesetzlichen Vertreter** wird benötigt, wenn es sich nicht um ein rechtlich lediglich vorteilhaftes Geschäft handelt, wie dies beispielsweise bei der Schenkung gem. § 516 BGB der Fall sein kann[4]. Bei den hier zu betrachtenden schuldrechtlichen Verträgen liegt diese Voraussetzung nur sehr selten vor, so dass in aller Regel die Einwilligung der gesetzlichen Vertreter benötigt werden wird, denn darauf, ob der Vertrag wirtschaftlich vorteilhaft ist, kommt es nicht an[5]. Eine Ausnahme kennt lediglich der sogenannte Taschengeldparagraf in § 110 BGB mit allerdings restriktiver Auslegung. Bewirkt der Minderjährige die vertraglich geschuldete Leistung mit eigenen Mitteln, die ihm hierfür oder zu seiner freien Verfügung überlassen wurden, so ist der Vertrag auch ohne Einwilligung der gesetzlichen Vertreter wirksam.

Hat die Einwilligung der gesetzlichen Vertreter zur Willenserklärung des Minderjährigen gefehlt, so kann diese durch nachträgliche Genehmigung im Sinne von

---

4 BGH, Urt. v. 10.11.1954, Az. II ZR 165/53 – NJW 1955, 1353.

5 Kötz, *Vertragsrecht* Rn. 145.

§ 184 I BGB nachgeholt werden. Bis dahin ist der geschlossene Vertrag **schwebend unwirksam**, § 108 I BGB. Auf die Kenntnis des Vertragspartners von der fehlenden Geschäftsfähigkeit kommt es nicht an. Willenserklärungen ohne Geschäftsfähigkeit sind nichtig, § 105 I BGB. Erfährt der Vertragspartner erst im Nachhinein von der fehlenden Geschäftsfähigkeit, so sollte er für sich schnell Klarheit über den Vertragsabschluss fordern. Er kann die Eltern zur Genehmigung des Geschäfts binnen zwei Wochen auffordern mit der Konsequenz, dass dieses auch dann endgültig unwirksam wird, wenn überhaupt keine Reaktion erfolgt. Denn geben die gesetzlichen Vertreter gar keine Willenserklärung ab, so gilt die Genehmigung als endgültig verweigert, § 108 Abs. 2 BGB. Alternativ kann vom Vertragspartner selbst der Widerruf erklärt werden, der nur bis zur Genehmigung der Eltern und auch ausschließlich dann zulässig ist, wenn der Vertragspartner die Minderjährigkeit nicht kannte, § 109 BGB. Ein solcher Widerruf wird besonders dann in Frage kommen, wenn der Unternehmer im Nachhinein das Geschäft selbst als wirtschaftlich ungünstig erkennt.

Auch volljährige Personen können aufgrund von psychischer Krankheit oder aus anderen Gründen geschäftsunfähig sein. Sie werden sodann durch einen vom Vormundschaftsgericht bestellten Betreuer vertreten, § 1896 ff, 1902 BGB. Bei Alltagsgeschäften kann § 105a BGB weiterhelfen.

2.1.3. Die juristische Person

Bei Gesellschaften und Personenvereinigungen muss der Vertragsersteller darauf achten, mit wem er den Vertrag schließt und wer zum Abschluss desselben vertretungsbefugt ist.

Juristische Personen des Handelsrechts sind die **Aktiengesellschaft (AG) nach § 1 Abs. 1 AktG und die Gesellschaft mit beschränkter Haftung (GmbH) nach § 13 Abs. 1 GmbHG.** Weniger gebräuchlich aber ebenso dazu gehören weiterhin die Kommanditgesellschaft auf Aktien (KGaA), die Unternehmergesellschaft (UG) und die eingetragene Genossenschaft (eG). Bei ihren Handlungen werden die juristischen Personen durch ihre Organe vertreten (§ 78 I, II AktG und § 35 I GmbHG). Die Eintragung der Gesellschaften erfolgt im deutschen gemeinsamen Registerportal der Länder, in welchem das Handelsregister, das Genossenschaftsregister und das Unternehmensregister integriert sind[6].

Bei weiteren Personenvereinigungen ist die Rechtsfähigkeit in Ansätzen zumindest anerkannt. Die Gesellschaft bürgerlichen Rechts (GbR) ist geregelt in den §§ 705 ff. BGB.Sie ist mit Inkrafttreten des MoPeG am 01.01.2024 grundlegend reformiert worden und kann gemäß § 705 Abs. 2 BGB rechts- und parteifähig sein. Bedingung hierfür ist, dass die Gesellschaft nach dem gemeinsamen Willen der Gesellschafter am Rechtsverkehr teilnehmen soll, was beim Handeln unter gemeinschaftlichem Namen gesetzlich vermutet wird[7]. Ein Register für die GbR wird in Deutschland

---

6 Das Register kann unter www.handelsregister.de eingesehen werden.

7 Röß, Die GbR nach dem MoPeG, NZG 2023, 401.

seit dem 01.01.2024 geführt, allerdings ist die Eintragung freiwillig. Tritt die GbR hingegen nicht nach außen hin auf, wie dies beispielsweise bei Grundeigentum am Familienbesitz der Fall sein kann, so spricht man von einer nicht rechtsfähigen Innengesellschaft, bei der ausschließlich die Gesellschafter selbst berechtigt und verpflichtet werden.

Die Offene Handelsgesellschaft (OHG) und die Kommanditgesellschaft (KG) sind Gesamthandsgemeinschaften, die ebenso wie die GmbH und die AG ins deutsche Handelsregister eingetragen werden. Diese sind zwar keine juristischen Personen, können aber ebenfalls sowohl Gläubiger als auch Schuldner sein und im Prozess aktiv und passiv als Partei eines Gerichtsverfahrens auftreten, §§ 124 Abs. 1, 161 Abs. 2 HGB.

Die **Erbengemeinschaft** gemäß den §§ 2032 ff. BGB ist nicht rechtsfähig, Vertragspartner können nur die Erben selbst werden. Anders als das österreichische Erbrecht kennt das Erbrecht des BGB kein Verfahren der Einantwortung[8]. So entsteht in der Sekunde des Ablebens des Erblassers eine Erbengemeinschaft, die allerdings nicht auf einen dauerhaften gemeinsamen Zweck ausgerichtet ist, sondern der Auseinandersetzung des Nachlasses dient.

Die Teilrechtsfähigkeit der **Wohnungseigentümergemeinschaft** (WEG) wurde mittlerweile durch obiter dictum des Bundesgerichtshofs als rechtsfähig anerkannt[9].

Der **Verein** ist geregelt in den §§ 21 ff. BGB und nur unter bestimmten Voraussetzungen rechtsfähig. Der wirtschaftliche Verein ist immer rechtsfähig, entweder durch staatliche Verleihung gemäß § 22 BGB oder durch den Verweis von § 54 BGB auf die Anwendbarkeit der Vorschriften über die GbR hingegen Auskunft hierüber gibt das Vereinsregister beim jeweils zuständigen Amtsgericht[10]. Ist ein Verein nicht rechtsfähig, so kann der Vertrag nicht mit dem Verein, sondern nur mit seinen Mitgliedern geschlossen werden.

2.2. Die Vertragsfreiheit

Die Vertragsfreiheit ist mit dem Begriff der Privatautonomie eng verbunden. Das deutsche Grundgesetz garantiert in Art. 2 Abs. 1 GG das Recht der freien Entfaltung der Persönlichkeit. Daraus leitet sich das **Recht auf freie Rechtsgestaltung** und auf den Abschluss von Verträgen ab. Sowohl die Wahl des Vertragspartners in Form der Abschlussfreiheit als auch der Inhalt des Vertrages sind frei. Einen Kontrahierungszwang kennt das deutsche Recht ausnahmsweise im öffentlichen Recht beispielsweise für die Versorgung des täglichen Lebens mit Energie, im öffentlichen Verkehr oder auch im Bankwesen.

---

8 Übersicht zur Einantwortung in: Welser, *Erbrechts-Kommentar*, § 819 ABGB.

9 BGH, Urt. v. 21.4.2005, Az. IX ZR 281/03 – NJW 2005, 2015.

10 Zentral und online einsehbar beim *Gemeinsamen Registerportal der Länder*.

Zwangsläufig führt die für jede Person bestehende Vertragsfreiheit auch zu Kollisionen, die dann die Grenzen der Vertragsfreiheit bilden. Die Freiheit des Einzelnen wird begrenzt durch vereinzelt als zwingendes Recht ausgestaltete Normen, durch gesetzliche Verbote sowie auch durch die Grenze der Sittenwidrigkeit[11].

2.3. Die Vertragsentstehung

Der Vertrag ist Ausdruck des Prinzips der Privatautonomie und regelt, was zwischen den Parteien rechtens sein soll. Das deutsche Recht unterscheidet – ebenso wie das österreichische Recht – zwischen dem Verpflichtungsgeschäft und dem Verfügungsgeschäft. Dieser Grundsatz wird **Abstraktionsprinzip** genannt. Er trennt zwischen dem eigentlichen Schuldvertrag, der eine vertragliche Verpflichtung begründet, und dem Verfügungsgeschäft, bei dem sodann beispielsweise das Eigentumsrecht unmittelbar übertragen, belastet oder aufgehoben wird. Sowohl Verpflichtungsals auch Verfügungsgeschäft sind getrennt zu betrachten und können unabhängig voneinander wirksam sein, was unter anderem bei der Minderjährigkeit des Vertragspartners, aber auch bei Irrtum oder Täuschung des Geschäftspartners eine Rolle spielt.

Allgemeine Grundnormen für die Begründung eines Vertrages sind die §§ 311, 241 BGB. Diese normieren neben den später noch ausführlich erörterten typischen Verträgen des BGB die Primäransprüche einer jeden Vertragspartei und bilden damit die Grundlage für die Geltendmachung von vertraglichen Ansprüchen.

Die in Österreich gebräuchliche Unterscheidung zwischen Konsensualvertrag und Realvertrag kennt das deutsche Recht nicht. Bei dem im Allgemeinen Bürgerlichen Gesetzbuch (öABGB) von Österreich vorgesehenen Realvertrag kommt durch die Willenserklärungen nur ein Vorvertrag zustande, der zum Vertragsschluss noch zusätzlich eine faktische Leistung erfordert, wie dies zum Beispiel beim Leihvertrag oder auch beim Verwahrungsvertrag angenommen wird. Das deutsche Recht lässt stattdessen die übereinstimmende Willenserklärung beider Parteien für den Vertragsabschluss bei allen Verträgen genügen.

2.3.1. Angebot und Annahme

In der Regel wird der Vertrag durch Angebot und Annahme geschlossen. Er setzt sohin zwei Willenserklärungen mit übereinstimmendem Inhalt voraus, §§ 145 ff. BGB[12]. Für Verträge mit einem grenzüberschreitenden Sachverhalt regeln dies auch die Art. 14 ff. CISG. Die Willenserklärung kann dabei ausdrücklich in Wort, Schrift oder Bild (expressis verbis) oder aber auch konkludent durch schlüssiges Verhalten oder Handeln abgegeben werden[13].

[11] Guter Überblick in: Musielak, *Vertragsfreiheit und ihre Grenzen*, JuS 2017, 949 ff.

[12] Umfassende Übersicht in: Fritzsche, *Der Abschluss von Verträgen* §§ 145 ff. BGB, JA 2006, 674.

[13] Würdinger, Konkludente Willenserklärungen, JuS 2023, 627.

2.3.1.1. Angebot

Das Angebot ist eine einseitige empfangsbedürftige Willenserklärung an den künftigen Vertragspartner zum Vertragsschluss. Dabei muss die Willenserklärung die sogenannten *„essentialia negotii"* enthalten, also die wesentlichen Vertragseigenschaften genau bezeichnen. Vereinbart ist, was ein verständiger Dritter der Erklärung entnehmen kann. Dieser sogenannte **objektive Empfängerhorizont**[14] definiert den Inhalt der abgegebenen Willenserklärung, Verschwiegenes oder zwischen den Zeilen Verschleiertes gilt als nicht vereinbart. Wesentlich ist, ob sich die Identität der Vertragssache und der Preis aus der Formulierung erschließen lassen.

Rechtsbindungswille ist eine weitere Voraussetzung des Angebotes. Will der Anbietende nicht für einen schuldrechtlichen Erfolg einstehen, sondern lediglich aus gesellschaftlicher oder freundschaftlicher Pflicht heraus handeln, so entsteht ein sogenanntes Gefälligkeitsverhältnis ohne Verpflichtung. Die Abgrenzung kann oft schwierig sein. Einer genaueren Prüfung bedarf es zum Beispiel bei der Vereinbarung einer Mitfahrgelegenheit sowie bei Ratschlägen oder anderen Unterstützungsleistungen. Im Zweifel zieht die Rechtsprechung die Abgrenzung anhand von Indizien, um den Rechtsbindungswillen anhand von objektiven Kriterien zu ermitteln[15]. Ob im Einzelfall ein Gefälligkeitsverhältnis mit rechtsgeschäftlichem Charakter zumindest Sekundärpflichten begründet, die dann zwar nicht auf Erfüllung, wohl aber auf Schutz- und Erhaltungspflichten gerichtet sind, ist als Rechtsmeinung in konkludenter Anwendung der §§ 280 Abs. 1, 311 Abs. 1 Nr. 3, 241 Abs. 2 BGB offengelassen[16].

Ein Sonderfall des fehlenden Rechtsbindungswillens ist die *„Invitatio ad offerendum"*[17]. Ebenso wie das österreichische Recht kennt auch das BGB das **unverbindliche Angebot**. Dieses wird als Aufforderung an den anderen zur Abgabe eines Angebotes behandelt. Darunter fallen unter anderem Katalogangebote, Schaufensterauslagen und die Produktpalette von Onlineshops. Wesentlich ist das schutzwürdige Interesse des Händlers, sich seinen Vertragspartner aussuchen zu können und/ oder nur über einen beschränkten Warenvorrat zu verfügen. Die daraufhin erfolgte Bestellung ist dann ein Angebot, welches noch einer Annahme bedarf.

Von der Invitatio ad offerendum zu unterscheiden ist der Fall, bei dem der Antragende die Bindungswirkung seines Antrages ausschließt bzw. das Angebot unter einen **Widerrufsvorbehalt** stellt. Gängige Klauseln eines Angebotes, wie beispielsweise *„Lieferung freibleibend"*, *„Preise freibleibend"* oder *„Lieferungsmöglichkeit vorbehalten"*, sind von der deutschen Rechtsprechung als verbindliches Angebot an-

[14] Stöhr, *Der objektive Empfängerhorizont und sein Anwendungsbereich im Zivilrecht*, JuS 2010, 292.
[15] BGH, Urt. v. 22.6.1956, Az. I ZR 198/54 – NJW 1956, 1313.
[16] BGH, Urt. v. 4.8.2010, Az. XII ZR 118/08 – NJW 2010, 3087.
[17] MüKoBGB/Busche, *BGB-Kommentar* § 145 Rn. 7.

gesehen worden, bei dem sich der Anbietende lediglich den Widerruf des Vertrages bei Lieferschwierigkeiten vorbehält[18].

Eine Willenserklärung, die auf den **Erwerb künftiger Forderungen** gerichtet wird, ist im Gegensatz zur Rechtslage in Österreich nur eingeschränkt möglich und setzt voraus, dass die künftige Forderung schon bestimmbar und der Grundstein für deren Entstehen bereits gelegt ist[19].

2.3.1.2. Zugang

Eine Willenserklärung wird erst dann wirksam, wenn sie dem anderen zugeht, § 130 BGB. Ist der Erklärungsempfänger bei Abgabe der Erklärung körperlich anwesend, so gilt die Erklärung als sofort zugegangen durch Wahrnehmung des Gesagten oder Übergabe des Schriftstücks. Eine unter Abwesenden abgegebene Willenserklärung gilt als zugegangen, wenn der andere Vertragsteil davon tatsächlich Kenntnis erlangt bzw. die Erklärung zumindest den **Machtbereich des Empfängers** erreicht und von diesem nach dem gewöhnlichen Geschäftsablauf und den Gepflogenheiten des Verkehrs Kenntnis erwartet werden kann. Wird beispielsweise ein Brief am Nachmittag des 31.12. in den Briefkasten des Unternehmers eingeworfen, so gilt dieser mangels tatsächlicher Kenntnis erst am nächsten Werktag, sohin frühestens am 2.1. als zugegangen[20]. Wird der Zugang vom Erklärungsempfänger fahrlässig oder arglistig vereitelt, weil beispielsweise der langjährige Geschäftspartner seine neue Adresse nicht bekannt gegeben hat, so fingiert § 242 BGB unter Berufung auf Treu und Glauben einen Zugang, wenn der Erklärende alles Erforderliche und ihm Zumutbare unternommen hat, damit seine Erklärung den Adressaten erreicht.

Ist die Willenserklärung zugegangen, ist der Erklärende an sein Angebot gebunden, § 145 BGB. Ein Widerruf der Erklärung ist nur vor oder gleichzeitig mit dem Zugang der Erklärung beim Empfänger möglich, § 130 Abs. 1 S. 2 BGB. Durch Tod oder Geschäftsunfähigkeit des Erklärenden erlöscht die Bindungswirkung nicht, § 153 BGB.

2.3.1.3. Annahme

Das Angebot unter Anwesenden kann mangels anderweitiger Vereinbarung nur sofort angenommen werden, Gleiches gilt für telefonische Vertragsverhandlungen. Für das Angebot unter Abwesenden beginnt mit Zugang des Angebotes eine **Annahmefrist**. Die Dauer kann vom Anbietenden mit dem Angebot festgelegt werden. Andernfalls bemisst § 147 Abs. 2 BGB deren Länge nach den Geschäftsgepflogenheiten.

Auch für die Annahme kommt es auf den Zugang der Willenserklärung beim Anbietenden an. Die Annahme kann konkludent erfolgen durch schlüssiges Handeln,

---

[18] Palandt/Ellenberger, *BGB-Kommentar* § 145 Rn. 4.

[19] MüKoBGB/Roth/Kieninger, *BGB-Kommentar* § 398 Rn. 80 f.

[20] BGH, Urt. v. 5.12.2007, Az. XII ZR 148/05 – NJW 2008, 843.

etwa durch Gebrauch oder Zueignung von Sachen oder Zahlung des vereinbarten Preises. Der Zugang kann entbehrlich sein, wenn nach der Verkehrssitte eine Annahmeerklärung nicht zu erwarten war oder der Annehmende darauf verzichtet hat.

Nimmt der Empfänger das Angebot nicht oder nicht fristgemäß an, so gilt dieses als abgelehnt. Die verspätete Annahme stellt wiederum ein neues Angebot dar.

Das bloße Schweigen gilt in der Regel nicht als Annahme, denn es hat keinen Erklärungswert. Eine wichtige Ausnahme muss für **Katalogofferten** beachtet werden. Wer ein Angebot nach seiner eigenen „Invitatio ad offerendum" erhält, muss dieses unverzüglich nach Eingang ablehnen, sein Schweigen gilt andernfalls als Zustimmung. Immer dann, wenn beide Vertragsparteien in einer Vorbeziehung zueinander stehen, kann das Schweigen ebenso nach Treu und Glauben einen Erklärungswillen herbeiführen. So kann nach der Verkehrssitte sowohl bei einer nur leicht verspäteten Annahme eines Angebotes als auch bei einer dauerhaft bestehenden Geschäftsbeziehung dem Schweigen des Vertragspartners Erklärungswillen zugeordnet werden.

2.3.1.4. Dissens

Haben die Vertragsparteien über einen der Hauptregelungspunkte ihres Vertrages keine Einigung erzielt, spricht man von einem Dissens[21]. Bei einem offenen Dissens ist den Vertragsparteien die zum Teil fehlende Einigung bewusst, der Vertrag ist dann im Zweifel (noch) nicht zustande gekommen. Dem gegenüber steht der versteckte Dissens, bei dem die Vertragspartner irrtümlich von einer Einigung ausgehen. Beim versteckten Dissens steht das Erhaltungsinteresse des Vertrages im Vordergrund. Gemäß § 155 BGB gilt der Vertrag als geschlossen, wenn anzunehmen ist, dass die Parteien diesen auch bei Wissen über den offenen Punkt geschlossen hätten. Die Lösung ist dann über die ergänzende Vertragsauslegung zu suchen, die vorrangig zum Dissens geprüft werden sollte, wenn zwar Falsches im Angebot bezeichnet, aber Richtiges gemeint ist.

2.3.1.5. Besonderheiten im Handelsrecht

Im Handelsrecht ist der Sonderfall des Schweigens auf ein **kaufmännisches Bestätigungsschreiben** zu beachten. Diesem gehen Vertragsverhandlungen voraus, deren Inhalt der Kaufmann in einem Schreiben zusammenfassend wiedergibt. Nimmt der Unternehmer den Inhalt eines Bestätigungsschreiben unwidersprochen zur Kenntnis, so wird dieses auch bei einzelnen Abweichungen vom eigentlich Vereinbarten Vertragsinhalt[22].

Gleiches gilt sogar für einen mit dem kaufmännischen Schreiben erstmalig angebotenen Vertrag, wenn sich die beiden Kaufleute bereits in einer gemeinsamen Ge-

---

[21] Petersen, *Der Dissens beim Vertragsschluss*, Jura 2009, 419.

[22] Ausführliche Erörterung in: Schärtl, *Das kaufmännische Bestätigungsschreiben*, JA 2007, 567.

schäftsbeziehung befinden. Erhält ein Kaufmann ein für seinen Geschäftsbetrieb typisches Angebot, so gilt sein Schweigen als Annahme, § 362 Abs. 1 HGB.

2.3.2. Stellvertretung

Werden bei der Übermittlung der Willenserklärung dritte Personen einbezogen, muss für die Wirksamkeit bzw. den Zeitpunkt des Zugangs von Angebot und Annahme weiter unterschieden werden.

2.3.2.1. Voraussetzungen der rechtsgeschäftlichen Vertretung

Die wirksame Stellvertretung setzt eine Erklärung des Stellvertreters innerhalb der ihm eingeräumten Vertretungsmacht, die für den anderen Vertragsteil erkennbar ist, voraus.

2.3.2.1.1. Vollmacht und Prokura

Die Vollmacht zur Vertretung wird durch Erklärung des Vertretenen an den Vertreter als Innenvollmacht erteilt, § 167 Abs. 1 Fall 1 BGB. Sie kann aber auch gegenüber dem Vertragspartner als Außenvollmacht erklärt werden, § 167 Abs. 1 Fall 2 BGB. Dabei bezieht sich die Vollmacht auf ein bestimmtes Rechtsgeschäft oder wird allgemeinhin zum Abschluss von Verträgen ausgesprochen.

Die Vollmacht selbst ist **nicht formbedürftig**, sie kann also jederzeit mündlich erteilt und auch widerrufen werden. Eine dem österreichischen Recht unbekannte Ausnahme sieht § 174 BGB vor[23]. Eine einseitige empfangsbedürftige Willenserklärung, wie beispielsweise die Kündigung oder der Rücktritt, ist unwirksam, wenn der Vertreter seine Vollmachtsurkunde nicht in Schriftform im Original vorlegt bzw. seinem Schreiben beifügt und der Vertragspartner das Rechtsgeschäft aus diesem Grunde unverzüglich zurückweist. Der Mangel ist auch dann nicht im Nachhinein heilbar, wenn der Vertreter tatsächlich bevollmächtigt war[24]. Die möglicherweise zu wahrende Frist ist verstrichen. Die Willenserklärung muss sohin neu unter Vorlage der Vollmacht abgegeben werden.

Die Prokura ist gesondert geregelt in den §§ 48 ff. HGB und kann nur vom Inhaber eines kaufmännischen Handelsgeschäfts erteilt werden. Sie ist im Handelsregister einzutragen und ermächtigt den Prokuristen zu allen Rechtshandlungen, die der Betrieb des Handelsgewerbes mit sich bringt, § 49 Abs. 1 HGB. Eine Ausnahme gilt bei der Veräußerung und der Belastung von Grundstücken, die einer gesonderten Ermächtigung bedürfen.

Die Stellvertretung kann auch vom Gesetz bestimmt sein, wie dies beispielsweise beim Geschäftsführer einer GmbH der Fall ist. Der juristischen Person bzw. Personengesellschaften sind nicht nur die Willenserklärungen ihrer Organe zurechenbar

---

[23] Preis/Lukes, *Die Zurückweisung nach § 174 BGB*, JA 2015, 900.

[24] BGH, Urt. v. 17.10.2000, Az. X ZR 97/99 – NJW 2001, 289.

gemäß § 164 Abs. 1 S. 1 BGB, sondern über § 287 BGB sowie § 31 BGB auch deren Verletzungshandlungen und Delikte.

2.3.2.1.2. Eigene Willenserklärung des Stellvertreters

Der Stellvertreter darf für eine Person handeln und eine **eigene Willenserklärung im fremden Namen** abgeben oder empfangen[25]. Der Stellvertreter hat sohin einen Entscheidungsspielraum, den er verantwortungsvoll ausfüllen muss.

Erhält der Stellvertreter eine für den Vertretenen bestimmte Willenserklärung übermittelt, gelangt diese sofort in den Machtbereich des Vertretenen und ist damit wirksam im selben Moment zugegangen. Darauf, ob und wann der Stellvertreter die ihm gegenüber abgegebene Willenserklärung weiterleitet, kommt es nicht mehr an.

2.3.2.1.3. Abgrenzung zum Boten

Im Gegensatz zum Vertreter beschränkt sich die Aufgabe des Boten lediglich auf die Übermittlung einer fremden Willenserklärung. Einen eigenen Entscheidungsspielraum über den Inhalt der Erklärung hat der Bote dabei nicht[26].

Auch beim Zugang der an den Boten übergebenden Willenserklärung ist die Abgrenzung zum Stellvertreter wesentlich. Die Erklärung gelangt nicht sogleich in den Machtbereich des Empfängers. Das deutsche Recht unterscheidet zwischen dem **Empfangsboten und dem Erklärungsboten**. Der Empfangsbote ist vergleichbar mit der Funktion eines Briefkastens. Er ist Hilfsperson des Empfängers und muss nach der allgemeinen Verkehrsanschauung zur Entgegennahme von Erklärungen durch ein Näheverhältnis zum Empfänger berechtigt sein, wie dies beispielsweise bei Angestellten, im Haushalt lebenden Familienangehörigen oder auch beim Wohnungsnachbarn der Fall sein wird. Entscheidend für den Zugang beim Empfänger ist entweder die tatsächliche Kenntnis desselben von der Erklärung oder aber der Zeitpunkt, an dem für gewöhnlich eine Weiterleitung durch den Empfangsboten zu erwarten ist. Übermittelt der Empfangsbote die Erklärung verspätet oder falsch, geht dies zulasten des Empfängers. Wird also ein Brief am Abend an den Angestellten übergeben, gilt dieser mangels tatsächlicher Weitergabe am nächsten Tag als zugegangen. Ist eine Person als Empfangsbote ungeeignet, weil besagtes Näheverhältnis fehlt, dann ist sie lediglich Erklärungsbote. Wird der Erklärungsbote mit der Übermittlung einer Willenserklärung beauftragt, gilt diese erst dann als zugegangen, wenn der Bote die Erklärung tatsächlich weiterleitet. Das Risiko einer verzögerten Übermittlung trägt der Erklärende.

---

[25] Lorenz, *Grundwissen – Zivilrecht: Stellvertretung*, JuS 2010, 382.

[26] MüKoBGB/Schubert, *BGB-Kommentar* § 164 Rn. 79 f.

2.3.2.1.4. Willenserklärung innerhalb der eingeräumten Vertretungsmacht

Die Erklärung des Vertreters muss innerhalb der Grenzen seiner Vertretungsmacht erfolgen. Aber auch wenn die Grenzen der Vertretungsmacht objektiv eingehalten werden, kann eine Vertretung an einem Missbrauch der Vertretungsmacht bei Interessenkollision scheitern, wenn der Vertragspartner den Missbrauch kannte oder kennen musste[27]. So hat beispielsweise der Bundesgerichtshof entschieden, dass der Vertragspartner zwar keine Prüfpflicht im Hinblick auf das Innenverhältnis zwischen dem Vertretenem und dem Vertreter hat, wohl aber muss der Vertragspartner einen Treueverstoß prüfen, wenn der Vertreter in einer erkennbar verdächtigen Weise von seiner Vertretungsmacht Gebrauch macht[28].

Im Handelsrecht kann die Vertretungsmacht zum Teil nicht eingeschränkt werden. So ist eine Beschränkung der Prokura grundsätzlich unwirksam, § 50 Abs. 1 HGB. Gleiches gilt für die Vertretungsmacht der Gesellschafter der OHG, § 126 Abs. 2 HGB, sowie auch des Vorstandes der Aktengesellschaft, § 82 AktG.

2.3.2.1.5. Offenkundigkeitsprinzip

Der Vertreter muss seine Absicht, im fremden Namen zu handeln, dem anderen gegenüber offenlegen[29]. Er kann dies durch ausdrückliche Erklärung tun oder aber seine Vertretungsabsicht kann sich aus den offenkundigen Umständen ergeben.

Im Gegensatz dazu verpflichtet die Willenserklärung bei der sogenannten **verdeckten Stellvertretung** nicht den Vertretenen, sondern den Vertreter selbst. Der Erklärungsempfänger soll ein Recht darauf haben, sich seinen Vertragspartner aussuchen zu können. Konsequent wird so der Grundsatz beibehalten, dass nur Vertragsinhalt wird, was nach dem objektiven Empfängerhorizont dem anderen offenbar wird. Weiß der Vertragspartner nichts von der Stellvertretung, so gilt der Vertrag als mit dem verdeckten Stellvertreter geschlossen. § 164 Abs. 2 BGB regelt dann, dass die Folgen der verdeckten Stellvertretung allein den Vertreter treffen und auch nicht durch Anfechtung geltend gemacht werden können.

Eine Ausnahme zum Offenkundigkeitsprinzip bilden die sogenannten **unternehmensbezogenen Geschäfte**. Dabei ist anerkannt, dass erkennbar für einen Geschäftsbetrieb geschlossene Geschäfte im Zweifel den Unternehmer bzw. das Unternehmen verpflichten und nicht den Erklärenden selbst. Der Verkäufer in den Geschäftsräumen eines Unternehmens muss sohin nicht ausdrücklich darauf hinweisen, dass der Kaufvertrag im Zweifel mit dem Unternehmen und nicht mit ihm persönlich zustande kommt.

§ 1357 stellt eine weitere Ausnahme zum Offenkundigkeitsprinzip dar und verzichtet auf die Offenlegung der Stellvertretung bei den sogenannten Geschäften zur

[27] BeckOK BGB/Schäfer, *BGB-Kommentar* § 167 Rn. 52.
[28] BGH, Urt. v. 25.10.1994, Az. XI ZR 239/93 – NJW 1995, 250.
[29] Kötz, *Vertragsrecht* Rn. 391 ff.

angemessenen Deckung des Lebensbedarfs der Familie bei Erklärungen von Ehegatten. Hier werden ohne gesonderte Klarstellung immer beide Ehegatten aus dem Vertrag berechtigt und verpflichtet. Im Übrigen verzichtet man auch bei den Bargeschäften des täglichen Lebens auf die Offenkundigkeit der Stellvertretung. Diese als ***„Geschäft für den, den es angeht"*** entwickelte weitere Ausnahme vom Offenkundigkeitsprinzip soll dann gelten, wenn es dem Geschäftspartner gleichgültig ist, mit wem er den Vertrag abschließt[30].

2.3.2.2. Erlöschen der Vertretungsmacht

Die Vollmacht endet durch **Widerruf**. Wurde die Vollmacht nur im Innenverhältnis gegenüber dem Vertreter kundgetan, dann reicht für ein Erlöschen auch lediglich die Erklärung gegenüber dem Vertreter. Wird die Vollmacht jedoch vom Vertretenen nach außen hin offenbart, so erlischt sie erst durch Widerruf dem Dritten gegenüber, § 170 BGB. Der Vertragspartner kann so lange auf die einmal ihm gegenüber erklärte Vollmacht vertrauen, bis diese widerrufen wurde. Vorsicht ist auch dann angezeigt, wenn eine Vollmachtsurkunde ausgestellt wurde. Die einmal aus der Hand gegebene Urkunde bewirkt so lange eine Vertretungsmacht, bis diese entweder an den Vertretenen zurückgegeben wurde oder für kraftlos erklärt wird, § 172 BGB.

2.3.2.3. Insichgeschäft

Der Vertreter darf keine Geschäfte im Namen des Vertretenen mit sich selbst oder in Mehrfachvertretung als Vertreter eines Dritten abschließen, § 181 BGB. Sanktioniert wird also eine Personenidentität im Zusammenhang mit einer damit einhergehenden **Interessenkollision**. Das Gesetz sieht jedoch vor, dass der Vertretene bei Erteilung der Vertretungsmacht den Abschluss von Insichgeschäften ausdrücklich gestatten kann. Von dieser Möglichkeit wird im Unternehmensrecht beispielsweise bei der Regelung der Befugnisse der Geschäftsführer regelmäßig Gebrauch gemacht.

2.3.2.4. Anscheinsvertretung

Die **Anscheins- oder Duldungsvollmacht** setzt einen Rechtsschein voraus. Dabei liegt eine Duldungsvollmacht dann vor, wenn der Vertretene zwar keine Vollmacht erteilt hat, er aber weiß, dass der andere für ihn handelt und er in zurechenbarer Weise nichts dagegen unternimmt. Kennt der Vertretene zwar nicht das Auftreten des anderen, hätte dieses aber bei pflichtgemäßer Sorgfalt kennen und verhindern können, so spricht man von einer Anscheinshaftung. Regelmäßig setzt die Rechtsprechung hierfür eine gewisse Häufigkeit und Dauer des Auftretens voraus[31]. In beiden Fällen muss sich der Vertretene so behandeln lassen, als hätte er die Vollmacht tatsächlich erteilt. Der Rechtsschein führt dazu, dass der Vertretene vertraglich berechtigt und verpflichtet wird.

---

[30] BGH, Urt. v. 25.3.2003, Az. XI ZR 224/02 – NJW-RR 2003, 921.

[31] BGH, Urt. v. 14.5.2002, Az. XI ZR 155/01 – NJW 2002, 2325.

Noch weiter führt der Rechtsschein im Handelsrecht zur Erfüllungshaftung, denn bei Verträgen zwischen Unternehmern kommt oftmals der für das HGB typische Schutz des Vertragspartners bzw. die weiter gefasste Verantwortung des Handelnden zum Tragen. So schlussfolgert der Bundesgerichtshof aus § 5 HGB, dass derjenige, der bei seinem redlichen Vertragspartner den **Anschein eines Kaufmanns erweckt**, sich als solcher behandeln lassen muss[32]. Für den Ladenangestellten gilt die Vermutungsregel des § 56 HGB. Er gilt unwiderlegbar als vertretungsbefugt für Verkäufe und Empfangnahmen, die im Laden oder Warenlager gewöhnlich geschehen. Weitere Genehmigungsfiktionen sehen die §§ 75h und 91a HGB vor. Ist eine eintragungsbedürftige Tatsache im Handelsregister (noch) nicht eingetragen, kann sie einem redlichen Dritten nicht entgegengehalten werden, § 15 HGB. Ist also die im Handelsregister eingetragene Prokura widerrufen, der Widerruf aber nicht im Handelsregister eingetragen, kann dieser Umstand einem auf diese Prokura vertrauenden Geschäftspartner nicht entgegengehalten werden.

2.3.2.5. Vertreter ohne Vertretungsmacht

Handelt der Vertreter außerhalb der ihm erteilten Vertretungsmacht, wird der scheinbar Vertretene gegenüber dem Vertragspartner nicht berechtigt und verpflichtet. Ein Vertrag kommt dann nicht zustande. Das abgeschlossene Rechtsgeschäft kann vom Vertretenen im Nachhinein allerdings genehmigt werden, § 177 BGB. Der häufig in diesem Zusammenhang erlittene Schaden des Vertragspartners kann gemäß § 179 BGB gegenüber dem vollmachtlos handelnden Vertreter geltend gemacht werden, nicht allerdings das Erfüllungsinteresse selbst. Hat der scheinbar Vertretene zwar keine Vollmacht für den Abschluss des Vertrages erteilt, wohl aber den Vertreter für die Vertragsverhandlungen selbst eingeschaltet, so kann auch er schadensersatzpflichtig werden durch § 278 BGB als Haftungstatbestand für den Erfüllungsgehilfen oder auch durch culpa in contrahendo, §§ 280 Abs. 1, 311 Abs. 2 BGB.

Im Gegensatz dazu bestimmen die §§ 75h, 91a HGB für **Handelsgeschäfte**, dass ein unberechtigt Vertretener die Vertretungshandlung auch dann genehmigt, wenn er sich nach Kenntnis nicht aktiv gegenüber dem Vertragspartner dagegen ausspricht.

2.3.3. Der Dritte im Vertragsverhältnis

Der zwischen den Vertragsparteien geschlossene Vertrag kann auch Auswirkungen auf Dritte haben. Diese haben dann zwar nicht durch eine eigene Willenserklärung zum Abschluss des Vertrages beigetragen, der Vertrag kann aber dennoch Einfluss auf ihre Rechtsbeziehungen entfalten.

---

[32] BGH, Urt. v. 21.4.1955, Az. II ZR 328/53 – NJW 1955, 985.

2.3.3.1. Der Vertrag zugunsten Dritter

Der echte Vertrag zugunsten Dritter ist in den §§ 328 ff. BGB normiert. Der Dritte wird nicht unmittelbar am Vertrag beteiligt. Er hat keine eigene Willenserklärung abgegeben. Er wird aber dennoch nach dem Willen beider Vertragsparteien in den Vertrag mit einbezogen und kann aus diesem heraus eigene Rechte ableiten. Beim echten Vertrag zugunsten Dritter vereinbaren die Vertragsparteien, dass eine Leistung zugunsten des Dritten erfolgen soll, und geben dem Dritten ein **eigenes Forderungsrecht** hierauf. Der Dritte erwirbt dieses eigene Forderungsrecht, wobei er aber nicht in die Rechtsposition der Vertragspartei eintritt. Er kann diese Forderung selbst und unabhängig vom Willen der Vertragsparteien geltend machen und auch gerichtlich durchsetzen. Der echte Vertrag zugunsten Dritter kommt in der Praxis vielfältig vor, so beispielsweise bei Verträgen zwischen dem Hersteller und Vertragshändler zur Lieferung oder Garantieverpflichtung gegenüber dem Kunden oder auch bei Verträgen mit Bezugsverpflichtungen[33].

Davon zu unterscheiden ist der **unechte Vertrag zugunsten Dritter**. Dieser ist gesetzlich nicht geregelt. Parteiwille der Vertragsparteien ist dann gerade nicht, dass der Dritte ein eigenes Forderungsecht erwirbt, wohl aber kann der Schuldner des Vertrages seine Verpflichtung gegenüber dem Dritten schuldbefreiend erfüllen. Die Vertragsparteien versprechen sich gegenseitig lediglich die Leistung an den Dritten. In der Praxis erfolgt die Abgrenzung durch Auslegung des Vertrages.

2.3.3.2. Der Vertrag mit Schutzwirkung zugunsten Dritter

Auch beim Vertrag mit Schutzwirkung zugunsten Dritter erwirbt der Dritte keinen eigenen Anspruch auf Erfüllung des vertraglich Geschuldeten. Es erstrecken sich zugunsten des Dritten vielmehr **Schutz- und Obhutspflichten** durch Einbeziehung in den vertraglichen Schutzbereich. Ein eigener vertraglicher Schadensersatzanspruch des Dritten kann dann entstehen, wenn er im Zusammenhang mit der Erfüllung des Vertrages verletzt wird. Der Anspruch ist subsidiär für den Fall, dass der Dritte einen eigenen vertraglichen Anspruch gegenüber dem Schuldner haben sollte.

Die Einbeziehung des Dritten in die Schutzwirkung des Vertrages setzt eine Nähe des Dritten zur vertraglich erbrachten Leistung voraus. Eine weitere Voraussetzung ist das Interesse des Gläubigers an der Einbeziehung des Dritten in den Vertrag, er sohin für dessen sogenanntes *„Wohl und Wehe“* verantwortlich ist. Zu guter Letzt muss die Einbeziehung des Dritten für den Vertragspartner erkennbar sein, um so keine grenzenlose und unüberschaubare Haftung für den Vertragspartner zu begründen. Klassischer Fall des Vertrages mit Schutzwirkung zugunsten Dritter ist der Mietvertrag, der eine Schutzwirkung nicht nur für den Mieter selbst, sondern auch für die mit ihm im Mietobjekt lebenden Personen entfaltet[34]. Handelsrechtlich inter-

---

[33] Ausführliche Beispiele in: BeckOK BGB/Janoschek, *BGB-Kommentar* § 328 Rn. 24 ff.

[34] BGH, Urt. v. 21.7.2010, Az. XII ZR 189/08 – NJW 2010, 3152.

essant hat der Bundesgerichtshof entschieden, dass auch dem Geschäftsführer einer GmbH die Schutz- und Fürsorgepflicht aus dem Rechtsberatungsvertrag zwischen der GmbH und ihrem Anwalt zu Gute kommt[35].

2.3.3.3. Der Vertrag zulasten Dritter

Der Vertrag zulasten Dritter ist dem deutschen Recht fremd. Ohne eigene Willenserklärung wäre es mit der Privatautonomie nicht vereinbar, wenn einem Dritten unmittelbare Pflichten und Nachteile auferlegt würden[36].

2.3.3.4. Die Abtretung

Die Abtretung setzt voraus, dass der Anspruch zwischen den Vertragsparteien bereits entstanden oder zumindest hinreichend bestimmbar ist. Sodann kann ein Dritter zum Vertrag hinzutreten, der die vertraglich geschuldete Forderung erwirbt. Die Regelungen der §§ 398 ff. BGB sehen einen **Forderungsübergang** vor, der einen Vertrag zwischen dem alten und dem neuen Gläubiger voraussetzt und ohne Mitwirkung des Schuldners geschlossen wird. Der Dritte erwirbt die Forderung vom Gläubiger und kann diese gegen den Schuldner durchsetzen. Der Schuldner hat gegen diesen Forderungsübergang kein Einspruchsrecht, er wird aber durch die §§ 404 ff. BGB geschützt.

Dabei kann die Forderung vollständig oder auch lediglich zur Einziehung als sogenannte Inkassozession abgetreten werden.

Der Forderungsübergang kann vertraglich ausgeschlossen werden. Bei einem **Abtretungsverbot** vereinbaren die Parteien meist schon bei Vertragsschluss, dass die Forderung nicht an Dritte abgetreten werden darf, § 399 BGB. Die Vereinbarung kann ebenso stillschweigend getroffen werden und sich aus der beiderseitigen Geschäftsbeziehung ergeben[37]. Für Kaufleute gilt es zu beachten, dass ein Abtretungsverbot für Geldforderungen beim Handelsgeschäft nicht vereinbart werden kann, § 354a HGB. Die Abtretung ist dann trotz des im Vertrag festgelegten Verbots wirksam. Die Regelung des § 354a HGB ist auch nicht dispositiv, sie kann also weder durch Allgemeine Geschäftsbedingungen noch durch Vertrag ausgeschlossen werden. Im Handelsverkehr soll so eine Verkehrsfähigkeit der Forderung erhalten bleiben.

Vielfach kennt das deutsche Recht neben dem vertraglichen auch den gesetzlichen Forderungsübergang, so normiert in § 268 Abs. 3 BGB für zur Ablösung berechtigte Dritte, in § 426 Abs. 2 BGB für einen die Zahlung leistenden Gesamtschuldner gegenüber den übrigen Schuldnern, in § 774 Abs. 1 BGB für die Zahlung des Bürgen, in § 1143 Abs. 1 BGB für den Grundstückseigentümer bei Zahlung einer Hypothekenschuld, in § 1225 BGB für den Eigentümer bei Zahlung einer Pfandschuld, in

[35] BGH, Urt. v. 29.06.2023, Az. IX ZR 56/22 NJW 2023, 2775-2781

[36] MüKoBGB/Gottwald, *BGB-Kommentar* § 328 Rn. 263 ff..

[37] Palandt/ Grüneberg, *BGB-Kommentar* § 399 Rn. 8.

§ 6 EFZG für den Arbeitgeber bei Lohnfortzahlung trotz Schadensersatzanspruch gegen einen Dritten, in § 86 VVG für die Zahlung der Schadensversicherung und in § 116 SGB X für Zahlungen des Sozialversicherungsträgers.

Vorsicht ist bei der **Abtretung künftiger Forderungen** geboten, hier ist ein wichtiger Unterschied zum österreichischen Vertragsrecht zu bedenken. Eine künftige Forderung ist im österreichischen Recht auch dann abtretbar, wenn diese noch nicht entstanden ist. Das deutsche Recht setzt voraus, dass die Forderung im zukünftigen Zeitpunkt ihrer Entstehung zumindest bestimmbar ist[38]. Tritt also der Darlehensnehmer zur Sicherung seines Kredites an die Bank den Kaufpreis für den künftigen Verkauf seines einzigen Grundstücks ab, so kann diese nach Höhe und Verkaufsgegenstand hinreichend bestimmt werden. Handelt der Darlehensnehmer hingegen mit Grundstücken, so ist der An- und Verkauf dieser Grundstücke in der Zukunft nicht hinreichend bestimmbar. Dieser Unterschied kann insbesondere für die Wirksamkeit einer Globalzession entscheidend sein[39]. Bei der Globalzession werden aus einer dauerhaften Vertragsbeziehung heraus alle künftig entstehenden Forderungen unmittelbar nach deren Entstehung an einen Dritten abgetreten, ohne dass es hierfür einer einzelnen Abtretung bedarf.

2.3.3.5. Die Schuldübernahme

Bei der Schuldübernahme übernimmt ein Dritter die vertraglich vereinbarte Schuld. Dabei muss zwischen der gesetzlich normierten befreienden Schuldübernahme, bei welcher der ursprüngliche Schuldner von seiner Verpflichtung befreit wird, und der nicht geregelten kumulativen Schuldübernahme unterschieden werden. Erstere ist sozusagen das Gegenstück zur Abtretung, es findet ein Wechsel der Vertragspartei statt. Letztere gibt dem Gläubiger lediglich einen weiteren Schuldner hinzu, er behält aber seinen Anspruch gegen den ursprünglichen Vertragspartner weiter[40].

Die **befreiende Schuldübernahme** setzt die Mitwirkung des Gläubigers voraus. Das Interesse des Gläubigers soll geschützt werden, damit nicht ein solventer Schuldner durch einen weniger zahlungsfähigen Vertragspartner ausgetauscht werden kann. Sie ist Ausprägung des Grundsatzes der Vertragsfreiheit, sohin dass sich im Vertragsrecht ein jeder seinen Vertragspartner aussuchen können soll. Der befreiende Schuldübernahmevertrag wird entweder zwischen dem Dritten und dem alten Schuldner mit Genehmigung des Gläubigers geschlossen, § 415 Abs. 1 BGB, oder aber als direkter Vertrag zwischen dem Dritten und dem Gläubiger, § 414 BGB. Schließt der Schuldner mit dem Dritten einen Übernahmevertrag ohne Genehmigung des Gläubigers, so liegt im Zweifel ein unechter Vertrag zugunsten Dritter vor, § 415 Abs. 3 BGB i.V.m. § 329 BGB. Verweigert der Gläubiger die Zustimmung, so soll ihm auch kein weiterer Schuldner an die Hand gegeben werden.

[38] BGH, Urt. v. 7.6.2011, Az. VI ZR 250/10 – NJW 2011, 845.

[39] MüKoBGB/Roth/Kieninger, *BGB-Kommentar* § 398 Rn. 140.

[40] Übersichtliche Darstellung zur Schuldübernahme in: Lorenz, *Grundwissen – Zivilrecht: Schuldübernahme, Erfüllungs- und Vertragsübernahme*, JuS 2019, 424.

Vielmehr ist dann der Dritte lediglich gegenüber dem Schuldner zur Erfüllung der Schuld verpflichtet.

Die **kumulative Schuldübernahme** wird auch als Schuldbeitritt oder Schuldmitübernahme bezeichnet. Der durch Vertrag vereinbarte, rechtsgeschäftliche Schuldbeitritt wird im Rahmen der Typenfreiheit des deutschen Schuldrechts im Sinne der §§ 241 Abs. 1, 311 Abs. 1 BGB als zulässig angesehen. Weitere gesetzlich normierte Formen der kumulativen Schuldübernahme finden sich in § 613a Abs. 2 BGB mit der Haftung des neuen neben dem alten Arbeitnehmer bei Betriebsübergang sowie in den §§ 25, 28 und 130 HGB beim Erwerb eines Handelsgeschäftes bzw. dem Eintritt eines neuen Gesellschafters.

2.3.4. Formbedürftigkeit

Wenn in den für den Vertrag einschlägigen Normen keine ausdrückliche Regelung zur Form getroffen wurde, ist ein jeder Vertrag grundsätzlich formfrei. Daneben kennt das deutsche Recht verschiedene Formvorschriften, wobei Art und Weise der einzuhaltenden Form die §§ 125 bis 129 BGB regeln und die Anwendbarkeit der Formvorschrift sodann in der jeweiligen Vertragsnorm definiert wird. So bedarf der Grundstückskauf der notariellen Beurkundung gemäß § 311b Abs. 1 BGB, die Bürgschaftserklärung der Schriftform gemäß § 766 BGB und der Schenkungsvertrag der notariellen Beurkundung gemäß § 518 Abs. 1 BGB. Die Formvorschriften haben eine **Klarstellungs- und Beweisfunktion sowie auch einen Warnzweck**[41] und erstrecken sich auf den gesamten wesentlichen Inhalt des Vertrages. In diesem Sinne ist beispielsweise eine Blankobürgschaft, die nach mündlicher Absprache erst durch den Gläubiger vervollständigt werden soll, formunwirksam[42].

2.3.4.1. Die gesetzlich geregelten Formvorschriften

Normiert sind

- die Schriftform nach § 126 BGB,
- die elektronische Form nach § 126a BGB,
- die Textform nach § 126b BGB,
- die Vereinbarte Form nach § 127 BGB,
- der gerichtliche Vergleich nach § 127a BGB,
- die notarielle Beurkundung nach § 128 BGB sowie
- die öffentliche Beglaubigung nach § 129 BGB.

2.3.4.2. Die Schriftform und das digitale Zeitalter

Dem österreichischen Recht ist in vielen Bereichen die im deutschen Recht doch recht oft vorkommende strenge Form des § 126 BGB fremd. Zu ihr gehören unter anderem die arbeitsrechtliche Kündigung gemäß § 623 BGB, die Kündigung des

[41] Kötz, *Vertragsrecht* Rn. 165 ff.

[42] BGH, Urt. v. 29.2.1996, Az. IX ZR 153/95 – NJW 1996, 1467.

Mietvertrages gemäß § 568 BGB, der Abschluss eines Verbraucherdarlehens gemäß § 492 BG oder auch Bürgschaft und Schuldanerkenntnis, §§ 766 und 781 BGB. Ist im Gesetz oder im Vertrag die Schriftform vorgesehen, so erfordert die Rechtshandlung eine Urkunde, die **eigenhändig durch Namensunterschrift unterzeichnet und übergeben** wird. Das Original der unterschriebenen Willenserklärung muss dem Empfänger der Willenserklärung zugehen. Das unterschriebene und eingescannte Dokument beispielsweise, welches sodann per E-Mail übersendet wird, oder auch das Fax genügen diesen Anforderungen nicht.

Es steht die Formvorschrift des § 126 BGB den im digitalen Zeitalter gebräuchlichen Kommunikationsformen entgegen. Hierfür hat der deutsche Gesetzgeber die elektronische Möglichkeit in § 126a BGB geschaffen, indem das elektronisch übermittelte Dokument mit einer sogenannten qualifizierten elektronischen Signatur nach dem Signaturgesetz versehen werden muss. Bei einem beiderseitigen Vertrag müssen sodann beide Vertragsteile ein gleichlautendes Dokument mit ihrer jeweiligen qualifizierten elektronischen Signatur signieren. Wesentlich sind gleichlautende Dokumente mit dem jeweiligen vollständigen Vertragstext. Jede Partei hat das für die andere Partei bestimmte und jeweils gleichlautende Dokument mit ihrer elektronischen Signatur zu versehen[43]. Ausreichend kann auch eine Mischform sein, indem eine Partei das Originaldokument eigenhändig unterzeichnet und die andere Partei ein gleichlautendes Dokument elektronisch signiert. Vieles ist hier nach wie vor im Fluss.

2.3.4.3. Die gewillkürte Schriftform

Wird die Schriftform von den Vertragsparteien selbst vereinbart, spricht man von der gewillkürten Schriftform. Für diesen Fall sieht § 127 BGB eine Erleichterung vor und lässt die telekommunikative Übermittlung im Zweifel ausreichen, wenn sich daraus unzweifelhaft ergibt, von wem die Erklärung abgegeben worden ist. Das Einverständnis ist zum Beispiel anzunehmen, wenn die Parteien ihren Geschäftsverkehr für gewöhnlich miteinander elektronisch abwickeln.

2.3.4.4. Das Durchschlagen der Formvorschrift auf Vollmacht und Nebenabreden

In der Praxis stellt sich im Zusammenhang mit der Formvorschrift oftmals die Frage, ob diese auf Seitenverträge, wie beispielsweise den Maklervertrag oder die Vollmacht, durchschlägt. Die Vollmacht zu einem Rechtsgeschäft **bedarf grundsätzlich nicht der für dieses vorgeschriebenen Form**, § 167 Abs. 2 BGB. Es existieren allerdings gesetzliche Ausnahmen in § 492 Abs. 4 S. 1 BGB für die Vollmacht für ein Verbraucherdarlehen, in § 1945 Abs. 3 BGB für die Ausschlagung einer Erbschaft, in § 2 Abs. 2 GmbHG für die Unterzeichnung des Gesellschaftsvertrages sowie in § 134 Abs. 3 AktG für die Ausübung des Stimmrechts in der Hauptversammlung

[43] Palandt/ Ellenberger, BGB-Kommentar § 126a Rn. 10.

der AG. Auch wer zur Eingehung einer Bürgschaft bevollmächtigen will, muss dies entsprechend § 766 BGB jedenfalls nach Rechtsansicht des Bundesgerichtshofs in schriftlicher Weise tun[44].

Wer sich beim Grundstückserwerb vertreten lassen will, kann diese Vollmacht formfrei erteilen. Wird allerdings der Erwerber durch die Vollmacht bereits in rechtlicher oder tatsächlicher Hinsicht an den Vertrag gebunden, weil die Vollmacht beispielsweise unwiderruflich erteilt worden ist, so bedarf auch diese Vollmacht der für das Rechtsgeschäft vorgesehenen Formvorschrift. Für den Grundstücksmaklervertrag gilt: Die notarielle Beurkundung gemäß § 311b BGB ist auch für den Maklervertrag notwendig, wenn sich der Auftraggeber verpflichtet, sein Grundstück zu bestimmten Konditionen an jeden vom Makler zugeführten Interessenten zu verkaufen bzw. der Maklervertrag eine mittelbare Kaufverpflichtung auslöst[45]. Entscheidend ist ein durch den Maklervertrag entstehender unangemessener Druck zur Grundstücksveräußerung. Diese Voraussetzung sieht der Bundesgerichtshof selbst dann als erfüllt an, wenn der Auftraggeber des Maklervertrages zwar die Möglichkeit der Auswahl hat, aber bei Zurückweisung des vom Makler gestellten Kaufinteressenten dennoch zur Provisionszahlung an den Makler verpflichtet wird[46].

Nebenabreden hingegen gehören zum Vertragsinhalt und können nicht von diesem getrennt betrachtet werden. Daher bedürfen auch Nebenabreden der für den Vertrag vorgeschriebenen Form. Da die Teilnichtigkeit eines Vertrages im Zweifel gemäß § 139 BGB zur Gesamtnichtigkeit desselben führen kann, können formfrei getroffene Nebenabreden den gesamten Vertrag gefährden.

2.3.4.5. Besonderheiten im Handelsrecht

Wiederum Ausnahmen sind im Handelsgeschäft zu beachten. Liegt für die vertragsschließende Partei ein Handelsgeschäft vor, so hebt § 350 HGB für die Bürgschaftsübernahme, das Schuldversprechen und das Schuldanerkenntnis das Schriftformerfordernis auf.

2.4. Das Scheitern des Vertrages

Ein Vertrag kann willentlich von einer oder beiden Parteien beendet werden, er kann aber auch anderweitig scheitern. Da der Vertrag regelmäßig auf der Willenserklärung der Parteien beruht, ist auf diese auch für das Scheitern des Vertrages ein wesentliches Augenmerk zu legen.

[44] BGH, Urt. v. 29.2.1996, Az. IX ZR 153/95 – NJW 1996, 1467.

[45] BGH, Urt. v. 1.7.1970, Az. IV ZR 1178/68 – NJW 1970, 1915; ders., Urt. v. 4.10.1989, Az. IVa ZR 250/88 – NJW-RR 1990, 57.

[46] BGH, Urt. v. 18.12.1970, Az. IV ZR 1155/68 – NJW 1971, 557.

2.4.1. Nichtigkeit

2.4.1.1. Allgemeine Nichtigkeitsgründe

Die allgemeinen Nichtigkeitsgründe einer Willenserklärung sind geregelt in den §§ 116 bis 118 BGB. Zu ihnen gehören der geheime Vorbehalt in der Willenserklärung, das Scheingeschäft sowie die Nichtigkeit wegen des Mangels der Ernstlichkeit. Alle drei Nichtigkeitsgründe haben gemeinsam, dass auf beiden Seiten ein bewusster Willensmangel vorhanden ist.

Wird eine Erklärung nur von einer Vertragspartei unter einem **geheimen Vorbehalt** abgegeben, so führt dies noch nicht per se zur Nichtigkeit der Erklärung. Offenbart der Erklärende seinen tatsächlichen Willen seinem Gegenüber nicht, so muss er sich an dem festhalten lassen, was sein Gegenüber nach dem objektiven Empfängerhorizont an Erklärungsinhalt erfassen konnte. Es liegt dann eine Abweichung des offenkundig Erklärten vom Gewollten vor, die der Erklärende bewusst in Kauf genommen hat. Nur für den Fall, dass der andere Teil den Vorbehalt kannte, wird die abgegebene Willenserklärung nichtig, § 116 S. 2 BGB.

Eine sogenannte ***„Scheinerklärung"***, bei welcher beide Vertragsteile zwar übereinstimmende Willenserklärungen abgeben, das Erklärte so aber nicht wollen, ist gemäß § 117 Abs. 1 BGB nichtig. Beide Vertragspartner sind sich darüber einig, dass das Erklärte nicht gelten soll, der Vertrag wird für den äußeren Schein geschlossen. Der verdeckte und eigentlich gewollte Vertrag kann hingegen wirksam sein, wenn er nicht gegen ein gesetzliches Verbot verstößt und die gültigen Formvorschriften gewahrt sind. Klassisches Beispiel ist der notariell zu beurkundende Kaufvertrag über ein Grundstück, bei welchem ein geringerer Verkaufspreis beurkundet wird. Der beurkundete Inhalt ist gemäß § 117 Abs. 1 BGB nichtig, der eigentlich gewollte Vertrag scheitert an der nicht erfüllten Formvorschrift des § 311 b Abs. 1 S. 1 BGB[47].

Nichtig sind auch ***„Scherzerklärungen"***, bei denen der Erklärende offenkundig damit rechnen durfte, dass der andere ihn nicht ernst nehmen werde, § 118 BGB. Auch solche Scherzerklärungen lösen keine vertraglichen Pflichten aus.

2.4.1.2. Nichtigkeit wegen Formmangels

Die Nichtbeachtung der gesetzlichen Form führt gemäß § 125 BGB zur Nichtigkeit des Vertrages. Ob die Parteien bewusst die Formvorschrift missachtet haben oder dies unwissentlich erfolgte, spielt keine Rolle. Die Nichtigkeit tritt selbst dann ein, wenn beide Parteien den Vertrag nach wie vor als wirksam behandeln wollen. Eine interessengerechte Lösung zur Erhaltung des Vertrages aufgrund von Treu und Glauben im Sinne von § 242 BGB findet die Rechtsprechung des Bundesgerichtshofs lediglich dann, wenn aus einer Gesamtschau der Umstände heraus eine Nicht-

---

[47] BGH, Urt. v. 5.7.2002, Az. V ZR 229/01 – NJW-RR 2002, 1527.

ausführung des Vertrages schlechthin untragbar ist bzw. der eine Vertragspartner den anderen arglistig über die Formbedürftigkeit getäuscht hat[48].

Durch den **Vollzug bzw. die Erfüllung des Vertrages** tritt allgemeinhin keine Heilung des Formmangels ein. Der Gesetzgeber will bei der Nichtbeachtung der Form keine Hintertür öffnen. Zu groß sind die Missbrauchsgefahren und Umgehungsmöglichkeiten der Warnfunktion der Formvorschriften. Lediglich in gesetzlich geregelten Einzelfällen ist eine Heilung des Formmangels möglich, so bei Vollzug des Schenkungsvertrages, § 518 Abs. 2 BGB. Ebenso führen beim Kaufvertrag von Grundstücken die Auflassung und Eintragung des Eigentümerwechsels ins Grundbuch zur Wirksamkeit des Vertrages, § 311 b Abs. 1 S. 2 BGB.

2.4.1.3. Verstoß gegen ein gesetzliches Verbot

Ein Rechtsgeschäft, das gegen ein gesetzliches Verbot verstößt, ist nichtig gemäß § 134 BGB. Allgemeinhin hat diese Regelung ihren Ursprung in dem Gedanken, dass **gesetzliche Verbote nicht zur Disposition der Vertragsparteien stehen**[49]. Zu den gesetzlichen Verboten, die unter § 134 BGB fallen, gehören nicht nur die Strafgesetze. Einschlägig können auch Völker- und europarechtliche Verbote sein, wie beispielsweise das Verbot der wettbewerbsbeschränkenden Abreden in Art. 101 AEUV, das Verbot der mengenmäßigen Ein- und Ausfuhrbeschränkung in Art. 34 ff. AEUV sowie das Verbot, die Freizügigkeit der Arbeitnehmer und den freien Dienstleistungs- und Kapitalverkehr zu beschränken, in den Art. 45 ff. AEUV.

Das Verbot muss bereits zu dem Zeitpunkt bestanden haben, zu welchem der Vertrag geschlossen wurde. Es kann sich allerdings aus dem Sinn und Zweck der Verbotsnorm ausnahmsweise ergeben, dass diese auch bereits vorher begründete Dauerschuldverhältnisse erfassen soll.

Eine deutsche Besonderheit stellt das Rechtsdienstleistungsgesetz (RDG) dar. Dieses regelt die Befugnis zur Rechtsberatung aller natürlichen und juristischen Personen in Deutschland und definiert auch die Erlaubnispflicht für Inkassounternehmen. Eine erlaubnispflichtige Rechtsdienstleistung ist danach jede Tätigkeit in einer konkreten fremden Angelegenheit, sobald diese eine rechtliche Prüfung des Einzelfalls erfordert. Sohin können unter die Erlaubnispflicht und damit auch unter die Nichtigkeit des § 134 BGB im Einzelfall u. a. die Finanzsanierung anderer, die Geltendmachung des Unfallschadens am Fahrzeug des Kunden durch ein Mietwagenunternehmen, die Einforderung von Bauschäden durch den Bauberater oder auch die Beratung durch den Architekten über den Kaufvertrag fallen. Der gewerbsmäßige Erwerb von Forderungen zum Inkasso ist nur dann zulässig, wenn das Inkassounternehmen über eine Genehmigung verfügt, die selbst den hohen Anforderungen von

[48] BGH, Urt. v. 7.5.2008, Az. XII ZR 69/06 – NJW 2008, 2178; ders., Urt. v. 3.11.2016, Az.: III ZR 286/15 – NJW-RR, 2017, 596.

[49] BGH, Urt. v. 24.4.2008, Az. VII ZR 42/07 – NJW-RR 2008, 1050.

§ 12 RDG genügen muss. Die Inkassoabtretung ist nichtig, wenn eine Erlaubnis zur Rechtsdienstleistung nicht vorliegt[50].

2.4.1.4. Sittenwidrigkeit und Wucher

Nichtig sind auch solche Rechtsgeschäfte, die gegen die guten Sitten verstoßen oder Wucher sind, § 138 BGB.

2.4.1.4.1. Verstoß gegen die guten Sitten

Die Sittenwidrigkeit von Rechtsgeschäften ist in § 138 I BGB geregelt als unbestimmter Rechtsbegriff, der der Auslegung bedarf. Die Grenzen der Sittenwidrigkeit sind damit im ständigen Fluss der Zeit. In juristischer Definition und ständiger Rechtsprechung ist ein Geschäft dann sittenwidrig, wenn es dem **Anstandsgefühl aller billig und gerecht Denkenden widerspricht**. Dabei stellt das Anstandsgefühl auf die allgemeinen Ordnungsprinzipien und Wertmaßstäbe der Rechtsordnung ab. Nichtig wegen Sittenwidrigkeit können beispielsweise Verträge über Kick-back-Provisionen, die überhöhte Verzinsung von Kreditverträgen, Arbeitnehmerbürgschaften bzw. letztendlich jedes wucherähnliche Rechtsgeschäft sein, dass trotz Fehlens der für den Wucher charakteristischen Ausnutzung einer Zwangslage geschlossen wird.

Ein auffälliges Missverhältnis liegt jedenfalls dann vor, wenn der Wert der Leistung mindestens **doppelt so hoch** ist wie der Wert der Gegenleistung. Bei einem derart groben Missverhältnis wird auch eine verwerfliche Gesinnung des Vertragspartners vermutet[51]. Die in Österreich erfassten Fälle der *„laesio enormis"* kennt das deutsche Recht nicht als konkrete Regelung. Die sogenannte *„Verkürzung* über *die Hälfte"* kommt gemäß § 934 öABGB bei zweiseitig verpflichtenden Verträgen zum Tragen, wenn der eine Vertragsteil nicht einmal die Hälfte von dem beanspruchen kann, was er selbst verpflichtet ist zu geben. Der hierdurch benachteiligte Vertragsteil kann dann die Aufhebung des Vertrages verlangen. Dahinter steht der Gedanke der objektiven Äquivalenz von Leistung und Gegenleistung, der der Judikatur des Bundesgerichtshofs zur Äquivalenzstörung entspricht[52].

2.4.1.4.2. Wucher

Der Wucher erfordert neben dem auffälligen Missverhältnis zur Leistung weiterhin ein Rechtsgeschäft, durch das jemand unter **Ausbeutung der Zwangslage, der Unerfahrenheit, des Mangels an Urteilsvermögen oder der erheblichen Willensschwäche** eines anderen sich oder einem Dritten für eine Leistung Vermögensvorteile versprechen oder gewähren lässt, § 138 Abs. 2 BGB. Das Missverhältnis zwischen Leistung und Gegenleistung ist objektiv zu ermitteln, wobei die gegen-

---

50 BGH, Urt. v. 18.3.2003, Az. VI ZR 152/02 – NJW 2003, 1938.

51 BGH, Urt. v. 2.7.2004, Az. V ZR 213/03 – NJW 2004, 2671.

52 BGH, Urt. v. 14.6.2017, Az. III ZR 487/16 m.w.N. – NJW-RR 2017, 1261.

seitigen vertraglichen Leistungen zu vergleichen sind. Auch hier gilt die Grenze des Doppelten[53].

2.4.1.5. Die Anfechtung

Die Anfechtung erfolgt durch Erklärung gegenüber dem anderen Vertragsteil und führt als **Gestaltungsrecht**[54] zur rückwirkenden Nichtigkeit des Vertrages, § 142 Abs. 1 BGB.

2.4.1.5.1. Die Irrtumsanfechtung

Der unbewusste Willensmangel berührt die Wirksamkeit einer Erklärung nicht, kann aber dem Irrenden eine Anfechtungsmöglichkeit einräumen. Der Erklärende muss grundsätzlich das gegen sich gelten lassen, was ein Dritter nach Treu und Glauben sowie der allgemeinen Verkehrssitte verstehen durfte, auch wenn dies nicht dem wahren Willen des Erklärenden entsprechen mag. Ihm wird aber eine Anfechtungsmöglichkeit bei einem Irrtum über den Erklärungsinhalt gemäß § 119 Abs. 1 1. Fall BGB, bei einem Irrtum in der Erklärungshandlung gemäß § 119 Abs. 1 2. Fall BGB sowie bei einem Irrtum über verkehrswesentliche Eigenschaften gemäß § 119 Abs. 2 BGB eingeräumt. Weiterhin gibt § 120 BGB eine Anfechtungsmöglichkeit, wenn durch die zur Übermittlung verwendete Person oder Einrichtung unrichtig übermittelt worden ist und sohin der sogenannte Übermittlungsirrtum vorliegt.

Rechtlich unbeachtlich ist hingegen der **Motivirrtum**[55], bei dem der Erklärende lediglich über seinen Beweggrund im Irrtum ist. Hierunter fallen beispielsweise ein Irrtum über den Wert einer Sache, über eine (nicht) bestehende Verpflichtung oder Schuld oder auch schlichte Kalkulationsirrtümer.

Die Anfechtung muss in jedem Fall unverzüglich erklärt werden, nachdem der Anfechtungsberechtigte von dem Anfechtungsgrund Kenntnis erlangt hat, und kennt eine absolute Ausschlussfrist von zehn Jahren, § 121 BGB.

2.4.1.5.2. Die Anfechtung wegen Täuschung und Drohung

Auch kennt das deutsche Recht die Anfechtung wegen Täuschung und Drohung, § 123 BGB. Wer zur Abgabe einer Willenserklärung durch arglistige Täuschung veranlasst war, kann diese anfechten. Dabei muss die Täuschung zum Zweck der Erregung oder Aufrechterhaltung eines Irrtums durch den anderen Vertragsteil erfolgen. Wird der Erklärende von einem Dritten getäuscht, so ist seine Erklärung nur dann anfechtbar, wenn der Vertragspartner die Täuschung kannte oder kennen musste. War die Willenserklärung durch Drohung veranlasst, so muss diese wider-

---

[53] BGH, Urt. v. 13.7.1989, Az. III ZR 201/88 – NJW-RR 1989, 1068.

[54] MüKoBGB/ Busche, *BGB-Kommentar* § 142 Rn. 5.

[55] Wieling, *Der Motivirrtum ist unbeachtlich! Entwicklung und Dogmatik des Irrtums im Beweggrund*, Jura 2001, 577.

rechtlich gewesen sein. Unerheblich ist, ob die Drohung durch den anderen Vertragsteil oder jeden Dritten erfolgt.

Die Anfechtung einer durch Täuschung und oder Drohung veranlassten Erklärung muss binnen Jahresfrist erfolgen, § 124 Abs. 1 BGB. Die Frist beginnt ab dem Zeitpunkt, in welchem der Anfechtungsberechtigte die Täuschung entdeckt bzw. in welchem die Zwangslage der Drohung beendet ist. Weiterhin setzt § 124 Abs. 2 BGB eine absolute Ausschlussfrist von zehn Jahren.

2.4.1.6. Rechtsfolgen der Nichtigkeit

Der Vertragspartner wird bei der Scherzerklärung, bei der irrtümlich abgegebenen Erklärung und auch bei der falschen Übermittlung durch einen Schadensersatzanspruch geschützt, sofern er auf die Wirksamkeit der Willenserklärung vertraut hat, § 122 BGB. Diese Haftung verpflichtet den Erklärenden verschuldensunabhängig und ist daher auf das negative Interessen, den sogenannten **Vertrauensschaden**, begrenzt. Die Erklärung hat bei dem anderen Vertragsteil ein Vertrauen veranlasst. Er soll daher den Schaden ersetzt erhalten, der durch dieses Vertrauen entstanden ist. Der Vertragspartner kann alle aufgewendeten Kosten fordern, nicht aber die Erfüllung des Vertrages selbst. Ganz wesentlich ist, dass sich der Irrende neben diesen Anfechtungsmöglichkeiten und seinen Rechtsfolgen immer an dem festhalten lassen muss, was er **wirklich gewollt** hat. Denn hätte er seine Erklärung richtig abgegeben, wären die Rechtsfolgen dieser auch eingetreten.

Die Nichtigkeit des Vertrages wirkt auch gegenüber Dritten, obwohl diese beim Abschluss des Vertrages nicht unmittelbar beteiligt waren. Der Dritte wird jedoch durch eine Vielzahl von Vorschriften anderweitig geschützt. So muss beispielsweise der Schuldner einer nur zum Schein ausgestellten schriftlichen Schuldurkunde diese im Falle der Abtretung an einen Dritten gegen sich gelten lassen, wenn ihn der Forderungserwerber in Anspruch nimmt, § 405 BGB.

Im Zweifel führt die Teilnichtigkeit eines Vertrages dazu, dass dieser insgesamt nichtig ist, § 139 BGB.

Letztendlich ist vor der Annahme einer Nichtigkeit zu bedenken, ob nicht eine Umdeutung des Vertrages möglich ist. § 140 BGB ermöglicht die Umdeutung, wenn anzunehmen ist, dass die Geltung des wirksamen Rechtsgeschäfts bei Erkenntnis der Nichtigkeit von den Vertragsparteien gewollt gewesen wäre.

2.4.2. Rücktritt vom Vertrag

Der Rücktritt vom Vertrag gibt einer Partei das Recht bzw. die Möglichkeit, den Vertrag einseitig zu beenden.

2.4.2.1. Rücktrittsrecht

Die Voraussetzungen, unter denen eine Vertragspartei zum Rücktritt berechtigt ist, sind einerseits bei den jeweiligen Vertragstypen gesetzlich geregelt und können andererseits auch vertraglich vereinbart werden. Beim Rücktritt handelt es sich größtenteils um dispositives Recht, die Vertragsparteien können sich dieses sohin gegenseitig jederzeit vertraglich einräumen. Im Gegensatz dazu kann nicht jedes gesetzlich geregelte Rücktrittsrecht gegenüber einem Verbraucher durch Vertrag ausgeschlossen werden.

Die allgemeinen gesetzlichen Voraussetzungen des Rücktrittsrechts definieren die §§ 323 ff BGB. § 323 Abs. 1 BGB bestimmt, dass der Vertragspartner zuvor eine **angemessene Frist zur Leistung oder Nacherfüllung** erfolglos gesetzt haben muss. Im Sinne des dem deutschen Recht immanenten Grundsatzes *„pacta servanda sunt"*, also dass die Vertragspartner grundsätzlich an den Vertrag gebunden sind, soll dem anderen Teil zuerst einmal die Möglichkeit gegeben werden, durch Erfüllung der offenen Forderung den Bestand des Vertrages in seiner ursprünglichen Form zu erhalten. Eine Fristsetzung ist aber entbehrlich, wenn der andere Teil die Leistung ernsthaft und endgültig verweigert oder seine Schuld zu einem im Vertrag selbstbestimmten und als wesentlich festgelegten Termin nicht erfüllt oder aber besondere Umstände vorliegen, die unter Abwägung der beiderseitigen Interessen den sofortigen Rücktritt rechtfertigen.

Daneben besteht auch dann ein Rücktrittsrecht, wenn ein Vertragspartner eine ihm obliegende Nebenleistung verletzt und dem anderen Teil ein Festhalten am Vertrag nicht mehr zuzumuten ist, § 324 BGB. Damit sind auch die Verhaltenspflichten der Vertragsparteien gemeint, die beispielsweise die Verletzung des Eigentums, der Gesundheit oder auch der Ehre des Vertragspartners oder seiner Angehörigen schützen[56].

Zu guter Letzt normiert § 326 BGB einen wesentlichen Gedanken des synallagmatischen Vertragsverhältnisses im Rücktrittsrecht. Braucht eine Partei ihren Teil des Vertrages nicht mehr zu erfüllen, so entfällt auch der Anspruch auf Gegenleistung.

2.4.2.2. Ausübung und Rechtsfolgen des Rücktritts

Das Rücktrittsrecht ist ein Gestaltungsrecht. Keine Partei ist zum Rücktritt verpflichtet. Sie muss vielmehr zur Ausübung des Rücktrittsrechts einer Erklärung gegenüber dem anderen Vertragspartner abgeben.

Der Rücktritt hebt den Vertrag nicht auf, sondern verändert seinen Inhalt. Der Vertrag wandelt sich in ein **Rückgewährschuldverhältnis**[57]. Die Parteien sind verpflichtet, die erhaltenen Leistungen zurückzugewähren und die bereits erlangten Vorteile zu vergüten.

---

[56] Palandt/Grüneberg, *BGB-Kommentar* § 324 Rn 3.

[57] BeckOK BGB/H. Schmidt, *BGB-Kommentar* § 346 Rn. 6.

Das BGB definiert in § 346 BGB die Rechtsfolgen des Rücktritts. Geht die Erklärung des Rücktritts dem anderen Vertragsteil zu, hat sich der Vertrag unwiderruflich in ein Rückgewährschuldverhältnis umgewandelt und sind beiderseitig die empfangenen Leistungen und gezogenen Nutzungen an den anderen herauszugeben, § 346 Abs. 1 BGB. Ist die Herausgabe eines erlangten Gegenstandes beispielsweise durch Weiterverkauf oder Zerstörung nicht mehr möglich, so ist hierfür ein Wertersatz zu leisten. Dabei privilegiert § 346 Abs. 3 BGB denjenigen, welcher wegen der Pflichtverletzung des anderen Vertragsteiles von seinem Rücktrittsrecht Gebrauch macht, und lässt die Pflicht zum Wertersatz beispielsweise dann entfallen, wenn sich der Mangel erst während der Verarbeitung oder Umgestaltung des Vertragsgegenstandes gezeigt hat.

Neben der Sache selbst sind auch die gezogenen Nutzungen herauszugeben. Wer also ein Fahrzeug zurückgibt, dass er über einige Monate auch genutzt hat, muss hierfür auch eine Nutzungsentschädigung für die gefahrenen Kilometer zahlen[58].

Schlussendlich ist der Rücktritt unwiderruflich. Der andere Vertragsteil kann es sich also nicht im Nachhinein *„anders überlegen"* und noch die Erfüllung des Vertrages verlangen. Es gibt sohin keinen Rücktritt vom Rücktritt.

2.4.3. Der Aufhebungsvertrag

Der Aufhebungsvertrag ist im Gesetz nicht geregelt. Es handelt sich hierbei um eine vertragliche Abrede zwischen den Vertragsparteien, welche die Aufhebung eines bereits geschlossenen Vertrages zur Folge hat. Dabei bedarf der Aufhebungsvertrag nicht der Form des ursprünglich begründeten Vertrages, es sei denn, die Vertragsparteien haben eine derartige vertragliche Formabrede getroffen. Eine Ausnahme gilt nur dann, wenn durch die Formfreiheit des Aufhebungsvertrages anderweitige Formvorschriften umgangen werden könnten. So bedarf beispielsweise die Aufhebung eines Arbeitsverhältnisses der Schriftform, da andernfalls eine Umgehung von § 623 BGB mit seiner für die Kündigung des Arbeitsvertrages vorgegebenen Schriftform bestünde.

Der Aufhebungsvertrag kann das Vertragsverhältnis ex tunc oder ex nunc beenden. Haben die Parteien hierüber keine klare Vereinbarung getroffen, so ist anhand der Auslegung der Wille beider zu ermitteln und sind im Zweifel die Rechtsfolgen des Rücktritts im Sinne der §§ 346 ff BGB anzuwenden.

2.4.4. Die Vertragskündigung

Die Kündigung ist ebenso wie das Rücktrittsrecht eine Gestaltungsmöglichkeit zur Beendigung eines Vertrages. Im Gegensatz zum Rücktritt beendet die Kündigung des Vertragsverhältnisses ex nunc, sohin für die Zukunft. Für die Vergangenheit bleibt der Vertrag für beide Parteien wirksam, bereits erbrachte Leistungen sind

[58] BGH, Urt. v. 10.3.2011, Az. 28 U 131/10 – NJW-RR, 2011, 1423.

nicht zurückzugewähren. Ein Kündigungsrecht muss für die Parteien gesetzlich oder vertraglich vorgesehen sein. So kennt das BGB beispielsweise Kündigungsrechte in § 623 BGB für den Arbeitsvertrag sowie in § 488 Abs. 3 BGB für den Darlehensvertrag oder auch in § 314 BGB für jede Art von Dauerschuldverhältnissen.

2.4.5. Störung der Geschäftsgrundlage

Unter dem Begriff der Störung der Geschäftsgrundlage regelt § 313 BGB den Anspruch auf Anpassung oder Beendigung eines Vertrages, wenn sich Umstände, die zur **Grundlage des Vertrages** geworden sind, ändern. Gleiches gilt, wenn sich wesentliche Vorstellungen, die zur Grundlage des Vertrages geworden sind, als falsch herausstellen. Eine Anpassung des Vertrages kann nur dann verlangt werden, wenn diese dem anderen zumutbar ist. Andernfalls kann nur der Rücktritt vom Vertrag erklärt werden.

Die Voraussetzungen des § 313 BGB sind eng auszulegen, da das Prinzip der Verbindlichkeit von Verträgen im Zweifel Vorrang hat. Zur Geschäftsgrundlage gehören **alle Umstände, die bei Abschluss des Vertrages beiden Vertragsparteien offenkundig waren**[59]. Einseitige Erwartungen einer Partei werden nur dann zur Geschäftsgrundlage, wenn sie von der anderen Partei nach Treu und Glauben als gemeinsame Geschäftsgrundlage übernommen wurden. Weiterhin muss die Störung schwerwiegend sein, sodass der einen Partei ein Festhalten am ursprünglich geschlossenen Vertrag nicht mehr zumutbar ist. Auch darf die Änderung für beide Vertragsparteien bei Abschluss des Vertrages weder bekannt noch voraussehbar gewesen sein. Fehleinschätzungen über wirtschaftliche Entwicklungen können in der Regel nicht geltend gemacht werden.

Die *„Laesio enormis"* des § 934 öABGB kann mit der Störung der Geschäftsgrundlage nicht gleichgesetzt werden. Denn während bei der *„Laesio enormis"* auf die Umstände bei Vertragsschluss abzustellen ist, fragt § 313 BGB ausschließlich nach Umständen, die nach Vertragsschluss eintreten und für die Vertragsparteien nicht vorhersehbar waren.

2.5. Vertragsähnliche Ansprüche

Der vertragsähnliche Anspruch entsteht nicht aus einem Vertrag heraus. Es handelt sich vielmehr um ein gesetzliches Schuldverhältnis, das durch ein Tun oder Unterlassen mit vertragsähnlichem Charakter begründet wird.

2.5.1. Die Culpa in contrahendo/Ansprüche bei Vertragsanbahnung

Werden Vertragsverhandlungen aufgenommen, kann es bereits hierdurch zu wechselseitigen Schutzpflichten und einer sich daraus ergebenden Haftung wegen Ver-

[59] Übersichtliche Darstellung mit Erörterung der einzelnen Rechtsfolgen in: Loyal, *Vertragsaufhebung wegen Störung der Geschäftsgrundlage*, NJW 2013, 417.

schuldens bei Vertragsverhandlungen kommen. Der Gesetzgeber hat die sogenannte *„culpa in contrahendo"* geregelt in § 311 Abs. 2 BGB[60].

Demnach entsteht ein Schuldverhältnis mit **Schutzpflichten** bereits durch die Aufnahme von Vertragsverhandlungen, zu welchen jede Art von Vorgesprächen der Vertragsparteien, Werbemaßnahmen oder auch Prospekte gehören. Daneben führt die Anbahnung eines Vertrages ebenfalls zur Haftung aus *„Culpa in contrahendo"*, wenn die Vertragspartner sich im Hinblick auf eine etwaige rechtsgeschäftliche Beziehung die gegenseitige Einwirkung auf ihre Rechte, Rechtsgüter und Interessen ermöglichen. Gleiches gilt für ähnliche geschäftliche Kontakte, deren Sonderverbindung zur gegenseitigen Rücksichtnahme im besonderen Maße verpflichten. Dazu zählen Gefälligkeitsverhältnisse ebenso wie gemeinsame wirtschaftliche Unternehmungen ohne vertraglichen Charakter[61].

Die Haftung setzt eine **Pflichtverletzung** voraus, die der andere Teil zu vertreten haben muss. Damit ist keine vertragliche primäre Leistungspflicht gemeint, sondern vielmehr Verhaltenspflichten zur Rücksicht auf die Rechte, Rechtsgüter und Interessen des anderen Teils, § 241 Abs. 2 BGB. Die Pflichtverletzung wird meist durch ein Fehlverhalten begründet, etwa eine falsch erteilte Auskunft, eine unzureichende Aufklärung oder die unterlassene Beseitigung von Gefahrenquellen. Hingegen begründet allein der Abbruch von Vertragsverhandlungen keinen Haftungstatbestand, denn hierdurch kann keine Verpflichtung zum Abschluss eines angestrebten Vertrages begründet werden. Etwas anderes gilt nur, wenn eine Partei bereits in zurechenbarer Weise ein Vertrauen auf das Zustandekommen des Vertrages geweckt hat, wobei sich der Anspruch dann auf die nach der Entstehung des Vertrauenstatbestandes gemachten Aufwendungen beschränkt [62].

Die Vorschrift ist in der Praxis vor allem bei Unfallgefahren und den Verkehrssicherungspflichten im Geschäftsbereich einer Partei relevant. Weiterhin fallen unter die Haftung des § 311 Abs. 2 BGB auch die vom Verkäufer übernommenen Beratungspflichten sowie die Prospekthaftung.

2.5.2. Die Geschäftsführung ohne Auftrag

Geht nur eine der beiden Seiten von einer vertraglichen Verpflichtung aus und erbringt eine Leistung in Erfüllung dieses vermeintlichen Vertrages, so kennt das deutsche Recht die Geschäftsführung ohne Auftrag. Der sogenannte Geschäftsführer handelt dann unbeauftragt bzw. ohne Berechtigung, kann aber dennoch unter den Voraussetzungen des § 677 BGB einen Anspruch auf Gegenleistung erlangen.

60 Ausführlich zum Rechtsinstitut der Culpa in contrahendo: Lorenz, *Grundwissen – Zivilrecht – Culpa in contrahendo* (§ 311 II, III BGB), JuS 2015, 398.

61 Palandt/Grüneberg, *BGB-Kommentar* § 311 Rd. 22 ff.

62 BGH, Urt. v. 7.2.1980, Az. III ZR 23/78 – NJW 1980, ders., Urt. v. 29.3.1996, Az. V ZR 332/94 – NJW 1996, 1884; ders., Urt. v. 9.11.2012, Az. V ZR 182/11 – NJW 2013, 928.

Man unterscheidet zwischen der echten Geschäftsführung ohne Auftrag, bei welcher der Geschäftsführer bewusst für einen anderen handelt, und der unechten Geschäftsführung ohne Auftrag, bei der ein fremdes Geschäft als vermeintlich eigenes besorgt wird. Ist beispielsweise ein Vertrag nichtig, aber hat eine Vertragspartei dennoch eine Leistung im Glauben an ihre vertragliche Verpflichtung erbracht, so sieht zumindest der Bundesgerichtshof auch hierin eine Anwendungsregel der Geschäftsführung ohne Auftrag[63].

[63] Kupfer/Weiß, *Geschäftsführung ohne Auftrag*, JA 2018, 894; BGH, Urt. v. 30.9.1993, Az. VII ZR 178/91 – NJW 1993, 3196.

3. Leistungsstörung und ihre Rechtsfolgen

3.1. Einleitung

Bei der Leistungsstörung liegt ein Fehler in der Erfüllung der vertraglichen Schuld vor, indem der Vertragspartner entweder seine vertragliche Leistung überhaupt nicht erbringt (Nichterfüllung) oder diese nur unzureichend bzw. mangelhaft erfüllt (Schlechterfüllung) oder sich schlicht im Verzug befindet (Verzug). Auch vertragliche Nebenpflichten können durch eine Partei verletzt werden.

Die vertraglichen Ansprüche einer Partei **unterteilen sich in die Primäransprüche und die Sekundäransprüche**. Als Primäranspruch wird jener Anspruch bezeichnet, der sich aus dem Vertrag ergibt, sohin die Erfüllung der vereinbarten Leistungspflicht selbst. Beispielsweise beim Kaufvertrag ist der Primäranspruch des Käufers die Übergabe bzw. Übereignung der Ware, der Primäranspruch des Verkäufers die Zahlung des Kaufpreises. Tritt im Vertragsverhältnis eine Leistungsstörung auf, so kommen die Sekundäransprüche der Vertragsparteien zum Tragen. Diese regeln die möglichen Folgen, wenn der Vertrag schlecht, zu spät oder gar nicht erfüllt wird. Hierzu gehören die Ansprüche auf Minderung, Mangelbeseitigung, Schadensersatz oder auch der Rücktritt vom Vertrag.

Das allgemeine Leistungsstörungsrecht ist im deutschen BGB in den §§ 275 ff. geregelt. Die Normen bilden in ihrer Ausgestaltung ein strukturiertes System, das auf den ersten Blick recht komplex anmutet[64]. Diese Regelungen zur allgemeinen Leistungsstörung gelten für alle Vertragstypen. Daneben gibt es noch das besondere Leistungsstörungsrecht, welches diese Normen ergänzt und in den Sondervorschriften der jeweiligen Vertragstypen, beispielsweise für den Kaufvertrag oder auch den Werkbzw. Reisevertrag, enthalten sind.

Das Herzstück des allgemeinen Leistungsstörungsrechts bildet § 280 BGB. Dieser normiert den Schadensersatzanspruch des Gläubigers, wenn der Schuldner eine Pflicht aus dem Vertrag verletzt. Wiederkehrende Anspruchsvoraussetzung ist dabei immer eine Pflichtverletzung, die der andere Vertragsteil auch zu vertreten haben muss. Die Verantwortlichkeit für dieses Vertretenmüssen regeln die §§ 276 bis 278 BGB.

3.2. Die Unmöglichkeit der Leistung

Ist einem Vertragspartner die Erfüllung seiner vertraglichen Verpflichtung aus tatsächlichen oder rechtlichen Gründen schlicht gar nicht möglich, so liegt eine Un-

---

64 Übersichtliche Darstellung zur Strukturierung des Allgemeinen Schuldrechts in: Medicus, *Die Leistungsstörung im neuen Schuldrecht*, JuS 2003, 521.

möglichkeit der Leistung vor. In Ausprägung des Grundsatzes, dass Verträge verbindlich sind, hat der Vertragspartner für die von ihm geschuldete Leistung eine sogenannte **Beschaffungspflicht**[65]. Er kann sich sohin nicht darauf berufen, dass beispielsweise die verkaufte Ware nicht vorrätig ist. Erst wenn ihm die Beschaffung unter keinen Umständen mehr möglich ist, wird der Vertragspartner von seiner Leistungspflicht frei. An deren Stelle treten dann Sekundäransprüche, vorrangig auf Schadensersatz.

3.2.1. Gattungsschuld und Stückschuld

Für die Feststellung der Unmöglichkeit stellt sich zuerst einmal die Frage, ob dem Vertragspartner die Beschaffung der Vertragssache (noch) möglich ist. Für diese Frage unterscheidet das deutsche Recht zwischen einer Gattungsschuld oder eine Stückschuld.

3.2.1.1. Gattungsschuld

Bei der Gattungsschuld schuldet der Vertragspartner einen **Gegenstand mittlerer Art und Güte**. Hier ist eine objektive Unmöglichkeit annähernd undenkbar. Ein klassisches Beispiel der Gattungsschuld sind Gegenstände des täglichen Lebens bzw. das Warensortiment von Onlineshops. Verpflichtet sich der Verkäufer zum Verkauf eines Computers, so kann er nicht einwenden, dass ein solcher nicht mehr auf Lager sei. Der Verkäufer ist vielmehr zu Beschaffung eines Computers mit den vereinbarten Eigenschaften verpflichtet. Eine Unmöglichkeit liegt dann in der Regel nicht vor.

Diese Beschaffungspflicht wird vom Unternehmen oftmals als sogenannte Vorratsschuld[66] eingeschränkt mit der Klausel *„solange der Vorrat reicht“*. Dann beschränkt sich die Beschaffungspflicht auf das Lager bzw. den Vorrat des Vertragspartners.

3.2.1.2. Stückschuld

Bei der Stückschuld schuldet der Vertragspartner keine Sache mittlerer Art und Güte, sondern vielmehr nur die eine Sache, die **durch individuelle Merkmale konkret bestimmbar** ist. Geht die geschuldete Sache unter, so begründet allein dies die Unmöglichkeit der Leistung.

Die Stückschuld kann zum einen von Anfang an durch die Einzigartigkeit des Vertragsgegenstandes gegeben sein. Das Gemälde eines Malers beispielsweise wird derartige Sondermerkmale aufweisen, dass kein Gemälde gleicher Art und Güte existiert. Wird das Gemälde vor der Übereignung zerstört, muss der Verkäufer kein anderes Gemälde beschaffen, um seiner vertraglichen Verpflichtung nachzukommen.

[65] MüKoBGB/ Grundmann, *BGB-Kommentar* § 276 Rn. 179.
[66] BeckOK BGB/Sutschet, *BGB-Kommentar* § 243 Rn. 9.

Zum anderen ist auf § 243 Abs. 2 BGB zu achten, denn die ursprüngliche Gattungsschuld kann sich durch sogenannte **Konkretisierung in eine Stückschuld wandeln**[67] und damit auch dann zur Unmöglichkeit führen, wenn eine andere Sache mittlerer Art und Güte auf dem Markt noch zu beschaffen wäre. Hat der Vertragspartner seinerseits alles Erforderliche zur vertragsgemäßen Leistung getan, entfällt die Beschaffungspflicht einer anderen Sache. Dabei findet eine Unterscheidung nach der Art der geschuldeten Leistung statt. Das deutsche Recht kennt die Bringschuld, die Schickschuld und die Holschuld. Bei der Bringschuld muss der Vertragspartner die Sache am (Wohn)Sitz des Vertragspartners tatsächlich angeboten haben, wohingegen bei der Schickschuld die Übergabe der Sache an den Transporteur genügt. Bei der Holschuld hingegen genügt sogar die Absonderung des zu leistenden Gegenstandes und das Angebot zur Abholung an den Gläubiger. Hat der Schuldner diese Voraussetzungen erfüllt, wandelt sich die Gattungsschuld in eine Stückschuld, die sogenannte Leistungsgefahr geht auf den Gläubiger über und die Unmöglichkeit tritt bereits bei Untergang des Einzelstücks ein.

3.2.2. Arten der Unmöglichkeit

§ 275 Abs. 1 BGB definiert den Ausschluss der Leistungspflicht und damit die **tatsächliche Unmöglichkeit**[68]. Man unterscheidet die anfängliche und die nachträgliche Unmöglichkeit, die objektive und die subjektive Unmöglichkeit sowie die Teilunmöglichkeit. Auch wenn der Schuldner durch jede der Formen der Unmöglichkeit frei wird, so ist deren Unterscheidung doch wichtig für die Rechtsfolgen.

Bei der Unterscheidung zwischen **anfänglicher und nachträglicher Unmöglichkeit** ist auf den Zeitpunkt des Vertragsschlusses, sohin der Abgabe der Willenserklärung der Vertragspartei abzustellen. Liegt eine anfängliche Unmöglichkeit vor, so war der Vertragspartei bereits bei Abschluss des Vertrages eine tatsächliche Leistung nicht möglich. Fortführend stellt sich sodann die Frage, ob der Vertragspartei der Fakt der Unmöglichkeit bekannt gewesen ist, diese also *„sehenden Auges"* einen nicht erfüllbaren Vertrag geschlossen hat. Bei der nachträglichen Unmöglichkeit war der Vertragspartei die Erfüllung ihrer vertraglichen Verpflichtung bei Abschluss des Vertrages möglich. Erst danach ist durch ein hinzugetretenes Ereignis die Leistung unmöglich geworden, wobei für ein Vertretenmüssen wesentlich darauf abzustellen ist, ob sich die Vertragspartei zu diesem Zeitpunkt bereits mit ihrer Leistung in Verzug befunden hat oder nicht.

Bei der objektiven Unmöglichkeit kann die Leistung von niemandem mehr erbracht werden, wohingegen bei der subjektiven Unmöglichkeit die Leistung lediglich dem Schuldner nicht mehr möglich ist.

---

67 Heinemeyer, *Gefahrenübergang und Sachmangel*, NJW 2019, 1025.

68 Übersichtliche Darstellung zur Unmöglichkeit und ihre Rechtsfolgen in: Looschelders, *Unmöglichkeit und Schadensersatz statt der Leistung*, JuS 2010, 849.

Eine **Teilunmöglichkeit**[69] ist nur dann möglich, wenn die Leistung überhaupt teilbar ist. Der Begriff der teilbaren Leistung ist nicht legaldefiniert und orientiert sich an § 266 BGB. Eine Leistung ist teilbar, wenn sie ohne Wertminderung und ohne Beeinträchtigung des Leistungszwecks in Teilleistungen zerlegt werden kann. Schuldet der Vertragspartner beispielsweise die Lieferung von vier Stühlen, so kann bei der Zerstörung von zwei dieser Stühle eine Teilunmöglichkeit vorliegen. In diesem Fall wird der Schuldner nur hinsichtlich des unmöglichen Teils der Leistung von seiner Leistungspflicht befreit, die Gegenleistung wird entsprechend gemindert. Ausnahmsweise kann aber auch die Teilunmöglichkeit der vollständigen Unmöglichkeit gleichzusetzen sein, wenn nur die vollständige Leistung dem Vertragszweck entspricht. Wurden in dem vorgenannten Beispiel nicht nur vier Stühle, sondern diese gemeinsam mit einem Tisch erkennbar als Sitzgruppe gekauft, so mag der Vertragszweck durch die Lieferung der verbliebenen zwei Stühle nicht mehr erreicht werden können.

Daneben kennt das deutsche Recht die **faktische Unmöglichkeit sowie die moralische Unmöglichkeit**. Hier ist die Leistung dem Vertragspartner zwar tatsächlich noch möglich, diesem steht aber ein Leistungsverweigerungsrecht zu. Unter die faktische Unmöglichkeit fallen jene Sachverhalte, bei denen die Leistung einen Aufwand erfordert, der unter Beachtung des Inhalts des Schuldverhältnisses und des Gebotes von Treu und Glauben in einem groben Missverhältnis zu dem Leistungsinteresse des Gläubigers steht, § 275 Abs. 2 BGB. Bei der moralischen Unmöglichkeit kann die Vertragspartei die Leistung verweigern, wenn sie die Leistung persönlich zu erbringen hat und diese ihr unter Abwägung des der Leistung entgegenstehenden Hindernisses mit dem Leistungsinteresse des Vertragspartners nicht zugemutet werden kann, § 275 Abs. 3 BGB. Von diesen Fällen nicht umfasst ist hingegen die wirtschaftliche Unmöglichkeit. Ist beispielsweise für den Verkäufer die Beschaffung einer Sache schlicht teurer als gedacht, so entlastet ihn dies nicht von seiner Leistungspflicht. Eine Ausnahme kann lediglich bei einem groben Missverhältnis über den Grundsatz der Störung der Geschäftsgrundlage gemäß § 313 BGB gesucht werden[70].

Weiterhin fallen unter den Begriff der Unmöglichkeit auch jene Fälle, bei welchen durch **Zweckerreichung oder Zweckfortfall**[71] das Vertragsziel nicht mehr erreicht werden kann. Wird beispielsweise ein Vertrag über die Sanierung eines Hauses geschlossen, welches vor Erfüllung des Vertrages abgebrannt ist, so ist der Zweck des Vertrages fortgefallen und die Erbringung der geschuldeten Leistung unmöglich geworden. Davon zu unterscheiden ist die Zweckstörung, bei der der Vertragspartner aus der eigenen Motivation heraus keine Verwendung mehr für die vertraglich geschuldete Leistung hat. Wenn das zu sanierende Haus beispielsweise nicht abgebrannt wäre, sondern lediglich der Hausherr kein Interesse mehr an einem Einzug

69 BeckOK BGB/Lorenz, *BGB-Kommentar* § 275 Rn. 52 ff.

70 Palandt/Grüneberg, *BGB-Kommentar* § 275 Rn. 29.

71 Musielak, *Der Ausschluss der Leistungspflicht nach § 275 BGB*, JA 2011, 801.

und der Sanierung hat, so liegt eine Leistungsstörung nicht vor. Derartige Fälle werden von der Unmöglichkeit gemäß § 275 BGB nicht erfasst, der Schuldner wird nicht von der Leistungspflicht frei.

3.2.3. Rechtsfolgen der Unmöglichkeit

Das Grundprinzip der Unmöglichkeit besagt, dass die Unmöglichkeit die Wirksamkeit des Vertrages nicht berührt. Dies gilt selbst dann, wenn die Unmöglichkeit bei Abschluss des Vertrages bereits vorgelegen hat. Der Schuldner wird lediglich von seiner Verpflichtung zur vertraglichen Leistung frei. Zum Ausgleich für den Vertragspartner eröffnet § 275 Abs. 4 BGB dem anderen Vertragsteil die Möglichkeit für Schadensersatz und Rücktritt unter den Voraussetzungen der §§ 280, 283 bis 285, 311a und 326 BGB. Wichtig ist also immer, zwischen der unmöglich gewordenen Leistung und der Gegenleistung zu unterscheiden.

Der Gesetzgeber knüpft verschiedene Rechtsfolgen an den Eintritt der Unmöglichkeit. Grundnorm ist § 280 BGB mit seiner Regelung zum Schadensersatz. Ergänzend dazu gehört § 323 BGB ebenfalls zu den wesentlichen Rechtsfolgen, indem dem Vertragspartner ein Rücktrittsrecht zugestanden wird.

3.2.3.1. Befreiung von der Leistungspflicht und Gegenleistung

Kann eine Vertragspartei die geschuldete Leistung nicht mehr erbringen, so wird sie von ihrer primären Leistungspflicht frei. Die Unmöglichkeit stellt eine rechtsvernichtende Einwendung dar.

Hat der andere Vertragspartner seine Gegenleistung noch nicht erbracht, so bestimmt § 326 Abs. 1 BGB, dass auch dessen Leistungspflicht entfällt. Kann beispielsweise beim Kaufvertrag der Verkäufer den Kaufgegenstand nicht mehr liefern, so muss der Käufer auch den Kaufpreis hierfür nicht mehr bezahlen.

Keine Leistung ohne Gegenleistung ist ein wichtiger Grundsatz des synallagmatischen Vertrages. Eine wichtige Ausnahme stellt allerdings § 326 Abs. 2 S. 1 BGB dar. Denn die Pflicht zur Gegenleistung entfällt nur dann, wenn die Unmöglichkeit vom Schuldner oder von keinem der beiden Vertragsparteien zu vertreten ist. Befand sich hingegen der Gläubiger mit der Annahme der Leistung in Verzug oder ist er allein oder weit überwiegend für den Umstand der Unmöglichkeit verantwortlich, so schuldet er trotz Unmöglichkeit die vertragliche Gegenleistung. Hat beispielsweise der Verkäufer zum vertraglich vereinbarten Zeitpunkt erfolglos versucht, dem Käufer den Kaufgegenstand zu übergeben, so bleibt der Käufer auch dann zur Zahlung des Kaufpreises verpflichtet, wenn der Kaufgegenstand danach zerstört wird.

3.2.3.2. Schadensersatz

Der Vertragspartner soll beim Wegfall des Primärleistungsanspruchs nicht mit leeren Händen dastehen. Hat der zur Leistung verpflichtete Vertragspartner die Unmöglichkeit zu vertreten, so kann der andere hierfür **Schadensersatz statt der Leistung** verlangen. Anspruchsgrundlage der anfänglichen Unmöglichkeit ist § 311a Abs. 2 BGB und stellt auf die Situation bei Vertragsschluss ab. Kernfrage für ein Vertretenmüssen und damit einen Schadensersatzanspruch ist, ob der Schuldner die Unmöglichkeit beim Abschluss des Vertrages bereits kannte oder kennen musste. In seinem Grundaufbau setzte der Schadensersatzanspruch nach dem allgemeinen Schuldrecht des BGB immer ein schuldhaftes Verhalten voraus[72], das bei der anfänglichen Unmöglichkeit auf die Unkenntnis vom Leistungshindernis und bei der nachträglichen Unmöglichkeit mit ihrer Anspruchsgrundlage in den §§ 280 Abs. 1 und 3, 283 BGB auf die tatsächlich nicht erbrachte Leistung abstellt.

3.2.3.3. Rücktritt vom Vertrag

Der andere Vertragsteil kann aufgrund der Unmöglichkeit vom Vertrag zurücktreten. Einschlägig ist § 326 Abs. 5 BGB. Das sodann entstehende Rückgewährschuldverhältnis gibt dem Vertragspartner auch einen Anspruch auf Rückgabe der Gegenleistung. Hat der Käufer beispielsweise den Kaufpreis für eine zerstörte Sache geleistet, so kann er diesen zurückfordern. Die Möglichkeit des Verlangens von Schadensersatz besteht daneben fort.

3.2.3.4. Herausgabe des Ersatzes

Hat der von der Leistung befreite Vertragspartner einen Ersatz für den eigentlich geschuldeten Vertragsgegenstand erlangt, so kann der andere Teil alternativ zum Rücktritt die Herausgabe dieses Ersatzes gemäß den §§ 326 Abs. 3, 285 BGB verlangen. Hat beispielsweise der Verkäufer eines Fahrzeugs selbiges bereits an einen Dritten verkauft, so steht es dem Käufer frei, insbesondere bei einem günstigen Verkaufspreis des Vertrages mit dem Dritten die Herausgabe desselben statt des Fahrzeuges zu verlangen. Er schuldet dann als Gegenleistung den ursprünglich vereinbarten Kaufpreis. Ebenso kann der Käufer die Versicherungsleistung des Verkäufers beanspruchen, wenn der Kaufgegenstand vor der Übergabe zerstört aber versichert war[73].

3.3. Leistungsverzögerung

Bei der Leistungsverzögerung ist dem Vertragspartner eine Erfüllung seiner vertraglichen Verpflichtung grundsätzlich noch möglich, er befindet sich mit dieser lediglich in **Verzug**. Zentralnorm der Leistungsverzögerung ist § 286 BGB.

3.3.1. Voraussetzungen der Leistungsverzögerung

Die Leistungsverzögerung setzt zuerst einmal die **Fälligkeit des vertraglich Geschuldeten** voraus. Die Vertragsparteien können einen Zeitpunkt für die Leistung

[72] Freitag, *Rechtsfolgen der Unmöglichkeit und Unzumutbarkeit der Leistung*, NJW 2014, 113.
[73] MüKoBGB/Emmerich, *BGB-Kommentar* § 285 Rn. 27.

selbst bestimmen. Haben die Parteien hingegen keine Vereinbarung über den Leistungszeitpunkt getroffen, so wird die Leistung durch die Aufforderung des Gläubigers an den Schuldner fällig.

Ist zumindest der Verkäufer ein Unternehmer[74], so gilt für den **Handelskauf** weiterhin Folgendes zu beachten. Soll eine Entgeltforderung erst mehr als 60 Tage nach der Gegenleistung verlangt werden können, so ist die Vereinbarung über den Leistungszeitpunkt nur dann wirksam, wenn sie ausdrücklich getroffen und nicht grob unbillig ist, § 271a Abs. 1 BGB. Gleiches gilt gemäß § 271a Abs. 3 BGB, wenn eine Entgeltforderung erst nach Überprüfung oder Abnahme der Gegenleistung zu erfüllen ist und die Zeit für die Überprüfung oder Abnahme der Gegenleistung mehr als 30 Tage nach Empfang der Gegenleistung betragen soll.

Neben der Fälligkeit knüpft § 286 BGB an den Eintritt des Verzuges weitere, nachfolgend erörterte Voraussetzungen.

3.3.1.1. Mahnung

Die allgemeinen Voraussetzungen des Verzuges sind Fälligkeit und Mahnung. Dabei handelt es sich um zwei getrennt voneinander zu beurteilende Tatbestände. Letztendlich hatte die Mahnung eine **Schutzfunktion**[75] **für den Schuldner**. Ihm soll eine letzte Möglichkeit zur Leistung gewährt werden, bevor die weitreichenden Rechtsfolgen des Verzuges eintreten.

Mit der Mahnung muss der Gläubiger den Schuldner auffordern, die fällige Leistung zu erbringen. In der Praxis geschieht dies durch ein sogenanntes **Mahnschreiben**. Die Mahnung soll den Schuldner nochmals auf die fällige Forderung hinweisen und diesen eindeutig zur Leistung auffordern. Zwar spricht § 286 Abs. 1 S. 1 BGB davon, dass die Mahnung nach Eintritt der Fälligkeit erfolgen soll. Es ist von der Rechtsprechung jedoch anerkannt, dass die Mahnung auch im gleichen Schreiben mit der ersten Fälligstellung erklärt werden kann[76].

Nicht notwendig ist, dass in der Mahnung eine Frist gesetzt wird oder gar die Folgen einer weiteren Verzögerung angedroht werden. Der Erklärungsgehalt der Mahnung muss jedoch für den Schuldner eindeutig erkennbar sein. So ist beispielsweise die schlichte nochmalige Übersendung einer Rechnung oder einer Zahlungsaufstellung, auch wenn diese eine Zahlungsfrist enthält, keine Mahnung im Sinne des § 286 BGB[77].

Im Übrigen sind in § 286 Abs. 2 und 3 BGB einige Ausnahmen bestimmt, unter denen es einer Mahnung nicht bedarf.

---

[74] Die Norm geht zurück auf die Richtlinie zur Bekämpfung von Zahlungsverzug im Geschäftsverkehr, Richtlinie 2011/7/EU des Europäischen Parlaments und des Rates vom 16.2.2011.

[75] BeckOK BGB/Lorenz, *BGB-Kommentar* § 286 Rn. 1.

[76] BGH, Urt. v. 13.7.2010, Az. XI ZR 27/10 – NJW 2010, 2940.

[77] BGH, Urt. v. 25.10.2007, Az. III ZR 97/07 – NJW 2008, 50.

3.3.1.2. Leitungszeitpunkt kalendermäßig bestimmt

Ist im Vertrag der Leistungszeitpunkt kalendermäßig bestimmt, so tritt zum darauffolgenden Tag der Verzug ohne weitere Mahnung des Vertragspartners ein, § 286 Abs. 2 Nr. 1 BGB. Dabei kann die Leistungszeit durch den Vertrag bestimmt werden. Die Vereinbarung muss ihrem Inhalt nach eine Bestimmbarkeit nach dem Kalender ermöglichen.

Eine einseitige Bestimmung des Zeitpunktes ist nicht ausreichend, vielmehr müssen beide Vertragsparteien über den Leistungszeitpunkt Einigkeit erzielt haben. Nicht entscheidend ist hingegen, ob die Vereinbarung bereits bei Vertragsschluss oder vielmehr später geschlossen wurde.

3.3.1.3. Leistungszeitpunkt vom Eintritt des Ereignisses abhängig

Ist der Leistungszeitpunkt gemäß vertraglicher Vereinbarung vom Eintritt eines Ereignisses abhängig, so muss dieses nach Datum bestimmbar sein, § 286 Abs. 2 Nr. 2 BGB. Dafür müssen sich die Parteien in ihrem Vertrag auf ein bestimmtes Ereignis und eine darauffolgende angemessene Frist einigen, sodass auch eine kalendermäßige Berechnung möglich wird. Typisches Beispiel hierfür ist die Vereinbarung, dass der Kaufpreis binnen 14 Tagen nach Lieferung zu zahlen ist[78].

3.3.1.4. Leistungsverweigerung durch den Schuldner

Hat der Schuldner nach Fälligkeit die Leistung ernsthaft und endgültig verweigert, so treten auch hierdurch die Rechtsfolgen des Verzuges sofort ein, § 286 Abs. 2 Nr. 3 BGB. Der Warnfunktion eines Mahnschreibens bedarf es auch in diesem Fall nicht. Die Rechtsprechung stellt an das Vorliegen einer ernsthaften und endgültigen Erfüllungsverweigerung strenge Anforderungen. Allgemeinhin muss die Verweigerung als sogenanntes letztes Wort des Schuldners aufzufassen sein[79].

3.3.1.5. Keine Mahnung bei Entgeltforderungen

Eine Besonderheit ist bei Entgeltforderungen zu beachten. So normiert § 286 Abs. 3 S. 1 BGB, dass der Schuldner einer Entgeltforderung auch ohne Mahnung **spätestens 30 Tage nach Fälligkeit** und Zugang einer Rechnung in Verzug gerät. Die Entgeltforderung muss auf einer Gegenleistung beruhen, sodass die Verzugserleichterung auf eine einseitige Verpflichtung nicht anwendbar ist.

Bei der Rechnungsstellung gegenüber Verbrauchern bedarf es einer gesteigerten Anstrengung des Unternehmers. Gegenüber einem Verbraucher kommt die Erleichterung des § 286 Abs. 3 S. 1 BGB nur zum Tragen, wenn der Unternehmer auf diesen Umstand in der Rechnung besonders hinweist.

---

[78] BeckOK BGB/Lorenz, *BGB-Kommentar* § 286 Rn. 35.
[79] BGH, Urt. v. 18.9.2014, Az. VII ZR 58/13 – NJW-RR 2014, 1512.

3.3.1.6. Keine Mahnung auf Grund von Interessenabwägung

Mit § 286 Abs. 2 Nr. 4 BGB ist ein Regulativ gefunden, dass auch bei einer **beiderseitigen Interessenabwägung und besonderen Gründen** einen Verzug sofort eintreten lässt, ohne dass es hierfür einer Mahnung bedarf. Die Grundsätze von Treu und Glaube können bei der Abwägung herangezogen werden, um die durch unbestimmte Rechtsbegriffe getragene Norm auszufüllen.

Seit langem von der Rechtsprechung anerkannt sind fünf Fallkonstellationen[80], die allerdings keinen abschließenden Charakter begründen. Die erste Fallgruppe bildet die sogenannte Selbstmahnung, bei der sich der Schuldner selbst durch seine ausdrückliche Ankündigung der Leistung in Verzug versetzen kann. Zum Zweiten fällt die bewusste falsche oder fehlerhafte Leistung darunter, sohin wenn der Schuldner etwas anderes liefert, um die eigentliche Leistung hinauszuzögern. Die dritte Konstellation stützt sich auf eine bereits bei Vertragsschluss erkennbare besondere Dringlichkeit der Leistung, wie dies beispielsweise bei der Reparatur eines Wasserrohrbruchs der Fall sein dürfte. Zur vierten Gruppe gehört das hinderliche Verhalten des Schuldners. Nimmt der Schuldner beispielsweise die Mahnung nicht an, so gerät er dennoch gemäß § 286 Abs. 2 Nr. 4 BGB in Verzug. Die letzte Fallgruppe wird behandelt unter dem Rechtsbegriff *„fur semper in mora"*. Wenn also der Schuldner zur Herausgabe einer durch eine unerlaubte Handlung (§ 823 BGB) erlangten Sache oder eines Geldbetrages verpflichtet ist, wird er ebenfalls nicht durch die Warnfunktion der Mahnung geschützt. Weiterhin kann das Ereignis, welches einen sofortigen Verzug begründet, sogar noch vor der Fälligkeit der Forderung liegen. So tritt nach der Rechtsprechung des Bundesgerichtshofes sowohl Fälligkeit als auch Verzug sofort ein, wenn der Schuldner bereits vorher erklärt, nicht (rechtzeitig) leisten zu können[81].

3.3.2. Rechtsfolgen der Leistungsverzögerung

Grundsätzlich haftet der Schuldner während des Verzuges im Hinblick auf die Leistung für jede Fahrlässigkeit und auch für den Zufall, § 287 BGB. Wird also der Vertragsgegenstand während des Verzuges zerstört, so hat der Schuldner dies selbst dann zu vertreten, wenn höhere Gewalt vorliegt. Die weiteren Rechtsfolgen der Leistungsverzögerung finden ihre Grundlage wiederum ebenso wie bei der Unmöglichkeit der Leistung in den allgemeinen Regelungen der §§ 280 ff. BGB. Der Gläubiger kann den Ersatz des Verzögerungsschadens, Verzugszinsen oder auch eine Verzugspauschale in Höhe von 40 EUR geltend machen[82].

---

80 Palandt/Grüneberg, *BGB-Kommentar* § 286 Rn. 25.

81 BGH, Urt. v. 20.04.2023, Az. I ZR 140/22 NJW 2023, 3285-3289

82 Klein, *Ansprüche des Gläubigers beim Zahlungsverzug des Schuldners*, JA 2020, 8.

3.3.2.1. Leistungserzwingung

Der Vertragspartner kann nach wie vor auf die Erfüllung des Vertrages bestehen, sofern eine Leistung möglich ist.

3.3.2.2. Verzögerungsschaden

Weiterhin ist der Schuldner zum Ersatz desjenigen Schadens verpflichtet, welcher durch die Verzögerung der Leistung dem anderen entstanden ist. Konkrete Regelungen hierzu enthält § 288 BGB.

Bei Geldschulden ist der Schaden in erster Linie der Verzugszins, welcher mit **5 Prozentpunkten über dem Basiszinssatz** geregelt ist und an dem Tag nach Eintritt des Verzuges beginnt. Für Handelsgeschäfte gilt der erhöhte Zinssatz in Höhe von 9 Prozentpunkten über dem Basiszinssatz. Dabei wird der Basiszinssatz jedes Jahr zum 1. Jänner und zum 1. Juli geändert, Bezugsgröße ist der Zinssatz für die jüngste Hauptrefinanzierungsoperation der europäischen Zentralbank, § 247 BGB[83]. Bei Eintreibung einer Forderung muss für das Schuldnerkonto also beachtet werden, dass die Verzinsung halbjährlich anzupassen ist. Die Berechnung kann sich an den jeweils von der Deutschen Bundesbank bekannt gegebenen Sätzen orientieren.

Die Vereinbarung eines höheren Zinssatzes im Vertrag ist jedenfalls zwischen Unternehmern möglich. Dabei sollte beachtet werden, dass eine formularmäßige Vereinbarung in den Allgemeinen Geschäftsbedingungen jedenfalls auch zwischen Unternehmen unzulässig ist, § 309 Nr. 5a BGB.

Weiterhin enthält § 288 Abs. 5 BGB einen **pauschalierten Schadensersatzanspruch in Höhe von 40 EUR**. Dieser kann immer dann verlangt werden, wenn der sich im Verzug befindliche Vertragsteil ein Unternehmer ist. In erster Linie soll diese Pauschale die Beitreibungskosten des anderen abdecken. Aus diesem Grund ist die Pauschale auch auf Kosten für die Inanspruchnahme eines Rechtsanwaltes anzurechnen. Eine Anrechnung auf andere Schadenspositionen kommt allerdings nicht in Betracht.

3.3.2.3. Schadensersatz neben der Leistung

Zusätzlich kann der Gläubiger von seinem Vertragspartner Schadensersatz neben der Leistung verlangen, § 280 Abs. 2 BGB. Unter diesen sogenannten Verzögerungsschaden fallen beispielsweise die Kosten der Rechtsverfolgung oder der entgangene Gewinn eines Folgegeschäftes. Nach höchstgerichtlicher Rechtsprechung sind auch Kosten eines vom Gläubiger beauftragten Inkassobüros zu ersetzen[84].

---

[83] Zur Frage des negativen Basiszinssatzes: Coen, *Der negative Basiszinssatz nach § 247 BGB*, NJW 2012, 3329.

[84] Goebel, *Erstattungsfähige Rechtsverfolgungskosten bei Inkasso durch Rechtsdienstleister*, NJW 2016, 3332; BGH, Urt. v. 07.12.2022, Az. VIII ZR 81/21 NJW 2023, 1368-1371.

Insbesondere bei der **Beauftragung eines Rechtsanwaltes** zur Durchsetzung einer Forderung ist nach dem deutschen Recht Vorsicht geboten. Im Sinne obiger Voraussetzungen des Verzuges sind diese vorgerichtlichen Rechtsverfolgungskosten nur dann vom Schuldner zu ersetzen, wenn zuvor Fälligkeit und Verzug eingetreten sind. In der Regel muss also vor der Beauftragung des Rechtsanwaltes der Gläubiger selbst den Schuldner zur Zahlung auffordern und auch in Verzug setzen, bevor er das Mandat an seinen Rechtsbeistand erteilen kann. Da das deutsche Rechtsanwaltsvergütungsgesetz phasenpauschaliert ist und eine Vergütung von Einzelleistungen nicht vorsieht, entstehen die außergerichtlichen Kosten des mit der Forderungsbetreibung beauftragten Rechtsanwaltes mit dessen erster Tätigkeit in voller Höhe. Wird also mit der ersten Tätigkeitshandlung des Rechtsanwaltes der Schuldner erst in Verzug gesetzt, so sind die Anwaltskosten kein Verzugsschaden. Der Gläubiger bleiben auf diesen im Zweifel sitzen[85].

Wird die Leistung später letztendlich erbracht, so stellt die Annahme selbiger im Zweifel keinen gleichzeitigen Verzicht auf den erlittenen Verzögerungsschaden dar.

3.3.2.4. Rücktritt und Schadensersatz statt der Leistung

Hat der Gläubiger an der ursprünglich im Vertrag vereinbarten Leistungen kein Interesse mehr, so kann er bei Verzug des anderen Teiles zurücktreten und auch Schadensersatz statt der Leistung verlangen.

Hat der Gläubiger dem zur Leistung verpflichteten Vertragsteil eine **angemessene Frist** gesetzt, kann er aufgrund des Verzuges vom Vertrag zurücktreten bzw. für den Fall von Dauerschuldverhältnissen den Vertrag kündigen. Die Voraussetzungen richten sich nach dem allgemeinen Rücktrittsrecht des § 323 BGB. Es ist anzuraten, beim Setzen dieser Frist den Rücktritt bzw. die Kündigung ausdrücklich der anderen Vertragspartei anzudrohen, wenngleich dies nicht erforderlich ist.

Der Vertragspartner kann neben seinem Rücktritt einen Schadensersatz statt der Leistung verlangen. Dieser richtet sich nach den allgemeinen Schadensersatzvorschriften der §§ 280 ff. BGB und kann beispielsweise die Kosten für ein **Deckungsgeschäft** bzw. auch selbige für die Ersatzvornahme umfassen. Der Gläubiger sollte allerdings darauf achten, dass er das neue Geschäft erst nach dem erklärten Rücktritt tätigt[86].

3.4. Mangelhafte Leistung

Erbringt der Schuldner seine vertraglich geschuldete Leistung schlecht, so ist diese mit Mängeln behaftet. Dabei betrifft die Schlechterfüllung nicht die Art und Weise der Erfüllung, denn diese wird durch den Verzögerungsschaden vollumfänglich abgedeckt. Vielmehr sanktioniert die Schlechterfüllung ausschließlich einen Mangel

[85] Arz, *Stolperfallen bei der Geltendmachung vorgerichtlicher Rechtsanwaltskosten*, NJW 2019, 1858.
[86] MüKoBGB/Ernst, *BGB-Kommentar*, § 323 Rn. 162.

am Vertragsgegenstand selbst. Für die vom BGB vorgegebenen Vertragstypen, wie beispielsweise den Kaufvertrag oder auch den Werkvertrag, finden sich die einschlägigen Anspruchsvoraussetzungen zur Schlechterfüllung eben dort in Verbindung mit den allgemeinen Regelungen der §§ 280 Abs. 1 und 281 Abs. 1 S. 1 und 3 BGB. Auf die einzelnen Normen wird im nachfolgenden Kapitel ausführlicher eingegangen werden.

3.5. Leistungsverweigerung

Erbringt der Vertragspartner die von ihm geschuldete Leistung nicht, obwohl ihm die Erfüllung seiner vertraglichen Pflicht rechtlich und tatsächlich möglich ist, so liegt hierin eine Leistungsverweigerung. Derartige Fälle sind letztendlich in ihren Voraussetzungen und den zugehörigen Rechtsfolgen als Leistungsverzögerung zu behandeln. Die aktive Leistungsverweigerung wird in der Regel auch ein Vertretenmüssen des Schuldners unproblematisch begründen.

3.6. Verletzung von vertraglichen Nebenleistungspflichten

Neben den Hauptleistungspflichten obliegen jeder Vertragspartei noch sogenannte Nebenleistungspflichten gemäß § 241 Abs. 2 BGB. Die Vertragspartner sind nicht nur verpflichtet, die geschuldete Leistung zu erbringen. Im Vertragsverhältnis wird das **Integritätsinteresse** des jeweils anderen Teiles geschützt[87], auf die Rechte, Rechtsgüter und Interessen des Vertragspartners ist Rücksicht zu nehmen. Der Umfang diese Schutzpflichten ist gesetzlich nicht geregelt. Die Grenzen sollen sich vielmehr am redlichen Geschäftsverkehr orientieren, wobei auch der Vertragsinhalt selbst immer eine Rolle spielt.

3.7. Vertretenmüssen

Soll der andere Vertragsteil zur Zahlung von Schadensersatz verpflichtet werden, so setzt dies ein Vertretenmüssen der unmöglichen, verspäteten oder schlechten Leistungserfüllung voraus.

3.7.1. Verschuldensmaßstab

Das deutsche Schadensersatzrecht wird vom Verschuldensprinzip geprägt[88]. Das BGB unterscheidet ebenso wie das österreichische Recht zwischen dem vorsätzlichen und dem fahrlässigen Verschulden. Ein vorsätzliches Handeln des Schuldners ist für den vertraglichen Schadensersatzanspruch nicht erforderlich. Die Fahrlässigkeit gliedert sich in die einfache (leichte) und grobe Fahrlässigkeit. Muss ein Vertragspartner etwas zu vertreten haben, so reicht gemeinhin die leichte Fahrlässigkeit aus.

[87] Palandt/Grüneberg, *BGB-Kommentar*, § 241 Rn. 7.

[88] Kötz, *Vertragsrecht* Rn. 1074 ff.

Eine Sonderregelung kennt das deutsche Recht in § 277 BGB mit dem Verschuldensmaßstab der Sorgfalt in eigenen Angelegenheiten. Wer nur die eigens übliche Sorgfalt anzuwenden hat, ist im Gesetz definiert. Dies trifft beispielsweise auf den kraft Gesetzes zum Rücktritt Berechtigten, § 346 Abs. 3 Nr. 3 BGB, den unentgeltlichen Verwahrer, § 690 BGB, oder auch den Gesellschafter, § 708 BGB, zu. Jene Personengruppen haften lediglich wegen grober Fahrlässigkeit. Es gilt bei ihrem Verhalten ein subjektiver Maßstab, der sich an dem üblichen Verhalten des Einzelnen und der eigenüblichen Sorgfalt orientiert. Praktisch wird man sohin die Verletzung der Sorgfalt in einem besonders schweren Maße verlangen müssen. So wird man beispielsweise eine Haftung beim bloßen Verstoß gegen Straßenverkehrsregelungen verneinen, beim Überschreiten der zulässigen Höchstgeschwindigkeit um mehr als 100 % jedoch bejahen müssen.[89]

3.7.2. Zurechnung von Erfüllungsgehilfen

Setzt der Vertragspartner Dritte zur Erfüllung seiner vertraglichen Verpflichtung ein, so muss er sich das Fehlverhalten dieser sogenannten Erfüllungsgehilfen auch zurechnen lassen, § 278 BGB. Der Vertragspartner haftet dann für das Verschulden des Gehilfen ohne Rücksicht auf sein eigenes Verhalten. Der Regelung liegt der Gedanke zugrunde, dass derjenige, der für sich den Vorteil der Arbeitsteilung in Anspruch nimmt, auch den Nachteil des Risikos tragen soll, dass die von ihm verwendete Hilfsperson schuldhaft rechtlich geschützte Interessen des Vertragspartners verletzt[90].

Wichtig ist bei der Haftung für Gehilfen die **Unterscheidung des sogenannten Verrichtungsgehilfen vom Erfüllungsgehilfen**. Für das Fehlverhalten des Verrichtungsgehilfen kann sich der Vertragspartner im Gegensatz zum Erfüllungsgehilfen exkulpieren, § 831 Abs. i S. 2 BGB. Er muss lediglich nachweisen, dass er bei der Auswahl der bestellten Person die im Verkehr erforderliche Sorgfalt beachtet hat oder der Schaden auch bei Anwendung dieser Sorgfalt entstanden sein würde. Mit anderen Worten der Vertragspartner haftet nicht für fremdes Verschulden, sondern aufgrund des eigenen Fehlverhaltens bei der Auswahl der Hilfspersonen.

Der Geschädigte hat in der Regel ein hohes Interesse, eine Haftung gegenüber dem meist solventeren Geschäftsherrn zu begründen, statt seinen Anspruch beim Gehilfen geltend zu machen. Wesentliche Unterscheidungsmerkmale zwischen Erfüllungs- und Verrichtungsgehilfen sind die Verletzungshandlung innerhalb eines bestehenden Schuldverhältnisses und die Weisungsgebundenheit der Hilfsperson[91]. Erfüllt der Gehilfe die Pflicht des Schuldners aus einem Vertragsverhältnis mit dem Geschädigten, so ist er Erfüllungsgehilfe. Besteht hingegen kein Schuldverhältnis

89 OLG München, Urt. v. 30.12.1982, Az. 24 U 527/82 – DAR 83, 78.

90 BGH, Urt. v. 27.6.1985, Az. VII ZR 23/84 – NJW 85, 2475.

91 Vielfach diskutiert in den Entscheidungen des BGH zum sogenannten Dieselabgasskandal, u. a. BGH, Urt. v. 17.11.2022, Az. VII ZR 623/21 WM 2023, 140-143; ders, Urt. v. 29.09.2021, Az. VIII ZR 111/20 NJW 2022, 463-471

oder zumindest keine Sonderverbindung zwischen dem Geschädigten und dem Geschäftsherrn, in dessen Erfüllung die Verletzungshandlung fällt, so ist der Dritte Verrichtungsgehilfe.

Vergleichbar ist die Rechtslage mit der österreichischen Verhaftung und Unterscheidung zwischen dem Erfüllungsgehilfen gemäß § 1313a öABGB und dem Besorgungsgehilfen gemäß § 1315 öABGB.

Im Unternehmensrecht ist weder § 278 BGB noch § 831 BGB auf das Handeln von Organen juristischer Personen, beispielsweise Vorständen bzw. Geschäftsführern, anwendbar. Deren Verschulden führt gemäß den §§ 30, 31, 89 BGB immer zur Haftung der Gesellschaft ohne Entlastungsbeweis und gilt als eigenes Verschulden der juristischen Person.

3.8. Die Verjährung

Bei der Verjährung handelt es sich um eine sogenannte rechtshemmende Einrede. Sie ist geregelt in den §§ 194 bis 218 BGB. Der Verjährung liegt der Rechtsgedanke zugrunde, dass der Vertragspartner nach Ablauf einer bestimmten Zeit **Rechtssicherheit** über **das Bestehen und die Durchsetzbarkeit eines Anspruchs** erlangen soll. Mit Eintritt der Verjährung hat der Schuldner das Recht, die Leistung zu verweigern. Rechtlich betrachtet führt die Verjährung nicht zum Erlöschen des Anspruchs, sondern sie begründet ein dauerhaftes Leistungsverweigerungsrecht gemäß § 214 Abs. 1 BGB.

Will sich eine Partei auf die Einrede der Verjährung berufen, so muss sie diese durch Erklärung gegenüber ihrem Vertragspartner erheben. Leistet eine Vertragspartei in Unkenntnis der bereits eingetretenen Verjährung oder trotz Kenntnis der Einrede freiwillig an ihren Gläubiger, so ist eine Rückforderung ausgeschlossen, § 214 Abs 2 S. 1 BGB.

3.8.1. Regelmäßige Verjährung

Die regelmäßige Verjährungsfrist beträgt **drei Jahre**, § 195 BGB. Ein bedeutsamer Unterschied zum österreichischen Verjährungsrecht ist beim Beginn und sohin der Berechnung der regelmäßigen Verjährungsfrist zu beachten. § 199 BGB legt fest, dass die regelmäßige Verjährungsfrist mit dem Schluss des Jahres beginnt, in dem der Anspruch entstanden ist und der Gläubiger von den Umständen und der Person des Schuldners Kenntnis erlangt oder erlangen musste.[92] Die regelmäßige Verjährung beginnt und endet sohin immer zum 31. Dezember des betreffenden Jahres. Diese Regelung dient der Vereinfachung und auch Sicherheit des Rechtsverkehrs, denn so wird bei der Regelverjährung ein Streit über den genauen Tag der Entstehung der Forderung hinfällig. Der Verjährungsbeginn zum Jahresende gilt ausschließlich für die regelmäßige dreijährige Verjährungsfrist des § 195 BGB.

[92] MüKoBGB/Grothe, *BGB-Kommentar* § 199 Rn. 1.

Sämtliche andere Verjährungsfristen werden taggenau in ihrem Beginn und Ende festgelegt und berechnet.

Wie auch im österreichischen Recht beginnt die Verjährungsfrist erst mit Kenntnis bzw. grob fahrlässiger Unkenntnis der Anspruchsumstände und des Schuldners. Daneben regelt § 199 Abs. 3 BGB eine kenntnisunabhängige absolute Verjährungsfrist von zehn bzw. 30 Jahren.

3.8.2. Dreißigjährige Verjährung

Gesondert geregelt wird eine dreißigjährige Verjährungsfrist in § 197 BGB. Diese gilt für Ansprüche aus der vorsätzlichen Verletzung des Lebens, des Körpers, der Gesundheit, der Freiheit oder der sexuellen Selbstbestimmung, für Herausgabeansprüche aus Eigentum und anderen dinglichen Rechten, für rechtskräftig festgestellte Ansprüche, für Ansprüche aus vollstreckbaren Vergleichen und vollstreckbaren Urkunden, für Ansprüche die durch die im Insolvenzverfahren erfolgte Feststellung vollstreckbar geworden sind, sowie für Ansprüche auf Erstattung der Kosten der Zwangsvollstreckung.

Vorsicht ist bei künftig fällig werdenden, regelmäßig wiederkehrenden Leistungen geboten. Für diese sieht § 197 Abs. 2 BGB wiederum die regelmäßige Verjährungsfrist des § 199 BGB vor. Darunter fallen beispielsweise die Miete und der Unterhalt.

3.8.3. Verjährung bei Rechten an Grundstücken

Ansprüche, die aus der Übertragung des Eigentums an Grundstücken oder Rechten daran begründet werden, verjähren gemäß § 196 BGB in **zehn Jahren**. Hintergrund der längeren Verjährungsfrist ist die Annahme, dass Grundstücke nicht wie bewegliche Sachen durch schlichte Übergabe übertragen werden können, sondern es hierfür eines Verfahrens mit Eintragungen, Vermessungen oder auch behördlichen Bescheinigungen bedarf, die mit Zeitverzögerungen verbunden sein können.

3.8.4. Verjährung von Gewährleistung und Schadensersatz

Weitere Sonderregelungen zur Verjährung finden sich an verschiedenen Stellen der deutschen Gesetze. Besonders hervorzuheben sind an dieser Stelle die Mängelrechte beim Kaufvertrag und ihre gesonderte Verjährungsregelung in § 438 BGB. Danach verjährt der Nacherfüllungs- und Schadensersatzanspruch binnen **zwei Jahren** nach Ablieferung der Kaufsache. Eine längere Frist gilt für Bauwerke mit fünf Jahren und für dingliche Rechte eines Dritten oder sonstige im Grundbuch eingetragene Rechte mit dreißig Jahren. Ebenso unterliegen nach der ganz herrschenden Meinung auch Mangelfolgeschäden der kurzen Verjährungsfrist[93]. Lediglich für den Fall des arglistig verschwiegenen Mangels gilt die regelmäßige Verjährungsfrist des § 195 BGB. Für den Werkvertrag normiert § 634a BGB eine eigene Verjährungsfrist

[93] BeckOK BGB/Faust, *BGB-Kommentar* § 438 Rn. 9.

für Mängelrechte des Bestellers von zwei Jahren sowie fünf Jahren für Bauwerke, jeweils ab Abnahme des Werkes.

Insofern wird ein **weiterer bedeutsamer Unterschied zur Rechtslage der Verjährung in** Österreich **beim Kauf- oder Werkvertrag offenbar**. Während in Österreich eine unterschiedliche Verjährungsfrist für den Gewährleistungsanspruch mit einer zweijährigen Frist und den Schadensersatzanspruch gilt, der gemäß § 1489 öABGB erst nach drei Jahren verjährt, hat das deutsche BGB die Verjährung sämtlicher Ansprüche einheitlich geregelt.

Das **Rücktrittsrecht** wegen einer nicht oder nicht vertragsgemäß erbrachten Leistung folgt gemäß § 218 BGB der Verjährungsregelung des Nacherfüllungsanspruchs. Demnach ist ein Rücktritt unwirksam, wenn der Nacherfüllungsanspruch bereits verjährt ist. Wurde der Rücktritt jedoch vor Eintritt der Verjährung rechtswirksam erklärt, so beginnt die Verjährung des daraus folgenden Anspruchs auf Erstattung des Kaufpreises mit der Rücktrittserklärung und unterliegt nunmehr der Regelverjährung des § 195 BGB. Der Käufer kann sohin die Rückforderung des gezahlten Kaufpreises binnen drei Jahren ab seiner Rücktrittserklärung zum Ende des jeweiligen Jahres geltend machen[94].

Andere Gestaltungsrechte unterliegen hingegen nicht der Verjährung des § 218 BGB. So hat der Bundesgerichtshof die Verbraucherrechte gestützt, indem er im Zusammenhang mit der fehlerhaften Widerrufsbelehrung von Verbraucherkrediten klargestellt hat, dass das Widerrufsrecht als Gestaltungsrecht nicht verjährt und auch der Regelung des § 218 BGB nicht unterfällt[95].

Handelsrechtlich interessant ist in diesem Zusammenhang die Verjährung von **Rückgriffsansprüchen innerhalb der Handelskette** gemäß § 445a BGB. Der Aufwendungsersatzanspruch verjährt binnen zwei Jahren von der Ablieferung durch den Lieferanten beim Unternehmer an, § 445b Abs. 1 BGB. Um Überschneidungen zu vermeiden ist hier eine besondere Ablaufhemmung vorgesehen. Die Verjährung der Ansprüche des Unternehmers gegenüber dem Lieferanten tritt frühestens zwei Monate nach dem Zeitpunkt ein, in dem der Verkäufer die Ansprüche des Käufers erfüllt hat. Die früher in norimierte Maximalfrist von fünf Jahren nach Lieferung wurde mittlerweile gestrichen.

3.8.5. Vertragliche Vereinbarungen

Vertragliche Vereinbarungen über die Verkürzung oder Verlängerung einer Verjährungsfrist sind grundsätzlich zulässig. Ebenso sind die Parteien bei der Vereinbarung oder dem Ausschluss von Hemmungsgründen oder der Schaffung weiterer Voraussetzungen für den Neubeginn der Verjährung frei. Unschädlich für die

[94] BGH, Urt. v. 29.4.2015, Az. VIII ZR 180/14 – NJW 2015, 2106.

[95] Grüneberg, Aktuelle Rechtsprechung des BGH zum Widerruf von Allgemein-Verbraucherdarlehensverträgen, BKR 2023, 273; BGH, Urt. v. 10.10.2017, Az. XI ZR 555/16 – NJW 2018, 225.

Wirksamkeit der Vereinbarung ist auch, ob diese erst nach Vertragsschluss oder gar nach Eintritt der gesetzlichen Verjährung zwischen den Parteien geschlossen wurde. Ebenso kann der Gläubiger auf die Einrede der Verjährung einseitig verzichten[96]. Umstritten ist, ob die vertragliche Vereinbarung der Verjährung der Formvorschrift des Hauptvertrages entsprechen muss. Diese Frage kommt jedenfalls dann zum Tragen, wenn die Parteien eine spätere Regelung zur Verjährung finden wollen. Da diese eine Nebenabrede zum Vertrag darstellt, ist die Form des Hauptvertrages zu empfehlen, um Rechtssicherheit zu erlangen. Wollen die Parteien beispielsweise die Verjährung der Ansprüche aus einem Grundstückskaufvertrag regeln, so bedarf diese Vereinbarung als Nebenabrede der notariellen Beurkundung, § 311 b Abs. 1 BGB[97].

Eine Grenze setzt § 202 Abs. 1 BGB dahingehend, als dass die Verjährung bei **Haftung wegen Vorsatz** nicht im Voraus erleichtert werden kann. Auch kann die Verjährung durch Vereinbarung auf maximal 30 Jahre ausgedehnt werden.

Beim Kauf- und Werkvertrag sind Verjährungsvereinbarungen gesondert zu prüfen. In der Praxis spielt § 476 Abs. 2 BGB mit seiner Regelung für den **Verbrauchsgüterkauf** eine große Rolle. Schließt ein Unternehmer mit einem Verbraucher einen Kaufvertrag, so kann er die Verjährung von Mängelrechten des Verbrauchers nicht im Voraus auf weniger als zwei Jahre bzw. bei gebrauchten Sachen nicht auf weniger als ein Jahr verkürzen[98]. Einzig Schadensersatzansprüche gemäß § 437 Nr. 3 BGB fallen nicht unter dieses Verbot, für die eine Verkürzung der Verjährungsfrist innerhalb der allgemeinen Grenzen auch gegenüber dem Verbraucher zulässig ist. Hatte der Verkäufer einen Mangel arglistig verschwiegen oder eine Garantie für die Beschaffenheit der Sache übernommen, so kann er sich auf einen vereinbarten Haftungsausschluss und sohin auch auf eine Verkürzung der Verjährungsfrist nicht berufen, § 444 BGB.

Weitere Grenzen für Verjährungsvereinbarungen setzen die AGB-rechtlichen Regelungen der §§ 309 Nr. 8 b) lit. ff) BGB für die Erleichterung der Verjährung durch **Allgemeine Geschäftsbedingungen** sowie die §§ 309 Nr. 7 a) und b) BGB, wenn die schuldhafte Lieferung der mangelhaften Sache zu Körper- oder Gesundheitsverletzungen geführt hat oder die Lieferung der Sache auf einer grob fahrlässigen Pflichtverletzung des Verwenders oder auf einer vorsätzlichen oder grob fahrlässigen Pflichtverletzung des Erfüllungsgehilfen bzw. gesetzlichen Vertreters des Verwenders beruht.

---

[96] Windorfer, *Der Verjährungsverzicht*, NJW 2015, 3329.

[97] Palandt/Ellenberger, *BGB-Kommentar* § 202 Rn. 5.

[98] Es bestehen nach der Entscheidung des EuGH, Urt. v. 13.7.2017, Az. C-133/16 – BeckRS 2017, 116664 begründete Zweifel an der Richtlinienkonformität bei der Verkürzung der Verjährung für gebrauchte Sachen auf ein Jahr. Vielmehr ist anzunehmen, dass nur eine Haftungsbegrenzung möglich ist.

3.8.6. Hemmung und Neubeginn

Weiterhin beachtenswert im Zusammenhang mit der Verjährung sind die Regelungen zur Hemmung bzw. zum Neubeginn der Verjährung.

Die **Hemmung** der Verjährung ist geregelt in den §§ 203 ff BGB und führt dazu, dass der Zeitraum des hemmenden Ereignisses nicht in die Verjährungsfrist eingerechnet wird[99]. Das Gesetz schreibt die Hemmung beispielsweise für die Dauer der Verhandlung zwischen den Vertragsparteien, für den Fall der Rechtsverfolgung[100], für die Dauer eines vereinbarten Leistungsverweigerungsrechts oder auch bei Vorliegen höherer Gewalt vor. Die Verjährung ist dann für den Zeitraum des Ereignisses sowie einer gewissen Nachfrist gehemmt und wird in die Verjährungsfrist nicht eingerechnet, § 209 BGB.

Im Gegensatz dazu führt der **Neubeginn** der Verjährung dazu, dass die Fristberechnung der Verjährung erneut beginnt. § 212 BGB sieht den Neuanfang sowohl für das Anerkenntnis des Anspruchs durch den Schuldner als auch für die Vornahme von Vollstreckungshandlungen vor. Das Anerkenntnis des Schuldners kann auch durch das Leisten einer Abschlagszahlung oder einer Zinszahlung oder einer Sicherheitsleistung auf die Schuld erfolgen.

3.8.7. Beachtenswertes bei Aufrechnung und Zurückbehaltung

Einen praktischen Rettungsanker bei der Verjährung kann die Aufrechnung bzw. das Zurückbehaltungsrecht nach Eintritt der Verjährung bieten. Hier regelt § 215 BGB, dass weder die Aufrechnung noch die Geltendmachung eines Zurückbehaltungsrechtes ausgeschlossen sind, wenn der Anspruch in dem Zeitpunkt noch nicht verjährt war, in dem erstmals mit dem Gegenanspruch aufgerechnet oder die Leistung verweigert werden konnte. Liegt sohin zum Zeitpunkt der Aufrechnungserklärung eine Aufrechnungslage vor, so steht die Verjährung des einen Anspruchs der Aufrechnung mit der Gegenforderung nicht entgegen[101].

---

[99] Symosek, *Verjährungshemmung, aber richtig*, NJW 2016, 1142.

[100] Klose, Die Hemmung der Verjährung durch den Zivilprozess, NJ 2024, 10.

[101] BGH, Urt. v. 8.11.2011, Az. XI ZR 341/10 – NJW 2012, 445.

4. Hauptvertragstypen

Im Anschluss an die im vorstehenden Kapitel behandelten Normen des Allgemeinen Schuldrechts hat das deutsche BGB verschiedene Schuldverhältnisse konkret in den §§ 433 bis 853 BGB geregelt. Grundsätzlich geht die im Vertrag von den Parteien niedergeschriebene individualvertragliche Vereinbarung der vom Gesetz standardisiert vorgegebenen Regelung vor, wobei aber – insbesondere gegenüber Verbrauchern – im Einzelfall die gesetzlichen Normen zwingend, also nicht abdingbar, sind.

Im BGB wurden für die gängigen Vertragstypen die Voraussetzungen und typischen Verpflichtungen definiert sowie auch die Konsequenzen und Möglichkeiten bei Störung des Vertrages vorgegeben. So finden sich beispielsweise Regelungen für den Kaufvertrag in den §§ 433 ff. BGB, für den Mietvertrag in den §§ 535 ff. BGB und für den Werkvertrag in den §§ 631 ff. BGB. Die Anspruchsvoraussetzungen sind immer im Zusammenhang mit dem in den oberen Abschnitten dieses Buches beschriebenen Regelungen des Allgemeinen Schuldrechts in Zusammenhang zu setzen.

Neben diesen vorgegebenen Vertragstypen kennt das deutsche Recht auch **Verträge *„sui generis"***, deren Inhalt und Thematik sich in keiner der bereits im BGB definierten Schuldverhältnisse wiederfindet. Sie werden allein nach ihrem individuellen Vertragsinhalt und dem Allgemeinen Schuldrecht beurteilt. Man spricht dann vom sogenannten atypischen Vertrag[102], wie dies beispielsweise beim Factoring der Fall ist. Wiederum andere Verträge werden je nach den einzelnen vertraglichen Leistungen als Mischverträge aus den im Gesetz geregelten typischen Verträgen klassifiziert. So kann beispielsweise der Franchisevertrag aufgrund der Vielfalt der Franchisesysteme Pflichten aus dem Kaufvertrag, dem Dienstleistungsvertrag, dem Werkvertrag, dem Miet- oder Pachtvertrag bzw. auch dem Geschäftsbesorgungsvertrag enthalten.

4.1. Der Kaufvertrag

Der Kaufvertrag ist die weithin bekannteste Form der typischen Schuldverhältnisse und geregelt in den §§ 433 ff. BGB.

4.1.1. Die Wirkungen des Kaufvertrages

Durch den Kaufvertrag wird der Verkäufer zur Übergabe und Übereignung einer Sache an den Käufer und der Käufer zur Zahlung des Kaufpreises und Abnahme der Sache verpflichtet.

[102] MüKoBGB/Emmerich, *BGB-Kommentar* § 311 Rn. 25.

4.1.1.1. Gegenstand des Kaufvertrages

Kaufgegenstand des Vertrages kann **jede Art von Sache sein, körperliche ebenso wie unkörperliche Vermögenswerte**. Wird der Vertragsgegenstand erst hergestellt, ist auf die Abgrenzung zum Werkvertrag Acht zu geben. Wird eine Sache auf Kundenwunsch speziell angefertigt, so liegt der Schwerpunkt des Vertrages nicht mehr allein in der Übereignung der Sache selbst. Beim Erwerb einer Software beispielsweise ist danach zu unterscheiden, ob diese Software individuell für den Kunden hergestellt wurde oder ob es sich um eine Standardsoftware handelt. Ausschließlich Letztere unterfällt dem Kaufvertragsrecht[103].

§ 453 Abs. 1 BGB erklärt die Regelungen zum Kaufvertrag für den **Rechtskauf** für anwendbar. Dazu zählen sowohl der Erwerb von Gesellschaftsanteilen als auch sonstiger Rechte wie beispielsweise Erfindungen, Domain-Adressen oder auch jede Art von Informationen oder Ideen.

4.1.1.2. Erfüllung des Kaufvertrages

Der Verkäufer ist verpflichtet, dem Käufer den Kaufgegenstand zu übergeben und ihm das Eigentum hieran zu verschaffen. Im Gegenzug ist der Käufer verpflichtet, den Kaufpreis an den Verkäufer zu zahlen. Bei der Verwirklichung dieses Anspruchs spielt das **Abstraktionsprinzip**, also die strikte Trennung zwischen dem Verpflichtungs- und dem Verfügungsgeschäft eine wichtige Rolle. Der Kaufvertrag ist das Verpflichtungsgeschäft. Die Verfügung, eben die Übergabe und Übereignung der Sache bzw. des Geldes, ist das Verfügungsgeschäft und damit nicht in den §§ 433 ff. BGB, sondern im sachenrechtlichen Teil des deutschen BGB geregelt. Eigentum und Besitz sowie den Wechsel selbiger bestimmen die §§ 854 ff BGB. Für eine wirksame Übergabe muss der Verkäufer dem Käufer den unmittelbaren oder mittelbaren Besitz an dem Kaufgegenstand verschaffen. Weiterhin müssen sich die Vertragsparteien darüber einigen, dass das Eigentum übergeht. Sowohl das Verpflichtungsals auch das Verfügungsgeschäft werden in ihrer Wirksamkeit und Erfüllung getrennt voneinander betrachtet und können so zu komplizierten Konstellationen im Falle der Leistungsstörung führen.

4.1.1.3. Eigentumsvorbehalt

In der Praxis kommt der Eigentumsvorbehalt[104] häufig vor, wenn der Käufer den Kaufpreis erst zu einem späteren Zeitpunkt oder in mehreren Raten zahlen will.

Dabei wird von beiden Seiten der Kaufvertrag geschlossen und auch der Kaufgegenstand vom Verkäufer an den Käufer übergeben.

Hingegen erfolgt beim Eigentumsvorbehalt ein Teil des Verfügungsgeschäftes, nämlich der Eigentumserwerb durch den Käufer, zu einem späteren Zeitpunkt,

---

[103] BGH, Urt. v. 22.12.1999, Az. VIII ZR 299/98 – NJW 2000, 1415.

[104] Hoffmann, *Die Formen des Eigentumsvorbehalts*, Jura 1995, 457.

§ 449 BGB. Der Eigentumserwerb steht unter einer **aufschiebenden Bedingung**, in der Regel der vollständigen Bezahlung des Kaufpreises. Für den Verkäufer ist der Eigentumsvorbehalt eine Absicherung, indem er bis zur vollständigen Bezahlung das Eigentum nicht aufgibt. Der Käufer steht aber bis zum Eintritt dieser Bedingung nicht mit leeren Händen da. Er erwirbt ein Anwartschaftsrecht[105] auf das Eigentum, dass ihn vor weiteren unbefugten Verfügungen des Verkäufers schützt.

Vertraglich kann der Eigentumsvorbehalt unmittelbarer Bestandteil des Kaufvertrages sein, er kann aber auch in den allgemeinen Geschäftsbedingungen vereinbart werden.

4.1.1.4. Leistungsstörung

Der Verkäufer ist verpflichtet, die Sache mangelfrei zu übergeben. Der Käufer hat den vereinbarten Kaufpreis im Zweifel sofort zu zahlen.

4.1.1.4.1. Sachmangel

Die Sache muss bei Gefahrenübergang mangelfrei sein. Die Kriterien, nach denen sich ein Sachmangel beurteilt, richten sich nach § 434 BGB[106]. Beim Sachmangel **weicht die Ist-Beschaffenheit negativ von der Soll-Beschaffenheit der Sache ab**. Der Kaufgegenstand muss den subjektiven Anforderungen der Parteien, den objektiven Anforderungen an die Sache und den Montageanforderungen entsprechen. Für die subjektiven Anforderungen stellt der Wortlaut des § 434 Abs. 2 BGB auf die vereinbarte Beschaffenheit, die im Vertrag vorausgesetzte Verwendung und die vereinbarten Montage- und Installationsanleitungen ab. Die objektiven Anforderungen in § 434 Abs. 3 BGB hingegen fragt, ob die Kaufsache für den gewöhnlichen Gebrauch geeignet ist und die üblichen Beschaffenheitskriterien aufweist. Auf den ersten Blick befremdlich, aber einem Sachmangel gleich steht gemäß § 434 Abs. 5 BGB die Übereignung eines sogenannten Aluid, sohin wenn der Verkäufer einen gänzlich anderen Gegenstand übergibt, als vertraglich von ihm geschuldet wird[107]. Hauptanwendungsfall ist dabei die klassische Falschlieferung.

4.1.1.4.2. Rechtsfolgen

Die Rechte des Käufers bei Mängeln an der Kaufsache regelt § 437 BGB. Dabei gilt grundsätzlich der Vorrang der Nacherfüllung vor den weiteren Möglichkeiten der Preisminderung, des Schadensersatzes und des Rücktritts vom Vertrag. Dem Verkäufer soll so die Möglichkeit gegeben werden, den Vertrag durch Erfüllung seiner ursprünglichen Leistungspflicht zu retten.

---

[105] Schmidt-Recla, *Grundstrukturen und Anfänge des Eigentumsvorbehalts – insbesondere des Anwartschaftsrechts*, JuS 2002, 759.

[106] Umsetzung der Warenkauf-RL, Richtlinie 2019/771/EG des Europäischen Parlaments und des Rates vom 20.05.2019.

[107] Kötz, *Vertragsrecht* Rn. 593.

Hat der Käufer einen Anspruch auf Nacherfüllung, so spricht § 439 BGB dem Käufer eine **Wahlmöglichkeit zwischen der Beseitigung des Mangels und der Nachlieferung einer mangelfreien Sache** zu. Dieses Wahlrecht setzt voraus, dass beide Varianten auch möglich sind. Hat der Käufer beispielsweise ein Gemälde gekauft, so ist er bei Schäden auf die Beseitigung selbiger beschränkt. Ein gleiches Gemälde hingegen kann er nicht verlangen. Hingegen schließt beispielsweise der bloße Modellwechsel bei einem Fahrzeug die Möglichkeit der Nachlieferung nicht aus[108].

Hat der Käufer einmal von seinem Wahlrecht Gebrauch gemacht, so ist seine Wahl bindend. Der Verkäufer hat lediglich die Möglichkeit, die vom Käufer getroffene Wahl zurückzuweisen, wenn diese für ihn unverhältnismäßig kostspielig wäre[109]. Er muss jedoch in diesem Fall die jeweils andere Art der Nacherfüllung von sich aus anbieten. Verlangt also beispielsweise der Käufer die Reparatur einer günstigen und massenproduzierten Kamera, so kann er aus eben diesem Grund den Austausch mit einem neuen Gerät auch dann anbieten, wenn der Käufer die Reparatur ausdrücklich verlangt hat. Der Verkäufer muss die Kosten der Nacherfüllung tragen.

Schuldet der Verkäufer die Beseitigung des Mangels, so sind ihm in der Regel **zwei Reparaturversuche** einzuräumen. Gelingt dem Verkäufer die Nachbesserung sohin nicht beim ersten Versuch, gilt die Nachbesserung erst nach dem erfolglosen zweiten Versuch als fehlgeschlagen, wenn sich nicht insbesondere aus der Art der Sache oder des Mangels oder den sonstigen Umständen etwas anderes ergibt, § 440 S. 2 BGB. Bei der Nachlieferung einer mangelfreien Sache ist eine zweite Ersatzlieferung abzuwarten, es sei denn, dass zu befürchten ist, dass auch diese Lieferung mangelhaft sein würde.

In der Praxis kommt diesem sogenannten **Recht der zweiten Andienung**[110] große Bedeutung zu. Der absolute Vorrang der Nacherfüllung führt dazu, dass der Käufer keinen Schadensersatzanspruch oder gar eine Minderung des Kaufpreises verlangen kann, wenn er den Mangel selbst beseitigt, ohne dass die Nacherfüllung gescheitert ist. Auch der Rücktritt vom Vertrag bleibt ihm dann verschlossen. Begründet wird diese konsequente und für den Käufer oftmals einschneidende Rechtsfolge zum einen damit, dass dem Verkäufer andernfalls bei einer unzumutbar teuren Nachbesserung die Wahlmöglichkeit der Lieferung einer neuen Sache genommen würde. Wesentlich bedeutender ist aber der Umstand, dass dem Verkäufer damit die eigene Möglichkeit der Prüfung des Mangels und auch der für die Nacherfüllung aufzuwendenden Kosten genommen wird. Weiterhin wird bei wirtschaftlicher Betrachtung die Eigenleistung bei der Nacherfüllung für den Verkäufer einen geringeren Aufwand bedeuten als der Ersatz einer Fremdleistung[111]. Der Verkäufer soll nicht vor vollendete Tatsachen gestellt werden, wenn der Käufer die Sache anderweitig

[108] Staudinger/Ruks, *Hinweise aus Karlsruhe zu § 439 BGB im „Dieselskandal"*, NJW 2019, 1179.

[109] MüKoBGB/Westermann, *BGB-Kommentar* § 439 Rn. 26.

[110] Lorenz, *Nacherfüllungsanspruch und Obliegenheiten des Käufers: Zur Reichweite des „Rechts zur zweiten Andienung"*, NJW 2006, 1175.

[111] Guter Überblick MüKoBGB/Westermann, *BGB-Kommentar* § 439 Rn. 13.

instand setzt. Dies gilt auch dann, wenn der Käufer die Mängel sachverständig hat dokumentieren lassen.

Beim Einbau des Kaufgegenstandes in eine andere Sache gem. § 439 Abs. 3 BGB ist die Nacherfüllung oftmals mit weiteren Aufwendungen verbunden, die der Verkäufer ebenfalls zu ersetzen hat[112].

Hat der Verkäufer die ihm gesetzte Frist verstreichen lassen oder wurde die Nacherfüllung zwei Mal versucht, ohne den Mangel zu beseitigen, so stehen dem Käufer die weiteren Rechte auf **Kaufpreisminderung, Schadensersatz und den Rücktritt vom Vertrag** zu. Insofern verweist § 437 BGB wiederum auf die bereits erörterten Regelungen im Allgemeinen Schuldrecht. Insbesondere beim Rücktritt vom Kaufvertrag muss beachtet werden, dass das hierdurch entstandene Rückgewährschuldverhältnis beiden Vertragsparteien Ansprüche gibt. Denn nicht nur muss der Käufer den Kaufgegenstand an den Verkäufer herausgeben und kann den gezahlten Kaufpreis zurückverlangen, auch der Verkäufer hat einen Anspruch auf die vom Käufer gezogenen Nutzungen. Wird also beispielsweise nach mehreren Monaten der Kaufvertrag für ein Auto rückabgewickelt, so schuldet der Käufer nicht nur die Herausgabe des Fahrzeugs, sondern auch die Gebrauchsvorteile für den Zeitraum zwischen Kauf und Rückgabe desselben als Wertersatz, sohin ein Nutzungsentgelt.

4.1.1.5. Verjährung im Kaufrecht

Das Kaufvertragsrecht kennt besondere Verjährungsregelungen, die bereits zum Teil im oberen Kapitel über das Verjährungsrecht von Gewährleistung und Schadensersatz erörtert wurden. Die Verjährungsregeln differenzieren nach Art des Kaufgegenstandes und sehen in § 438 BGB sowohl für die Nacherfüllung als auch für den Schadensersatz und Ersatz vergeblicher Aufwendungen eine von der Regelverjährung abweichende Verjährungsfrist von **zwei Jahren** vor. Ausgeschlossen von dieser verkürzten Verjährung sind Kaufverträge über Bauwerke mit einer Verjährungsfrist von fünf Jahren und Kaufverträge über dingliche Rechte bzw. sonstige Rechte, die im Grundbuch eingetragen werden, mit einer Verjährungsfrist von 30 Jahren. Wiederum eine Ausnahme von dieser Ausnahme regelt § 438 Abs. 3 BGB, welcher dann doch wieder die regelmäßige Verjährungsfrist für anwendbar erklärt, wenn der Verkäufer den Mangel arglistig verschwiegen hat. Für die Ansprüche auf Rücktritt vom Vertrag und Minderung findet sich keine konkrete Regelung in § 438 BGB. Dies hat den Hintergrund, dass es sich ihrer Natur nach um Gestaltungsrechte des Käufers handelt und nicht um einen der Verjährung unterliegenden Anspruch. Es bedarf daher des Umwegs über § 218 BGB, welcher klarstellt, dass Rücktritt oder Minderung unwirksam sind, wenn der primäre Leistungsanspruch oder der Anspruch auf Nachverfüllung verjährt sind[113].

[112] Höpfner/Fallmann, *Die Reform des kaufrechtlichen Gewährleistungsrechts 2018*, NJW 2017, 3745.
[113] BeckOK BGB/Faust, *BGB-Kommentar* § 438 Rn. 48 f.

4.1.2. Besondere Arten von Kaufverträgen

In den §§ 454 bis 473 BGB sind der Kauf auf Probe, der Wiederkauf und der Vorkauf gesondert geregelt.

4.1.2.1. Kauf auf Probe

Ist zwischen den Vertragsparteien der Kauf auf Probe oder auf Besichtigung vereinbart, so wird der Vertrag unter der zusätzlichen **aufschiebenden oder auflösenden Bedingung** geschlossen, dass der Käufer den gekauften Gegenstand noch billigt, § 454 BGB. Charakteristisch für den Kauf auf Probe ist, dass die Billigung allein im Belieben des Käufers steht. Typische Beispiele dafür sind der Versandhandel mit all seinen Ausprägungen der Bestellung zum Testen, zur Ansicht und zum Erproben des Kaufgegenstandes. Die Billigung kann in ihrer Frist frei von den Parteien bestimmt werden und gilt mangels tatsächlicher Erklärung auch als stillschweigend erteilt. Dabei steht dem Käufer ein mögliches Widerrufsrecht des Fernabsatzes bzw. Onlinehandels unabhängig von den Regelungen des § 454 BGB zu. Auch beginnt die Verjährungsfrist erst ab Billigung durch den Käufer zu laufen[114].

4.1.2.2. Wiederkauf

Weiterhin definiert das Gesetz in den §§ 456 ff. BGB den Wiederkauf. Im Kaufvertrag vereinbaren Verkäufer und Käufer, dass der Käufer auf Verlangen des Verkäufers verpflichtet ist, die Sache an diesen gegen Zahlung des Wiederkaufspreis **zurückzugeben**. Die Gründe für die Vereinbarung eines Wiederkaufsrechts können vielfältig sein und sind in der Regel mit einem über den Kaufvertrag hinausgehenden Interesse des Verkäufers an der Kaufsache verbunden. In Frage kommen beispielsweise das Verhindern von Spekulation auf Seiten des Käufers oder auch die Sicherstellung einer zweckgebundenen Verwendung des Kaufgegenstandes. Der Preis des Kaufvertrages gilt im Zweifel auch als vereinbarter Betrag des Wiederkaufspreis. Für derartige Verträge setzt § 462 BGB eine absolute Grenze für Grundstücke mit Ablauf von 30 Jahren, für andere Gegenstände bis zum Ablauf von drei Jahren nach der Vereinbarung des Wiederkaufsrechts. Vorsicht ist beim Wiederkaufvertrag insofern geboten, als dass dieses Recht pfändbar ist, sodass bei Verschuldung des Verkäufers dessen Gläubiger das Wiederkaufsrecht pfänden und ausüben kann[115].

4.1.2.3. Vorkaufsrecht

Zu guter Letzt regeln die §§ 463 ff. BGB das Vorkaufsrecht. Dabei wird das Vorkaufsrecht oft als Exot empfunden, muss doch der Verkäufer erst einen Kaufvertrag mit einem Dritten schließen, damit der Vorkaufsberechtigte sein Vorkaufsrecht ausüben kann.

---

[114] BGH, Urt. v. 17.3.2004, Az. VIII ZR 265/03 – NJW-RR 2004, 1058.
[115] BGH, Urt. v. 20.2.2003, Az. IX ZR 102/02 – NJW 2003, 1858.

Das Vorkaufsrecht ist die Befugnis, eine Sache zu denselben Bedingungen zu erwerben, zu denen der Gegenstand bereits an einen Dritten verkauft wurde. Der Kaufvertrag kommt dann inhaltsgleich mit dem Vorkaufsberechtigten zustande. Die Vereinbarung über das Vorkaufsrecht bedarf der für den späteren Kaufvertrag bestimmten Form[116]. Bei dieser **Dreieckskonstellation** ist das Abstraktionsprinzip sehr wichtig, denn der Verkäufer darf die Sache an den Dritten nicht übereignen, bevor der Vorkaufsberechtigte seine Entscheidung nicht ausgeübt hat.

In der Praxis wird dieses Recht oft in Unternehmensverträgen oder auch bei Grundstücken genutzt. Der Anwendungsbereich kann sich jedoch auch auf jede andere Sache erstrecken, die Gegenstand eines Kaufvertrages sein kann. Grundsätzlich ist der Eigentümer in seiner Verfügungsgewalt frei. Das Vorkaufsrecht gibt die Sicherheit, dass eine Sache nicht in für Außenstehende unliebsame Hände fällt[117]. Dazu zählt beispielsweise der Familienbesitz, welcher nicht an Dritte weitergegeben werden soll, oder auch Gesellschaftsanteile, bei denen die Mitgesellschafter auf einen Wechsel des Geschäftspartners Einfluss erhalten möchten.

Problematisch ist für den Verkäufer in dieser Konstellation, dass er **gegenüber zwei Vertragspartnern die Erfüllung von ein und derselben Schuld versprechen muss**. Der Verkäufer, der ja von dem Bestehen des Vorkaufsrechtes weiß, muss sich daher gegenüber dem Dritten dahingehend absichern, dass er diesen von dem Bestehen des Vorkaufsrechts vor Vertragsschluss in Kenntnis setzt und die Pflicht zur Übereignung an den Dritten von der Ausübung des Vorkaufsrechts abhängig macht. Schließlich kann der Verkäufer im Vorhinein in der Regel nicht wissen, ob der Vorkaufsberechtigte sein Recht wahrnehmen wird.

In der Praxis gestaltet sich der Ablauf so, dass der Verkäufer nach Abschluss des Kaufvertrages mit dem Dritten den Inhalt desselben an den Vorkaufsberechtigten unverzüglich mitteilen muss. Danach hat der Vorkaufsberechtigte bei Grundstücken zwei Monate, bei anderen Gegenständen eine Woche bzw. bei gesonderter vertraglicher Vereinbarung die jeweils dort gesetzte Frist Zeit, um sein Vorkaufsrecht durch Erklärung gegenüber dem Verkäufer auszuüben.

Eine mildere, im Gesetz nicht konkret geregelte Form zur **Absicherung bei Fremderwerb** stellt das sogenannte Vorerwerbsrecht dar. Dabei vereinbaren die Parteien, dass der Verkäufer lediglich seine Absicht zur Veräußerung des Kaufgegenstandes und die dazugehörigen Konditionen an den Berechtigten vor Abschluss des Kaufvertrages bekannt geben muss. Ein verbindlicher Vertrag mit dem Dritten kommt vorerst nicht zustande. Derartige Regelungen bieten jedoch auch ein erhebliches Gefahrenpotenzial, da eine Absichtserklärung ohne vertragliche Verpflichtung vom Verkäufer leicht eingeholt werden kann, um vom Vorkaufsberechtigten einen höheren Kaufpreis zu erzielen[118].

---

[116] BGH, Urt. v. 18.7.2019, Az. IX ZR 276/17 – NJW-RR 2019, 1458.

[117] Leuering/Rubner, Vorkaufs- und Vorerwerbsrechte im GmbH-Recht, NJW-Spezial 2023, 591.

[118] Ausführlich zur Unterscheidung zwischen Vorkaufs- und Vorerwerbsrecht: Blasche, *Die Ausgestal-*

4.1.3. Besonderheiten für Unternehmer

Will der Unternehmer seine **Ware bewerben**, so muss ihm bewusst sein, dass er hierdurch auch die Beschaffenheitsvereinbarung seiner Ware und damit den Kreis für die Beurteilung möglicher Sachmängel an der Ware erweitert. Denn die öffentlichen Äußerungen sowohl des Verkäufers als auch des Herstellers oder Gehilfen erweitern die Anforderungen an die Beschaffenheit des Kaufgegenstandes, ohne dass es hierzu einer weiteren gesonderten Vereinbarung bedarf[119]. Der in diesem Zusammenhang gern verwendete Zusatz, wie beispielsweise *„Änderungen und Irrtümer vorbehalten“,* gibt dem Unternehmer lediglich die Möglichkeit, vor Vertragsschluss seine Angaben zu korrigieren[120]. Eine generelle Freizeichnung von der Verantwortung bringen derartige Klauseln aber keinesfalls mit sich.

Eine weitere Besonderheit, die der Unternehmer beim Verkauf seiner Ware berücksichtigen sollte, ist die sogenannte **IKEA-Klausel**[121]. Die Bezeichnung hat mit dem gleichnamigen Unternehmen IKEA keinen direkten Zusammenhang. Sie steht als Synonym für die Regelung des § 434 Abs. 4 BGB und besagt, dass bloße Montagemängel ebenfalls einen Sachmangel an der Kaufsache begründen. In den Anwendungsbereich fallen zum einen Verträge, in denen die Montage des Kaufgegenstandes beim Kunden vereinbart war. Zum anderen genügt es aber auch, wenn die Montageanleitung des Verkäufers mangelhaft gewesen ist. War die Montage fehlerhaft, so stehen dem Käufer sämtliche Mängelrechte zur Verfügung, auch wenn die Kaufsache an sich nicht zu beanstanden war.

Weitere praxisrelevante Regelungen sind in den §§ 373 ff. HGB im Abschnitt *„Handelskauf“* zu finden. Den Unternehmer trifft beim beiderseitigen Handelskauf gem. § 377 HGB die **Obliegenheit zur Untersuchung der gelieferten Ware und zur Rüge ihrer Mangelhaftigkeit**. Offenkundig erkennbare Mängel müssen unverzüglich gerügt werden, erst später erkennbare Mängel wiederum unverzüglich nach ihrer Entdeckung. Der Begriff „unverzüglich“ meint dabei eine Rüge binnen weniger Tage. Unterlässt der Unternehmer die Rüge, fingiert § 377 II HGB seine Genehmigung der Ware als mangelfrei. Eine in der Praxis wichtige Ausnahme hat der Bundesgerichtshof definiert. Bezieht der Käufer von ein und demselben Verkäufer immer wieder die gleiche Ware, so hat der Verkäufer die Pflicht, auf eine Änderung selbiger hinzuweisen. Unterlässt er dies, kann er später nicht einwenden, der Käufer habe den Mangel an der Ware nicht unverzüglich gerügt[122]. Ebenso kann der Verkäufer jederzeit und stillschweigend auf den Einwand der Verspätung der Mängelrüge verzichten, wobei jedenfalls bei konkludenter Erklärung eindeutige

---

tung schuldrechtlicher Vorerwerbsrechte bei GmbH-Geschäftsanteilen, in NZG 2016, 173 ff.

[119] Palandt/Weidenkaff, *BGB-Kommentar* § 434 Rn. 29 ff.

[120] BGH, Urt. v. 4.2.2009, Az. VIII ZR 32/08 – NJW 2009, 1337.

[121] MüKoBGB/Westermann, *BGB-Kommentar* § 434 Rn. 38.

[122] BGH, Urt. v. 16.11.2022, Az. VIII ZR 383/20 MDR 2023, 165-166

Anhaltspunkte gefordert werden[123]. Insofern ist Vorsicht bei der späteren Kommunikation zwischen den Unternehmern geboten.

Auch hinsichtlich des Eigentumsvorbehaltes ist bei Verträgen zwischen Unternehmern daran zu denken, dass der Käufer den Kaufgegenstand regelmäßig erwirbt, um diesen für seine Geschäftszwecke weiter zu verwenden, bevor der Kaufpreis vollständig bezahlt ist. Erwirbt der Käufer den Gegenstand zum Weiterverkauf an einen Dritten oder will diesen verarbeiten, so kann ein **verlängerter Eigentumsvorbehalt** vereinbart werden. Dabei vereinbaren die Vertragsparteien, dass anstelle des durch Weiterveräußerung oder Weiterverarbeitung erloschenen Eigentumsvorbehaltes die daraus entstehende Forderung oder Sache treten soll. Dies ist zur Absicherung des Eigentumsvorbehalts ratsam, denn andernfalls wird der Verkäufer sein Eigentum vorzeitig verlieren, wenn der Vertragspartner den Eigentumsvorbehalt nicht offenlegt und der Dritte in der weiteren Erwerbskette das Eigentum gutgläubig erwirbt. Zur weiteren Absicherung gegen den gutgläubigen Erwerb ist auch im Einzelfall eine Kennzeichnung der Sache mit dem Eigentumsvorbehalt möglich. Daneben kennt das deutsche Recht den weitergeleiteten und den nachgeschalteten Eigentumsvorbehalt. Ersterer verpflichtet den Käufer, den Kaufgegenstand nur so weiterzugeben, dass der Verkäufer Vorbehaltseigentümer bleibt. Zweiterer ist eine Form des verlängerten Eigentumsvorbehaltes, bei dem der Käufer nicht verpflichtet wird, gegenüber dem Dritten den Eigentumsvorbehalt offenzulegen, er aber im Voraus den vom Dritten wiederum erworbenen Kaufpreis an den Verkäufer abtritt. Letztere Möglichkeit ist insbesondere als praktikabel zu empfehlen, da der Unternehmer im Kundenverkehr nicht eingeschränkt wird. Eine noch weitere Form der Absicherung bietet der sogenannte Kontokorrentvorbehalt, der sich bei einer fortlaufenden bzw. aus mehreren Verträgen bestehenden Geschäftsverbindung anbietet. Die Parteien vereinbaren in ihrem Vertrag, dass der Eigentumsvorbehalt am Kaufgegenstand nicht schon dann erlischt, wenn der Kaufpreis für diesen gezahlt ist, sondern wenn alle oder ein bestimmter Teil der Forderungen aus der gesamten Geschäftsbeziehung getilgt ist.

Im Falle einer Verkäuferkette, die letztendlich beim Verbraucher endet, enthält § 478 BGB eine Sonderbestimmung zum Vertragsverhältnis zwischen zwei Unternehmern und gibt dem Letztverkäufer ein **Rückgriffsrecht in der Lieferkette** auf seinen Lieferanten, wenn dieser bereits die Kaufsache mängelbehaftet geliefert hat. Die Regelung soll vorrangig Verjährungsproblemen vorgreifen, die entstehen können, wenn der Verbraucher recht spät seine Mängelrechte durchsetzt und dem betroffenen Unternehmer sodann aufgrund der Verjährung innerhalb der Lieferkette eine Durchsetzung seines Schadensersatzanspruchs beispielsweise gegen den Lieferanten oder Hersteller verwehrt bliebe.

[123] Baumbach/Hopt/Hopt, *HGB-Kommentar* § 377 Rn. 29; BGH, Urt. v. 13.3.1996, VIII ZR 333/94 – NJW 1996, 143.

4.1.4. Besonderheiten für Verbraucher

Sonderregelungen für den Kaufvertrag mit einem Verbraucher finden sich in den §§ 474 bis 479 BGB. Sie gehen zurück auf die europäische Verbrauchsgüterkaufrichtlinie[124], welche im Zweifel auch zur Auslegung heranzuziehen ist. Die Regelungen erfassen ausschließlich Verträge, mit denen ein Unternehmer an einen Verbraucher eine bewegliche Sache verkauft und nicht umgekehrt. Schließen zwei Verbraucher miteinander einen Kaufvertrag, so sind die Vorschriften ebenfalls nicht anwendbar. Verbraucher ist dabei derjenige, der mit dem Kaufvertrag weder einen gewerblichen noch einen anderen Zweck verfolgt, der seiner selbstständigen beruflichen Tätigkeit zuzurechnen ist.

Gesondert normiert werden für den Verbrauchsgüterkauf die Regelungen zu den Sachmängeln bei digitalen Produkten und Waren mit digitalen Elementen in den §§ 475 a ff. BGB.

Einen wichtigen Schutz für den Verbraucher bietet § 476 BGB. Demnach ist es einem Unternehmer nicht möglich, sich auf eine Vereinbarung zu berufen, die zum Nachteil des Verbrauchers von den gesetzlichen Vorschriften zum Mangel an der Kaufsache abweicht und die vor der Mitteilung des Mangels an den Unternehmer getroffen wurde. Weichen Merkmale einer Ware von den ojektiven Anforderungen ab (z. Bsp. sogenannte B-Ware), so muss der Verkäufer hierauf ausdrücklich hinweisen und diese Abweichung gesondert vereinbaren[125]. Gleiches gilt für eine Verkürzung der Verjährungsfrist gegenüber dem Verbraucher auf weniger als zwei Jahre. Sofern § 476 Abs 2 S. 1 Alt. 2 BGB für gebrauchte Sachen die Möglichkeit der verkürzten Verjährung auf ein Jahr vorsieht, muss diese Regelung als richtlinienwidrig im Lichte der Rechtsprechung des EuGH angesehen werden[126]. Hingegen ist eine Beschränkung des Schadensersatzanspruchs in Kaufverträgen sowohl bei neuen als auch bei gebrauchten Sachen sehr wohl bereits vor Anzeige des Mangels möglich. § 476 Abs. 3 BGB nimmt den Anspruch auf Schadensersatz ausdrücklich vom Verbot der abweichenden Vereinbarungen aus, unterstellt diesen aber der Inhaltskontrolle und den Klauselverboten bei der Verwendung von Allgemeinen Geschäftsbedingungen, geregelt in den §§ 307 bis 309 BGB.

Weiterhin wesentlich für den Verbraucher ist die **Vermutung eines Mangels bei Gefahrenübergang** zu seinen Gunsten innerhalb der ersten zwölf Monate, § 477 Abs. 1 S. 1 BGB[127]. Für Produkte mit digitalen Elementen beträgt diese Frist sogar vierundzwanzig Monate, § 477 Abs. 2 BGB. Die Vorschrift betrifft ausschließlich Sachmängel. Entscheidend ist, ob der Mangel innerhalb dieses Zeitraums aufgetreten ist. Mit der Geltendmachung kann sich der Verbraucher durchaus länger Zeit

---

124 Richtlinie 1999/44/EG des Europäischen Parlaments und des Rates vom 25.5.1999.

125 Wilke, Das neue Kaufrecht nach Umsetzung der Warenkauf-Richtlinie, VuR 2021, 283.

126 EuGH, Urt. v. 13.7.2017, C-133/16 – DAR 2018, 254.

127 Verneinend zur Auslegung im Sinne einer Beweislastumkehr: BGH, Urt. v. 2.6.2004, Az. VIII ZR 329/03 – NJW 2004, 2299.

lassen, er muss den Mangel auch nicht binnen dieser Frist anzeigen. Im Zweifel muss der Verbraucher allerdings darlegen und beweisen, dass der Mangel tatsächlich binnen der ersten sechs Monate aufgetreten ist, sodass aus diesem Grund ein zu langes Zuwarten keinesfalls ratsam ist.

4.2. Der Teilzeit-Wohnrechtevertrag

Die §§ 481 ff. BGB regeln den Teilzeit-Wohnrechtevertrag, den Vertrag über langfristige Urlaubsprodukte sowie den Vermittlungsvertrag und Tauschsystemvertrag. Die Regelungen gehen zurück auf die europäische Timesharing-Richtlinie[128]. Sie dienen dem Verbraucherschutz und sind ausschließlich auf Verträge anwendbar, die zwischen einem Unternehmer und einem Verbraucher geschlossen werden. Der sachliche Anwendungsbereich erstreckt sich auf die Nutzung von Wohngebäuden oder Teilen desselben, die nicht unbedingt einem Urlaubs- und Erholungszweck, aber zumindest der Übernachtung dient. Sowohl der Teilzeit-Wohnrechtevertrag als auch der Vertrag über ein langfristiges Urlaubsprodukt müssen für die **Dauer von mehr als einem Jahr** geschlossen werden, in welcher der Verbraucher ein Recht auf Teilzeitnutzung, Preisnachlässe oder sonstige Vergünstigungen in Bezug auf eine Unterkunft gegen Zahlung eines Gesamtpreises erwirbt. Zugehörig dazu unterwirft § 481b BGB auch das Vermittlungsgeschäft und das Tauschsystem auf einen solchen Vertrag den verbraucherschützenden Regelungen. Sämtliche Verträge bedürfen der Schriftform, es sei denn, eine strengere Form ist nach Art des Vertrages vorgeschrieben. Dabei ist vor allem an die notarielle Beurkundung zu denken, wenn der Vertrag auch den Erwerb von Miteigentum an Grundstücken, Wohnungen oder sonstigen Gebäuden betrifft. Allein der Erwerb eines Dauerwohnrechts fällt allerdings nicht unter den Beurkundungszwang[129].

Beim Abschluss derartiger Verträge ist der Unternehmer verpflichtet, dem Verbraucher vorab eine **ausführliche vorvertragliche Information** in Textform zur Verfügung zu stellen, welche bestenfalls dem Formblattmuster in Anhang I-IV der Timesharing-Richtlinie entsprechen sollte. Weiterhin sind das Widerrufsrecht, die reglementierten Werbemöglichkeiten des Unternehmers sowie das Verbot, derartige Verträge als Geldanlage zu bewerben oder zu verkaufen, verbraucherfreundlich gestaltet. Auch muss der Vertrag unbedingt vorsehen, dass der Verbraucher keine Zahlungen vor Ablauf der Widerrufsfrist an den Unternehmer leisten darf.

4.3. Finanzierungsverträge

In den §§ 488 ff BGB sind der Darlehensvertrag mit den besonderen Vorschriften für Verbraucherdarlehensverträge sowie weitere Finanzierungshilfen und Ratenlieferungsverträge zwischen Unternehmern und Verbrauchern geregelt.

[128] Richtlinie 2007/122/EG des Europäischen Parlaments und des Rates vom 14.1.2009.

[129] Palandt/Weidenkaff, *BGB-Kommentar* § 484 Rn 2.

4.3.1. Der Darlehensvertrag

Beim Darlehensvertrag wird der Darlehensgeber verpflichtet, dem Darlehensnehmer einen Geldbetrag zur Verfügung zu stellen, wohingegen der Darlehensnehmer die Zahlung eines Zinses und die Rückzahlung des Darlehensbetrages nach Fälligkeit schuldet. Der Vertragsgegenstand kann **ausschließlich ein Geldbetrag** sein, für Sachdarlehen gelten die §§ 607 bis 609 BGB.

§ 488 BGB geht davon aus, dass das Darlehen im Zweifel entgeltlich gewährt wird. Soll hingegen der Geldbetrag unverzinslich als sogenanntes Gefälligkeitsdarlehen ausgereicht werden, bedarf es hierfür einer konkreten Vereinbarung im Vertrag. Haben die Vertragsparteien keinen Zinssatz der Höhe nach fixiert, so gilt der gesetzliche Zinssatz als vereinbart. Dieser richtet sich gegenüber Verbrauchern nach § 246 BGB und wird in Höhe von 4 % für das Jahr geschuldet. Wird hingegen der Vertrag zwischen zwei Unternehmern geschlossen, so richtet sich die Höhe des gesetzlichen Zinssatzes nach § 352 HGB mit aktuell 5 % für das Jahr.

Der Zeitpunkt der Rückzahlung wird in der Regel im Vertrag konkret benannt werden. Haben die Vertragsparteien keine Vereinbarung getroffen, so kann der Darlehensgeber durch Kündigung die Fälligkeit der Rückzahlung herbeiführen. Die Kündigungsfrist beträgt dann mindestens drei Monate.

4.3.2. Der Verbraucherdarlehensvertrag

Die Besonderheiten zum Verbraucherdarlehen sind geregelt in den §§ 491 bis 505 BGB. Vertragsparteien des Verbraucherdarlehensvertrages sind, wie der Name schon sagt, ein Unternehmer als Darlehensgeber und ein Verbraucher als Darlehensnehmer.

4.3.2.1. Informationspflichten

Den Unternehmer als Darlehensgeber trifft zum Schutz des Verbrauchers eine vorvertragliche Informationspflicht bei Verbraucherdarlehensverträgen, deren Form in Art. 247 EGBGB vorgegeben ist[130]. Dabei muss die Übermittlung der Informationen unabhängig von einem Verlangen des Verbrauchers **rechtzeitig vor Vertragsschluss** erfolgen. Weiterhin sieht die Norm ein Recht des Darlehensnehmers auf Aushändigung eines Entwurfs des Darlehensvertrages vor sowie auch ein weiteres Recht auf angemessene Erläuterung durch den Darlehensgeber. Der Vertrag selbst bedarf mindestens der Schriftform, wobei Antrag und Annahme durch die Vertragsparteien schriftlich, aber getrennt erklärt werden können.

[130] Derleder, *Die vollharmonisierende Europäisierung des Rechts der Zahlungsdienste und des Verbraucherkredits*, JNW 2009, 3195.

4.3.2.2. Widerrufsrecht und verbundene Verträge

Gemäß § 495 Abs. 1 BGB steht dem Darlehensnehmer ein Widerrufsrecht mit einer Frist von 14 Tagen, beginnend ab Vertragsschluss, zu. Über dieses hat der Darlehensgeber den Verbraucher in klarer Art und Weise zu belehren, ohne hierbei auf Kaskadenverweise durch das Zitieren von Vorschriften zurückzugreifen[131]. In diesem Zusammenhang folgt das Schicksal der sogenannten verbundenen Verträge dem Darlehensvertrag und umgekehrt.

In der Praxis kommt es häufig vor, dass der Verbraucher einen Kaufvertrag, beispielsweise eines Kraftfahrzeuges, mit einem Darlehensvertrag verbindet. Hier hat der Gesetzgeber anerkannt, dass der Mangel bzw. der Widerruf des einen Vertrages unweigerlich auch Folgen für den anderen Vertrag haben kann. Der mit dem Darlehensvertrag verbundene Vertrag muss nicht zwangsläufig ein Kaufvertrag sein. Voraussetzung ist ein Vertrag *„über die Lieferung einer Ware oder* über *die Erbringung einer anderen Leistung"*, § 358 Abs. 3 S. 1 BGB. Also sogenannter *„Beschaffungsvertrag"* kommt damit beispielsweise auch ein Mietvertrag in Betracht, nicht aber der Leasingvertrag[132]. Macht der Verbraucher von seinem Widerrufsrecht beim Finanzierungsvertrag Gebrauch, so kann er sich möglicherweise den Kaufpreis des Kaufvertrages nicht mehr leisten. Tritt umgekehrt ein wesentlicher Mangel an der Kaufsache auf, so will der Verbraucher beim Rücktritt vom Kaufvertrag die Finanzierung des sodann nicht mehr benötigten Kaufpreises kaum fortführen. Hier schützen die §§ 358 ff. BGB den Endverbraucher mit ihren Regelungen zum verbundenen Geschäft. Wenn der Kaufvertrag und der Darlehensvertrag mit einem Verbraucher eine **wirtschaftliche Einheit** darstellen und gleichzeitig ein sogenannter Finanzierungszusammenhang besteht, gelten beide Verträge als verbundene Verträge. Auch wenn beide Verträge rechtlich selbstständig nebeneinanderstehen und auch einzeln widerrufen werden können, wird dem Verbraucher bei Widerruf des einen Vertrages zumindest die Möglichkeit zum Widerruf des anderen Vertrages eröffnet[133].

Wichtig für den Unternehmer ist bei verbundenen Verträgen auch der **Einwendungsdurchgriff** des § 359 BGB. Erhebt der Verbraucher gegenüber dem Verkäufer Einwendungen, die ihn zur Leistungsverweigerung bezüglich des Beschaffungsvertrages berechtigen, kann er auch die Rückzahlung des Darlehens gegenüber dem Darlehensgeber verweigern[134].

---

[131] EuGH, Urt. v. 26.3.2020, Az. C-66/19 – ZIP 2020, 663.

[132] BGH, Urt. v. 22.1.2014, Az. VIII ZR 178/13 – NJW 2014, 1519.

[133] Grüneberg, Aktuelle Rechtsprechung des BGH zum Widerruf von Allgemein-Verbraucherdarlehensverträgen, BKR 2023, 273.

[134] Klocke, *Grundfälle zu den verbundenen und zusammenhängenden Verträgen*, JuS 2016, 975.

4.3.2.3. Vorzeitige Beendigung

Gerät der Darlehensnehmer mit der Zahlung seiner Raten in Verzug, so kann der Darlehensgeber eines Verbraucherdarlehensvertrages den verbliebenen Gesamtbetrag nur dann fällig stellen, wenn der Darlehensnehmer mit mindestens zwei aufeinanderfolgenden Teilzahlungen ganz oder teilweise und mit mindestens 10 % des Nennbetrages des Darlehens bzw. mit mindestens 5 % desselben bei einer Laufzeit von mehr als drei Jahren in **Verzug** gerät. Um das Darlehen insgesamt fällig zu stellen und zurückzufordern muss der Darlehensgeber dem Darlehensnehmer weiterhin eine erfolglose zweiwöchige Frist zur Zahlung des rückständigen Betrages gesetzt haben, die er mit dem Hinweis auf die Fälligstellung des Gesamtbetrages bei weiterem Zahlungsverzug ergänzen muss.

Ist im Gegenzug dazu der Darlehensnehmer an einer vorzeitigen Beendigung und vollständigen Rückzahlung des Darlehens interessiert, so steht ihm diese Möglichkeit jederzeitiger ganz oder teilweise zur Verfügung, § 500 Abs. 2 BGB. Eine Vorfälligkeitsentschädigung darf der Darlehensgeber aber in den Grenzen des § 502 BGB verlangen.

4.4. Der Schenkungsvertrag

Der Schenkungsvertrag ist geregelt in den §§ 516 ff BGB. Er ist ein zweiseitiger Vertrag, der Angebot und Annahme erfordert. Dabei ist eine Schenkung eine Zuwendung, durch die der Schenker aus seinem Vermögen einen anderen bereichert, wenn sich beide Vertragsteile darüber einig sind, dass die Zuwendung unentgeltlich erfolgen soll, § 516 BGB. Der Verbrauchervertrag über die Schenkung digitaler Produkte ist in § 516a BGB gesondert geregelt.

Nicht jede unentgeltliche Zuwendung ist auch gleichzeitig eine Schenkung. Vielmehr sind vom Schenkungsvertrag die unentgeltliche Verwahrung, der Leihvertag, dass unverzinsliche Darlehen und letztendlich auch der Auftrag zu unterscheiden. Wesentlich ist die Unentgeltlichkeit der Zuwendung gemeinsam mit der dauerhaften Vermögensminderung beim Schenker und einer Bereicherung beim Beschenkten[135].

Es besteht im Schenkungsvertrag die Möglichkeit, die Schenkung unter eine **Auflage oder Bedingung** zu stellen. In der Praxis wird die Schenkung unter Auflage meist genutzt, wenn der Schenker mit seiner Zuwendung ein Tun oder Unterlassen beim Beschenkten verbinden will. In der Praxis spielt die Grundstücksschenkung unter einer Auflage eine große Rolle, wenn die Zuwendung beispielsweise mit einem Wohnrecht des Schenkers oder einer Verpflichtung zur Pflege im Alter durch den Beschenkten verbunden wird.

Das Gesetz schreibt für das Schenkungsversprechen die Form der **notariellen Beurkundung** des Versprechens vor. Insofern sich der Schenker zu einer Vermögensverschiebung ohne Gegenleistung einseitig verpflichtet, hat der Gesetzgeber zum

[135] BGH, Urt. v. 5.9.2017, Az. X ZR 119/16 – BeckRS 2017, 138605.

Zweck der Verhütung übereilter Schenkungsversprechen sowie auch zur Klarstellung der Ernstlichkeit derselben eine hohe Hürde durch die einzuhaltende Form gesetzt. Ist allerdings die Schenkung einmal vollzogen, so ist der Mangel der Form hierdurch geheilt und die Schenkung auch dann wirksam, wenn keinerlei Form beim Vertragsschluss eingehalten worden ist. So kommt es in der Praxis regelmäßig zu sogenannten Handschenkungen, bei der Angebot und Annahme sowie auch die Übergabe der Zuwendung im selben Moment erfolgen.

§ 528 BGB sieht bei der Verarmung des Schenkers ein **Rückforderungsrecht** desselben vor[136]. Voraussetzung ist, dass der Schenker nicht mehr in der Lage ist, seinen angemessenen eigenen Unterhalt zu bestreiten oder seiner gesetzlichen Unterhaltsverpflichtung beispielsweise gegenüber Kindern oder dem Ehepartner nachzukommen, wobei allerdings die Verarmung nicht vorsätzlich oder grob fahrlässig herbeigeführt sein darf. Praktische Relevanz erlangt dieses Rückforderungsrecht insbesondere dann, wenn der Schenker nach einer Vermögensverschiebung zum Sozialfall geworden ist und staatlichen Unterhalt beanspruchen möchte. Der Beschenkte kann allerdings die Rückforderung durch Zahlung des für den Unterhalt erforderlichen Betrages abwenden.

Weiterhin kann die Schenkung auch widerrufen werden. Dabei setzte der **Widerruf** eine schwere Verfehlung gegen den Schenker oder einen nahen Angehörigen desselben bzw. groben Undank voraus. Eine erhebliche Schwere der Verfehlung ist ebenso erforderlich wie eine offenkundige subjektive Gesinnung des Beschenkten, die seine Dankbarkeit vermissen lässt[137]. Darunter fällt beispielsweise die Bedrohung des Lebens, schwere Beleidigungen, die Gründung eines Konkurrenzunternehmens bei verschenkten Gesellschaftsanteilen oder auch ehewidriges Verhalten in besonderen Umständen.

4.5. Die Gebrauchsüberlassungsverträge

Sowohl der Mietvertrag als auch der Pachtvertrag sind geregelt in den §§ 535 ff. BGB. Bei diesen Verträgen, ebenso wie beim Leihvertrag und beim Sachdarlehensvertrag, handelt es sich um sogenannte Gebrauchsüberlassungsverträge[138]. Die §§ 549 ff. BGB regeln im Anschluss auch die mietvertraglichen Sondervorschriften für Wohnraum, denn ein gesondertes Gesetz, wie in Österreich das MRG, kennt das deutsche Recht nicht.

4.5.1. Der Mietvertrag

Beim Mietvertrag schuldet der Vermieter die Überlassung der Sache zum vertragsgemäßen Gebrauch an den Mieter, dieser hingegen schuldet dem Vermieter die Zah-

[136] Zur Rückabwicklung auch unter dem Gesichtspunkt des Wegfalls der Geschäftsgrundlage: Götz, *Rückgängigmachung von Schenkungen*, ZEV 2017, 371.

[137] BGH, Urt. v. 22.10.2019, Az. X ZR 48/17 – NJW-RR 2020, 179.

[138] Sorge, *System und Struktur der* Überlassungsverträge *im BGB – Teil II*, JA 2017, 887.

lung der vereinbarten Miete. Die Gebrauchsüberlassung meint damit den unmittelbaren Besitz an der Sache, wobei das Eigentum beim Vermieter verbleibt.

4.5.1.1. Gegenstand des Mietvertrages

Beim Mietvertrag steht die Gebrauchsüberlassung gegen Entgelt als Vertragszwecks im Vordergrund. Im Einzelfall kann die Abgrenzung zu anderen Verträgen schwierig sein.

Einerseits ist der Pachtvertrag dem Mietvertrag ähnlich gestaltet. Wesentliches Unterscheidungsmerkmal ist der Gebrauch der Mietsache, der beim Pachtvertrag darüber hinaus auch den Bezug der Früchte erlaubt. Wird beispielsweise ein Grundstück zum Gebrauch überlassen und ist Gegenstand des Vertrages auch die Bewirtschaftung von Grund und Boden, so ist jedenfalls an einen Pachtvertrag zu denken. Gleiches gilt für die Überlassung des Grundstücks zur Nutzung für Bandenwerbung oder als Verkaufsfläche anlässlich von Veranstaltungen zum Warenverkauf[139].

Daneben kommt der Leihvertrag infrage, bei dem die Gebrauchsüberlassung der Sache im Gegensatz zum Mietvertrag unentgeltlich erfolgt. Grundsätzlich kann auch eine unentgeltlich überlassene Wohnung oder Teile derselben als Gegenstand eines Leihvertrages infrage kommen.

Zu guter Letzt bedarf es einer Abgrenzung zum Verwahrungs- oder Lagervertrag, § 688 BGB und § 467 HGB. Bei diesen steht nicht nur die Gebrauchsüberlassung des Raumes im Vordergrund, sondern vielmehr wird auch die Obhut für den Inhalt eines Raumes, sohin die Aufbewahrung, übernommen[140]. Bei der Vertragserstellung muss besonders auf die Formulierung der Pflichten geachtet werden, ob zum Beispiel bei einem Parkhaus oder einer Garage lediglich die Fläche vermietet wird oder die Übernahme einer Obhutspflicht und die dementsprechende Haftung für eingestellte Fahrzeuge gewollt ist.

4.5.1.2. Mangel der Mietsache

Die Mietsache muss in einem Zustand sein, der dem Mieter **den vertragsgemäßen Gebrauch ermöglicht**. Wird im Vertrag keine Bestimmung über Art und Weise des Gebrauchs getroffen, so wird der Gebrauch geschuldet, der üblich ist. Werden Räumlichkeiten als Wohnung gemietet, so gehört zum üblichen Gebrauch u. a. auch dazu, dass Familienangehörige und Dritte den Mieter in der Wohnung besuchen und auch in angemessener Zahl in der Wohnung wohnen dürfen, nicht jedoch die Verwendung der Wohnung zu gewerblichen Zwecken mit Außenauftritt. Zur Erfüllung seiner Verpflichtung muss der Vermieter den Gebrauch aktiv gegen Störungen schützen. So muss der Vermieter beispielsweise gegen Beeinträchtigungen durch Nachbarn vorgehen.

---

[139] MüKoBGB/Artz, *BGB-Kommentar* § 578 Rn 3.

[140] Baumbach/Hopt/Merket, *HGB-Kommentar* § 467 Rn. 4.

Die **Verpflichtung zur Erhaltung der Mietsache** im vertragsgemäßen Zustand trifft grundsätzlich den Vermieter[141], wobei für den Wohnraummietvertrag die noch nachfolgend erörterten Sonderregelungen gelten. Sie kann aber durch individualvertragliche Vereinbarung auf den Mieter, beim gewerblichen Mietvertrag sogar durch Allgemeine Geschäftsbedingungen, übertragen werden. Dies gilt jedenfalls dann, wenn der Erhaltungspflicht eine gemindert kalkulierte Miete gegenübersteht[142].

Bei einem Sach- oder Rechtsmangel an der Mietsache weichen die besonderen Regelungen zum Mietvertrag vom allgemeinen Schuldrecht ab. Der Mieter kann gemäß § 536a Abs. 1 BGB für einen anfänglichen Mangel auch ohne Vertretenmüssen des Vermieters Schadensersatz verlangen. Tritt der Mangel erst während des Mietverhältnisses auf, so kann der Mieter Schadensersatz verlangen, wenn der Vermieter den Mangel zu vertreten hat oder mit seiner Instandsetzungspflicht in Verzug gerät. Den nachträglich eingetretenen Mangel muss der Mieter dem Vermieter zuerst einmal anzeigen. Der geschuldete Mietzins mindert sich dann, solange der Mangel besteht. Daneben ist der Mieter bei Verzug der Beseitigung oder Eilbedürftigkeit berechtigt, den Mangel an der Mietsache selbst zu beseitigen und die Kosten vom Vermieter ersetzt zu verlangen, § 536a Abs. 2 Nr. 1 BGB.

4.5.1.3. Beendigung

Der Mietvertrag endet durch den vertraglich festgelegten Zeitablauf. Ist ein solcher nicht vereinbart, so erfolgt die Beendigung durch die **Kündigung**. Dabei ist zwischen der ordentlichen und der außerordentlichen fristlosen Kündigung zu unterscheiden.

Die ordentliche Kündigung ist geregelt in § 542 BGB und kann sowohl vom Mieter als auch vom Vermieter ohne Angabe von Gründen erklärt werden. Sie ist in der Regel nur dann möglich, wenn der Mietvertrag nicht auf eine bestimmte Zeit geschlossen wurde. Andernfalls können Mieter oder Vermieter nur eine außerordentliche befristete oder fristlose Kündigung aussprechen. Im Gegensatz zur ordentlichen Kündigung ist hierfür jedoch ein wichtiger Grund erforderlich. Ein solcher liegt immer dann vor, wenn unter Berücksichtigung aller Umstände und Abwägung der beiderseitigen Interessen eine Fortsetzung des Mietverhältnisses unzumutbar ist. In § 543 Abs. 2 S. 1 BGB sind einzelne wichtige Kündigungsgründe normiert, wobei die Regelung keinen abschließenden Charakter hat. Hierzu gehört der nicht gewährte vertragsgemäße Gebrauch der Mietsache. Ebenso ist der Vermieter zur außerordentlichen Kündigung berechtigt, wenn der Mieter die Mietsache erheblich gefährdet oder unbefugt Dritten überlässt. In der Praxis am bedeutsamsten ist der außerordentliche Kündigungsgrund in § 543 Abs. 2 S. 1 Nr. 3 BGB, nämlich dass der Mieter an zwei aufeinanderfolgenden Terminen mit der Entrichtung der Miete oder eines erheblichen Teils der Miete in Verzug geraten ist oder über einen längeren

---

141 BeckOK BGB/Zehelein, *BGB-Kommentar* § 535 Rn 397.

142 BGH, Urt. v. 5.6.2002, Az. XII ZR 220/99 – NJW 2002, 2383.

Zeitraum sich mit einem Gesamtbetrag in Verzug befindet, welcher der Miete für zwei Monate entspricht. In die Berechnung werden auch die Vorauszahlungen des Mieters auf die Betriebskosten mit einbezogen[143]. Ein Rücktrittsrechtsrecht neben der Kündigung besteht beim Mietvertrag nicht, da die §§ 542 ff. BGB das ausdrückliche Recht zur Kündigung vorsehen und sohin eine Sonderregelung darstellen.

Nach Beendigung des Mietvertrages ist der Mieter zur **Rückgabe der Mietsache** verpflichtet. Dabei muss der Zustand der Mietsache der vertragsgemäßen Vereinbarung entsprechen, insbesondere sind die während der Mietzeit vorgenommenen Änderungen zu beseitigen und die eingebrachten Sachen zu entfernen. Ist eine Abnutzung der Mietsache während der Mietdauer durch den vertragsgemäßen Gebrauch entstanden, so kann der Vermieter hierfür keine Entschädigung verlangen. Gibt der Mieter die Mietsache verspätet an den Vermieter zurück, so kann der Vermieter für die Zeit nach Beendigung des Mietverhältnisses eine Entschädigung verlangen, welche der vereinbarten Miete oder derjenigen Miete entspricht, die für vergleichbare Sachen ortsüblich ist.

4.5.1.4. Besonderheiten bei Mietverhältnissen über Wohnraum

Der Wohnraum unterliegt einem besonderen Schutz, sodass für den Wohnraummietvertrag besondere gesetzliche Vorgaben gelten. Die Regelungen hierzu finden sich in den §§ 549 bis 577a BGB und reichen von allgemeinen Vorschriften zum Vertrag und zur Miethöhe über Erhaltungs- und Modernisierungsmaßnahmen bis hin zu einem Pfandrecht des Vermieters und den besonderen Vorschriften für die Beendigung des Mietvertrages. Da aus Platzgründen hier nicht auf sämtliche Vorschriften im Einzelnen eingegangen werden kann, finden sich nachstehend die für das Vertragsrecht wohl wichtigsten Normierungen.

4.5.1.4.1. Allgemeines zur Vertragsgestaltung

Der Mietvertrag über Wohnraum kann grundsätzlich formlos geschlossen werden. Ist von den Vertragsparteien jedoch ein Mietvertrag für länger als ein Jahr gewollt, so bedarf dieser zwingend gemäß § 550 BGB der Schriftform, die selbst beim Gewerberaummietvertrag nicht zur Disposition der Parteien steht[144]. Andernfalls gilt der Mietvertrag als für unbestimmte Zeit geschlossen, wobei die Kündigung frühestens zum Ablauf eines Jahres nach Überlassung der Mietsache zulässig ist. Die **Mietsicherheit** kann maximal in Höhe des dreifachen monatlichen Mietbetrages ohne Berücksichtigung der Nebenkosten vereinbart werden. Der Vermieter ist verpflichtet, die ihm übergebene Sicherheit von seinem Vermögen getrennt zu veranlagen, die sich daraus ergebenden Erträge stehen dem Mieter zu.

---

[143] BGH, Urt. v. 18.7.2012, Az. VIII ZR 1/11 – NJW 2012, 3089.

[144] Lindner-Figura/Reuter, *Nach dem Ende der Schriftformheilungsklauseln in Mietverträgen: Was nun?* NJW 2018, 897; BGH, Urt. v. 27.9.2017, Az. XII ZR 114/16 – NJW 2017, 3772.

4.5.1.4.2. Nebenkostenabrechnung

§ 556 BGB ermöglicht ausdrücklich die Vereinbarung zwischen den Vertragsparteien, dass der Mieter die Betriebskosten des Wohnraums zu tragen hat. Eine solche ist in der Praxis auch üblich. Dabei werden die Betriebskosten als monatliche Vorauszahlung vom Mieter geschuldet und sind jährlich vom Vermieter abzurechnen. Die **Nebenkostenabrechnung** richtet sich nach der BetrKV (Betriebskostenverordnung).

Äußerst praxisrelevant und oftmals Grund von Streitigkeiten zwischen Mieter und Vermieter ist die verbrauchsgenaue Abrechnung der Nebenkosten einer Wohnung. Die im Mietvertrag vereinbarte Miete spaltet sich in die sogenannte Kaltmiete und die Nebenkosten. Die Nebenkosten werden monatlich als Vorauszahlungspauschale gezahlt, aber jährlich abgerechnet. Oftmals kommt es zu **Nachzahlungsforderungen**, wenn der Verbrauch des Mieters entsprechend hoch gewesen ist[145]. Der Abrechnungszeitraum dafür wird im Mietvertrag festgelegt und beträgt zwölf Monate. Im Zweifel ist der Abrechnungszeitraum vom 1. Januar bis zum 31. Dezember eines Jahres anzunehmen. Die Nebenkostenabrechnung muss dem Mieter spätestens zwölf Monate nach Ende des Abrechnungszeitraums zugegangen sein, andernfalls kann der Vermieter einen Anspruch auf Nachzahlung nicht mehr durchsetzen. Insofern hemmt auch eine unvollständige oder formal fehlerhaften Abrechnung die Ausschlussfrist nicht. Der Anspruch des Mieters im Falle eines Guthabens hingegen kann auch danach noch gefordert werden. Nach Erhalt der Nebenkostenabrechnung hat der Mieter wiederum ein Jahr Zeit, um gegen selbige Widerspruch einzulegen. Zur Prüfung der Jahresabrechnung kann der Mieter auch Einsicht in die Abrechnung des Vermieters nebst allen zugehörigen Rechnungen fordern. Die Nebenkostenabrechnung folgt einem Umlageschlüssel und unterscheidet zwischen den kalten Betriebskosten, die von allen Mietern eines Wohnhauses gemeinschaftlich produziert und nach gemieteter Wohnfläche umgelegt werden, und den warmen Betriebskosten, bei denen die Abrechnung nach dem konkreten Verbrauch des Mieters erfolgt. Zu Ersteren zählen beispielsweise die Kosten für Fahrstuhl, Hausmeister, Reinigung und Beleuchtung der Allgemeinflächen, zu Zweiteren rechnet man die Heizkosten und Wasserkosten.

4.5.1.4.3. Schönheitsreparaturen

Die sogenannten Schönheitsreparaturen, wie das Streichen und Tapezieren von Wänden, gehören zu den Pflichten des Vermieters. Die Abwälzung derartiger Pflichten auf den Mieter sind immer wieder praxisrelevanter Streitpunkt zwischen den Parteien[146]. Unterfällt der Mietvertrag dem AGB-Recht, so ist eine dem Mieter auferlegte Verpflichtung zur Renovierung dann unwirksam, wenn dieser die Woh-

[145] Meyer-Abich, *Betriebskosten: Aktuelle Tendenzen in der instanzgerichtlichen Rechtsprechung*, NZM 2018, 769.

[146] Hinz, Schönheitsreparaturen seit den BGH-Urteilen vom 18.03.2015, ZMR 2023, 249; Umfassende Darstellung in: BeckOK BGB/Zehelein, *BGB-Kommentar* § 535 Rn 418 ff.

nung bereits mit Gebrauchsspuren übernimmt und keinen angemessenen Ausgleich erhält[147]. Eine Verpflichtung zur Modernisierung der Mietsache trifft den Vermieter hingegen nicht. Auch ist der Mieter nach Wahl des Vermieters zur Wiederherstellung oder Geldzahlung verpflichtet, wenn die Schäden nicht durch Gebrauch und Abnutzung der Mietsache, sondern durch eine vom Mieter zu vertretende Substanzverletzung entstanden sind[148].

4.5.1.4.4. Mieterhöhung

Eine Mieterhöhung ist zum einen möglich, wenn sie zwischen den Parteien im Mietvertrag vereinbart wurde, oder zum anderen, wenn der Vermieter von seinem gesetzlichen Recht auf Erhöhung der Miete durch **Angleichung an die ortsübliche Vergleichsmiete oder den Mietpreisindex** Gebrauch macht.

Soll eine konkrete Vereinbarung im Mietvertrag erfolgen, so kann diese einerseits in Form einer sogenannten Staffelmiete aufgenommen werden, bei der die Miete für bestimmte Zeiträume in unterschiedlicher Höhe konkret vereinbart wird. Andererseits besteht auch die Möglichkeit, dass der Preisindex für die Lebenshaltung in Deutschland, ermittelt vom Statistischen Bundesamt, als Maßstab für eine Anpassung herangezogen wird. Die Vereinbarung muss jedenfalls schriftlich gehalten sein. Zum Schutz des Mieters sind alle Vereinbarungen nichtig, die über die gesetzlich eingeräumte Möglichkeit der Staffelmiete oder Indexmiete hinausgehen.

Haben die Parteien im Mietvertrag keine Vereinbarung über eine Mieterhöhung geschlossen und diese auch nicht ausgeschlossen, so kann der Vermieter frühestens 15 Monate nach Beginn des Mietvertrages eine Mieterhöhung bis zur ortsüblichen Vergleichsmiete verlangen. In der Praxis kann der Vermieter hierfür auf den Mietspiegel einer Gemeinde zurückgreifen, sofern diese einen solchen führt. Andernfalls ist es empfehlenswert, drei vergleichbare Objekte aus der aktuellen Mietdatenbank mit dem Begehren zu verbinden. Im Zweifel erfolgt die Bestimmung der Erhöhung im Rahmen des Klageverfahrens durch das Gutachten eines öffentlich vereidigten Sachverständigen. Es gilt in der Regel eine Kappungsgrenze von 20 % innerhalb von drei Jahren. Das Erhöhungsbegehren des Vermieters muss dem Mieter in Textform zugehen und eine überprüfbare und nachvollziehbare Begründung enthalten.

4.5.1.4.5. Beendigung

Jede Kündigung des Wohnraummietvertragsverhältnisses bedarf der **Schriftform**.

Der Gesetzgeber hat die Möglichkeit einer außerordentlichen fristlosen Kündigung aus wichtigem Grund geschaffen. Die hierfür in Frage kommenden Gründe sind in § 569 BGB nicht abschließend normiert und betreffen insbesondere die erhebliche Gefährdung der Gesundheit für den Mieter im gemieteten Wohnraum, die nach-

[147] BGH, Urt. v. 18.3.2015, Az. VIII ZR 185/14 – NJW 2015, 173.
[148] BGH, Urt. v. 28.2.2018, Az. VIII ZR 157/17 – NJW 2018, 1746.

haltige Störung des Hausfriedens oder einen Zahlungsrückstand bei der Kautionsleistung bzw. der Miete von mehr als einen Monat.

Liegt kein wichtiger Grund vor, so bleibt dem Vermieter und auch dem Mieter beim Mietverhältnis auf unbestimmte Zeit nur die Möglichkeit der ordentlichen Kündigung. Die Kündigung muss spätestens zum dritten Werktag des Monats zum Ablauf des übernächsten Monats erklärt werden, wobei sich diese für den Vermieter nach fünf und nach acht Jahren um jeweils drei Monate verlängert.

Die ordentliche Kündigung des Vermieters schließt die Kündigung zum Zwecke der Mieterhöhung aus, § 573 Abs. 1 S. 2 BGB. **Der Vermieter benötigt ein berechtigtes Interesse für seine Kündigung**, welches aufgrund der sozialen Bedeutung des Wohnraums ein entsprechendes Gewicht haben muss. Das Gesetz hat die nicht unerhebliche schuldhafte Verletzung der vertraglichen Pflichten durch den Mieter und den Eigenbedarf des Vermieters am Wohnraum als Beispiele benannt. Ebenfalls ein berechtigtes Interesse bildet der Umstand, dass der Vermieter andernfalls an der wirtschaftlichen Verwertung des Grundstücks gehindert wäre und hierdurch erhebliche Nachteile erleiden würde. Da in der Praxis die beiden letzten Gründer häufig zur Beendigung eines unliebsamen Mietverhältnisses vorgeschoben werden, prüft das Gericht sehr genau und mit strengem Maßstab die Voraussetzungen und erklärt die Kündigung bei Rechtsmissbrauch für unwirksam.

Kündigt der Vermieter, so hat der Mieter die Möglichkeit des **Widerspruchs**, auf die der Vermieter für die Wirksamkeit seiner Kündigung ausdrücklich hinweisen muss. Der Widerspruch ist ebenso wie die Kündigung schriftlich zu erklären, sollte die Gründe des Widerspruchs bereits beinhalten und ist auf das Begehren der Fortsetzung des Mietverhältnisses gerichtet. Der Mieter kann in seinem Widerspruch entweder das berechtigte Interesse bzw. den Kündigungsgrund des Vermieters bestreiten oder aber eine besondere Härte für sich und seine Familie bei Beendigung des Mietverhältnisses geltend machen. Das Begehren kann vom Vermieter zurückgewiesen werden, wenn der Widerspruch ihm nicht spätestens zwei Monate vor der Beendigung des Mietverhältnisses zugegangen ist. Bei rechtzeitigem Widerspruch muss der Vermieter nun die Voraussetzungen einer rechtmäßigen Kündigung prüfen und belegen. Finden die Parteien keine Einigung, so erfolgt eine Klärung durch das Gericht.

4.5.1.4.6. Befristung

Der einfache Zeitmietvertrag ist im deutschen Mietrecht nicht vorgesehen. Eine gänzliche Befristung des Mietverhältnisses ist ausschließlich unter den engen Voraussetzungen des § 575 BGB zulässig. Diese Möglichkeit besteht nur, wenn der Vermieter in absehbarer Zeit die Räume für seinen Eigenbedarf nutzen will oder Baumaßnahmen plant, die durch die Fortsetzung des Mietverhältnisses erheblich erschwert würden. Eine Befristung ist zu guter Letzt auch dann möglich, wenn der Vermieter die Wohnung als sogenannte Werkmietwohnung nutzen will, indem er an einen Werksangehörigen vermietet. Der Grund der Befristung muss dem Mieter bei Vertragsschluss schriftlich mitgeteilt und sollte in den Mietvertrag explizit aufgenommen werden. Liegt keiner der drei genannten Gründe für die Befristung vor, so gilt das Mietverhältnis auf unbestimmte Zeit abgeschlossen.

Davon zu unterscheiden ist der in Grenzen zulässige **Ausschluss des Kündigungsrechts** durch Vereinbarung. Beim Staffelmietvertrag hat der Bundesgerichtshof sogar den einseitigen Ausschluss des Kündigungsrechts[149] zulasten des Mieters für eine Zeitdauer von bis zu vier Jahren zugelassen. Ist eine Staffelmiete nicht vereinbart, muss die Kündigungsrechtsausschlussvereinbarung zumindest beiderseitig vereinbart sein[150].

4.5.2. Der Leasingvertrag als atypischer Mietvertrag

Der Leasingvertrag ist im deutschen Recht nicht gesondert geregelt, dieser gilt vielmehr als atypischer Mietvertrag und unterfällt sohin grundsätzlich den Regelungen der §§ 535 ff. BGB. Beim Leasingvertrag wird eine Sache vom Leasinggeber an den Leasingnehmer zum Gebrauch überlassen, wohingegen der Leasingnehmer zur Zahlung eines Entgeltes verpflichtet ist, das in Raten zu leisten ist. Der Leasingnehmer trägt die Gefahr für die Instandhaltung, den Untergang oder die Beschädigung der Sache sowie auch für alle weiteren Sachmängel.

Der Leasingvertrag kann regelmäßig mit einer **Kaufoption** für den Leasingnehmer verbunden werden[151]. Insbesondere für den Unternehmer von Vorteil ist auch die Vereinbarung eines Andienungsrechtes im Leasingvertrag, welches dem Leasinggeber nach Beendigung der Laufzeit des Leasingvertrages das Recht gibt, den Vertragsgegenstand für den kalkulierten Restwert an den Leasingnehmer zu verkaufen. Es handelt sich dabei in der Regel um eine Option, sodass der Leasinggeber den Vertragsgegenstand zum Restwert verkaufen kann, aber nicht muss, wenn beispielsweise der Marktwert einen höheren Gewinn versprechen würde. Alternativ dazu werden in der Praxis auch sogenannte Restwertgarantieklauseln vereinbart, bei denen sich der Leasingnehmer zur Zahlung des Differenzbetrages verpflichtet, wenn der tatsächliche Restwert bei Rückgabe des Leasinggutes niedriger ist als der bei Vertragsbeginn kalkulierte Restwert. Derartige Klauseln sind auch zulässig, wenn sie in Allgemeinen Geschäftsbedingungen verwendet werden[152].

---

[149] BGH, Urt. v. 23.11.2005, Az. VIII ZR 154/04 – NJW 2006, 1056.

[150] Börstinghaus, *Kündigungsrechtsausschlussvereinbarungen in der Wohnraummiete*, NJW 2009, 1392.

[151] Zu den rechtlichen Besonderheiten von Finanzierungsleasingverträgen: Greiner, *Das Finanzierungsleasing zwischen Vertrag und Gesetz*, NJW 2012, 961.

[152] BGH, Urt. v. 28.5.2014, Az. VIII ZR 179/13 – NJW 2014, 2940.

4.5.3. Der Pachtvertrag

Im Gegensatz zum Mietvertrag berechtigt der Pachtvertrag nicht nur zum Gebrauch der Sache, sondern vielmehr ist der Pächter auch zur sogenannten Fruchtziehung berechtigt, §§ 581 ff. BGB. Der Vertrag berechtigt den Pächter sohin zur wirtschaftlichen Nutzung der Sache. In der Praxis relevante, besondere Formen des Pachtvertrages sind der Jagd- und Fischereipachtvertrag, der Kleingartenpachtvertrag, der Apothekenpachtvertrag sowie auch der Gaststätten- und Hotelpachtvertrag. Alle diese Verträge haben gemeinsam, dass der Pächter die ihm überlassenen Örtlichkeiten auch dafür nutzt, um hieraus Erzeugnisse und Ausbeute zu erzielen. Diesem **Nutzungsgedanken** entspringt es auch, dass der Pächter zur Erhaltung des Inventars verpflichtet ist. Die Zahlung der Pacht kann im Vertrag entweder ähnlich einer Mietzahlung in Geld festgelegt werden, sie kann aber auch in der Übernahme einer bestimmten Leistung oder eines anteiligen Umsatzes oder Ertrages aus der Bewirtschaftung vereinbart werden.

Daneben ist in den §§ 585 ff. BGB der Landpachtvertrag gesondert geregelt. Dieser ist anzunehmen, wenn ein Grundstück mit seinen der Bewirtschaftung dienenden Wohn- oder Wirtschaftsgebäuden oder ein Grundstück für die Landwirtschaft gepachtet wird.

4.5.4. Der Leihvertrag

Im Gegensatz zum österreichischen Recht, bei dem § 971 öABGB die Leihe als Realvertrag regelt, kommt der Leihvertrag gemäß den §§ 598 ff. BGB durch Angebot und Annahme wirksam zustande. Der Leihvertrag ist ein **unvollkommen zweiseitig verpflichtender Vertrag**, mit dem sich der Verleiher einseitig verpflichtet, dem Entleiher den Gebrauch der Sache zu gestatten und hierfür kein Entgelt zu verlangen. Den Entleiher trifft lediglich eine Rückgabepflicht nach Ablauf der bestimmten Zeit, die aber erst mit der tatsächlichen Übergabe der Sache an den Entleiher entsteht. Bei der Leihe erfolgt die Gebrauchsüberlassung unentgeltlich. Im Gegenzug dazu haftete der Verleiher nur bei Vorsatz und grober Fahrlässigkeit.

4.5.5. Der Sachdarlehensvertrag

Im Gegensatz zum österreichischen § 984 öABGB ist das Sachdarlehen im deutschen Recht nicht gemeinsam mit den Vorschriften zum Darlehensvertrag, sondern gesondert in den §§ 607 ff. BGB geregelt. Beim Sachdarlehensvertrag überlässt der Darlehensgeber an den Darlehensnehmer eine Sache, die als Darlehen gegeben wird. Hierfür schuldet der Darlehensnehmer die Zahlung eines Entgeltes. Wesentliches Unterscheidungsmerkmal des Sachdarlehensvertrages zum Mietvertrag ist der Umstand, dass der Darlehensnehmer nicht die Rückgabe der ihm übergebenen Sache, sondern vielmehr eine Sache gleicher Art, Güte und Menge schuldet. Bei Mängeln an der als Darlehen übergebenen Sache gilt der Sachdarlehensvertrag als

„kaufähnliches Geschäft" mit entsprechender Anwendbarkeit der kaufvertraglichen Vorschriften der §§ 434 ff. BGB[153].

Der Sachdarlehensvertrag wird insbesondere zwischen Gewerbetreibenden häufig geschlossen. Typisches Beispiel ist ein Restaurantbetreiber, der die Bezahlung der benötigten Lebensmittel anfangs nicht aufbringen kann oder will, sodass er die Produkte vom Händler in Form eines Sachdarlehens bezieht. Der Darlehensnehmer schuldet dann nach Vertragsende die Rückgabe der gleichen, aber nicht derselben Lebensmittel sowie das vereinbarte Darlehensentgelt.

4.6. Der Dienstvertrag

Der Dienstvertrag gehört thematisch unter den Abschnitt der gesetzlich geregelten Vertragstypten im besonderen Schuldrecht. Der Dienstvertrag erlangt insbesondere eine wesentliche Bedeutung im Arbeitsrecht, welches später im gesonderten Kapitel hierfür ausführlich dargestellt wird. An dieser Stelle soll daher nur eine kurze Übersicht zum Dienstvertrag allgemein erfolgen.

4.6.1. Gegenstand des Dienstvertrages

Beim Dienstvertrag wird der Dienstnehmer zur Leistung der versprochenen Dienste und der Dienstgeber zur Zahlung der vereinbarten Vergütung verpflichtet, § 611 BGB. Gegenstand des Dienstvertrages kann dabei jede Art von Dienst sein.

Wesentlich ist die Unterscheidung zwischen Dienstvertrag und Werkvertrag. Typischerweise haben beide eine entgeltliche Arbeitsleistung zum Inhalt, wobei beim Dienstverstrag der ***„unmittelbare, persönliche Einsatz geistiger Arbeitskraft in eigenverantwortlicher Stellung"*** erbracht wird[154]. Die Dienstleistung als solche wird geschuldet und steht im Vordergrund. Der Schwerpunkt des Vertrags liegt also in der Tätigkeit selbst. Hingegen kommt es beim Werkvertrag wesentlich auf einen Erfolg, sohin das Arbeitsergebnis selbst, an. Typische Dienstverträge sind der Behandlungsvertrag mit dem Arzt oder ambulante Pflegeleistungen oder auch die Mandatierung eines Rechtsanwaltes oder Steuerberaters.

Eine **Vergütung** sollte im Vertrag konkret vereinbart werden. Haben die Parteien hierüber keine Bestimmung getroffen, so gilt diejenige Vergütung als stillschweigend vereinbart, welche durch Gesetz (beispielsweise das Rechtsanwaltsvergütungsgesetz) bzw. die Gebührenordnung eines Verbandes festgelegt ist oder einer üblichen Vergütung entspricht. Grundsätzlich besteht kein Anspruch auf eine Vorauszahlung des Dienstentgeltes. Dieses ist nach erbrachter Leistung zu entrichten. Will also der zur Dienstleistung Verpflichtete seine Dienstleistung unter die Voraussetzung einer Vorschusszahlung stellen, so muss er dies konkret im Vertrag vereinbaren.

153 MüKoBGB/K. P. Berger, *BGB-Kommentar* § 607 Rn 34.

154 MüKoBGB/Spinner, *BGB-Kommentar* § 611 Rn. 9.

Die **Leistungsstörung** ist für den Dienstvertrag nicht gesondert geregelt, sondern richtet sich vielmehr nach den Normen des Allgemeinen Schuldrechts. Insbesondere gibt es in den §§ 611 ff. BGB keine besonderen Vorschriften wie beim Kauf- oder Werkvertrag, welche die Rechtsfolgen bei Schlechtleistung der Dienste, wie beispielsweise die Minderung der Vergütung oder die Nachbesserung, bestimmen. Besonderheiten sind allerdings bei der Unmöglichkeit der Leistung zu beachten, da der Dienstvertrag oftmals ein absolutes oder relatives Fixgeschäft ist, bei dem die Erfüllung zu einem bestimmten Zeitpunkt geschuldet wird und nicht nachgeholt werden kann[155].

4.6.2. Beendigung des Dienstvertrages

Die Beendigung des Dienstverhältnisses tritt entweder dann ein, wenn der Zweck des Dienstes erreicht ist oder aber ein Ende im Vertrag von den Parteien festgelegt wurde. Häufig endet das Dienstverhältnis in der Praxis also dann, wenn die Art des Dienstes so angelegt ist, dass dieser für eine bestimmte Dauer in Anspruch genommen werden soll. Der Dienstvertrag ist in diesen Fällen befristet, obwohl kein kalendermäßiges Datum konkret vereinbart wird. Ist also die Steuererklärung fertig erstellt oder ein Rechtsstreit, für den ein Anwalt beauftragt wurde, beendet, so endet auch das Dienstverhältnis, ohne dass es hierfür einer Kündigung bedarf.

Wohl aber steht beiden Parteien auch die Möglichkeit der **Kündigung** des Dienstverhältnisses zur Verfügung. Dabei verdrängt auch beim Dienstvertrag das spezielle Kündigungsrecht das Rücktrittsrecht des allgemeinen Schuldrechts. Die Kündigungsfristen für Dienstverhältnisse, die kein Arbeitsverhältnis sind, bestimmt § 621 BGB mit verschiedener Dauer und richtet sich nach der Bemessung der Vergütung nach Tagen, Wochen oder Monaten. Je nachdem ist die Kündigung bis zum Ablauf des Folgetages, am ersten Werktag zum Ablauf des darauffolgenden Sonnabends, am 15. des Monats zum Ablauf des Kalendermonats oder bei längerer Vergütungsbemessung mit einer Kündigungsfrist von sechs Monaten zum Ablauf eines Kalenderquartals zu erklären. Daneben kann der Dienstvertrag aus wichtigem Grund fristlos gekündigt werden, wobei zwischen Kenntnis des Kündigenden vom wichtigen Grund und der Kündigung maximal zwei Wochen liegen dürfen.

Weiterhin hat der Gesetzgeber die Möglichkeit einer stillschweigenden Verlängerung vorgesehen, wenn der Dienstnehmer trotz Beendigung mit Wissen des Dienstgebers seine Dienste fortsetzt und der Dienstgeber dem nicht unverzüglich widerspricht.

[155] Alexander, *Leistungsstörung im Dienstvertrag*, JA 2015, 321.

4.6.3. Besonderheiten für Unternehmer

Die Dienste werden **im Zweifel höchstpersönlich** geschuldet, § 613 BGB. Will sich also der Unternehmer für die Erfüllung einer dienstvertraglichen Pflicht eines Dritten bedienen, so sollte er dies ausdrücklich im Vertrag festhalten. Andernfalls ist dies nur dann möglich, wenn sich die Erfüllung durch Dritte aus den Umständen bei Vertragsschluss ergibt, was im Zweifel durch den Dienstnehmer nachzuweisen ist und für den Dienstgeber von Anfang an erkennbar gewesen sein muss.

4.7. Der Behandlungsvertrag

Auch der Behandlungsvertrag ist im deutschen BGB gesondert geregelt in den §§ 630a ff. BGB[156]. Hierdurch soll in dem sensiblen Bereich der medizinischen Behandlung ein wesentlicher Beitrag für Transparenz und Rechtssicherheit zu den Obliegenheiten bei Befunderhebung, Diagnose und Therapie geleistet werden. Weiterhin werden sämtliche medizinischen Maßnahmen unter den Vorbehalt der Einwilligung gestellt und Aufklärungspflichten statuiert. Vertragsgegenstand sind jede Art der medizinischen ambulanten oder stationären Dienstleistung. § 630a Abs. 2 BGB legt fest, dass die Behandlung nach bestehenden, allgemein anerkannten fachlichen Standards zu erfolgen hat, soweit nicht etwas anderes vereinbart ist.

4.8. Der Werkvertrag

Der Werkvertrag ist geregelt in den §§ 631 ff BGB und beinhaltet die Verpflichtung zur Herstellung von Sachen. Die Vertragsparteien des Werkvertrages werden als Unternehmer und Besteller bezeichnet, wobei der Begriff des Unternehmers mit dem in § 14 BGB definierten und zur Unterscheidung vom Verbraucher gebräuchlichen Begriff nicht identisch ist. Neben dem Werkvertrag gibt es noch den Werkverschaffungsvertrag, sofern sich der Unternehmer verpflichtet, das Werk eines Dritten zu verschaffen.

4.8.1. Gegenstand des Werkvertrages

Beim Werkvertrag verpflichtet sich der Werkunternehmer zur Herstellung des versprochenen Werkes und der Besteller zur Zahlung der hierfür vereinbarten Vergütung. Gegenstand des Werkvertrages kann die Herstellung einer Sache, aber auch eine andere Art durch Arbeit oder Dienstleistung herbeigeführter Erfolg sein[157].

Der Werkunternehmer schuldet neben der Herstellung auch die Ablieferung des Werkes beim Besteller und sohin – als wesentliches Abgrenzungsmerkmal zu anderen Verträgen – den **vertraglich bestimmten Erfolg**. Die eigenhändige Herstellung des Werkes ist nicht erforderlich. Vielmehr kann sich der Werkunternehmer hierfür Dritter bedienen.

[156] Makowsky, *Grundzüge des Behandlungsvertragsrechts*, JuS 2019, 332.
[157] BGH, Urt. v. 30.8.2018, Az. VII ZR 243/17 – NJW 2018, 3380.

Die **Vergütung** sollte im Vertrag der Höhe nach bestimmt werden. Ist kein konkreter Vergütungsbetrag vereinbart, so schuldet der Besteller die Zahlung einer angemessenen Vergütung. Der Kostenvoranschlag selbst ist mangels anderweitiger Vereinbarung nicht zu vergüten. Abschlagszahlungen während der Herstellung des Werkes sind möglich und können in Höhe des Wertes der vom Werkunternehmer bereits erbrachten Leistungen verlangt werden, § 632a Abs. 1 S. 1 BGB. Das Recht auf Abschlagszahlungen kann vertraglich ausgeschlossen werden.

Vom Werkvertrag abgegrenzt hat der Gesetzgeber den sogenannten Werklieferungsvertrag in § 650 Abs. 1 BGB geregelt. Auf einen Vertrag, der die Lieferung herzustellender oder zu erzeugender beweglicher Sachen zum Gegenstand hat, finden die Vorschriften über den Kauf Anwendung, § 650 Abs. 1 BGB. Ebenso gesondert geregelt ist der Verbrauchervertrag über die Herstellung digitaler Produkte in § 650 Abs. 2, 3 und 4 BGB.

4.8.2. Abnahme des Werkes

Der Besteller schuldet die Vergütung bei Abnahme des Werkes. Geht die Sache vor Abnahme des Werkes unter oder wird dieses vorher zerstört, hat der Werkunternehmen auch keinen Anspruch auf Vergütung[158]. Die Abnahme des Bestellers in Kenntnis eines Mangels führt zum Verlust der diesbezüglichen Gewährleistungsrechte des Bestellers, wenn er sich diese nicht ausdrücklich vorbehält. Auch setzt die Abnahme die Verjährungsfrist des § 634 a Abs. 2 BGB in Gang. Die Abnahme des Werkes hat in der Praxis sohin wesentliche Relevanz für beide Seiten.

Die Abnahme bedingt die **körperliche Übergabe** des Werkes an den Besteller, wobei dieser das Werk als mangelfrei und vertragsgemäß hergestellt befinden muss. Bietet der Werkunternehmer eine wesentlich mangelbehaftete Sache an, so kann der Besteller die Abnahme verweigern mit der Folge, dass er nicht in Annahmeverzug gerät und auch der geschuldete Werklohn nicht fällig wird. Um kein Missbrauchstor für den Besteller zu öffnen, die Abnahme und damit die Vergütung einseitig hinauszuzögern, wurde mit § 640 Abs. 2 BGB eine Möglichkeit der fiktiven Abnahme geschaffen[159]. Ein Werk gilt unabhängig von der körperlichen Übernahme als abgenommen, wenn der Werkunternehmer dem Besteller eine angemessene Frist zu Abnahme setzt und der Besteller die Annahme nicht unter Benennung mindestens eines wesentlichen Mangels verweigert.

4.8.3. Mangel des Werkes

Das Gewährleistungsrecht des Werkvertrages weicht wesentlich vom allgemeinen Schuldrecht ab. Besteht ein Mangel und verlangt der Besteller Nacherfüllung, so steht dem Werkunternehmer und nicht dem Besteller das Wahlrecht zu, ob er den

[158] Vertiefend Bergmann, Die Gefahrtragung im Werkvertragsrecht, ZfPW 2022, 385.

[159] Bachem/Andreas Bürger, *Die Neuregelung zur Abnahmefiktion im Werkvertragsrecht*, NJW 2018, 118.

Mangel beseitigen und sozusagen sein Werk mangelfrei stellen oder ob er ein gänzlich neues Werk herstellen will, § 635 Abs. 1 BGB. Hingegen steht dem Besteller ein Selbstvornahmerecht zu, wenn er dem Werkunternehmer zuvor eine angemessene Frist zur Mangelbeseitigung gesetzt hat. Er kann also den Mangel selbst beseitigen und hierfür die erforderlichen Aufwendungen ersetzt verlangen. Auch die eigene Arbeitsleistung des Bestellers zur Beseitigung des Mangels ist zu schätzen und hierfür Wertersatz zu leisten[160].

Besonderheiten zur Verjährung von Mängelansprüchen im Werkvertragsrecht finden sich in § 634a BGB. Sie beginnt mit der Abnahme des Werkes und beträgt zwei bzw. fünf Jahre bei Bauwerken.

4.8.4. Beendigung

Der Werkvertrag endet entweder durch Fertigstellung und Abnahme des Werkes oder aber durch **vorzeitige Kündigung** des Bestellers. Dieser kann bis zur Vollendung des Werkes jederzeit kündigen mit der Folge, dass der Werkunternehmer zwar die vereinbarte Vergütung auch weiterhin verlangen kann, sich aber dasjenige anrechnen lassen muss, was er aufgrund der vorzeitigen Kündigung an Aufwendungen erspart hat oder durch anderweitige Verwendung seiner Arbeitskraft erwirbt oder böswillig unterlassen hat zu erwerben, § 648 BGB. Der Werkunternehmer soll durch die vorzeitige Kündigung keinen wirtschaftlichen Schaden erleiden, er soll aber durch Abzug der ersparten Aufwendungen auch nicht mehr behalten dürfen, als ihm bei Durchführung des Vertrages verblieben wäre. Die Darlegungslast für den insofern geminderten Vergütungsanspruch trägt im Zweifel der Werkunternehmer, da der Besteller in die Erlöse und Aufwendungen des Werkunternehmers in der Regel keine Einsicht hat[161]. In der Praxis führt dies oftmals zu Problemen, da der Werkunternehmer, will er seinen Anspruch begründen, um die Offenlegung von Plan- und Ertragszahlen nicht umhinkommt. Insofern kann sich der Werkunternehmer auch auf die Vermutung des § 648 S. 3 BGB berufen, wonach ihm im Zweifel 5 % des auf den noch nicht erbrachten Teil der Werkleistung entfallenden Anteils seiner Vergütung zusteht.

4.8.5. Besonderheiten für Unternehmer

Für den Unternehmer ist das in § 647 BGB normierte **Unternehmerpfandrecht** wichtig. Dieses besteht unabhängig von einer vertraglichen Vereinbarung für von ihm hergestellte oder ausgebesserte beweglichen Sachen, die bei der Herstellung oder Ausbesserung in den Besitz des Unternehmers gelangt sind. Das Pfandrecht ist Sicherheit für alle vertraglichen Forderungen aus dem konkreten Werkvertrag, also neben dem Vergütungsanspruch auch für Schadensersatzansprüche und Aufwendungsersatz. Das Unternehmerpfandrecht ist erst dann beendet, wenn der Werkun-

[160] Palandt/Sprau, *BGB-Kommentar* § 637 Rn 6.
[161] BGH, Urt. v. 24.3.2011, Az. VII ZR 146/10 – ZfBR 2011, 470.

ternehmer die tatsächliche Gewalt an der Sache erkennbar aufgibt und diese an den Besitzer übergibt. Bei der Probefahrt im Beisein des Werkunternehmers beispielsweise ist eine solche Übergabe jedenfalls erkennbar noch nicht abgeschlossen[162]. Gehört die dem Werkunternehmer übergebene Sache allerdings einem Dritten, so ist kein gutgläubiger Erwerb des Pfandrechts möglich.

4.9. Der Bauvertrag

Der Bauvertrag ist ein Unterfall des Werkvertrags und regelt die Rechtsbeziehungen zwischen dem Bauunternehmer und dem Bauherrn. Wesentliche Einzelheiten finden sich in den §§ 650a ff BGB und sind ergänzend in der VOB/B zu finden.

4.9.1. Gegenstand des Bauvertrages

Im Bauvertrag verpflichtet sich der Bauunternehmer zur Herstellung, Wiederherstellung, Beseitigung oder zum Umbau eines Bauwerkes, einer Außenanlage oder eines Teiles hiervon. Herzstück eines jeden Bauvertrages ist die **Baubeschreibung**, welche möglichst detaillierte dem Vertrag beigefügt werden sollte. Diese bildet die Grundlage für die Überprüfbarkeit der Leistungen des Bauunternehmers sowie auch der Vergütungspflicht des Bestellers.

In der Praxis ist das **Anordnungsrecht des Bestellers** zur Änderung des Vertrages von großer Relevanz[163]. Kann das Bauvorhaben nicht so umgesetzt werden, wie ursprünglich geplant, kann der Besteller den Vertragsinhalt einseitig ändern. Dabei sieht das Gesetz vor, dass die Vertragsparteien sich zuerst einmal um eine einvernehmliche Lösung bemühen. Der Bauunternehmer ist auf das Begehren des Bestellers hin verpflichtet, ein Angebot über die Mehr- oder Mindervergütung zu erstellen. Macht der Besteller sein Änderungsbegehren gegenüber dem Bauunternehmer geltend, so beginnt eine Frist von 30 Tagen. Danach kann der Besteller eine Leistungsänderung entsprechend seinem Begehren dem Bauunternehmer anordnen. Der Unternehmer hingegen kann auf die Anordnung hin seinen Vergütungsanspruch nach den tatsächlich erforderlichen Kosten mit angemessenen Zuschlägen für allgemeine Geschäftskosten, Wagnis und Gewinn anpassen. Auch hat der Bauunternehmer ein Verweigerungsrecht wegen Unzumutbarkeit. Dabei trägt der Gesetzgeber dem Umstand Rechnung, dass es sich bei einem Bauvorhaben oftmals um einen komplexen und langfristigen Vertrag handelt. Insbesondere ist darauf zu achten, ob die vom Besteller geforderten Leistungen im ursprünglichen Vertrag bereits enthalten bzw. wie die Vergütung ausgestaltet war.

Auch der Bauunternehmer kann gem. § 650e BGB gleich dem Unternehmerpfandrecht an beweglichen Sachen eine Sicherungshypothek an dem Baugrundstück des Bestellers verlangen.

---

[162] BGH, Urt. v. 17.03.2017, Az. V ZR 70/16 NJW-RR 2017, 818-821

[163] Leinemann, *Das neue Bauvertragsrecht und seine praktischen Folgen*, NJW 2017, 3113.

4.9.2. Verbraucherbauvertrag

Der Verbraucherbauvertrag ist in den §§ 650i ff. BGB gesondert geregelt und liegt immer dann vor, wenn der Besteller ein Verbraucher ist. Die Vertragsform wurde zum 1.1.2018 eingeführt und ist auf davor entstandene Schuldverhältnisse nicht anwendbar[164]. Der Vertrag muss in Textform geschlossen werden. Insbesondere trifft den Bauunternehmer eine Informationspflicht in Form einer Baubeschreibung. Wird dem Unternehmer vorvertraglich eine Baubeschreibung vom Verbraucher zur Verfügung gestellt, so wird diese in Bezug auf die Bauausführung Inhalt des Vertrages, es sei denn, die Vertragsparteien haben etwas anderes vereinbart. Auch muss der Zeitpunkt der Fertigstellung des Bauwerkes vertraglich fixiert werden. Will der Unternehmer im Vertrag eine Abschlagszahlung mit dem Verbraucher vereinbaren, so ist dies nur bis zu einem Gesamtbetrag aller Abschlagszahlungen in Höhe von 90 % der vereinbarten Gesamtvergütung möglich. Gleichzeitig hat der Verbraucher ein Sicherungsrecht für die rechtzeitige Herstellung des Werkes in Höhe von 5 % der vereinbarten Gesamtvergütung. Weiterhin steht dem Verbraucher ein **Widerrufsrecht binnen 14 Tagen** zu, es sei denn, der Bauvertrag wurde notariell beurkundet. Der Unternehmer hat den Besteller beim Verbraucherbauvertrag gemäß Art. 249 § 3 EGBGB über sein Widerrufsrecht zu belehren. Im Großen und Ganzen führen die bindenden Regelungen zum Verbraucherbauvertrag in Verbindung mit der Auslegungsregelung des § 650 k Abs. 2 BGB zu Lasten des Unternehmers zu einer besseren Absicherung des Verbrauchers[165].

4.9.3. Der Architektenvertrag und Ingenieurvertrag

Der Architekten- und Ingenieurvertrag (A&I-Vertrag) verpflichtet den Unternehmer, das Vorhaben eines Bestellers, das sich auf ein Bauwerk oder einer Außenanlage bezieht, zu planen und auszuführen. Inhalt und Pflichten des Vertrages sind gesetzlich in § 650p BGB geregelt. Aus dem Architektenvertrag schuldet der Architekt in der Regel die Bauplanung und Bauüberwachung und aus dieser heraus wiederum die Entstehung eines mangelfreien Bauwerkes[166]. Weitere Regelungen finden sich in der HOAI als Bestimmungshilfe. In der Regel ist der Vertrag in zwei Leistungsabschnitte unterteilt, nämlich zum einen die Planung des Vorhabens bis zur Vorlage der vom Unternehmer gefertigten Unterlagen und zum anderen die tatsächliche Umsetzung und Realisierung. Im Vertrag sollten die Parteien die Planungs- und Überwachungsziele möglichst eindeutig regeln. Ein Teil der Vorschriften des Verbraucherbauvertrages sind ebenfalls anwendbar.

Von besonderer Bedeutung beim Architekten- und Ingenieurvertrag ist das **Sonderkündigungsrecht des Bestellers**. Nach Vorlage der Planungsunterlagen hat der Be-

[164] Omlor, *Der neue Verbraucherbauvertrag*, NJW 2018, 817.
[165] Glöckner, Verbraucherschutz bei Bauverträgen – 5 Jahre nach dem Gesetz zur Reform des Bauvertragsrechts, VuR 2023, 403.
[166] BGH, Urt. v. 20.6.1966, Az. VII ZR 40/64 – NJW 1966, 1713.

steller die Möglichkeit, den Vertrag binnen einer Frist von zwei Wochen zu kündigen. Er schuldete dann die Vergütung der bis dahin erbrachten Planungsleistungen.

4.9.4. Der Bauträgervertrag

Beim Bauträgervertrag ist der Unternehmer Eigentümer eines Grundstücks und verpflichtet sich, dieses an seinen Vertragspartner zu übertragen und gleichzeitig ein Bauwerk für den Vertragspartner dauerhaft zu errichten. Damit trägt der Bauträgervertrag sowohl die Komponente eines Kaufvertrages für das Grundstück als auch die eines Bauvertrages in sich und ist sohin ein Mischvertrag aus beiden. Aufgrund der Grundstückübertragung bedarf er immer einer notariellen Beurkundung. Wesentliche Regelungen zu den Pflichten des Bauträgers finden sich in der Makler- und Bauträgerverordnung (MaBV).

4.10. Der Pauschalreisevertrag

Der Pauschalreisevertrag ist geregelt in den §§ 651a ff. BGB. Weiterhin treffen den Reiseveranstalter diverse Informationspflichten nach Maßgabe von Art. 250 §§ 1 ff. EGBGB.

Die reisevertraglichen Vorschriften im deutschen Recht basieren im Wesentlichen auf der Umsetzung der EU-Pauschalreiserichtlinie[167]. Insbesondere der Reiseverkehr mit seinem naturgemäß grenzüberschreitenden Charakter hat eine Vollharmonisierung auf dem Gebiet der EU erfahren[168]. Sowohl der Pauschalreisevertrag selbst als auch die §§ 651a ff. BGB sind daher richtlinienkonform auszulegen, sofern ein Regelungsbereich der Pauschalreiserichtlinie betroffen ist.

4.10.1. Gegenstand des Reisevertrages

Die vertragstypische Hauptleistungspflicht des Unternehmers (Reiseveranstalters) beim Pauschalreisevertrag ist die Verschaffung einer Pauschalreise. Der Begriff der Pauschalreise ist definiert als Gesamtheit von mindestens zwei verschiedenen Arten von Reiseleistungen für den Zweck derselben Reise, § 651a Abs. 2 S. 1 BGB. Unter den Begriff der Reiseleistung fallen die Beförderung von Personen, die Beherbergung, die Vermietung von Kraftfahrzeugen sowie jede andere touristische Leistung.

Dabei macht es keinen Unterschied, ob die einzelnen Reiseleistungen auf Wunsch oder sogar durch den Reisenden selbst zusammengestellt wurden. Dem Reiseveranstalter soll keine Möglichkeit gegeben werden, sich durch **Baukastensysteme** dem strengen und kundenfreundlichen Pauschalreiserecht zu entziehen. Im Gegenzug dazu ist der Reisende zur Zahlung eines Reisepreises verpflichtet. Der Reiseveranstalter wird in der Regel von seinem Recht Gebrauch machen, eine Vorauszah-

[167] Richtlinie (EU) 2015/2302 des Europäischen Parlaments und des Rates vom 25.11.2015.

[168] Führich, *Das neue Pauschalreiserecht – Umsetzung der Pauschalreiserichtlinie (EU) 2015/2302 in deutsches Recht*, NJW 2017, 2945.

lung des Reisepreises zu vereinbaren. Er muss dem Reisenden im Gegenzug den **Sicherungsschein einer Insolvenzabsicherung** übergeben und so die im Voraus vereinnahmten Kundengelder für den Fall seiner Zahlungsunfähigkeit absichern, § 651r BGB. Will der Reiseveranstalter die Vorauszahlung durch seine Allgemeinen Geschäftsbedingungen vereinbaren, so muss hierfür ein sachlicher Grund bestehen. Die Rechtsprechung hat für die Höhe derselben Staffeln geschaffen, wobei die Vorauszahlung des vollständigen Reisepreises in der Regel maximal bis 30 Tage vor Reiseantritt gefordert werden kann[169].

Eine weitere Besonderheit des Pauschalreisevertrages ist die in § 651e BGB normierte **Ersetzungsbefugnis** des Reisenden in seiner Person. Durch Erklärung nicht später als sieben Tage vor Reisebeginn kann der Reisende dem Reiseveranstalter den Eintritt eines Dritten in den Vertrag mitteilen, der dann an seiner Stelle die Reise antritt. Der Reiseveranstalter kann dem nur widersprechen, wenn der Dritte die vertraglichen Reiseerfordernisse nicht erfüllt. Die Erstattung von Mehrkosten für die Übertragung der Rechte und Pflichten aus dem Vertrag kann der Reiseveranstalter fordern, wenn diese angemessen und ihm tatsächlich entstanden sind. Der Reisende kann hierüber einen Nachweis verlangen.

4.10.2. Reisemangel

In der Praxis von erheblicher Relevanz sind die Rechte des Reisenden bei Reisemängeln, geregelt in § 651i BGB. Für das Vertragsrecht bleibt nur die Empfehlung, die Beschaffenheit und den Inhalt der Reise so konkret wie möglich festzuhalten. Jedenfalls muss der Reisende vor Ort nach Abhilfe verlangen. Erst wenn diese Aufforderung nicht zu einer Beseitigung des Reisemangels geführt hat, kann er seine weitergehenden Ansprüche auf Minderung des Reisepreises, Ersatzleistungen sowie Schadensersatz verlangen. Für die Reisepreisminderung hat die Rechtsprechung über viele Jahre hinweg Minderungssätze etabliert, die in Mängeltabellen zusammengefasst werden[170]. Diese dienen der Orientierung bei der Forderung durch den Reisenden. Daneben kann der Reisende gemäß § 651n Abs. 2 BGB im Einklang mit der Rechtsprechung des Bundesgerichtshofs eine **Entschädigung für *entgangene Urlaubsfreude*** verlangen, wenn die Beeinträchtigung der Reise eine Preisminderung von mehr als 50 % rechtfertigt, sohin eine gewisse Erheblichkeitsschwelle überschritten ist[171].

Abweichend vom allgemeinen Verjährungsrecht des BGB beginnt die Verjährungsfrist für Rechte bei Reisemängeln mit dem Tag, an dem die Pauschalreise dem Vertrag nach enden sollte, und beträgt zwei Jahre. Diese kann vertraglich nicht zulasten des Reisenden verkürzt werden.

[169] BGH, Urt. v. 9.12.2014, X ZR 85/12 – NJW 2015, 1444.

[170] So unter anderem die ADAC-Tabelle „Reisepreisminderung" oder die Kemptener Reisemängeltabelle unter www.reiserechtfuehrich.com von Prof. Dr. Ernst Führich.

[171] BGH, Urt. v. 11.1.2005, Az. X ZR 118/03 – NJW 2005, 1047.

4.10.3. Beendigung

Der Reisende hat **vor Reisebeginn ein Rücktrittsrecht**, das nicht durch Vertrag ausgeschlossen werden kann. Er kann die Reise stornieren mit der Folge, dass der Reiseveranstalter seinen Anspruch auf den vereinbarten Reisepreis verliert, jedoch eine angemessene Entschädigung verlangen darf. In der Praxis werden derartige Entschädigungen beim Reisevertrag in der Regel in den Allgemeinen Geschäftsbedingungen des Reiseveranstalters durch Entschädigungspauschalen geregelt. Diese Möglichkeit sieht der Gesetzgeber ausdrücklich vor. Bei der Höhe der Pauschale sollte vom Reiseveranstalter darauf geachtet werden, dass derartige Klauseln der Inhaltskontrolle nach den Bestimmungen für die Allgemeinen Geschäftsbedingungen unterliegen und bei Streitigkeiten darüber einer sachlichen Rechtfertigung für die angesetzte Höhe bedürfen. Der Reiseveranstalter muss im Streitfall darlegen und beweisen, welche Aufwendungen er bei vorzeitiger Kündigung für gewöhnlich erspart und welche anderweitigen Verwendungsmöglichkeiten für gewöhnlich gegeben sind, dies wiederum gestaffelt nach der Art der angebotenen Reisen und den Konditionen des jeweiligen Tarifes. Hierdurch soll ausgeschlossen werden, dass dem Reiseveranstalter zumindest im Durchschnitt mehr als die angemessene Entschädigung verbleibt[172].

Daneben kennt das Reiserecht das Rücktrittsrecht des § 651 h Abs. 3 S. 1 BGB. Der Reiseveranstalter kann bei Rücktritt vor Reisebeginn keine Entschädigung verlangen, wenn am Bestimmungsort oder in dessen unmittelbarer Nähe unvermeidbare, außergewöhnliche Umstände auftreten, die die Durchführung der Reise erheblich beeinträchtigen. Das Abstellen auf subjektive oder objektive Voraussetzungen dieses Rücktrittsrechts ist durch die Corona-Pandemie stark diskutiert worden[173].

4.10.4. Die Vermittlung von Reiseleistungen

Auch die Normen zur Vermittlung von Reiseleistungen sowie auch die Vermittlung verbundener Reiseleistungen gehen auf die Pauschalreiserichtlinie zurück. Den Reisevermittler treffen bei Vermittlung von verbundenen Reiseleistungen gesonderte Pflichten gemäß § 651w BGB. Bucht der Reisende einen Flug und bekommt beispielsweise mit seiner Buchungsbestätigung ein Angebot für die Buchung eines Mietwagens übermittelt, so treffen den Vermittler weiterhin Informationspflichten nach Maßgabe des Art. 251 EGBGB. Die weitere Reiseleistung muss allerdings anlässlich eines einzigen Besuchs in der Vertriebsstelle des Vermittlers oder aber binnen 24 Stunden nach Erhalt der Bestätigung gebucht werden. Er darf für den Reiseveranstalter die Zahlung des Reisepreises entgegennehmen. Auch gilt der Reisevermittler als vom Reiseveranstalter für den Empfang von Mängelanzeigen und sonstigen Erklärungen zur Reise bevollmächtigt.

---

172 BGH, Urt. v. 3.11.2015, Az. X ZR 122/13 – NJW 2016, 1508.

173 Löw, Der coronabedingte Reiserücktritt – Zugleich eine Besprechung von BGH X ZR 66/21, X ZR 84/21 und X ZR 3/22, VuR 2023, 10.

4.11. Der Maklervertrag

Der Maklervertrag ist gesetzlich geregelt in § 652 BGB. Einem solchen Vertrag liegt der Maklerauftrag zugrunde, bei dem sich der Auftraggeber einseitig dazu verpflichtet, für den Nachweis der Gelegenheit zum Abschluss eines Vertrages bzw. der Vermittlung eines solchen mit einem Dritten eine Vergütung zu bezahlen. Der Maklerauftrag kann sich auf beliebige Gegenstände beziehen, infrage kommen etwa Immobilienkaufverträge, Mietverträge, Versicherungen oder auch Darlehensverträge.

Der Inhalt und die Grenzen des Maklervertrages sind im deutschen Recht dispositiv, der Vertragsersteller ist also bei der Ausgestaltung des Vertrages frei. Wesensmerkmal ist lediglich, dass der Vertrag ein **Dreiecksverhältnis** abbildet, sohin dass der vermittelte Vertrag mit einem Dritten zustande kommt und die Vergütung erfolgsabhängig vereinbart wird. Dem steht gegenüber, dass der Makler zum Tätigwerden aus dem Vertrag nicht verpflichtet ist und keinen Anspruch auf den Ersatz seiner Aufwendungen verlangen kann. Soll der Makler zu Vermarktungsbemühungen verpflichtet werden, empfiehlt es sich, im Vertrag eine konkrete Vereinbarung über Art und Umfang dieser Tätigkeitspflicht zu dokumentieren.

Mangels anderweitiger vertraglicher Vereinbarung besteht auch die Möglichkeit einer **Doppeltätigkeit** des Maklers, sowohl für den Kaufinteressenten als auch für den Verkäufer. Ihn trifft in diesem Fall lediglich eine Hinweis- und Aufklärungspflicht über sein doppelt gerichtetes Interesse am Abschluss des zu vermittelnden Vertrages[174].

Der Maklervertrag kann formlos geschlossen werden. In der Praxis kann der Maklervertrag sogar konkludent bereits dann zustande kommen, wenn beispielsweise der Makler an einen Kaufinteressenten das Exposé verbunden mit seinem Provisionsverlangen sendet und der Kaufinteressent daraufhin einen Besichtigungstermin vereinbart[175]. Wird der Maklervertrag über die Vermittlung einer Wohnung oder eines Einfamilienhauses geschlossen, so bedarf dieser der Textform, § 656a BGB. Der Makler muss jedenfalls eindeutig darauf hinweisen, dass er eine Provision vom Käufer verlangen will, damit ihn der Kaufinteressent nicht für den Makler des Verkäufers hält. Weiterhin hat der Makler Nebenpflichten und sollte die Aufklärung des Kaufinteressenten über alle ihm bekannten Umstände dokumentieren[176].

Der Makler kann seinen **Lohnanspruch** geltend machen, wenn der Hauptvertrag rechtswirksam zustande gekommen ist und er einen ursächlichen Zusammenhang mit seiner Maklertätigkeit nachweisen kann. Der Kaufinteressent wird in den §§ 656b ff. BGB beim Maklervertrag über eine Wohnung oder ein Einfamilienhaus darüber hinaus geschützt, indem der Unternehmer die Provisionszahlung nicht al-

---

[174] MüKoBGB/Roth, *BGB-Kommentar* § 654 Rn. 12.

[175] BGH, Urt. v. 7.7.2016, I ZR 30/15 – NJW 2017, 1024.

[176] Fischer, Die Entwicklung des Maklerrechts im ersten Halbjahr 2023, NJW 2023, 3270.

lein auf den Verbraucher abwälzen kann, sondern im Falle der Doppeltätigkeit des Maklers mindestens 50 % der Maklerprovision zu tragen hat. Nur wenn es im Vertrag ausdrücklich vereinbart wurde, sind dem Makler seine Aufwendungen neben der Provision zu ersetzen. Davor erwirbt der Makler eine Anwartschaft auf den Provisionsanspruch[177]. Ist der Makler entgegen einer vertraglichen Vereinbarung auch für den anderen Teil des Hauptvertrages tätig gewesen, so hat er seinen Lohnanspruch verwirkt. Gesondert für die Vermittlung von Dienstverträgen besteht für den Auftraggeber weiterhin die Möglichkeit, eine Herabsetzung des Maklerlohns durch Urteil herbeizuführen, wenn dieser unangemessen hoch vereinbart war, § 655 BGB.

4.12. Der Geschäftsbesorgungsvertrag

Ein Dienstvertrag oder ein Werkvertrag, der eine vermögensbezogene Geschäftsbesorgung im fremden Interesse gegen Entgelt zum Gegenstand hat, ist eine Geschäftsbesorgungsvertrag und findet seine Regelung in den §§ 675 ff. BGB. Wesentlich ist, dass die Tätigkeit einen Bezug zum Vermögen des Auftraggebers aufweist. Typische Beispiele in der Praxis ist sind diverse Bankgeschäfte, der Bauträgervertrag oder auch der Treuhandvertrag.

4.13. Die Bürgschaft

Die Bürgschaft, normiert in den §§ 765 ff BGB, ist ein Vertrag mit Dreiecksverhältnis zwischen einem Schuldner, einem Gläubiger und dem Bürgen. Die Bürgschaft setzt das Vorliegen einer **Hauptverbindlichkeit** zwischen dem Gläubiger und dem Schuldner voraus und ist mit dieser akzessorisch. Der Gläubiger sucht für den Fall, dass der Schuldner die von ihm eingegangene Zahlungspflicht nicht erfüllen kann, ein Sicherungsmittel in Form der Bürgschaft. Mit dem sodann geschlossenen Bürgschaftsvertrag verpflichtet sich der Bürge, die Verbindlichkeiten des Schuldners gegenüber dem Gläubiger zu erfüllen[178].

Die Bürgschaft kann auch für **künftige Forderungen** eingegangen werden. Dabei ist jedoch darauf zu achten, dass die Hauptverbindlichkeit zwar noch nicht entstanden, aber zumindest als solche bereits bestimmbar sein muss. Ausreichend ist daher nicht, wenn sich der Bürge verpflichtet, alle in Zukunft vom Schuldner eingegangenen Verbindlichkeiten zu erfüllen, ohne dass diese bereits konkret angelegt sind.

Will der Gläubiger die Bürgschaft einlösen, so muss er zuerst einmal eine Zwangsvollstreckung gegen den Schuldner erfolglos versucht haben. Andernfalls kann der Bürge die sogenannte **Einrede der Vorausklage** erheben. Der Bürge haftet also subsidiär und nur dann, wenn sich der Gläubiger beim Schuldner tatsächlich nicht befriedigen konnte. Der Bürge kann die dem Schuldner zustehenden Einreden geltend machen, wie z.B. Zurückbehaltungsrechte beim Bauauftrag, Mängelrechte bei Schlechtleistung oder die Verjährung der Schuld.

[177] Fischer, *Einzelfragen zur Höhe der Provision des Immobilienmaklers*, NZM 2017, 348.
[178] Musielak, *Bürgschaft*, JA 2015, 161.

Kommt es bei Vorliegen der gesetzlichen und vertraglichen Voraussetzungen dann tatsächlich zu einer Zahlung des Bürgen an den Gläubiger, geht die Forderung des Gläubigers gegen den Schuldner ex lege auf den Bürgen über. Aus diesem Forderungsübergang heraus kann der Bürge sodann die von ihm geleistete Zahlung wiederum vom Schuldner zurückverlangen.

Hatte der Schuldner ursprünglich mehrere Sicherheiten für die Rückzahlung seiner Schuld erbracht, steht dem Gläubiger bei der Durchsetzung seiner Forderung ein Wahlrecht zwischen diesen Möglichkeiten zu. So kann beispielsweise der Bürge nicht etwa darauf verweisen, dass der Gläubiger auch auf eine Hypothek am Grundstück des Schuldners zurückgreifen kann. Insofern empfiehlt sich im Bürgschaftsvertrag, die übernommenen Haftungsrisiken und auch die Rangfolge der Sicherheiten im Innenverhältnis von Anfang an zu regeln.

Die Verpflichtungen des Bürgen bzw. damit einhergehend der Anspruch des Gläubigers können je nach Art der Bürgschaft unterschiedlich ausfallen. Bei der **selbstschuldnerischen Bürgschaft**, § 773 Abs. 1 Nr. 1 BGB, handelt es sich um einen besonders für den Bürgen risikobehafteten Vertrag, da er auf die Einrede der Vorausklage verzichtet. Noch weiter geht die sogenannte Bürgschaft auf erstes Anfordern, bei welcher dem Bürgen nicht nur die Einrede der Vorausklage verwehrt ist, sondern er sich darüber hinaus zur Zahlung ohne Rücksicht auf die materiellen Einwendungen aus dem Hauptschuldverhältnis verpflichtet[179]. Der Bürge kann seine Zahlungspflicht selbst dann nicht abwenden, wenn beispielsweise dem Schuldner wegen mangelbehafteter Leistung ein Zurückbehaltungsrecht zusteht. Er muss vielmehr zuerst einmal im Rahmen seiner Bürgschaft an den Gläubiger leisten und kann im Nachhinein im Rückforderungsprozess besagte Einwendungen erheben. Dies hat zur Folge, dass der Gläubiger in die privilegierte Lage kommt, zuerst einmal Liquidität zu erlangen. Er muss sich nicht mit Mängelrechten auseinandersetzen. Vielmehr kann er abwarten und sich sodann im Rückforderungsprozess lediglich gegen die erst einmal zu erhebenden Einwendungen verteidigen.

Für den Bürgschaftsvertrag ist von praktischer Relevanz, dass ein familiäres oder auch dienstvertragliches Abhängigkeitsverhältnis zwischen dem Schuldner und dem Bürgen bei einer sogenannten krassen finanziellen Überforderung zu einer **Sittenwidrigkeit** des Bürgschaftsvertrages führen kann[180].

§ 766 Abs. 1 BGB gibt für den Bürgschaftsvertrag die Schriftform vor, um insbesondere den Bürgen vor Überrumpelung zu schützen. Ist der Bürgschaftsvertrag hingegen ein Handelsgeschäft, kann er auch formlos geschlossen werden.

[179] MüKoBGB/Habersack, *BGB-Kommentar* § 765 Rn. 106 ff.

[180] BGH, Urt. v. 14.5.2002. XI ZR 81/01 – NJW 2002, 2230.

5. Typische Vertragsarten des Wirtschaftsrechts

Nachfolgend werden weitere im Wirtschaftsleben typische Vertragsarten erläutert, die keinem der im BGB gesetzlich geregelten Vertragstypen entsprechen.

5.1. Der Rahmenvertrag

Oftmals regeln im B2B-Bereich die Geschäftspartner ihre langfristige Zusammenarbeit durch einen Rahmenvertrag. Darunter ist ein Vertrag zu verstehen, der für eine bestimmte Dauer geschlossen wird und Vereinbarungen enthält, die für die künftigen und zusätzlich zu schließenden Einzelverträge zwischen den beiden Vertragspartnern gelten. Er ist sohin dem eigentlichen Vertrag vorgelagert[181]. Für beide Seiten soll mit der Rahmenvereinbarung ein wiederholtes, aufwendiges Aushandeln der Rahmenbedingungen vermieden werden. Daneben ist es aber auch Ziel der Rahmenvereinbarung, die Flexibilität der beiden Vertragspartner, ob, wann und wie die einzelnen Leistungen abgerufen und bezogen werden, möglichst zu erhalten.

Der Vertragsersteller hat beim Rahmenvertrag vielfältige Gestaltungsmöglichkeiten. Je nach Dauer und Verbindlichkeit der getroffenen Vereinbarungen sollte er seine gewünschten Ziele vorab durchdenken, um Stolpersteine während der Laufzeit zu vermeiden.

In der Praxis ist der Rahmenvertrag in vielen Lebensbereichen zuhause. Insbesondere im produzierenden Gewerbe kommt es häufig vor, dass ein Unternehmen für die Produktion regelmäßig und gleichbleibend ein und dieselbe Ware vom Hersteller bezieht. Gleichzeitig stehen sich gerade bei Verträgen zweier Unternehmer unterschiedliche Allgemeine Geschäftsbedingungen gegenüber, die einander widersprechen können. Dabei wäre es wenig praktikabel, die Bedingungen für jede Bestellung neu auszuhandeln. Ein weiteres Beispiel sind die Reiseveranstalter, die die von ihnen angebotenen Leistungen wiederum beim Hotelbetreiber buchen und ihre Bedingungen der Buchung ebenfalls durch Rahmenvereinbarungen für jede Saison festlegen.

Dabei tritt der Rahmenvertrag aber nicht zwingend nur im Handel zwischen zwei Unternehmern auf. Typisches Beispiel eines Rahmenvertrages mit einem Endverbraucher ist die BahnCard der Deutschen Bahn gleich der in Österreich vergebenen Vorteilscard der ÖBB. Der Bundesgerichtshof hatte die von der Deutschen Bahn AG mittels Allgemeinen Geschäftsbedingungen vereinbarte automatische Verlängerungsklausel zu prüfen und dabei festgestellt, dass die BahnCard nicht zur Nutzung der Bahn verpflichte und auch nicht etwa einen Beförderungsvertrag zwischen

[181] Muhl/Lüthge, *Rahmenverträge in Lieferbeziehungen – Struktur, Beendigung und Rechtsfolgen*, GWR 2016, 26.

dem Kunden und der Deutschen Bahn begründe. Vielmehr sei der Vertrag der BahnCard ein Rahmenvertrag, der dem Kunden lediglich einen Rabatt während der Laufzeit auf noch zu schließende einzelne Beförderungsverträge einräumt[182].

5.1.1. Grundlegendes

Der Rahmenvertrag selbst ist gesetzlich nicht geregelt und hat den **Charakter eines Grund- oder Vorvertrages**[183]. Er ist in der Rechtsprechung und Literatur anerkannt und gebräuchlich und wurde erstmals im Jahre 1967 durch den Bundesgerichtshof als Rechtsfigur definiert[184]. In erster Linie sind auf den Rahmenvertrag die Regelungen des Allgemeinen und des Besonderen Schuldrechts des BGB sowie auch die Normen des HGB anwendbar.

Daneben finden die Regelungen für Allgemeine Geschäftsbedingungen gemäß den §§ 305 ff. BGB in der Regel auf den Rahmenvertrag selbst keine Anwendung. Zumeist werden der Rahmenvertrag sowie die darin enthaltenen Klauseln von den Parteien einzeln ausverhandelt, sodass sie keine vorformulierten Vertragsbedingungen darstellen. Sofern allerdings eine Vertragspartei Rahmenverträge mit einer Vielzahl von Kooperationspartnern schließt, wie dies beispielsweise bei Reiseveranstaltern mit den jeweiligen Hotelbetreibern der Fall sein wird, so muss sich auch der Rahmenvertrag selbst an den Wirksamkeitsvoraussetzungen für Allgemeine Geschäftsbedingungen messen lassen.

Von der Anwendbarkeit von AGB-Recht ist wiederum die Frage zu unterscheiden, ob der Rahmenvertrag die Allgemeinen Geschäftsbedingungen der einen oder anderen Vertragspartei in das Vertragsgefüge einbinden kann, diese sohin auf die Einzelverträge für anwendbar erklärt[185]. Dies wiederum ist möglich. Der Vertragsersteller muss dann darauf achten, ob sich einzelne Vereinbarungen des Rahmenvertrages auch in anderer Form in den einbezogenen Allgemeinen Geschäftsbedingungen wiederfinden. Dann bedarf es im Rahmenvertrag einer klaren Definition, dass im Zweifel die Einigung im Rahmenvertrag den Vorrang genießt.

Die Abgrenzung zu anderen Verträgen orientiert sich in der Regel daran, ob eine konkrete Verpflichtung zum Austausch von Leistungen im Sinne eines vollwertigen Schuldverhältnisses geregelt ist. Hat der Vertrag einen konkret vereinbarten Leistungsaustausch zum Inhalt, so geht er in seinem Inhalt über die Möglichkeiten des Rahmenvertrages hinaus. In diesem Fall ist eher an die rechtliche Einordnung als Sukzessivlieferungsvertrag zu denken, bei dem die Lieferung einer bestimmten oder unbestimmten Menge an Ware auf Raten verpflichtend vereinbart wird.

---

[182] BGH, Urt. v. 15.4.2010, Xa ZR 89/09 – NJW 2010, 2942.

[183] MüKoBGB/Schürnbrand/Weber, *BGB-Kommentar* § 510 Rn. 12.

[184] BGH, Urt. v. 6.11.1967, VIII 175/65 – MDR 1968, 230.

[185] Teichmann/Laitenberger, Findet AGB-Recht auf Kaufverträge, die unter einem individuell verhandelten Rahmenliefervertrag abgeschlossen werden, Anwendung?, ZVertriebsR, 2019, 214.

Daneben haben Rahmenvereinbarungen oftmals einen grenzüberschreitenden Charakter, der bei der Betrachtung nicht vernachlässigt werden darf. Je nachdem empfiehlt es sich, bereits vorab eine Rechtswahl zu treffen.

5.1.2. Typischer Vertragsinhalt

Typische Merkmale des Rahmenvertrages sind der **Dauercharakter und die fehlende konkrete Leistungspflicht**, beispielsweise die kaufvertragliche Verpflichtung zur Übergabe der Ware und Zahlung des Kaufpreises selbst. Diese ist vielmehr den darauffolgenden Einzelverträgen vorbehalten, welche die Vertragsparteien beabsichtigen, in der Zukunft gesondert zu schließen. Das Ziel des Rahmenvertrages ist es in der Regel, den Vertragsparteien eine Kosten- und Kalkulationssicherheit zu ermöglichen. Schließen die Vertragsparteien sodann später Einzelverträge, wie beispielsweise über den Einkauf von Waren, so gelten für diese Einzelverträge automatisch die Bedingungen der Rahmenvereinbarung.

Wie der Rahmenvertrag in allen Bereichen des unternehmerischen und privaten Lebens vorkommt, so sind auch die möglichen Inhalte recht vielfältig und kaum auf einen Kernbereich herunterzubrechen. Er wird vielmehr geprägt durch den Inhalt der künftigen Einzelverträge und deren Anforderungen. Jedenfalls sollte der Rahmenvertrag in seiner **Präambel** möglichst konkret das Ziel der Vereinbarung festlegen. Diese kann zusammenfassend die Zusammenarbeit der beiden Vertragsparteien beschreiben und definieren, welches Verhalten sich die Partner voneinander erwarten. Aus der Präambel sollte sich auch die Pflicht der Vertragsparteien ergeben, die zukünftigen Einzelverträge den nachfolgenden Vereinbarungen des Rahmenvertrages zu unterwerfen. So können beide Parteien genau abstecken, welche Einzelverträge später den Regelungen unterliegen.

Im Folgenden soll der typische Inhalt eines Rahmenvertrages für Lieferbeziehungen zwischen Unternehmern weiter vertieft werden, da dieser wohl den häufigsten Anwendungsfall darstellen wird. Gebräuchliche Regelungen sind die Art und Weise der Auftragsvergabe und des Bezugs von Waren, Zahlungsbedingen und -fristen sowie auch die Vereinbarung zu Qualität. Folgende Punkte werden typischerweise erfasst:

- Angebot und Annahme zum Einzelvertrag, Bestellsystem;
- Leistungspflichten und -fristen;
- Gefahrenübergang, Transport und Abnahme;
- (verlängerter) Eigentumsvorbehalt;
- Vergütung;
- Gewährleistung und Garantie;
- Haftung für Fahrlässigkeit und Vorsatz;
- Versicherung;
- Qualitätssicherung;
- Dauer des Vertrages/Vertragsbeendigung;

- Verschwiegenheitsklausel/Verhältnis zu Dritten;
- Vertragsstrafe;
- Nebenabreden/Rechtswahl und Gerichtsstandsvereinbarung.

Daneben gilt, dass der Rahmenvertrag den Willen der Parteien zu einer laufenden und dauerhaften Geschäftsbeziehung manifestiert, sodass in der Folge daraus auch besondere **Schutzpflichten** zwischen den Vertragsparteien entstehen können. Dieses Vertrauensverhältnis verpflichtet zur gegenseitigen Rücksichtnahme, die als Nebenpflicht auch Schadensersatzansprüche begründen kann.

5.1.3. Lieferbeziehung

Die Pflicht zur Lieferung der vertragsgegenständlichen Produkte ergibt sich aus dem später geschlossenen Einzelvertrag, wobei sich das Vertragsgefüge insgesamt aus dem komplexen Zusammenspiel zwischen Rahmenvereinbarung und Einzelvertrag ergibt.

5.1.3.1. Einzelvertrag

Bei dem hier näher beleuchteten Rahmenvertrag zur Regelung von Lieferbeziehungen kommt vorrangig der Kaufvertrag oder Werkvertrag als Einzelvertrag in Betracht. In der Praxis kauft meist der Unternehmer für seine Produktion oder den Vertrieb Waren bei seinem Vertragspartner ein. Im Falle des Werkvertrages gibt er die Herstellung dieser Waren in Auftrag.

Der Rahmenvertrag ersetzt keine Willenserklärung, er steht vielmehr **rechtlich selbständig** neben dem Einzelvertrag[186]. Es bedarf sohin für den Abruf von Waren immer eines Angebotes und einer Annahme auf Bestellung der Waren gerichtet.

Der Rahmenvertrag legt fest, ob der jeweilige Einzelvertrag seinen Regelungen unterfällt. Ist beispielsweise Inhalt des Rahmenvertrages die monatliche Herstellung und Lieferung von Pedalen an den Hersteller von Fahrrädern, so unterfällt der Bezug von eben diesen Pedalen dem Rahmenvertrag, nicht aber die gleichzeitige Lieferung von Fahrradketten. Einer ausdrücklichen Bezugnahme auf den Rahmenvertrag bedarf es im Einzelvertrag hingegen nicht. Wohl aber kann durch ausdrückliche Bezugnahme auf den Rahmenvertrag wiederum ein Einzelvertrag unter dessen Regelung fallen, obwohl er vom Regelungsbereich grundsätzlich nicht erfasst wäre. Verweist sohin im vorangegangenen Beispiel der Hersteller von Fahrrädern im Kaufvertrag über die Fahrradketten auf den Rahmenvertrag zu den Pedalen, so gelten dessen Regelungen auch dort.

5.1.3.2. Rangverhältnis

Finden sich in den beiden Verträgen **inhaltlich widersprechende Vereinbarungen**, so geht der Einzelvertrag dem Rahmenvertrag grundsätzlich vor. Dies gilt jedenfalls

[186] OLG Düsseldorf, Urt. v. 11.7.1996, Az. 6 U 152/95 – NJW-RR 1997, 822.

dann, wenn sich hierzu im Rahmenvertrag keine anderweitige Regelung findet. Der Einzelvertrag ist historisch gesehen der jüngere Vertrag, sodass im Zweifel sein Inhalt als das von den Vertragsparteien Gewollte angenommen wird. Weiterhin ist dem Rahmenvertrag wesensimmanent, dass er spezielle Regelungen dem Einzelvertrag vorbehalten will, sodass sich auch daraus ein Rangverhältnis zugunsten des Einzelvertrages ergibt.

In konsequenter Fortsetzung dieses Rangverhältnisses tendiert die Rechtsprechung in Deutschland auch für die Frage des **auf den Einzelvertrag anwendbaren Rechtes** dahin, dass diese Frage mangels anderweitiger Regelung vom Rahmenvertrag unabhängig zu beurteilen ist, da es sich bei beiden um wirtschaftlich selbständige Verträge handelt[187]. Wird also für den Rahmenvertrag die Anwendbarkeit des deutschen Rechtes vereinbart, so gilt dies nicht automatisch für den danach geschlossenen Einzelvertrag. Es empfiehlt sich daher, dass die Parteien eine Rechtswahl auch für die künftigen Einzelverträge ausdrücklich bereits in der Rahmenvereinbarung treffen, um spätere Unsicherheiten zu vermeiden.

5.1.3.3. Leistungsaustauschpflichten

Da die Bestellung der Ware oder Dienstleistung dem Einzelvertrag vorbehalten bleibt, begründet der Rahmenvertrag keine eigene Pflicht zur Lieferung oder Abnahme. Auch kann der Rahmenvertrag nicht Anspruchsgrundlage für die Zahlung des Preises sein. In konsequenter Anwendung hatte das OLG Köln einen als „*Rahmenvertrag*" bezeichneten Vertrag, der sämtliche Einzelheiten zur Lieferpflicht verbindlich geregelt hat, als Kaufvertrag und nicht als Rahmenvertrag eingeordnet[188].

Eine Verpflichtung zum Abschluss von einem oder mehreren Einzelverträgen gibt der Rahmenvertrag nicht. Denn er regelt als Vor- oder Grundvertrag die Bedingungen zukünftiger Verträge, aber eben gerade nicht deren Abschluss selbst. Die Möglichkeit, den tatsächlichen **Abschluss des Einzelvertrages einzuklagen**, scheitert bereits daran, dass der Rahmenvertrag selbst nicht hinreichend bestimmt ist. Eine solche Verpflichtung käme de facto einer verbindlichen Bestellung in ihrer Auswirkung gleich. Wesen des Rahmenvertrages ist es sohin, dass keine der Vertragsparteien auf den Abschluss eines Einzelvertrages verklagt werden kann.

Wohl aber entsteht durch den Rahmenvertrag für jede Vertragspartei die Verpflichtung, auf den Abschluss der Einzelverträge zumindest **positiv hinzuwirken**. Maßstab für die Anforderungen an ein vertragsgemäßes Verhalten sind die Vereinbarungen im Rahmenvertrag und die bislang praktizierte Kooperation. Der Vertragspartner soll den Abschluss des Einzelvertrages prüfen und vor allem nicht willkürlich ablehnen können. Will der Vertragspartner das Angebot bzw. den Abruf des Einzelvertrages nicht annehmen, ist es ratsam, die Gründe für die Ablehnung anzugeben. So kann von vorneherein der Vorwurf vermieden werden, dass der Ab-

---

[187] OLG Jena, Urt. v. 27.8.2008, Az. 2 U 672/06 – NJW 2009, 689.

[188] OLG Köln, Urt. v. 22.4.1994, Az. 19 U 145/93 – BeckRS 1994, 08983.

schluss des Einzelvertrages ohne sachliche Gründe abgelehnt worden ist. Der Rahmenvertrag begründet sohin eine Verhandlungs-, nicht aber eine Abschlusspflicht für den Einzelvertrag.

5.1.4. Pflichtverletzung

Ist die Ware oder Dienstleistung schadhaft, zu spät oder gar nicht geliefert worden, so ist Grundlage für alle daraus folgenden Ansprüche immer der Einzelvertrag als der die Leistungspflicht begründende Vertrag. Aber auch wenn die Leistungspflicht dem Einzelvertrag vorbehalten bleibt, kann doch auch der Rahmenvertrag verschiedene Pflichten begründen, auf deren Verletzung der Vertragspartner einen Anspruch stützen kann.

5.1.4.1. Verletzung der Verhandlungspflicht

Der Abschluss des Einzelvertrages darf von keiner der beiden Vertragsparteien grundlos abgelehnt werden. Der Vertragspartner kann zwar nicht sein positives Interesse auf Verkauf seiner Produkte einfordern, wohl aber den **konkret durch die Nichtbestellung erlittenen Schaden**. So hat der Bundesgerichtshof zugunsten eines Architekten entschieden, der mittels Rahmenvertrag in langjähriger Geschäftsbeziehung zu einem Bauunternehmer stand und aufgrund eines abgelehnten Einzelvertrages Schadensersatz wegen positiver Vertragsverletzung der Rahmenvereinbarung gefordert hatte[189]. Wohl bestand nach Ansicht des Gerichtes keine Pflicht zum Abschluss des Architektenvertrages, aber dennoch eine beiderseitige Verhandlungspflicht im Rahmen der vereinbarten Zusammenarbeit.

5.1.4.2. Verletzung der Pflicht zur Vorratshaltung

Häufig wollen die Vertragsparteien durch den Rahmenvertrag beiderseitig eine gewisse **Planungssicherheit** erhalten. Der Lieferant bzw. Hersteller von Waren kann verpflichtet werden, zur Erfüllung der Einzelverträge gegenüber dem Vertragspartner des Rahmenvertrages einen gewissen Vorrat der Produkte für die künftigen Bestellungen bereitzuhalten. Eine derartige Vereinbarung ist nicht zu verwechseln mit einer Lieferverpflichtung. Intention der Vereinbarung ist vielmehr, Lieferengpässe gegenüber dem Vertragspartner zu vermeiden bzw. einen Schadensersatzanspruch bei einer notwendigen Ersatzbeschaffung oder eingetretenen Verzögerung der Weiterverarbeitung zu begründen.

5.1.5. Änderung des Rahmenvertrages während der Laufzeit

Da der Rahmenvertrag auf eine gewisse Dauer die Kooperation beider Parteien festlegt, stellt sich in der Praxis zwangsläufig immer wieder die Frage der möglichen Anpassung des Vertrags. Insbesondere enthält der Rahmenvertrag regelmäßig eine

[189] BGH, Urt. v. 30.4.1992, Az. VII ZR 159/91 – NJW-RR 1992, 977.

Vereinbarung zur Preisbindung oder zur Beschaffenheit der Ware oder Dienstleistung, deren Voraussetzungen und Kalkulation naturgemäß mit der Zeit Schwankungen unterliegen.

Zum einen besteht die Möglichkeit, im Rahmenvertrag bereits die Anpassung bestimmter Klauseln zu vereinbaren[190]. Hierfür empfiehlt sich die Festlegung der relevanten Parameter, beispielsweise eine Indexierung der Preisklausel oder auch eine mögliche Angleichung an die Marktpreise der Rohmaterialien konkret festzuhalten. Gleiches gilt für das Anpassungsprozedere, insbesondere ob hierfür eine einseitige Erklärung oder eine beiderseitige Einigung notwendig wird und welche Fristen gelten. Im Übrigen ist insbesondere bei einseitigen Preiserhöhungsklauseln Vorsicht und eine besondere Kontrolle im Hinblick auf ihre AGBrechtliche Zulässigkeit geboten.

Enthält der Rahmenvertrag keine solche Vereinbarung, so kann eine Änderung nach den allgemeinen Grundsätzen über die **Störung der Geschäftsgrundlage** gemäß § 313 Abs. 1 BGB verlangt werden[191]. Dafür muss die Vertragspartei darlegen und auch nachweisen, dass sich die bei Vertragsschluss angenommenen Umstände, die zur Grundlage des Vertrages geworden sind, wesentlich geändert haben und hierdurch der Vertragspartei ein weiteres Festhalten am Vertrag ohne die begehrte Änderung nicht zumutbar ist. Die Faktoren der allgemeinen Marktentwicklung, soweit diese nicht gänzlich außerhalb jeder Norm liegen, können jedoch nicht herangezogen werden. Vielmehr handelt es sich dabei um hinzunehmende Schwankungen des regulären Wirtschaftslebens. Es gilt der Grundsatz der allgemeinen Vertragsbindung.

5.1.6. Dauer und Beendigung

Die Dauer des Rahmenvertrages kann von den Parteien konkret festgelegt werden. Er kann aber ebenso auch auf unbestimmte Zeit geschlossen werden mit der Option auf Kündigung.

Ist der Rahmenvertrag **befristet** geschlossen, so endet er automatisch mit Ablauf des vereinbarten Zeitraums. Konkrete Höchstgrenzen für die vereinbarte Vertragslaufzeit kennt das deutsche Recht nicht, vielmehr ist diese lediglich an § 138 BGB im Sinne einer möglichen Sittenwidrigkeit zu orientieren. Dabei ist die Intensität der Bindungswirkung bzw. Art und Umfang von Leistung und Gegenleistung sachlich gegeneinander abzuwägen. Für Allgemeine Geschäftsbedingungen gilt weiterhin der zusätzliche Anforderungskatalog der § 307 ff. BGB. Der Bundesgerichtshof hatte in seiner bereits erwähnten Entscheidung zur BahnCard zu prüfen, unter welchen Bedingungen der entgeltliche Rahmenvertrag mit einer Vertragsdauer von drei Monaten eine automatische Verlängerungsoption mangels Kündigung auf jeweils

[190] Graf von Westphalen, *Vertragsrecht und AGB-Klauselwerke, Preisanpassungsklauseln* Rn. 60 ff.

[191] Budde/Rohdenburg, Preisanpassungen in Rahmenlieferverträgen im Konsumgütereinzelhandel – Sackgassen und Wege aus der Preisfalle, ZVertriebsR 2022, 279.

ein Jahr beinhalten darf. Er hat dabei eine Prüfung der § 309 Nr. 9 und 308 Nr. 5 BGB vorgenommen und entschieden, dass die Option unter dem Gebot von Treu und Glauben unangemessen lang und daher unwirksam sei[192].

Weiterhin steht jeder Vertragspartei die **außerordentliche fristlose Kündigung aus wichtigem Grund** zu. § 314 BGB ist anwendbar. Die Beendigung ist also auch während der Vertragslaufzeit möglich, wenn der Vertragspartei ein weiteres Festhalten am Vertrag unter Abwägung aller Umstände und Interessen nicht zumutbar ist. Typisches Beispiel hierfür ist die Insolvenz eines der beiden Vertragspartner.

Die Beendigung des Rahmenvertrages hat **auf die Einzelverträge keine unmittelbare Auswirkung**. Entscheidend ist allein, ob der Einzelvertrag vor oder nach Beendigung des Rahmenvertrages geschlossen wurde. Wurden sie vor Ende der Rahmenvereinbarung geschlossen, so bestehen diese zu den Bedingungen des Rahmenvertrages fort.

5.2. Der Sukzessivlieferungsvertrag

Der Sukzessivlieferungsvertrag kommt in der Praxis ebenfalls vielfältig im B2BBereich vor. Mit ihm legen zwei Unternehmer den Bezug von Waren oder Dienstleistungen in gewisser Regelmäßigkeit und Dauer bereits im Vorhinein fest. Er ist ebenfalls auf eine dauerhafte Kooperation beider Vertragspartner angelegt und trägt im Gegensatz zum Rahmenvertrag eine **konkrete Lieferverpflichtung** bereits in sich. In der Praxis wird er auch oft als Teillieferungsvertrag oder Ratenlieferungsvertrag bezeichnet, wobei die Terminologie zum Teil nicht fest abgrenzbar ist.

Ebenso regelt der Sukzessivlieferungsvertrag im privaten Bereich zum Teil den täglichen Bedarf des Lebens beim Bezug von Strom und Wasser oder durch das Abonnement von Produkten.

5.2.1. Grundlegendes

Vertragszweck ist für den Lieferanten die kalkulierbare Sicherheit eines regelmäßigen Umsatzes und für den Besteller die Absicherung der Bezugsmöglichkeit über sein benötigtes Kontingent. Letztendlich kann so eine Kundenbindung erreicht werden, die für beide Seiten den Einkauf von Produkten vereinfacht. Der Sukzessivlieferungsvertrag ist im deutschen BGB nicht gesondert geregelt und trägt seiner Natur nach zumeist entweder Elemente des Kaufvertrages oder des Werkvertrages in sich. Er kann auch als typengemischter Vertrag etwa dann auftreten, wenn der Lieferant dem Abnehmer ein Darlehen zur Finanzierung gewährt.

Schließen zwei Unternehmen einen Sukzessivlieferungsvertrag sollte ab einer gewissen Unternemensgröße auch das Lieferkettensorgfaltspflichtgesetz (LkSG) Be-

[192] BGH, Urt. v. 15.4.2010, Az. Xa ZR 89/09 – NJW 2010, 2942.

achtung finden, mit welchen die Verantwortung und Dokumentation in globalen Lieferketten transparenter geworden ist[193].

5.2.2. Typischer Vertragsinhalt

Der Sukzessivlieferungsvertrag gibt dem Besteller Bezugsrechte, aber auch Bezugspflichten. Die Parteien vereinbaren den Kauf oder die Herstellung eines Produktes und die Lieferung in **zeitlich aufeinanderfolgenden Raten**[194].

5.2.2.1. Echter und unechter Sukzessivlieferungsvertrag

Der Rechtsbegriff des Sukzessivlieferungsvertrages wird sehr unterschiedlich gebraucht.

5.2.2.1.1. Echter Sukzessivlieferungsvertrag

Der Bundesgerichtshof definiert den Sukzessivlieferungsvertrag als einheitlichen Vertrag über die Lieferung und Abnahme einer **vorbestimmten Gesamtleistungsmenge**, wobei die einzelnen Lieferungen abschnittweise erfolgen[195]. Im Sinne dieser Rechtsprechung handelt es sich also nur dann um einen echten Sukzessivlieferungsvertrag, wenn die Gesamtmenge des Lieferumfangs von vornherein festgelegt ist. In seinem Inhalt unterscheidet sich der echte Sukzessivlieferungsvertrag damit nicht wesentlich vom Kaufbzw. Werkvertrag. Bei der Vertragserstellung ist lediglich darauf zu achten, dass

- das Volumen und
- die Lieferfrist

der einzelnen Raten konkret definiert sind.

Der echte Sukzessivlieferungsvertrag begründet kein Dauerschuldverhältnis, da das Volumen der Lieferung von vorneherein feststeht und während seiner Laufzeit keine neue Leistungsschuld des Lieferanten mehr entstehen kann.

5.2.2.1.2. Unechter Sukezssivlieferungsvertrag

Daneben findet sich aber auch oftmals die Bezeichnung als Sukzessivlieferungsvertrag, wenn keine bestimmte Liefermenge vorgesehen ist. Bei dieser Vertragsart handelt es sich um einen Dauerlieferungs- oder Bezugsvertrag, bei dem sich die Leistungsmenge aus dem Bedarf des Abnehmers ergibt. Die Parteien bestimmen dann zwar sehr wohl eine wiederkehrende regelmäßige Lieferung und Abnahme von gewisser Dauer, **legen sich mengenmäßig jedoch nicht abschließend fest**. Hier ist die Unterscheidung zum Rahmenvertrag fließend und orientiert sich daran,

---

[193] Sharei, Lieferkettenrechtliche Sorgfaltspflichten und Bemühenspflichten, NJW 2023, 3462.

[194] BGH, Urt. v. 6.10.1976, Az. VIII ZR 66/75 – NJW 1977, 35.

[195] BGH, Urt. v. 1.12.1971, Az. VIII ZR 143/70 – NJW 1972, 246; ders., Urt. v. 12.7.1995, VIII ZR 219/94 – NJW-RR 1995, 1327.

ob zumindest eine Mindestmenge des Lieferkontingents jedenfalls geschuldet wird und sohin eine Mindestabnahmeverpflichtung besteht, die vom Besteller abgerufen werden muss. Typische Beispiele sind Dauerlieferungsober Bezugsverträge von fortlaufender Natur, die oftmals eine regelmäßige Mindestabnahmemenge vorsehen, nicht aber den gesamten Leistungsumfang festlegen. Dazu gehören beispielsweise Versorgungsverträge über Wasser oder Energie, ebenso wie Alleinvertriebsverträge[196] oder Vereinbarungen im Sinne einer Just-in-timeProduktion.

Eine konkrete Regelung zur Mindestabnahmemenge und der Konsequenzen hieraus ist besonders wichtig. Dem Ersteller des Dauerlieferungs- oder Bezugsvertrag sei empfohlen, folgende Punkte zu definieren:

- Volumen der Mindestabnahmemenge;
- Zeitraum der Mindestabnahmemenge (beispielsweise Jahresabnahmemenge);
- Möglichkeit der Preisanpassung bei Nichteinhaltung der Mindestabnahmemenge;
- Möglichkeit der Vertragsaufhebung bei Nichteinhaltung der Mindestabnahmemenge.

Die Gegenleistung des Lieferanten für die langfristige Vertragsbindung des Abnehmers kann vielfältig sein. Zum einen kommt ein günstigerer Preis in Betracht. Weiterhin üblich sind aber auch die Bereitstellung von Inventar oder jeder Art von leihweise überlassenen Gegenständen oder auch die Gewährung eines Darlehens an Unternehmensgründer. Der unechte Sukzessivlieferungsvertrag begründet ein **Dauerschuldverhältnis**[197].

5.2.2.2. Grenzen der zeitlichen Bindung

Da der Sukzessivlieferungsvertrag im Gegensatz zum Rahmenvertrag eine konkrete Leistungspflicht begründet, sind besonders hohe Anforderungen an die zeitliche Befristung der Bezugspflichten zu stellen. Eine unbefristete Bezugsverpflichtung kann von den Vertragsparteien jedenfalls nicht vereinbart werden, da diese generell als sittenwidrig im Sinne von § 138 Abs. 1 BGB angesehen wird.

Aber auch sonst muss die **wirtschaftliche Bewegungsfreiheit beider Vertragspartner** in angemessener Weise erhalten bleiben. Sogenannte Knebelverträge sind zu vermeiden und scheitern ebenfalls an der Sittenwidrigkeit. Eine konkrete Höchstgrenze existiert nicht und wurde auch vom Bundesgerichtshof bis heute vermieden. Die Abwägung orientiert sich immer am Einzelfall. Die entscheidenden Faktoren für ein angemessenes Verhältnis der Vertragsbindung sind die Länge des Vertrages selbst gemeinsam mit einem Vergleich von Leistung und Gegenleistung. Der Lieferant kann beispielsweise eine längere Bindungswirkung und Abnahme-

[196] Kirsch, *Schuldrechtsreform und Unternehmen – Umstellung bei Langzeitverträgen*, NJW 2002, 2520.

[197] MüKoBGB/Gaier, *BGB-Kommentar*, § 314 Rn. 16.

verpflichtung des Bestellers umso mehr rechtfertigen, je höher seine eigene Leistung, beispielsweise ein von vorneherein gewährter Dauerrabatt, messbar ist.

Neben einem zeitlich fixierten Vertragszeitraum findet sich im Vertrag auch gelegentlich eine Verlängerungsoption. Dabei wird die Vertragsdauer zuerst einmal in angemessener Länge vereinbart, sieht dann aber eine Möglichkeit der Fortsetzung vor. Sofern diese zumindest für eine der beiden Vertragsparteien nicht abwendbar ist, wird die danach bemessene Zeit jedenfalls in die Beurteilung der Sittenwidrigkeit der Bindungsdauer eingerechnet. Gleiches kann auch dann gelten, wenn die Fortsetzung mangels Kündigung automatisch erfolgen soll.

5.2.2.3. Besonderheiten gegenüber Verbrauchern

Gegenüber einem Verbraucher als Abnehmer gilt es weiterhin die gesonderte Vertragsvoraussetzungen gemäß § 510 BGB zu beachten. Der Ratenlieferungsvertrag bedarf der **Schriftform**. Sofern die Vertragsbestimmungen einschließlich der Allgemeinen Geschäftsbedingungen beim Vertragsschluss abgerufen werden können, genügt eine Möglichkeit der Abspeicherung in Textform.

Zusätzlich dazu verpflichtet der Gesetzgeber den Lieferanten unabhängig davon, ob der Vertrag im Fernabsatz geschlossen wurde oder nicht, dem Abnehmer die gesetzliche **Widerrufsmöglichkeit** von zwei Wochen einzuräumen. Der Lieferant muss sohin den Verbraucher über die Widerrufsfrist vor Abschluss des Sukzessivlieferungsvertrages eingehend belehren. Sinn und Zweck ist es, eine Warnfunktion und erweiterte Bedenkzeit zum Schutz des Verbrauchers aufgrund der längerfristigen Bindung von Sukzessivlieferungsverträgen zu etablieren.

5.2.3. Pflichtverletzung

Ein zentrales Problem des Sukzessivlieferungsvertrages ist der Verzug oder die Schlechtleistung in der Lieferung einer oder mehrerer Raten. Verliert im Laufe der Vertragsdauer einer der Vertragspartner an Zuverlässigkeit, so wird der andere Teil nicht nur an Schadensersatz wegen Verzuges der einzelnen Lieferung denken, sondern auch an die **gänzliche Auflösung der Geschäftsbeziehung**. Schließlich soll der Sukzessivlieferungsvertrag gerade eine gewisse Planungssicherheit und Zuverlässigkeit für beide Vertragsparteien ermöglichen.

Grundsätzlich beschränken sich die Rechte bei der Störung einer einzelnen Lieferung auf eben selbige und schlagen nicht auf den gesamten Vertrag durch[198]. Der Abnehmer kann seinen Verzugsschaden einfordern, Deckungskäufe tätigen oder auch von der Teillieferung zurücktreten nach den allgemeinen Bestimmungen des Schuldrechts. Wenn die weitere Erfüllung des Vertrages entweder aufgrund der ausbleibenden Bestellung oder dem Zahlungsrückstand für den Vertragspartner nicht mehr von Interesse ist, so muss er neben der Mahnung und Fristsetzung im Hinblick

[198] BeckOK BGB/Gehrlein, *BGB-Kommentar* § 311 Rn. 16.

auf die offene Rate eine **erweiterte Ablehnungsandrohung** aussprechen[199]. Mit dieser teilt er seinem Vertragspartner mit, dass bei fruchtlosem Ablauf der Frist der Rücktritt vom gesamten Vertrag erfolgen wird.

Oftmals begründet auch die Verzögerung einer Lieferung die Gefahr eines **Strudeleffektes**, indem der Abnehmer durch die verzögerte Lieferung nicht mehr rechtzeitig den hierfür geschuldeten Preis zahlt, woraufhin der Lieferant wiederum die nächste Lieferung zurückhält. Hier definiert die Rechtsprechung klar eine Pflicht des Lieferanten zur Leistung. Er kann diese nicht verweigern, weil der Abnehmer nun mit der fällig gewordenen Zahlung seinerseits in Verzug geraten ist. Würde der Schuldner wiederum seine Lieferfrist nicht einhalten müssen, so könnte er einen Vorteil aus seinem zuerst eingetretenen Lieferverzug ziehen[200]. Gleich gar nicht besteht ohne zusätzliche Umstände ein Leistungsverweigerungsrecht des Lieferanten. Erst wenn er allen Lieferterminen nachgekommen ist, kann er seinerseits seine Rechte aufgrund des Zahlungsverzuges geltend machen.

5.2.4. Dauer und Beendigung

Da beim echten Sukzessivlieferungsvertrag die abzunehmende Menge bei Vertragsschluss bereits festgelegt wird, endet dieser zwangsläufig durch Erfüllung. Vereinbaren die Vertragspartner die Bezüge je nach Bedarf, so endet der Vertrag mit Bezug der letzten Bedarfsmenge.

Daneben besteht die Möglichkeit der **Kündigung aus wichtigem Grund** gemäß § 314 BGB, die je nachdem, ob man ein Dauerschuldverhältnis bejahen möchte oder nicht, zumindest eine analoge Anwendung finden soll[201].

Weiterhin in der Vertragspraxis problematisch können Dauerlieferungs- oder Bezugsverträge werden, die im Gegenzug für eine langfristige Lieferbindung eine Gegenleistung gewährt haben, die ihrerseits wiederum nicht über die gesamte Laufzeit des Vertrages benötigt wird. In Betracht kommt beispielsweise ein günstiges Darlehen des Lieferanten an den Abnehmer. So wird in der Praxis beispielsweise der Getränkebezugsvertrag oder Bierlieferungsvertrag mit einem **Abschreibungsdarlehen** des Lieferanten an den Abnehmer zur Unterstützung seiner Gastronomie verbunden. Eine vorzeitige Rückzahlung ermöglicht § 500 Abs. 2 S. 1 BGB dem Verbraucher ebenso wie einem jeden Darlehensnehmer eines unverzinslich ausgereichten Darlehens, § 488 Abs. 3 S. 3 BGB. Je nach Entwicklung des Geschäftsbetriebes ist der Darlehensnehmer gelegentlich zur frühzeitigen Rückzahlung und Tilgung der Gesamtschuld in der Lage und stellt sich sodann die Frage, ob er sich dadurch auch von der Abnahmepflicht des Sukzessivlieferungsvertrages befreien

[199] Palandt/Grüneberg, *BGB-Kommentar*, Überbl. v. § 311 Rn. 31, BGH, Urt. v. 10.5.1984, Az. I ZR 94/82 – GRUR 1984, 754.

[200] OLG Düsseldorf, Urt. v. 19.2.1992, 19 U 43/91 – BauR 1993, 123.

[201] MüKoBGB/Gaier, *BGB-Kommentar* § 314 Rdn. 12; Bremenkamp, Vorzeitige Beendigung kooperativer Zulieferverträge und ihre Grenzen, ZVertriebsR 2023, 206.

kann. In der Regel wird der Lieferant das zugestandene günstige Darlehen im Vertrauen auf die Dauer und den vollständigen Absatz seiner Waren gewährt haben, sodass aus diesem Grund beiden Parteien ein Festhalten am Sukzessivlieferungsvertrag zumutbar ist.

Ein weiteres praktisches Problem kann beim Dauerlieferungs- oder Bezugsvertrag entstehen, wenn die Liefermenge hinter den **Erwartungen** des Lieferanten zurückbleibt. Auch hier wird der Lieferant die Aufhebung des Vertrags begehren. In diesem Fall ist die von den Parteien bei Vertragserstellung getroffene Vereinbarung entscheidend. Sieht der Vertrag hingegen keine Regelung vor, so kommt nur eine Kündigung aus wichtigem Grund in Betracht.

5.3. Der Vertragshändlervertrag

Beim Vertragshändlervertrag stehen sich ein Unternehmer und der Vertragshändler als Vertragsparteien gegenüber. Der Unternehmer betraut seinen Vertragspartner damit, seine Produkte am Markt abzusetzen und deren Absatz zu fördern. Dabei vertreibt der Vertragshändler die Produkte des Unternehmers im eigenen Namen und für eigene Rechnung.

5.3.1. Typischer Vertragsinhalt

Der Vertragshändlervertrag ist in der Regel als Dienstvertrag mit Geschäftsbesorgung ausgestaltet, wobei er auch Grundzüge eines Kaufvertrages trägt[202]. Daneben finden teils die §§ 84 ff. HGB aus dem Handelsvertreterrecht entsprechend Anwendung. Bei grenzüberschreitenden Sachverhalten richtet sich das mangels anderweitiger Vereinbarung anwendbare Recht gemäß Art. 4 Abs. 1 lit. f) Rom-I-VO[203] nach dem gewöhnlichen Aufenthalt des Händlers. Oftmals hat der Vertrag auch Formularcharakter, sodass die AGB-rechtlichen Regelungen der § 307 ff. BGB zu beachten sind.

Der Vertragshändler kauft die Produkte beim Unternehmer ein, um diese **im eigenen Namen und auf eigene Rechnung weiterzuverkaufen**. Der Unternehmer wird bei der Zusammenarbeit darauf Wert legen, dass der Vertragshändler den Marktauftritt seiner Produkte interessengerecht wahrnimmt und den Vertrieb nach den Vorstellungen des Unternehmers gestaltet. Der Vertragshändler hingegen genießt oftmals den Vorteil des exklusiven oder zumindest besonderen Bezugsrechts der Produkte als Alleinstellungsmerkmal seines Angebotes. Dabei ist das Vertriebsrecht des Vertragshändlers in der Regel auf ein abgegrenztes Gebiet beschränkt. Neben den allgemeinen kaufvertraglichen Rechten und Pflichten zählen zu den typischen Regelungspunkten des Vertragshändlervertrages:

[202] Graf von Westphalen, *Vertragsrecht und AGB-Klauselwerke*, *Vertragshändlervertrag* Rn. 1 ff.

[203] Verordnung (EG) Nr. 593/2008 des Europäischen Parlaments und des Rates vom 17.6.2008.

- Definition der Vertragsprodukte;
- Vertriebsgebiet;
- Außenauftritt des Vertragshändlers und Nutzung der Marke;
- Alleinvertriebsrecht;
- Möglichkeit des Direktvertriebs durch den Unternehmer;
- Durchführung des Kundendienstes;
- Mindestanforderungen an den Geschäftsbetrieb des Vertragshändlers durch Betreiben von Geschäftslokalen, Ausgestaltung des Onlineshops und Marketing;
- Ausschluss des Vertriebs von Konkurrenzprodukten durch den Vertragshändler;
- Auskunfts- und Einsichtsrechte des Unternehmers in den Geschäftsbetrieb des Vertragshändlers;
- Preise und Lieferbedingungen.

Der Grundcharakter des Vertragshändlervertrages führt nicht zu einem Alleinvertriebsrecht des Vertragshändlers. Dieses muss vielmehr ausdrücklich vereinbart werden[204]. Der Unternehmer kann ohne eine solche Regelung auch andere Vertragshändler in demselben Vertragsgebiet beauftragen.

Die Vereinbarung über ein Alleinvertriebsrecht des Vertragshändlers verbietet dem Unternehmer nicht nur die Belieferung anderer Händler im Vertragsgebiet, sondern ebenso den Direktverkauf seiner Produkte am Markt[205]. Will der Unternehmer selbst neben dem Vertragshändler im **Direktvertrieb** tätig werden, so sollte er sich dies im Vertrag ausdrücklich vorbehalten. Der Direktvertrieb des Unternehmers ist zwar nicht per se unzulässig, allerdings orientiert sich dessen Zulässigkeit an der Intensität der wirtschaftlichen Eingliederung des Geschäftsbetriebes des Vertragshändlers und ist Frage der Treuepflicht des Unternehmers gegenüber seinem Vertragshändler. Denn der Direktverkauf des Unternehmers kann sich empfindlich auf den Umsatz des Vertragshändlers auswirken und ist daher geeignet, seine Erwerbsmöglichkeiten nachhaltig zu stören. Zu empfehlen ist bei der Ausgestaltung des Vertrages die transparente Ausformulierung einer angemessenen Entschädigung für die Direktbelieferung durch den Unternehmer, damit das Gleichgewicht des Vertragshändlervertrages nicht gestört ist[206].

Weiterhin ist bei exklusiven Vertriebsvereinbarungen ein Augenmerk auf das europäische Wettbewerbsrecht zu legen und bei **wettbewerbseinschränkenden Klauseln** auf § 1 ff. GWB sowie Art. 101 AEUV mit den jeweiligen Gruppenfreistellungsverordnungen zu achten. Diese Normen stehen insbesondere solchen Vereinbarungen entgegen, die den Vertragshändler im Weiterverkauf einschränken wollen[207]. Bis auf wenige Ausnahmen dürfen dem Vertragshändler grundsätzlich im Vertrag keine Preise vorgegeben werden, zu denen er die Produkte am Markt

[204] BGH, Urt. v. 21.1.1987, Az. VIII ZR 169/86 – NJW-RR 1987, 628.

[205] BGH, Urt. v. 10.2.1993, Az. VIII ZR 47/92 – NJW-RR 1993, 678.

[206] BGH, Urt. v. 20.7.2005, Az. VIII ZR 121/04 – NJW-RR 2005, 1496.

[207] BGH, Urt. v. 06.07.2021, Az. KZR 35/20 GRUR 2021, 1328-1334; ders., Urt. v. 12.12.2017, Az. KVZ 41/17 – MMR 2018, 380.

anbietet. Preisempfehlungen des Unternehmers müssen so ausgestaltet sein, dass diese unabhängig von ihrer Formulierung nach dem Gesamteindruck keinen verbindlichen Charakter aufweisen. Hingegen ist die Vereinbarung von Höchstverkaufspreisen zulässig.

Daneben kann der Vertragshändlervertrag Mindestabsatzziele oder die Steigerung der Marktpräsenz der Marke bzw. der Produkte des Unternehmens definieren. Üblich ist auch die Vereinbarung einer jeweils nach Abschluss eines Geschäftsjahres von beiden Vertragsparteien zu erarbeitenden **Zielvereinbarung**. Sofern die Produkte des Unternehmens einer dynamischen Änderung unterliegen, etwa Modellwechsel vollzogen werden, ist es weiterhin ratsam, den Geltungsbereich des Vertragshändlervertrages über die Definition der Vertragsprodukte hinaus auch auf Folgesowie Ergänzungserzeugnisse auszudehnen.

Sofern der Vertragshändlervertrag während der Laufzeit Änderungsmöglichkeiten vorsehen soll, um sich an die Entwicklung des Unternehmens und des Marktes anpassen zu können, dürfen diese nicht einseitig sein. So hat der Bundesgerichtshof einen Formularvertrag für unangemessen erachtet, wenn dieser dem Unternehmer das einseitige Recht zur Verkleinerung des Vertriebsgebietes ohne hinreichenden Grund und ohne Ausgleich für den Vertragshändler einräumt[208].

5.3.2. Pflichtverletzung

In der Regel treten Probleme während der Vertragslaufzeit auf, wenn die Erwartungen an Marketing und Absatz von einer der beiden Parteien nicht erfüllt werden oder aber wenn das Produkt selbst Liefer- oder Qualitätsmängeln aufweist.

Die Möglichkeiten der Pflichtverletzung beim Vertragshändlervertrag sind vielseitig, da der Vertragshändler nicht nur die Produkte des Unternehmers verkauft, sondern auch die Marke repräsentiert und bewirbt. Nicht erfüllte Vereinbarungen über eine Mindestabnahmemenge in einem vertraglich bestimmten Zeitraum können ebenso zu einer Pflichtverletzung führen. Sofern die Parteien im Vertrag eine Verpflichtung des Vertragshändlers zu Werbemaßnahmen und den Besuch von Messen und Verkaufsveranstaltungen vereinbart haben, stellt die Schlechterfüllung dieser eine Pflichtverletzung dar. Gleiches gilt, wenn der Vertragshändler die Größe der Geschäfts- und Lageräume nicht erreicht, die ihm im Vertrag als Mindestgröße vorgegeben sind. Der daraus entstandene Schaden ist in der Praxis schwierig zu beziffern. Dieser zielt auf den **Gewinnentgang des Unternehmens** ab, der in konkret fehlenden Aufträgen nur schwer darzulegen sein wird[209]. Wichtig ist ein im Vertrag geregeltes Einsichts- und Auskunftsrecht, um überhaupt Kenntnis über die Aktivitäten zu erlangen. Weiterhin empfiehlt es sich, bereits im Vertrag die Rechtsfolgen von Verfehlungen zu regeln, um Vertragssicherheit für beide Parteien zu erlangen.

[208] BGH, Urt. v. 21.12.1983, Az. VIII ZR 195/82 – NJW 1984, 1182.

[209] Buchwitz/Schütt, Mindestabnahme- und Take-or-Pay-Vereinbarungen in Warenlieferverträgen, ZvertriebsR 2022, 90.

Treten an den vertriebenen Produkten Sachmängel auf, so haftet der Vertragshändler gegenüber dem Endkunden. Beim Verkauf von beweglichen Sachen an Verbraucher sind die §§ 478 f. BGB einschlägig, die den Rückgriff des Vertragshändlers gegenüber dem Unternehmer regeln. Daneben kann der Unternehmer selbst eine Garantie auf die von ihm hergestellten Produkte vereinbaren. Der unentgeltliche oder entgeltliche Garantievertrag besteht sodann zwischen dem Unternehmer und dem Endkunden. Dessen Erfüllung wird zwar vom Vertragshändler ausgeführt, dieser kann jedoch für seine Arbeiten einen Aufwendungsersatz fordern.

5.3.3. Dauer und Beendigung

Der Vertragshändlervertrag wird in der Regel eine befristete Laufzeit vorsehen, die je nach Parteiwille eine Verlängerungsoption enthalten kann. Wird der Vertrag unbefristet geschlossen, so müssen **Kündigungsfristen von angemessener Länge** vereinbart werden. Eine starre Ober- oder Untergrenze gibt es dabei nicht. Entscheidend ist die Gesamtschau, welche Investitionen der Vertragshändler für die Erfüllung des Vertrages tätigen musste und wie schnell er bei einer Kündigung auf andere Produkte umstellen kann[210]. Auf den Vertragshändlervertrag sind die Beendigungsmöglichkeiten des Handelsvertreters gemäß den §§ 89, 89a und 90a HGB analog unter bestimmten Voraussetzungen anwendbar. Dazu zählen nach ständiger Rechtsprechung des Bundesgerichtshofs die Einbindung des Vertragshändlers in die Absatzorganisation des Unternehmers und die Verpflichtung zur Übertragung des Kundenstamms zur weiteren Nutzung durch den Unternehmer bei Vertragsende[211].

Daneben besteht beim Vertragshändlervertrag als Dauerschuldverhältnis ebenso die Möglichkeit der **Kündigung aus wichtigem Grund**. Allein das schlichte Nichterreichen des Mindestumsatzes wird allerdings nicht als wichtiger Grund angesehen, da dieses nicht nur durch ein Verhalten oder die Bemühungen des Vertragshändlers begründet sein muss. Hinzutreten muss bei fehlendem Umsatz das subjektive Element der Pflichtverletzung des Vertragshändlers, welches beispielsweise in der Nichterfüllung der ihm auferlegten Marketingpflichten zu suchen sein kann[212].

Ebenso ist bei Beendigung ein Anspruch des Vertragshändlers auf einen angemessenen Ausgleich gemäß § 89b HGB analog denkbar[213]. Bei Beendigung des Vertrages steht dem Vertragshändler dann ein **Ausgleichsanspruch** zu, wenn der Unternehmer nach Vertragsende von den vom Vertragshändler geworbenen Kunden profitiert und der Ausgleich der Billigkeit entspricht. Korrespondierend dazu hat der Vertragshändler einen Auskunftsanspruch zur Berechnung seiner Forderung[214]. Ein Ausschluss des Ausgleichsanspruchs vor dessen Entstehung ist gemäß § 89b Abs. 4

[210] BGH, Urt. v. 9.10.2002, Az. VIII ZR 95/01 – NJW-RR 2003, 98.

[211] BGH, Urt. v. 5.02.2015, Az. VII ZR 315/13 – NJW 2015, 1300.

[212] BGH, Urt. v. 13.7.2004, Az. KZR 10/03 – GRUR 2005, 62.

[213] Ströbl/Monschke/Krebs, Ausgleichsanspruch des Vertragshändlers nach § 89b HGB analog unter Berücksichtigung der DS-GVO, ZVertriebsR 2022, 211.

[214] OLG Frankfurt, Urt. v. 13.3.2019, Az. 12 U 37/18 – BeckRS 2019, 15476.

S. 1 HGB nicht möglich und kann daher auch im Vertrag nicht geregelt werden. Dies gilt nach einer Entscheidung des Bundesgerichtshofs auch dann, wenn der Vertragshändler in einem anderen Staat der EU tätig ist und die Parteien die Anwendbarkeit des deutschen Rechts vereinbart haben[215]. Im Übrigen ist der Anspruch innerhalb eines Jahres nach Vertragsbeendigung geltend zu machen.

Daneben ist es für den Unternehmer ratsam, jedenfalls bei Einräumung eines **Alleinvertriebsrechts** einen sanften Übergang für den Fall abzusichern, dass er dieses durch Änderung seines Geschäftspartners einem neuen Vertragshändler übertragen möchte. Bereits bei der Vertragserstellung könnte eine Lösung vorbereitet werden, indem für den Fall der Beendigung das Alleinvertriebsrecht zeitlich einige Monate vor dem Vertragsende des Vertragshändlervertrages beendet wird.

5.4. Der Handelsvertretervertrag

Beim Handelsvertretervertrag stehen sich der Unternehmer auf der einen Seite und der Handelsvertreter als selbstständiger Vermittler von Verträgen für den Unternehmer auf der anderen Seite gegenüber. Dabei vertritt der Handelsvertreter den Unternehmer in einem vertraglich festgelegten Vertretungsbezirk häufig auch über die Landesgrenzen hinaus. Die Vereinbarung der Anwendbarkeit von deutschem Recht ist im Vertrag zulässig und wirksam. Mangels Vereinbarung gilt das deutsche Recht gemäß Art. 4 Abs. 1 lit. f) ROM-I-VO für den Fall, dass der Handelsvertreter seinen gewöhnlichen Aufenthalt im Inland hat.

Im Übrigen ist das Recht der Handelsvertreter in Europa weitgehend angeglichen an die Handelsvertreterrichtlinie[216], die in Deutschland in den §§ 84 ff HGB umgesetzt wurde. Es entspricht damit weitestgehend dem österreichischen Recht der Handelsagenten gemäß dem HVertrG 1993 (Handelsvertretergesetz).

5.4.1. Typischer Vertragsinhalt

Die gesetzlichen Grundlagen zum Handelsvertretervertrag sind im siebenten Abschnitt des HGB in den §§ 84 ff. HGB geregelt. Ein Handelsvertreter ist demnach ein selbstständiger Gewerbetreibender oder auch Angestellter, der als **ständiger Vertreter eines Unternehmers** auftritt und Geschäfte für selbigen vermitteln oder in dessen Namen abschließen darf[217]. Im Gegenzug stellt der Unternehmer dem Handelsvertreter die zur Ausübung seiner Tätigkeit erforderlichen Unterlagen zur Verfügung, § 86a HGB. Ein kostenloses Zurverfügungstellen dieser Unterlagen wird teilweise vertreten, sieht jedoch der Gesetzeswortlaut nicht vor[218].

Bei der Formulierung des Handelsvertretervertrages ist insofern Vorsicht geboten, als dass die gesetzlichen Bestimmungen oftmals Schutzcharakter haben und sohin

[215] BGH, Urt. v. 25.2.2016, VII ZR 102/15 – NJW 2016, 1885.
[216] Richtlinie 86/653/EWG des Rates vom 18.12.1986.
[217] Graf von Westphalen, *Vertragsrecht und AGB-Klauselwerke, Handelsvertretervertrag* Rn. 7 ff.
[218] Kehr/Willich, Die Grenzen des § 86a Abs. 1 HGB, ZVertriebsR 2022, 159.

nicht im Vorhinein zum Nachteil des Handelsvertreters abgeändert werden können. Folgende Punkte sollten beim Handelsvertretervertrag jedenfalls geregelt sein:

- Definition des Geschäftsfeldes und des Vertretungsgebietes;
- Aufgaben und Pflichten des Handelsvertreters;
- Inkassovollmacht des Handelsvertreters;
- Pflichten des Unternehmers/Unterstützungsleistungen;
- Wettbewerbsverbot;
- Provision.

Da dem Handelsvertreter bei Beendigung des Vertrages ein gesetzlicher Ausgleichsanspruch für den Mehrwert des von ihm erarbeiteten Kundenstammes zusteht, ist es bereits bei Vertragsschluss ratsam, diesem eine Auflistung über die bereits zu Beginn bestehenden Geschäftsbeziehungen zwischen dem Unternehmer und seinen bereits vorhandenen Kunden als Bestandteil beizufügen, die auch den Umsatz der letzten zwölf Monate aufweist. Streitigkeiten über neu hinzugetretene oder bereits vorhandene Kunden können so von vorneherein vermieden werden.

Für seine Tätigkeit steht dem Handelsvertreter eine **Provision** zu, sofern der Unternehmer das Geschäft ausführt. Daneben ist die Vereinbarung einer festen Vergütung möglich. Die Abrechnung über die Provision muss durch den Unternehmer monatlich erfolgen und kann auf maximal drei Monate erstreckt werden. Vertragliche Vereinbarungen zur Ausgestaltung und Höhe der Provision sind in ihrer Art und Weise vielfältig. Ist die Höhe der Provision nicht vertraglich festgehalten, so gilt der übliche Satz als vereinbart. Daneben kann der Handelsvertreter noch die in § 86b HGB definierte besondere Vergütung in Form der Delkredereprovision verdienen. Diese fällt an, wenn der Handelsvertreter für die Erfüllung der Verbindlichkeit aus dem vermittelten oder abgeschlossenen Geschäft gegenüber dem Kunden einsteht und die Übernahme schriftlich fixiert wird. Den Ersatz der ihm entstandenen Aufwendungen kann der Handelsvertreter nur dann verlangen, wenn dies handelsüblich oder konkret vereinbart ist.

Der Handelsvertretervertrag kann formfrei, ja sogar stillschweigend geschlossen werden. Allerdings sieht § 85 HGB das Recht vor, dass jeder Vertragsteil eine vom jeweils anderen Teil unterzeichnete Urkunde über den Inhalt des Vertrages oder Vertragsänderungen verlangen kann. Kommt der Unternehmer diesem Verlangen trotz mehrfacher Aufforderung nicht nach, kann hierdurch sogar ein Recht des Handelsvertreters zur außerordentlichen Kündigung begründet werden[219]. Insofern geht das deutsche HGB ebenso wie das österreichische HVertrG 1993 über die Vorgaben der Handelsvertreterrichtlinie hinaus. Der zwingenden Schriftform bedürfen die Wettbewerbsabrede mit dem Handelsvertreter gemäß § 90a Abs. 1 HGB sowie auch die Delkredereprovision. Von weiteren Voraussetzungen, insbesondere der Eintragung in ein Handelsvertreterregister, darf die Gültigkeit des Handelsvertretervertrages nicht abhängig gemacht werden.

[219] BGH, Beschl. v. 21.2.2006, Az. VIII ZR 61/04 – NJW-RR 2006, 755.

5.4.2. Pflichtverletzung

Die vom Handelsvertreter vermittelten oder abgeschlossenen Verträge verpflichten den Unternehmer gegenüber dem Dritten, nicht aber den Handelsvertreter selbst. Ansprüche des Dritten bei einer Leistungsstörung richten sich demnach nicht gegen den Handelsvertreter. Dieser ist aber ermächtigt, die Anzeige von Mängeln oder ähnliche Erklärungen für den Unternehmer entgegenzunehmen, § 91 HGB.[220]

Der Handelsvertreter steht bei Abschluss bzw. Vermittlung der jeweiligen Verträge auf der Seite des Unternehmers. Dabei muss der Handelsvertreter stets die Interessen des Unternehmers wahrnehmen. § 86 Abs. 3 HGB verlangt von ihm die **Sorgfalt eines ordentlichen Kaufmanns**. Verschuldensmaßstab bei Pflichtverletzungen des Handelsvertreters ist sohin neben der allgemeinen Definition von Fahrlässigkeit und Vorsatz auch § 347 HGB. Dem Handelsvertreter obliegt ein erhöhter Sorgfaltsmaßstab anhand seiner Sachkunde. Weiterhin hat der Handelsvertreter gegenüber dem Unternehmer eine Offenlegungs- und Auskunftspflicht in Bezug auf die von ihm vermittelten Geschäfte und muss diese unverzüglich mitteilen.

Daneben kommt eine Pflichtverletzung aufgrund eines Verstoßes gegen die **Wettbewerbsbeschränkung** in Betracht, sofern diese zuerst einmal schriftlich zwischen beiden Vertragsparteien vereinbart wurde. Die Wettbewerbsbeschränkung darf längstens für die Dauer von zwei Jahren ab Vertragsbeendigung gelten und setzt eine angemessene Entschädigung während ihrer Laufzeit voraus.

5.4.3. Dauer und Beendigung

§ 89 HGB sieht gesetzliche Kündigungsfristen für den Handelsvertretervertrag vor. Demnach kann der auf unbestimmte Zeit geschlossene Vertrag jeweils zum Monatsende im ersten Jahr mit einer Frist von einem Monat und im zweiten Jahr mit einer Frist von zwei Monaten gekündigt werden. Bei einer Vertragsdauer von drei bis fünf Jahren gilt eine Kündigungsfrist von drei Monaten und danach von sechs Monaten. Diese Kündigungsfristen sind Mindestfristen und können vertraglich länger vereinbart werden. Dabei darf allerdings die Frist für den Unternehmer nicht kürzer sein als jene für den Handelsvertreter.

Der Abschluss eines befristeten Handelsvertretervertrages, dessen Laufzeit von vorneherein festgelegt wird, ist möglich. Setzen die Vertragspartner die Zusammenarbeit darüber hinaus fort, gilt sodann der Handelsvertretervertrag auf unbestimmte Zeit geschlossen mit den obigen gesetzlichen Kündigungsfristen.

Daneben besteht sowohl für den befristeten als auch für den unbefristeten Handelsvertretervertrag jederzeit die Möglichkeit der Kündigung aus wichtigem Grund ohne Einhaltung der Kündigungsfristen. Das Kündigungsrecht aus wichtigem Grund darf nicht ausgeschlossen oder beschränkt werden, § 89a HGB. Auch eine Beschränkung

[220] OLG München, Urt. v. 9.11.1994, Az. 7 U 6773/93 – NJW-RR 1995, 1186.

durch mittelbare Erschwernisse in Form von finanziellen oder sonstigen Nachteilen kann eine solche unzulässige Kündigungsbeschränkung darstellen[221].

Mit der Vertragsbeendigung kann zugunsten des Handelsvertreters ein **Ausgleichsanspruch** entstehen. Dieser ist in § 89b HGB definiert und wird vom Unternehmer geschuldet, wenn neue und vom Handelsvertreter geworbene Kunden dem Unternehmer mit Beendigung des Handelsvertretervertrages erhebliche Vorteile bringen[222]. In einem zweiten Schritt erfolgt eine Billigkeitsabwägung aller Umstände, bei der auch die bereits vom Handelsvertreter für den Abschluss seiner Geschäfte erhaltene Provision einfließen soll.

Ein Zurückbehaltungsrecht an Unterlagen, die ihm zur Erfüllung seines Vertragsverhältnisses zur Verfügung gestellt wurden, kann der Handelsvertreter nur in Bezug auf eine noch offene Provision und den Ersatz seiner Aufwendungen, nicht aber in Bezug auf die Ausgleichsforderung geltend machen.

5.5. Der Franchisevertrag

Die Rechtsgrundlagen und -folgen des Franchisevertrages sind vielschichtig und können hier nur in ihren Grundzügen dargestellt werden. Grundlage eines jeden Franchisevertrages ist eine **Geschäftsidee**, die der Franchisegeber nicht selbst ausführen, sondern vielmehr durch seinen Vertragspartner umsetzen lassen will. Zumeist setzt das Franchisekonzept die Einrichtung von verschiedenen Verkaufsstellen voraus, die sodann von unterschiedlichen Franchisenehmern geführt werden. Dies können beispielsweise Restaurantketten sein oder aber auch Fachgeschäfte verschiedenster Produkte. So kann der Franchisegeber eine Vielzahl von Standorten abdecken, ohne selbst die Geschäfte zu betreiben. Da der Franchisegeber Wert auf ein identisches Auftreten der Verkaufsstellen legen wird, stellt er auch die Ausrüstung und das Inventar.

Eine Rechtswahl zugunsten des deutschen Rechts kann von den Vertragsparteien im Vertrag selbst getroffen werden. Andernfalls sieht Art. 4 Abs. 1 lit. e) ROM-I-VO für den Franchisevertrag ausdrücklich das anwendbare Recht am Ort des gewöhnlichen Aufenthaltes des Franchisenehmers vor.

5.5.1. Typischer Vertragsinhalt

Der Franchisevertrag ist gesetzlich im deutschen Recht nicht geregelt und basiert inhaltlich zumeist auf Grundzügen des Kauf-, Pacht- und Werkvertragsrechts. Daneben treten in der Regel Züge des Geschäftsbesorgungsvertrages in den Vordergrund. Der Unternehmer als Franchisegeber gestattet mit dem Vertrag dem Franchisenehmer die Nutzung seines Geschäftskonzeptes. Daneben können dem Franchisenehmer zur Umsetzung weitere Marken- und Nutzungsrechte eingeräumt

[221] BGH, Urt. v. 19.01.2023, Az. VII ZR 787/21 MDR 2023, 579-580
[222] BGH, Urt. v. 6.10.2016, Az. VII ZR 102/12 – BeckRS 2016, 18493.

oder eine Ausstattung seiner Geschäftsräume zur Verfügung gestellt werden. Der Franchisenehmer hat hierfür an den Franchisegeber ein Entgelt zu zahlen, welches in der Regel abhängig vom monatlichen Umsatz vereinbart wird[223].

Wesentliches Merkmal des Franchisevertrages ist eine Definition der oftmals umfangreichen Pflichten des Franchisenehmers in der Art und Weise der Nutzung verbunden mit einem Kontrollrecht des Franchisegebers. Der Vertrag sichert für den Franchisegeber ab, dass der Franchisenehmer das von ihm geschaffene Geschäftskonzept weitreichend identisch umsetzt, zumal in der Regel die Wahrung seiner **Corporate Identity** für den Franchisegeber von wesentlicher Bedeutung ist. Hierzu gehört das äußere Erscheinungsbild des Geschäfts des Franchisenehmers ebenso wie die Kommunikation nach innen und nach außen. Der Franchisevertrag selbst ist daher in der Praxis zumeist umfangreich. Zu seinem Inhalt gehören folgende wesentliche Punkte:

- Definition des Geschäftskonzepts;
- Gegenstand des Franchise;
- Geschäftslokal;
- Pflichten des Franchisegebers und Systemzugang;
- Pflichten des Franchisenehmers;
- Berichtspflichten und Kontrollrechte;
- Bezug von Waren;
- Franchisegebühren;
- Umsatzmeldungen und Buchführung;
- Wareneinkauf und -absatz;
- Haftung und Versicherung;
- Geheimhaltungspflichten;
- Wettbewerbsverbot.

Der Franchisegeber wird durch den Vertrag in der Regel zur Beratung und Unterstützung des Franchisenehmers bei der Errichtung und Unterhaltung des Fachgeschäftes verpflichtet. Dazu gehört insbesondere eine Definition der Schulung und Einarbeitung von Personal oder auch die Gestaltung der Räumlichkeiten. Die Pflichten des Franchisenehmers können vielfältig vereinbart werden, angefangen bei der Definition des Warenangebotes im Geschäftslokal bis hin zur Betriebsführung selbst. Nicht zu Unrecht erblickt die Rechtsprechung im Franchisenehmer die grundsätzlich im Vertragsverhältnis schwächere Partei, da sie dem Geschäftskonzept des Franchisegebers folgt und wenig Verhandlungsspielraum hat, will sie das Franchise ausführen[224].

Aus Sicht des Franchisegebers ist es ratsam, dass der Franchisevertrag den Franchisenehmer verpflichtet, bei Abschluss des **Mietvertrages über die Geschäfts-**

[223] Überblick in Flohr, Franchise-Recht – Ein Konglomerat-Rechtsgebiet? (Teil 1 und 2), ZVertriebsR 2022, 5 und 71.

[224] BGH, Urt. v. 11.10.2018, Az. VII ZR 298/17 – BeckRS 2018, 27091.

räume des Franchisebetriebes eine Klausel mit dem Vermieter zu vereinbaren, nach welcher der Franchisegeber zum Eintritt in den Mietvertrag berechtigt ist. In der Regel wird der Franchisegeber bei der Beendigung des Franchisevertrages nicht absehen können, ob er durch einen neuen Partner den Geschäftsbetrieb am selben Standort weiterführen lassen will. Dem steht entgegen, dass bei Anmietung eines Geschäftslokals aber der Franchisenehmer der Mieter und sohin Rechtsinhaber der Räumlichkeiten ist. Mit besagter Klausel kann sich der Franchisegeber dennoch die Erhaltung des Standorts absichern.

5.5.2. Pflichtverletzung

Grundsätzlich ist der Franchisevertrag ein Dauerschuldverhältnis, in dem beide Parteien einer verstärkten Pflicht zur gegenseitigen Rücksichtnahme unterliegen. Entsprechend den vielfältigen Verpflichtungen des Vertrages sind auch die Möglichkeiten einer Pflichtverletzung vielfältig und können hier nicht abschließend dargestellt werden.

Denkbar ist eine Pflichtverletzung aus dem Franchisevertrag heraus zum einen durch den Franchisenehmer, wenn er das dem Vertrag zugrunde liegende Geschäftskonzept nicht hinreichend umsetzt und sich nicht an die Weisungen des Franchisegebers hält. Weiterhin stellt es auch eine Pflichtverletzung dar, wenn der Franchisenehmer gegenüber dem Franchisegeber falsche Angaben beispielsweise im Hinblick auf seinen Umsatz tätigt, die wiederum zu einer fehlerhaften Abrechnung der Franchisegebühren führen.

Zum anderen kann auch der Franchisegeber seine vertraglichen Pflichten verletzen, indem er seiner Pflicht zur Betreuung und Unterstützung oder gar seiner Lieferpflicht nicht hinreichend nachkommt. Möglich ist auch eine Verletzung der vorvertraglichen Pflichten dann, wenn der Franchisegeber durch falsche Angaben zur Umsatzprognose den zu erwartenden Erfolg des von ihm angebotenen Geschäftsmodells beschönigt. Der Bundesgerichtshof hat entschieden, dass der Franchisegeber den Franchisenehmer vor Vertragsschluss umfassend und vollständig über sein Konzept aufklären muss und die damit einhergehende Rentabilitätsvorschau den tatsächlichen Erwartungen entsprechen und Transparenz schaffen muss[225]. Andernfalls haftet der Franchisegeber aus *„culpa in contrahendo"*.

Die Rechtsfolge der Pflichtverletzung ist vorrangig der Schadensersatzanspruch nach allgemeinen schuldrechtlichen Anspruchsgrundlagen. Daneben kann sie auch zur Vertragsbeendigung führen. Die Höhe des **Schadens bei Beratungs- und Aufklärungspflichten** wird durch die Differenzhypothese ermittelt, indem die theoretische Vermögenslage ohne das haftungsbegründende Ereignis ermittelt und mit der tatsächlichen Vermögenssituation verglichen wird, was in der Praxis oftmals Schwierigkeiten bereitet.

[225] OLG Düsseldorf, Urt. v. 25.10.2013, Az. 22 U 62/13 – NJOZ 2014, 1622.

5.5.3. Dauer und Beendigung

Der Franchisevertrag ist ein Dauerschuldverhältnis und kann daher entweder ordentlich zu den im Vertrag vorgesehenen Kündigungsfristen oder aus wichtigem Grund gemäß § 314 BGB gekündigt werden. Daneben besteht auch die Möglichkeit, den Vertrag von Anfang an befristet abzuschließen.

Anders als beim Vertragshändlervertrag ist eine analoge Anwendung des § 89b HGB und sohin ein **Ausgleichsanspruch bei Vertragsbeendigung nicht veranlasst**. Nach Rechtsprechung des Bundesgerichtshofs liegt dem Franchisevertrag ein anonymes Massengeschäft zugrunde, bei dem ein nutzbarer Wert des Kundenstamms für den Franchisegeber nicht erkennbar ist. Daran ändert sich auch nichts, wenn die Räumlichkeiten durch den Franchisegeber bzw. einen neu eingesetzten Franchisenehmer weitergenutzt werden. Der Bundesgerichtshof legt hier den Grundgedanken des Pachtvertrages zugrunde, der bei Beendigung den erzielten Wertzuwachs ebenfalls dem Verpächter zuspricht[226].

[226] BGH, Urt. v. 5.2.2015, Az. VII ZR 109/13 – NJW 2015, 945.

6. Verträge des Gesellschaftsrechts

Verträge sind im Gesellschaftsrecht nicht wegzudenken, basiert doch bereits die Gründung einer jeden Gesellschaft auf einem Gesellschaftsvertrag. Nachfolgend werden die Verträge des deutschen Gesellschaftsrechts in Grundzügen dargestellt und auch die Unterschiede zur österreichischen Rechtslage aufgezeigt. Ein besonderes Augenmerk gilt dabei den für die Gesellschaft des bürgerlichen Rechts und die Gesellschaft mit beschränkter Haftung relevanten Verträgen, da diese in der Praxis von wesentlicher Bedeutung sind.

Die verschiedenen Gesellschaftsformen sind unterteilt in Personengesellschaften und Kapitalgesellschaften. Zu den Personengesellschaften gehört die Gesellschaft des bürgerlichen Rechts, welche die Grundform einer Personengesellschaften darstellt und in den §§ 705 ff. BGB geregelt ist. Daneben zählen dazu die Kommanditgesellschaft ebenso wie die offene Handelsgesellschaft. Die gängigsten Formen der Kapitalgesellschaft bilden die Gesellschaft mit beschränkter Haftung sowie die Aktiengesellschaft.

Aus gesellschaftsvertraglicher Sicht ist das öffentliche und in Deutschland von den Amtsgerichten geführte Handelsregister mit seiner Publizitätswirkung wichtig, welches dem österreichischen Firmenbuch ähnelt. Im Handelsregister werden sowohl die Personengesellschaften in der Abteilung A (HRA) als auch die Kapitalgesellschaften in der Abteilung B (HRB) eingetragen. Es wird ausschließlich elektronisch geführt und ist zentral als Onlinedienst in einem gemeinsamen Registerportal unter www.handelsregister.de für jedermann und ohne weitere Berechtigung einsehbar. Die im Handelsregister eingetragenen Tatsachen muss ein Dritter gegen sich gelten lassen mit einer Übergangszeit von 15 Tagen nach der Bekanntmachung, § 15 Abs. 2 HGB.

6.1. Die Gemeinschaft bürgerlichen Rechts (GbR)

Die GbR ist unter § 705 BGB legaldefiniert als ein Zusammenschluss von mindestens zwei Personen, die sich mittels Gesellschaftsvertrag verpflichten, die Erreichung eines gemeinsamen Zwecks zu fördern. In Betracht kommt sie beispielsweise für den Zusammenschluss von Freiberuflern oder auch das Betreiben eines Kleingewerbes. Will die Gesellschaft unternehmerisch tätig werden, so kann sie die Gesellschaftsform der GbR nur dann wählen, wenn ihre Tätigkeit **keinen in kaufmännischer Weise eingerichteten Geschäftsbetrieb** im Sinne von § 1 Abs. 2 HGB erfordert. Andernfalls ist die Gesellschaft eine Offene Handelsgesellschaft (OHG). Die Abgrenzung orientiert sich an verschiedenen Kriterien, wie beispielsweise Umsatzvolumen, Geschäftslokal, Anzahl der Beschäftigten oder der kaufmännischen Buchführung. Der Vorteil der GbR gegenüber der OHG besteht darin, dass auf sie mangels Kaufmannseigenschaft die Vorschriften des Vierten Buches des HGB für Handelsgeschäfte keine Anwendung finden. So unterliegt die GbR beispielsweise weder den strengen Regeln für Handelsgeschäfte nach den §§ 343 ff. HGB noch gelten für sie die Vorschriften zum Handelskauf.

Seit der Entscheidung des Bundesgerichtshofs vom 29.1.2001 ist anerkannt und seit dem 01.01.2024 nunmehr in § 705 Abs. 2 BGB auch normiert, dass die GbR über eine eigene Rechtsfähigkeit im Außenverhältnis und eine Parteifähigkeit in Prozessen verfügen kann. Man unterscheidet je nach dem gemeinsamen Willen der Gesellschafter zwischen einer rechtsfähigen und einer nicht rechtsfähigen GbR[227]. Die GbR kann ein eigenes Gesellschaftsvermögen besitzen, wobei die Haftung für Verbindlichkeiten der Gesellschaft nicht auf das Gesellschaftsvermögen begrenzt ist, sondern daneben jeder Gesellschafter der GbR auch mit seinem Privatvermögen einstehen muss.

6.1.1. Gründung

Der Gesellschaftsvertrag der GbR ist **formfrei**. Er kann sohin schriftlich, aber auch mündlich oder sogar stillschweigend geschlossen werden. Die **Eintragung** der GbR ist freiwillig und kann in das öffentlich einsehbare Gesellschaftsregister erfolgen. Die GbR ist mit der Eintragung verpflichtet, den Zusatz eGbR zu führen. Ebenso vermittelt das Gesellschaftsregister einen Gutglaubensschutz, § 707a Abs. 3 BGB. Eine Ausnahme dazu ist lediglich bei der Einbringung von Grundstücken oder GmbH-Anteilen in die Gesellschaft zu beachten, wodurch der Vertrag der Formvorschrift der notariellen Beurkundung im Sinne von § 311 b BGB oder § 15 Abs. 3 GmbHG genügen muss. Auch erfordert der Erwerb von Grundstücken durch die GbR bzw. die damit einhergehende Eintragung im Grundbuch eine vorherige Eintragung der GbR im Gesellschaftsregister[228].

An den Inhalt des Gesellschaftsvertrages der GbR werden ebenfalls keine hohen Anforderungen zu stellen sein. Die Vorschriften der §§ 705 ff. BGB sind dispositives Recht, sodass abweichende Regelungen vereinbart werden können. Die Gründung setzt **mindestens zwei Gesellschafter** voraus, die sowohl natürliche als auch juristische Personen sein können. In der Regel werden die Gesellschafter jedenfalls dann, wenn der Gesellschaftszweck wirtschaftlich ausgerichtet ist oder gar persönliche Vermögensgegenstände durch die Gesellschafter in die Gesellschaft eingebracht werden, auf einen Vertrag über die Organisation der GbR Wert legen. Die schriftliche Vertragsfassung ist zu empfehlen, da sie zum einen für alle Gesellschafter klar die Rechte und auch Pflichten unmissverständlich regelt und zum anderen bei Streit oder Beendigung den auftretenden Beweisschwierigkeiten vorbeugt.

Die GbR darf sich mittels Privatakt ihren Namen durch die Firmenbezeichnung geben, der jederzeit geändert werden kann. Dies gilt nach wie vor auch für die nicht eingetragene GbR, sodass für die Gläubiger und Geschäftspartner der GbR mitunter

[227] Rubner/Leuering, Das neue GbR-Recht nach MoPeG, NJW-Spezial 2023, 15.
[228] Palandt/Retzlaff, *BGB-Kommentar*, § 707, Rn. 1.

Schwierigkeiten bei der Feststellung von Identitäten und Gesellschaftern entstehen können.

Die wichtigsten Regelungspunkte des Gesellschaftsvertrages werden nachfolgend dargestellt.

6.1.1.1. Gesellschaftszweck

Der Gesellschaftszweck ist zwingender Inhalt des Gesellschaftsvertrages. Der Zweck der Gesellschaft muss nicht wirtschaftlich sein, er kann vielmehr auch ideelle oder religiöse Ziele verfolgen. Die Gesellschafter verpflichten sich durch den Vertrag zur Verfolgung und Förderung des vereinbarten und gemeinsamen Gesellschaftszwecks und begründen damit eine gegenseitige Treuepflicht, die sie zum Handeln im Sinne der Gesellschaft verpflichtet.

6.1.1.2. Name und Sitz

Die GbR besitzt keine Kaufmannseigenschaft und kann daher auch keine Firma im Sinne von § 17 HGB führen. Sie kann allerdings einen Namen führen, sofern dieser nicht dazu geeignet ist, den Anschein einer kaufmännischen Gesellschaft zu erwecken. Möglich sind beispielsweise die Namen der Gesellschafter oder auch ein sachlicher Zusatz wie *„Immobilienverwaltung"* sowie das Kürzel *„GbR"*. Keinesfalls darf der Name der GbR weitere Zusätze enthalten, die anderen Gesellschaftsformen vorbehalten sind, wie etwa *„& Co."*, *„und Partner"* oder auch *„Partnerschaft"*[229].

Der Sitz der Gesellschaft ist der Ort, an welchem in der Regel die Geschäfte der Gesellschaft geführt werden (Verwaltungssitz). Daneben besteht aber auch die Möglichkeit, den Sitz an einem anderen Ort im Inland zu vereinbaren (Vertragssitz). Er ist nicht zwingend im Vertrag anzugeben, seine Niederschrift hat im Zweifel klarstellende Funktion.

6.1.1.3. Beteiligung und Beiträge der Gesellschafter

Die GbR setzt **kein Mindestkapital** voraussetzt. Wohl aber trifft die Gesellschafter eine Beitragspflicht, die in jeder Förderung des gemeinsamen Zwecks der Gesellschaft bestehen kann, § 709 Abs. 2 BGB.. Leisten die Gesellschafter einen Beitrag, so sieht die gesetzlich geregelte Grundform der GbR in § 709 Abs. 1 BGB eine Beitragspflicht zur Gesellschaft zu gleichen Teilen vor. Eine andere Verteilung der Beitragspflicht ist durch Gesellschaftsvertrag möglich und empfehlenswert. Die Gesellschafter verpflichten sich zur Leistung von Beiträgen, die nach Höhe und Art im Gesellschaftsvertrag festgehalten werden. Der Beitrag eines Gesellschafters muss nicht zwangsläufig durch Geldmittel erfolgen, er kann auch durch Dienst- oder Werkleistungen bzw. das Zurverfügungstellen von Sachen oder Personal vereinbart

[229] OLG München, Beschl. v. 27.08.1998, Az. 29 W 2437/98 NZG 1998, 899

werden. Daneben ist es ratsam, den Zeitpunkt der Leistungspflicht der Gesellschafter konkret festzuhalten, sofern diese nicht sofort fällig sein soll.

Nach der Höhe ihrer Beiträge bestimmen die Gesellschafter in der Regel auch die ebenso im Vertrag festzuhaltenden Beteiligungsverhältnisse an der Gesellschaft. Die Beteiligung ist dann in der Regel Maßstab für die weitere Vereinbarung über den Anteil eines jeden Gesellschafters an Gewinn und Verlust und am Gesellschaftsvermögen. Die Parteien müssen aber die Beteiligungsverhältnisse nicht zwingend in gleicher Höhe wie ihre Beiträge an die Gesellschaft bemessen. Es steht ihnen im Sinne der Vertragsfreiheit eine abweichende Regelung offen.

6.1.1.4. Geschäftsführung und Vertretung

Bei der Geschäftsführung und der Vertretung handelt es sich um zwei unterschiedliche Aufgaben. Während die Geschäftsführung die GbR im Innenverhältnis leitet und organisiert, handelt die Vertretung im Außenverhältnis gegenüber Dritten. Treffen die Gesellschafter im Gesellschaftsvertrag keine Regelung, so sieht § 715 Abs. 3 BGB eine **gemeinsame Geschäftsführung** vor[230]. Diese sogenannten Gesamtgeschäftsführungsbefugnis steht im Zweifel allen Gesellschaftern zu. Eine Entscheidung über jegliche Geschäfte erfordert damit eine Zustimmung aller Gesellschafter, wobei § 715 Abs. 3 S. 1 BGB lediglich eine Einzelkompetenz bei Gefahr in Verzug annimmt. Einstimmigkeit ist sohin erforderlich, was im geschäftlichen Verkehr zu schwerfällig sein kann. Es kann jedoch Einzelgeschäftsführungsbefugnis gemäß § 715 Abs. 4 S. 1 BGB erteilt werden mit der Maßgabe, dass den anderen geschäftsführenden Gesellschaftern ein Widerspruchsrecht zukommt. Das vom Widerspruch betroffene Geschäft ist dann zu unterlassen, wobei der Widerspruch lediglich im Innenverhältnis zwischen den Gesellschaftern und nicht gegenüber dem dritten Geschäftspartner seine Wirkung entfaltet.

Die Vertretung der Gesellschaft im Außenverhältnis regelt § 720 BGB und steht mangels anderweitiger Regelung wiederum allen Gesellschaftern gemeinsam zu. Der Umfang der Vertretungsbefugnis des einzelnen Gesellschafters kann lediglich im Innenverhältnis, nicht aber Dritten gegenüber eingeschränkt werden[231]. Im Gesellschaftsvertrag empfiehlt es sich, in der Regel eine Einzelvertretungsbefugnis zu vereinbaren und gleichzeitig einen Katalog mit besonders bedeutenden Geschäften zu definieren, über die ausschließlich gemeinschaftlich bestimmt werden soll. Dazu gehören in der Regel Geschäfte ab einer bestimmten Wertgrenze ebenso wie Grundstücksverfügungen oder auch die Verschuldung der Gesellschaft durch die Aufnahme eines Darlehens.

Weiterhin ist im Gesellschaftsrecht die Norm des § 181 BGB im Zusammenhang mit der Vertretung von wesentlicher Bedeutung. Diese verbietet das sogenannte **In-**

---

[230] Wertenbruch, Die Vertretung der GbR in der Reform des Personengesellschaftsrechts, NZG 2019, 407.

[231] Roßkopf/Hoffmann, Das MoPeG kommt – was ist zu tun?, ZPG 2023, 14.

sichgeschäft. Eine Person kann nicht als Vertreter der Gesellschaft mit sich persönlich ein Rechtsgeschäft abschließen, außer bei der Erfüllung einer Verbindlichkeit. Sind insofern Kollisionen zu erwarten, findet sich in der Praxis häufig auch die in der Bevollmächtigung ausdrücklich erklärte Befreiung von den Beschränkungen des § 181 BGB.

Die Übertragung von Mitgliedschaftsrechten auf einen außenstehenden Dritten ist den Gesellschaftern nicht erlaubt. Diese sogenannte **Selbstorganschaft** betrifft sowohl die Geschäftsführung als auch die Vertretung der Gesellschaft[232]. Lediglich davon ausgenommen sind konkretisierbare Ansprüche finanzieller Natur, so der Anspruch eines Gesellschafters auf seinen Gewinnanteil oder das Auseinandersetzungsguthaben.

6.1.1.5. Stimmkraft

Die Verteilung der Stimmrechte regelt, welches Gewicht die Stimme eines jeden Gesellschafters bei der Beschlussfindung hat. Die Stimmrechte eines jeden Gesellschafters und die Beschlussfassung sollten im Vertrag fixiert werden. Regelungen über die Beschlussfassung legen ergänzend fest, welche Mehrheit für welchen Gesellschafterbeschluss notwendig ist[233].

Grundsätzlich bestimmt § 709 Abs. 3 BGB eine **Berechnung der Stimmkraft vorrangig nach den vereinbarten Beteiligungsverhältnissen**. Zweitrangig richtet sich die Stimmkraft nach dem Verhältnis der vereinbarten Werte der Beiträge der Gesellschafter. Erst an dritter Stelle und mangels jeder Vereinbarung hat jeder Gesellschafter ohne Rücksicht auf den Wert seines Beitrages die gleiche Stimmkraft und wird diese nach Köpfen verteilt. Eine anderweitige Vereinbarung ist möglich und auch üblich, gerade wenn einem Gesellschafter durch seinen größeren Beitrag zur Gesellschaft mehr Gewicht bei Entscheidungen eingeräumt werden soll[234]. Die Gesellschafter sollten sich bei der Verteilung der Stimmrechte über die sich ergebenden Mehrheitsverhältnisse bewusst sein, denn das Fassen von Gesellschafterbeschlüssen wird über die gesamte Dauer der Gesellschaft hinweg diese lenken und auch entscheidend bei späteren Streitigkeiten unter den Gesellschaftern sein.

Der Gesellschaftsvertrag sollte nicht nur den Anteil eines jeden Gesellschafters an Stimmrechten festlegen, sondern auch, mit welcher Mehrheit welche Art von Gesellschafterbeschlüssen getroffen werden können. Die mangels Vereinbarung eintretende gesetzliche Regelung erfordert **Einstimmigkeit** und ist daher gerade bei den Geschäften des täglichen Wirtschaftens in der Regel wenig geeignet. Auch hier ist es ratsam, einen besonderen Katalog vorzusehen, der neben Alltagsentscheidun-

[232] Palandt/Retzlaff, *BGB-Kommentar* § 715 Rn. 3.
[233] BGH, Urt. v. 15.1.2007, Az. 15.01.2007 – NJW 2007, 1685.
[234] BeckOK/Hau/Poseck, *BGB-Kommentar*, § 709, Rn. 24.

gen mit der einfachen Mehrheit die besonders wichtigen Gesellschafterbeschlüsse unter das Erfordernis einer qualifizierten Mehrheit stellt.

Jedenfalls sollten die Stimmrechte im Zusammenhang mit der Beschlussfassung so verteilt werden, dass die Gesellschaft manövrierfähig ist. Nicht sinnvoll ist beispielsweise eine Vereinbarung, die bei zwei Gesellschaftern mit gleichem Stimmrechtsanteil die einfache Mehrheit fordert, da auch diese rein rechnerisch auf das Einstimmigkeitserfordernis hinauslaufen würde.

Ebenso kann der Gesellschaftsvertrag **Kontrollrechte** vorsehen oder einschränken. Auch wenn der Gesellschafter von der Geschäftsführung ausgeschlossen ist, steht ihm ein Kontroll- und Informationsrecht von Gesetzes wegen zu. Jeder Gesellschafter haftet persönlich und aus dieser Interessenlage heraus soll er sich auch jederzeit ein Bild über den Stand der Gesellschaft machen können. Dieses kann zwar ebenfalls im Gesellschaftsvertrag ausgeschlossen werden, nicht allerdings für den Fall, dass der Gesellschafter den Verdacht der unredlichen Geschäftsführung hegt, § 717 Abs. 1 S. 3 BGB.

6.1.1.6. Gewinn-/Verlustverteilung

Das erworbene Vermögen inklusive aller erworbenen Rechte und eingegangenen Verbindlichkeiten ist Gesellschaftsvermögen und steht der Gesellschaft zu, § 713 BGB. Der Rechnungsabschluss und die Verteilung von Gewinn und Verlust erfolgen im Zweifel am Schluss eines jeden Kalenderjahres, § 718 BGB. Für eine sich zumindest auch wirtschaftlich betätigende GbR wird diese Regelung nicht ausreichend sein. Eine ordnungsgemäße Buchführung mit einer Definition der Abrechnungsperioden sollte daher im Gesellschaftervertrag festgelegt werden[235].

6.1.1.7. Haftung

Die persönliche Haftung der Gesellschafter als Gesamtschuldner nach außen hin kann nicht beschränkt werden, § 721 BGB. Dennoch kann eine Vereinbarung im Gesellschaftsvertrag sinnvoll sein, um die **Haftung im Innenverhältnis zu regeln**[236]. Grundsätzlich kann sich ein Gläubiger der GbR an jedem Gesellschafter und seinem gesellschaftlichen wie auch privaten Vermögen befriedigen. Erfolgt im Vertrag keine Regelung, haften die Gesellschafter sodann im internen Ausgleich untereinander quotal nach ihren ihren Gewinn- und Verlustanteilen. Sofern von den einzelnen Gesellschaftern unterschiedlich hohe Beiträge in die Gesellschaft geleistet werden, ist auch eine dies widerspiegelnde Haftungsregelung zu empfehlen, um so zumindest zwischen den Gesellschaftern untereinander einen Ausgleich zu schaffen, sofern das Gesellschaftsvermögen zur Begleichung der Schuld nicht ausreichen sollte.

[235] Palandt/Retzlaff, *BGB-Kommentar* § 718 Rn. 5.

[236] Röß, Die Frage der Haftungsbeschränkung bei der GbR nach dem MoPeG, NZG 2023, 727; Seibt, *Haftungsverhältnisse bei der GbR*, NJW-Spezial 2004, 171.

6.1.1.8. Dauer und Beendigung

Je nach Zweck der Gesellschaft kann diese auf unbestimmte Zeit gegründet werden oder bis zur Erreichung des gewählten Gesellschaftszwecks.

Das Ausscheiden eines Gesellschafters aus der Gesellschaft und ihre Rechtsfolgen sind in den §§ 723 ff. BGB geregelt und sehen diverse gesetzliche Gründe für das Ausscheiden vor. Dazu gehören die Kündigung, der Tod des Gesellschafters, die Insolvenz oder auch der Ausschluss aus wichtigem Grund. Jeder Gesellschafter kann mangels anderweitiger Vereinbarung seine Mitgliedschaft in der Gesellschaft unter Einhaltung einer Frist von drei Monaten zum Ablauf des Kalenderjahres gegenüber der Gesellschaft kündigen, § 725 BGB. Nur wenn das Gesellschaftsverhältnis auf eine bestimmte Zeitdauer vereinbart ist, besteht ein Kündigungsrecht ausschließlich aus wichtigem Grund. Das Kündigungsrecht selbst ist im Gesellschaftsvertrag unabdingbar. Das Ausscheiden oder der Tod eines Gesellschafters führen nur bei ausdrücklicher Vereinbarung im Gesellschaftsvertrag zur Auflösung der GbR. Andernfalls wird die Gesellschaft mit den übrigen Gesellschaftern fortgesetzt (**Verbandskontinuität**), sofern noch mindestens zwei Gesellschafter in der Gesellschaft verbleiben.

In der Folge des Ausscheidens wächst sein Anteil an der Gesellschaft den verbleibenden Gesellschaftern an. Im Gegenzug erhält der ausscheidende Gesellschafter einen Anspruch auf Befreiung von der Haftung für Verbindlichkeiten der Gesellschaft sowie eine angemessene Abfindung im Wert seines bisherigen Anteils. Zu beachten ist jedenfalls, dass die GbR mindestens zwei Gesellschafter voraussetzt. Verbleibt nach dem Ausscheiden nur noch ein Gesellschafter in der GbR, führt dies zur Auflösung der Gesellschaft.

6.1.2. Übertragung

Überdies kann eine Vereinbarung zur Übertragung der Mitgliedschaft an der GbR oder zum Ausscheiden entweder bereits im Gesellschaftsvertrag getroffen oder aber von den übrigen Gesellschaftern danach vereinbart werden[237].

In der Regel werden die Gesellschafter untereinander nur eine eingeschränkte Übertragbarkeit des Anteils vereinbaren, um so keinen unliebsamen neuen Mitgesellschafter zu erhalten. Als Vereinbarung einer sogenannten **Nachfolgeklausel**[238] im Gesellschaftsvertrag sind vielfältige Regelungen denkbar, so beispielsweise die Möglichkeit der Übertragung an eine ausgewählte Personengruppe, an Mitgesellschafter oder auch an Verwandte ersten Grades. Die Gesellschafter vereinbaren dann die Zahlung einer Abfindung an den ausscheidenden Gesellschafter oder seine Erben. Die Höhe dieses Betrages entspricht dem für die Mitgliedschaft in der GbR

[237] Freiherr von Proff, Ausscheiden statt Auflösen: Handlungs- und Beratungsbedarf infolge des MoPeG bei der GbR in der Übergangsphase, NZG 2023, 147.

[238] MüKoBGB/Schäfer, *BGB-Kommentar* § 723 Rn. 4.

vereinbarten Beteiligungsverhältnis, den der Gesellschafter bei Auflösung der Gesellschaft erhalten hätte. Will ein Gesellschafter seinen Anteil an der Gesellschaft an einen Dritten übertragen, so schließen beide einen Übertragungsvertrag, bei dem sich die Parteien schuldrechtlich auf die Übertragung einigen und sodann auf sachenrechtlicher Ebene den Gesellschaftsanteil abtreten. Der neue Gesellschafter tritt damit in alle Rechte und Pflichten des alten Gesellschafters ein, er übernimmt Stimmrechtsanteile ebenso wie den künftigen Gewinnanspruch oder auch Verbindlichkeiten. Der Vertrag kann formfrei geschlossen werden, wenn keine Grundstücke oder GmbH-Anteile involviert sind. Die Haftung setzt sich für den ausscheidenden Gesellschafter für die bis dahin begründeten Verbindlichkeiten[239] über weitere fünf Jahre ab Kenntnis des Gläubigers vom Ausscheiden des Gesellschafters fort, wohingegen der neue Gesellschafter von Anfang an für alle bestehenden Verbindlichkeiten der Gesellschaft mit seinem Privatvermögen haftet[240].

Daneben besteht auch die Möglichkeit, dass ein Gesellschafter gänzlich neu in die Gesellschaft aufgenommen wird, ohne dass hierfür einer der bisherigen Gesellschafter ausscheidet. Es wird dann ein neuer Gesellschaftsanteil gebildet und ein sogenannter Aufnahmevertrag geschlossen, der sodann neben dem eigentlichen Beitritt und der Beteiligung auch die Gewinnverteilung und Stimmrechte für alle Gesellschafter aufgrund der neu geschaffenen Verhältnisse neu regeln wird.

6.1.3. Rechtsfolgen der Auflösung

Endet die Gesellschaft durch Ablauf der vereinbarten Gesellschaftsdauer oder aber durch Auflösung wegen Kündigung der Gesellschaft, Insolvenz oder Auflösungsbeschluss, ist eine **Liquidation der Gesellschaft nach den Grundsätzen des § 736d BGB** durchzuführen, bei der die laufenden Geschäfte zu Ende zu führen und Forderungen der Gesellschaft einzuziehen sind. Gleichzeitig sind alle bestehenden Schulden der Gesellschaft zu begleichen. Die Abwicklung folgt dem Grundsatz der Wirtschaftlichkeit. Die Auflösung ist bei eingetragenen Gesellschaften im Gesellschaftsregister anzumelden.

Erfolgt die Beendigung der Gesellschaft durch Liquidation und reicht das Gesellschaftsvermögen zur Begleichung aller nach außen hin bestehenden Schulden nicht aus, kann ein Gläubiger einen jeden Gesellschafter mit seinem privaten Vermögen in Anspruch nehmen. Er ist in seiner Auswahl frei und muss sich nicht zwangsläufig an denjenigen Gesellschafter wenden, welcher die größere Beteiligung an der Gesellschaft hält. Lediglich im Innenverhältnis haften die Gesellschafter gegenüber der Gesellschaft auf Ausgleich des in der Schlussabrechnung ausgewiesenen Fehlbetrages gemäß § 737 BGB im Verhältnis ihrer Anteile am Gewinn und Verlust[241].

---

[239] KG Berlin, Urt. v. 17.9.2013, Az. 27 U 160/11 – juris.

[240] BGH, Urt. v. 7.4.2003, Az. II ZR 56/02 – NJW 2003, 1803.

[241] BeckOK BGB/Schöne, BGB-Kommentar, § 737 Rn. 3.

6.2. Die Offene Handelsgesellschaft (OHG)

Auch die OHG ist eine Personengesellschaft von mindestens zwei Personen zur Erreichung eines gemeinsamen Zwecks, der im Gegensatz zur GbR jedoch auf den **Betrieb eines Handelsgewerbes** ausgerichtet ist. Die OHG unterhält sohin entweder einen in kaufmännischer Weise eingerichteten Geschäftsbetrieb oder ist Kaufmann kraft Eintragung im Handelsregister, § 2 HGB. Rechtsgrundlage der OHG sind sowohl die §§ 705 ff. BGB, sohin die Vorschriften zur GbR, als auch ergänzend die §§ 105 ff. HGB. Sämtliche Gesellschafter der OHG haften neben dem Gesellschaftsvermögen auch persönlich als Gesamtschuldner, § 126 HGB.

6.2.1. Gründung

Der Gründungsvertrag der OHG unterliegt denselben Formvorschriften wie die GbR. Er setzt den Zusammenschluss von zwei oder mehr Gesellschaftern voraus, die sowohl natürliche als auch juristische Personen sein können.

Die Eintragung in das Handelsregister erfolgt bei dem Amtsgericht, in dessen Bezirk die Gesellschaft ihren Sitz hat. Dabei erfolgt die Eintragung auf Anmeldung der Gesellschafter in elektronischer, öffentlich beglaubigter Form, § 12 HGB, die den Namen, das Geburtsdatum und den Wohnort eines jeden Gesellschafters zu enthalten hat, die Firma, den Sitz der Gesellschaft, eine Geschäftsadresse in einem Mitgliedsstaat der europäischen Union sowie die Vertretungsbefugnis der Gesellschafter. Die öffentliche Beglaubigung mittels Videokommunikation ist zulässig, § 12 Abs. 1 S. 2 HGB.

Mindestinhalt des Gesellschaftsvertrages sind die Benennung der Gesellschafter und des Zwecks der Gesellschaft ebenso wie die nach außen hin auftretende Firma. Eine schriftliche Abfassung des Gesellschaftsvertrages sowie auch die Regelung der einzeln bereits zur GbR beschriebenen Punkte empfiehlt sich.

Die nachfolgenden Punkte stellen lediglich die Unterschiede zum Gesellschaftsvertrag der GbR dar.

6.2.1.1. Geschäftsführung und Vertretung

Die Geschäftsführungsbefugnis und -verpflichtung spricht § 116 HGB bei der OHG allen Gesellschaftern zu. Jeder Gesellschafter ist berechtigt, allein zu handeln. Eine anderweitige Bestimmung, nach welcher die Gesellschafter nur gemeinsamen berechtigt sind, ist möglich und muss im Gesellschaftsvertrag vereinbart werden. **Die Übertragung auf einen gesellschaftsfremden Dritten ist nicht zulässig**. Der Gesellschaftsvertrag kann auch einem Gesellschafter die Geschäftsführung allein übertragen und dadurch die anderen Gesellschafter hiervon ausschließen. Vertraglich können ebenso mehrere Gesellschafter zur Geschäftsführung allein oder gemeinsam berechtigt und verpflichtet werden. Der geschäftsführende Gesellschafter ist zur Wahrung der Interessen der Gesellschaft auch dann verpflichtet, wenn eigene

Belange berührt werden[242]. Jedem anderen geschäftsführenden Gesellschafter steht ein Widerspruchsrecht zu, sofern die Entscheidung nicht von ihm selbst getroffen wurde. Konkret geregelt ist auch die Möglichkeit der Erteilung einer Prokura in § 116 Abs. 2 S. 2 HGB, die der Zustimmung aller geschäftsführenden Gesellschafter bedarf.

Weiterhin begrenzt § 116 Abs. 2 S. 1 HGB die Geschäftsführungsbefugnis einzelner Gesellschafter auf Geschäfte, die zum gewöhnlichen Betrieb des Handelsgewerbes gehören. Darüber hinausgehende Handlungen bedürfen jedenfalls eines **Gesellschafterbeschlusses**.

Die Vertretung der Gesellschaft nach außen hin obliegt grundsätzlich jedem Gesellschafter mit Einzelvertretungsbefugnis. Auch hier kann der Gesellschaftsvertrag von den gesetzlichen Vorgaben des § 124 HGB abweichen und einzelnen Gesellschaftern die Vertretungsbefugnis entziehen oder auch eine solche gemeinsam anordnen. Eine Beschränkung des Umfangs der Vertretungsmacht im Gesellschaftsvertrag ist nach außen allerdings unwirksam. Wohl aber kann eine solche Vereinbarung im Innenverhältnis gegenüber der Gesellschaft sinnvoll sein und löst bei deren Überschreiten Schadensersatzansprüche des vertretenden Gesellschafters gegenüber der Gesellschaft aus.

Der spätere Entzug der Vertretungsmacht sowie auch der Geschäftsführungsbefugnis gegen den Willen des Gesellschafters kann nur durch gerichtliche Entscheidung erfolgen, wenn ein wichtiger Grund vorliegt.

6.2.1.2. Stimmrechte

Sieht der Gesellschaftsvertrag zur Fassung der Gesellschafterbeschlüsse keine Regelung vor, so müssen sämtliche Beschlüsse einstimmig gefasst werden, § 109 Abs. 3 HGB. Insofern empfiehlt sich ebenso wie bei der GbR eine Regelung im Gesellschaftsvertrag, welche die Mehrheitsentscheidung je nach Art und Wichtigkeit der Geschäfte vorsieht und die Stimmrechte der einzelnen Gesellschafter definiert. Mangels vertraglicher Regelung ist die Mehrheit der Stimmen im Zweifel nach der Höhe der Beteiligung zu berechnen[243].

6.2.1.3. Gewinn-/Verlustverteilung

Für die gesetzlich vorgesehene Gewinn- und Verlustverteilung bei der OHG verweist § 120 HGB lediglich auf die Vorgaben des § 709 BGB für die GbR. Die Verteilung richtet sich damit nach der Höhe der vereinbarten Beteiligungsverhältnisse bzw. nach dem Verhältnis der vereinbarten Werte der Beiträge. Nur wenn weder über die Beteiligungsverhältnisse noch den Wert der einzelnen Gesellschafterbei-

[242] BGH, Urt. v. 23.9.1985, Az. II ZR 257/84 – NJW 1986, 584.

[243] Neuhöfer, Beschlussfassung bei Personengesellschaften – Status quo, MoPeG und Vertragsgestaltung, MittBayNot 2023, 566.

träge eine Vereinbarung getroffen worden ist, erfolgt die Verteilung von Gewinn und Verlust nach gleichen Teilen.

Auch das **Entnahmerecht** ist gesetzlich geregelt und kann mittels Gesellschaftsvertrag abweichend vereinbart werden. Die geschäftsführenden Gesellschafter sind zunächst verpflichtet, einen Jahresabschluss aufzustellen. § 122 HGB sieht vor, dass der Gesellschafter aufgrund des festgestellten Jahresabschlusses einen Anspruch auf Auszahlung seines ermittelten Gewinnanteils hat. Insbesondere dann, wenn der Gesellschaftsvertrag von der Gewinnverteilungsregel des § 120 HGB abweicht, sollte auch eine Anpassung dieser Entnahmeregel angedacht werden. So können monatliche oder jährliche Entnahmen der Höhe nach gedeckelt und auch ein Vorschussrecht vereinbart werden[244]. Immer aber sollte der Vertrag eine Grenze dort definieren, wo eine Entnahme zu einem offenbaren Schaden der Gesellschaft führen würde. Dies ist Ausprägung der allgemeinen Treuepflicht der Gesellschafter gegenüber der Gesellschaft.

6.2.1.4. Wettbewerbsverbot

Mit § 117 HGB wird für die Gesellschafter der OHG ein Wettbewerbsverbot gesetzlich fixiert. Ohne Einwilligung der anderen unterliegt jeder Gesellschafter einem Verbot, in demselben Handelszweig eigene Geschäfte zu tätigen oder sich als persönlich haftender Gesellschafter an einer anderen Gesellschaft zu beteiligen. Das Verbot beginnt und endet mit der Stellung als Gesellschafter[245]. Bei Verstoß entsteht eine Schadensersatzpflicht gegenüber der Gesellschaft auf Herausgabe der erlangten Vergütung. Ebenso kann die Gesellschaft verlangen, dass der Gesellschafter das für eigene Rechnung gemachte Geschäft als für Rechnung der Gesellschaft eingegangen gelten lässt und die Vergütung herausgibt oder den Vergütungsanspruch abtritt. Eine kurze Verjährungsfrist von nur drei Monaten ab Kenntnis ist dabei zu beachten, § 118 Abs. 3 S. 1 HGB.

Im Gesellschaftsvertrag wird oftmals das gesetzlich normierte Wettbewerbsverbot für die Zeit nach Beendigung der Gesellschafterstellung ausgedehnt. Zulässig ist eine Regelung im Gesellschaftsvertrag, die jedoch den Zeitraum nach Beendigung nicht unangemessen und sittenwidrig ausdehnen darf.

6.2.2. Übertragung

Die Aufnahme eines neuen Gesellschafters in die Gesellschaft oder die Übertragung der Mitgliedschaft an der OHG auf einen Dritten ist ebenso wie bei der GbR möglich[246]. Die Haftung des neu eintretenden Gesellschafters wird in § 127 HGB ergänzend normiert und gilt ab dessen Eintritt in die Gesellschaft zumindest im Außenverhältnis gegenüber dem Gläubiger auch für Altschulden. Die Haftung nach

[244] OLG München, Urt. v. 12.1.2001, Az. 23 U 4087/00 – NZG 2001, 793.
[245] OLG Düsseldorf, Urt. v. 8.6.1989, Az. 6 U 49/89 – NJW-RR 1989, 1305.
[246] BeckOK/Hau/Poseck, *BGB-Kommentar*, § 709 Rn. 26 ff.

Austritt aus der Gesellschaft dauert für den scheidenden Gesellschafter fünf Jahre, § 137 Abs. 1 HGB.

Scheidet ein Gesellschafter aus, dessen Name in der Firma der Gesellschaft enthalten gewesen ist, so bedarf es einer vertraglichen Vereinbarung zwischen ihm und der Gesellschaft, dass diese zur Fortführung des Namens berechtigt ist.

6.2.3. Kündigung und Beendigung

Ist die Gesellschaft auf unbestimmte Zeit eingegangen, so kann jeder Gesellschafter den Gesellschaftsvertrag mit einer Frist von sechs Monaten zum Ende des Geschäftsjahres kündigen, § 132 HGB. Dieses Kündigungsrecht kann im Gesellschaftsvertrag verlängert und sogar gänzlich ausgeschlossen werden. Für letzteren Fall oder aber bei einem Gesellschaftsverhältnis auf Zeit ist für das Ausscheiden eines Gesellschafters entweder ein Gesellschafterbeschluss notwendig oder aber der Weg der **Auflösungsklage** gemäß § 139 HGB zu beschreiten. Hierfür bedarf es eines wichtigen Grundes, der insbesondere bei vorsätzlicher oder grob fahrlässiger Verletzung der wesentlichen Pflichten eines anderen Gesellschafters oder auch dann vorliegen wird, wenn die Erfüllung der eigenen gesellschaftlichen Pflichten unmöglich wird. Alternativ können auch die übrigen Gesellschafter statt der Auflösung im Gerichtsverfahren den Ausschluss eines Gesellschafters verlangen.

Daneben besteht für den Gesellschafter selbst die Möglichkeit der außerordentlichen Kündigung aus wichtigem Grund stehts ohne Einhaltung einer Kündigungsfrist.

Die Kündigung eines Gesellschafters führt nicht zur Beendigung der Gesellschaft, es sei denn die Auflösung ist im Gesellschaftsvertrag als Folge vereinbart.. Das freiwillige oder unfreiwillige Ausscheiden eines Gesellschafters führt letztendlich dazu, dass sein Gesellschaftsanteil den übrigen Gesellschaftern anwächst und ein Auseinandersetzungsguthaben zu zahlen ist.

Da die Kündigung keinen Auflösungsgrund für die OHG darstellt, kommt für deren Beendigung ausschließlich der zeitliche Ablauf des Gesellschaftsvertrages, sofern dieser vereinbart wurde, oder ein Auflösungsbeschluss der Gesellschafter in Betracht. § 138 Abs. 1 HGB ordnet die Auflösung der Gesellschaft an, wenn die vereinbarte Zeit abgelaufen ist oder das Insolvenzverfahren über das Vermögen der Gesellschaft eröffnet wurde oder aber die Auflösung durch gerichtliche Entscheidung oder Auflösungsbeschluss gerichtlich erfolgt.

6.2.4. Unterschiede zum österreichischen Gesellschaftsrecht

Das österreichische Gesellschaftsrecht kennt die Offene Gesellschaft (OG). Diese Rechtsform zählt zu den Personengesellschaften und ist eine gesamthandschaftliche Verbindung von Gesellschaftern, die einerseits eine offene Handelsgesellschaft führen, andererseits aber nicht zwingend den Betrieb eines Handelsgewerbes erfordern. Im Gegensatz dazu muss sich die Gesellschaft mit deutscher Rechtsform bei fehlendem Handelsgewerbe zwingend für die Rechtsform der GbR, bei vorhandenem Handelsgewerbe für jene der OHG entscheiden.

6.3. Die Kommanditgesellschaft (KG)

Bei der KG handelt es sich ebenfalls um eine Personenhandelsgesellschaft mit Kaufmannseigenschaft, bei der im Unterschied zur GbR oder OHG jedoch nicht alle Gesellschafter auch mit ihrem Privatvermögen neben dem Gesellschaftsvermögen haften. Gesellschafter der KG sind sowohl der **Komplementär als persönlich haftender Gesellschafter als auch der Kommanditist**, welcher in seiner Haftung auf das Gesellschaftsvermögen bzw. die Höhe seiner Einlage beschränkt ist. Im Einklang damit hat der Kommanditist auch nur ein eingeschränktes Entnahmerecht, sein Gewinnanteil wird gesondert verrechnet und sein Informations- und Kontrollrecht über die Geschäfte der Gesellschaft ist auf den Jahresabschluss und seine Beurteilung sowie ein Auskunftsrecht über die Gesellschaftsangelegenheiten in eigenen Belangen begrenzt. Neben dem für Personenhandelsgesellschaften typischen Handelsgewerbe wird der Gesellschaftstypus der KG auch oft für sogenannte Publikumspersonengesellschaften genutzt, die neben meist einem Komplementär über eine Vielzahl von Kommanditisten verfügen und eine Fondsgesellschaft betreiben.

Die KG ist speziell in den §§ 161 ff. HGB geregelt, wobei daneben ebenfalls die §§ 105 ff. HGB sowie auch die §§ 705 ff. BGB anwendbar sind. § 161 Abs. 2 HGB erklärt ausdrücklich die Vorschriften zur OHG für anwendbar, sofern sich für die KG keine Sonderregelung findet. Insofern werden nachfolgend auch lediglich die Unterschiede zur OHG erläutert und ansonsten auf die dortigen Ausführungen verwiesen. Die KG ist ebenfalls ins Handelsregister einzutragen, wobei zusätzlich die Bezeichnung der Kommanditisten sowie der Betrag von deren Einlage anzumelden sind.

6.3.1. Gründung

Die KG ist in ihrer Gründung formfrei, wobei in der Praxis bereits aus Gründen der unterschiedlichen Regelung für Kommanditist und Komplementär eine Niederschrift des Gesellschaftsvertrages üblich ist. Daneben sind ebenso wie bei der OHG die Vorschriften des § 311 b BGB oder § 15 Abs. 3 GmbHG für die Einbringung von Grundstücken oder GmbH-Anteilen zu beachten.

Da die Gesellschafter von Personengesellschaften bei der Gestaltung ihrer Beitragspflicht grundsätzlich frei sind, diese also nach Höhe und Art der Leistung selbst gestalten können, entsteht ein Widerspruch zum Kommanditisten. Denn wenn die Höhe seiner Haftung auf die Einlage begrenzt ist, muss diese auch klar von Anfang definiert sein. Aus eben diesem Grund ist auch die Einlage der Kommanditisten im Handelsregister eintragungspflichtig, damit so Dritte durch Publizität im Handelsregister die Haftung im Rechtsverkehr einschätzen können.

6.3.1.1. Geschäftsführung und Vertretung

Die Gesellschaft kann nur durch ihre persönlich haftenden Gesellschafter, nicht aber durch ihre Kommanditisten vertreten werden. Die Vereinbarung von **Gesamt- oder Einzelvertretungsbefugnis der Komplementäre** untereinander im Gesellschaftsvertrag ist zulässig. Ebenso sind die Kommanditisten von der Geschäftsführungsbefugnis ausgeschlossen und haben auch kein eigenes Widerspruchsrecht gegen Handlungen der geschäftsführenden Gesellschafter. Eine davon abweichende Vereinbarung im Gesellschaftsvertrag ist bezüglich der Geschäftsführung zulässig. Für die Vertretung der Gesellschaft nach außen hin kann hingegen auch per Gesellschaftsvertrag der Kommanditist nicht bestimmt werden, § 170 HGB.

6.3.1.2. Stimmrechte

Bei der Beschlussfassung der Gesellschafter sind sowohl die Komplementäre als auch die Kommanditisten stimmberechtigt.

6.3.1.3. Gewinn-/Verlustverteilung

Die gesetzliche Regelung zum Gewinn- und Verlustanteil der einzelnen Gesellschafter verweist auf die OHG. Daneben erklärt § 167 HGB bei der Verlustbeteiligung der Kommanditisten die Regelungen der §§ 136 bis 149 HGB in konsequenter Umsatz der ausgeschlossenen persönlichen Haftungfür nicht anwendbar. Im Sinne einer Rechtssicherheit sollte eine Vereinbarung im Gesellschaftsvertrag festgehalten werden.

Dem Kommanditisten kommt eine besondere Rolle bei der Gewinnverteilung zu. Der Gewinn wird seinem Kapitalanteil nur so lange gutgeschrieben, bis der Betrag der von ihm zu leistenden Einlage erreicht ist. Danach ist der darüber hinausgehende **Gewinn gesondert zu halten** und wird in der Regel auf einem Privatkonto erfasst. Auch hier sollte der Gesellschaftsvertrag das Prozedere klar definieren. Oftmals findet sich im Gesellschaftsvertrag auch eine höhere Gewinnverteilung zugunsten der Komplementäre, da diese ihr höheres Haftungsrisiko abgegolten erhalten.

Auch bei der Entnahme sind die Kommanditisten auf ihren Gewinnanteil beschränkt, § 169 HGB.

6.3.1.4. Wettbewerbsverbot

Das Wettbewerbsverbot der Komplementäre ist mit demjenigen der OHG vergleichbar. Ein nachvertragliches Wettbewerbsverbot im Gesellschaftsvertrag empfiehlt sich auch hier. Die Kommanditisten sind vom gesetzlichen Wettbewerbsverbot ausgenommen, wobei sich ein solches jedoch im Einzelfall aus dem allen Gesellschaftern von Personengesellschaften obliegenden Treuegebot herleiten lassen kann. So hat der Bundesgerichtshof in einer Entscheidung ein Wettbewerbsverbot eines Gesellschafters trotz seiner Kommanditistenstellung gesehen, wenn dieser mit hoher

Mehrheit sowohl am Kapital der KG als auch an der Komplementär-GmbH beteiligt ist und sohin die Gesellschaft beherrscht[247].

6.3.2. Übertragung

Bei der Übertragung der Mitgliedschaft an einer KG kann vollumfänglich auf die Ausführungen zur OHG verwiesen werden. Scheidet der Kommanditist aus der Gesellschaft aus, so erhält er seine Einlage sowie den gegebenenfalls erwirtschafteten Gewinnanteil ausgezahlt. Zu beachten ist, dass auch der Kommanditist nach außen hin in der Höhe seiner Einlage für einen Zeitraum von fünf Jahren gegenüber den Gläubigern der Gesellschaft in Anwendung von § 151 Abs. 1 HGB haftet.

6.3.3. Beendigung und Kündigung

Die Kündigung oder der Tod eines Gesellschafters der KG führt nicht zu deren Beendigung. Diese kann ebenso wie bei der OHG ausschließlich durch Auflösungsklage, Gesellschafterbeschluss, Zeitablauf oder Insolvenz herbeigeführt werden. Eine Ausnahme gilt nur dann, wenn der einzige Komplementär der Gesellschaft verstirbt. Dies führt zur Auflösung der Gesellschaft oder aber zur Fortführung durch die Kommanditisten als OHG[248].

6.4. Die GmbH & Co. KG

Die GmbH & Co. KG ist eine KG, deren **einzig haftender Gesellschafter eine GmbH** ist. Eine Besonderheit gilt insofern, als dass die Gesellschafter des einzigen Komplementärs wiederum in ihrer Haftung auf das Gesellschaftsvermögen der GmbH beschränkt sind. Aus diesem Grund haftet keine natürliche Person mit ihrem Privatvermögen. Die GmbH & Co. KG ist sohin eine Mischform aus Personen- und Kapitalgesellschaft. Für die Verbindlichkeiten der GmbH & Co. KG haftet das Gesellschaftsvermögen selbiger, das Gesellschaftsvermögen der GmbH sowie auch die Kommanditisten mit ihrer Einlage, wohingegen für Verbindlichkeiten der GmbH lediglich die GmbH & Co. KG, nicht aber die Kommanditisten mit ihrer Einlage herangezogen werden können.

Die GmbH & Co. KG ist auch die einzige Personengesellschaft, die zumindest de facto von nur einer Person betrieben werden kann, nämlich wenn die Person des Kommanditisten und des Alleingesellschafters der GmbH identisch sind.

Sinn der Gründung einer GmbH & Co. KG ist zumeist die andernfalls in Personengesellschaften kaum zu erreichende weitreichende Haftungsbeschränkung. Denn während die Gesellschafter einer GmbH bereits von Natur aus in ihrer Haftung auf das Gesellschaftsvermögen beschränkt sind, können sich die restlichen Gesellschafter als Kommanditisten ebenfalls auf die Höhe ihrer Einlage berufen. Die Ge-

[247] BGH, Urt. v. 5.12.1983, Az. II ZR 242/82 – NJW 1984, 1351.
[248] BGH, Urt. v. 23.11.1978, Az. II ZR 20/78 – NJW 1979, 1705.

sellschaftsform tritt vielfältig in Erscheinung, etwa als kapitalistische GmbH & Co. KG, als sogenannte Management-GmbH oder als PublikumsGmbH & Co. KG[249].

Der Gesellschaftsvertrag für die GmbH & Co. KG ist an die Formvorschrift des § 15 Abs. 4 GmbHG mit seiner notariellen Beurkundung gebunden.

6.5. Die Gesellschaft mit beschränkter Haftung (GmbH)

Die GmbH ist eine Kapitalgesellschaft mit eigener Rechtspersönlichkeit und als solche geregelt im GmbHG. Sie ist die in Deutschland gängigste Form einer wirtschaftlichen Gesellschaft. Gesellschafter der GmbH können sowohl natürliche als auch juristische Personen sein, beispielsweise also auch eine andere GmbH, eine GbR oder eine Aktiengesellschaft.

6.5.1. Gründung

Die Gründung der GmbH erfolgt zwingend durch notarielle Beurkundung des Gesellschaftsvertrages, auch Satzung genannt. Dabei ist der Mindestinhalt desselben durch § 3 GmbHG vorgegeben und besteht aus der Firma und dem Sitz der Gesellschaft, dem Gegenstand des Unternehmens, dem Betrag des Stammkapitals sowie der Zahl und Nennbeträge der Geschäftsanteile. Die GmbH ist in das Handelsregister einzutragen und besteht mit deren Eintragung[250]. Der Zeitpunkt der Eintragung setzt damit auch die Zeitgrenze für die Haftungsbeschränkung ihrer Gesellschafter auf das Gesellschaftsvermögen. Der Anmeldung an das Handelsregister sind der Gesellschaftsvertrag, die Legitimation der Geschäftsführer, sofern diese nicht im Gesellschaftsvertrag bestellt sind, eine Liste der Gesellschafter sowie diverse Unterlagen bei Sacheinlagen beizufügen. Die Gründungskosten tragen mangels anderweitiger Vereinbarung im Gesellschaftsvertrag die Gesellschafter selbst im Verhältnis der Höhe ihrer Geschäftsanteile. Die Vereinbarung einer Kostentragungspflicht der Gesellschaft ist im Gesellschaftsvertrag möglich.

Daneben sieht § 2 Abs. 1a GmbHG auch eine **Gründung im vereinfachten Verfahren** vor, wenn die Gesellschaft maximal drei Gesellschafter und einen Geschäftsführer hat. Das in der Anlage zum GmbHG befindliche Musterprotokoll ist für die Gründung zu verwenden, vom Gesetz abweichende Bestimmungen dürfen nicht getroffen werden.

Das **Mindeststammkapital** der GmbH beträgt 25.000 EUR, wobei der Betrag bei Gründung der Gesellschaft mindestens zur Hälfte tatsächlich eingezahlt werden muss.

Die Gesellschaft kann beliebig viele Gesellschafter haben, wobei jeder Gesellschaf-

[249] Ausführlich zu den einzelnen Organisationsformen der GmbH & Co. KG: Breithaupt/Ottersbach/Schulze, *Kompendium Gesellschaftsrecht*, D § 5 Rn. 477 ff.

[250] Übersicht zu allen Eintragungsfragen der GmbH: Munzig, *Rechtsprechungsübersicht zum Handels- und Registerrecht (Teil III)* – FGPrax 2011, 265.

ter einen Geschäftsanteil mit einem Nennbetrag in Höhe von mindestens 1 EUR übernehmen muss. Auch eine sogenannte Ein-Personen-GmbH ist zulässig. Der Nennbetrag des Geschäftsanteils des einzelnen Gesellschafters muss bei Gründung mindestens zu einem Viertel eingezahlt werden, sofern keine Sacheinlagen vereinbart sind.

Weiterhin sollte der Gesellschaftsvertrag die Pflichten und Befugnisse der **Organe der Gesellschaft** benennen. Zu diesen gehören die Gesellschafter, die Geschäftsführer, die Gesellschafterversammlung sowie gegebenenfalls der Aufsichtsrat. So können die Geschäftsführer der Gesellschaft entweder allein oder gemeinsam oder auch jeweils mit einem Prokuristen vertretungsbefugt sein. Daneben hat die Gesellschafterversammlung als weiteres wichtiges Organ der Gesellschaft die Grundentscheidungen der Gesellschaft zu treffen. Im Gesellschaftsvertrag sollte der Kompetenzbereich zwischen der Gesellschafterversammlung und den Geschäftsführern im Rahmen des gesetzlich Zulässigen gut abgegrenzt und definiert sein. Zwingend von der Gesellschafterversammlung zu entscheiden sind Satzungsänderungen, die Bestellung, Überwachung und Abberufung der Geschäftsführer, die Erstellung des Jahresabschlusses nebst Verwendung des Ergebnisses sowie auch letztendlich die Auflösung der Gesellschaft.

Bei der Ein-Personen-GmbH ist es wenig sinnvoll, im Gesellschaftsvertrag ausführliche Regelungen über den gebotenen Mindestinhalt des § 3 GmbHG hinaus zu treffen, da der Gesellschafter allein über die Geschäftsführung und Vertretung entscheidet. Dies gilt insbesondere dann, wenn der einzige Gesellschafter auch Geschäftsführer der GmbH ist. Sofern die GmbH allerdings mehr als einen Gesellschafter hat, wird der Gesellschaftsvertrag eine Vielzahl von Regelungen enthalten, die nachfolgend skizziert werden.

6.5.1.1. Gegenstand des Unternehmens und Gesellschaftszweck

Der Gegenstand des Unternehmens gehört zur Pflichtangabe im Gesellschaftsvertrag, § 3 Abs. 1 Nr. 2 GmbHG. Konkrete Vorgaben zum Inhalt desselben macht das Gesetz nicht. Der Gesellschaftsgegenstand sollte zum einen möglichst weit formuliert werden, um alle künftigen Tätigkeiten der Gesellschaft zu umfassen, darf aber auch nicht derart unbestimmt sein, dass die **Aussagekraft** verloren geht. Da später einmal die GmbH durch die Klage eines Gesellschafters gemäß § 61 GmbHG durch Urteil aufgelöst werden kann, wenn die Erreichung des Gesellschaftszwecks unmöglich geworden ist, handelt es sich bei der Formulierung um eine nicht ganz unbedeutende Inhaltsangabe. Auch spielt die Angabe bei der späteren Beurteilung der Grenzen des Wettbewerbsverbotes der Gesellschafter eine Rolle.

Der Gesellschaftszweck ist die zugehörige Zielsetzung und sollte mit dem Gegenstand des Unternehmens harmonierend definiert werden. Seine Angabe ist optional und wichtig für das Ausmaß der späteren Treuepflicht der Gesellschafter gegenüber der Gesellschaft.

6.5.1.2. Name und Sitz

Die Bezeichnung der Firma und der Sitz der GmbH gehören zum zwingenden Inhalt gemäß § 3 Abs. 1 Nr. 1 GmbHG. Der Firmenname muss grundsätzlich **Kennzeichnungskraft** besitzen und darf nicht zur Irreführung geeignet sein. Bei Bedenken über die Namensgebung kann eine einfache Anfrage bei der zuständigen Industrie- und Handelskammer hilfreich sein. Der Name der Gesellschaft muss zwingend den Zusatz *„Gesellschaft mit beschränkter Haftung"* oder kurz *„GmbH"* führen, um im Rechtsverkehr die Haftungsbeschränkung sichtbar zu machen.

Der Sitz der GmbH muss nicht zwangsläufig mit dem Zentrum ihrer wirtschaftlichen Betätigung oder der Verwaltung der Gesellschaft übereinstimmen. Die Gesellschaft ist in ihrer Wahl frei, der Sitz muss lediglich ein Ort im Inland sein. Ähnlich, aber nicht ganz frei regelt § 5 Abs. 2 öGmbHG, dass der Sitz am Ort der Geschäftsleitung bzw. der Verwaltung zu bestimmen ist, davon aber aus wichtigem Grund abgewichen werden kann.

Der Sitz hat Bedeutung für die Zuständigkeit des Registergerichtes und begründet auch den allgemeinen Gerichtsstand der Gesellschaft, sohin den Ort, an dem die Gesellschaft verklagt werden kann. Insofern sollte der Sitz, wenn er vom Verwaltungssitz des Unternehmens abweicht, unter diesem Gesichtspunkt im Gesellschaftsvertrag mit Bedacht gewählt werden.

6.5.1.3. Stammkapital

Das Stammkapital der GmbH beträgt mindestens **25.000 EUR** und ist ebenfalls Pflichtangabe im Gesellschaftsvertrag. Die Höhe des Stammkapitals ist damit gehöher als das in Österreich geforderte Mindeststammkapital von 10.000 EUR, § 6 Abs. 1 öGmbHG. Ebenso unterscheidet sich die Mindesthöhe der Stammeinlage des einzelnen Gesellschafters, der in der deutschen GmbH 1 EUR und in der österreichischen GmbH 70 EUR beträgt.

Das Stammkapital untergliedert sich in die verschiedenen Geschäftsanteile der Gesellschafter, die nach Gesellschaftern geordnet im Gesellschaftsvertrag aufzuführen sind. Dabei entspricht der **Terminus des Nennbetrages** eines Geschäftsanteils demjenigen der Stammeinlage im österreichischen Gesellschaftsrecht. Die Übernahme von mehreren Geschäftsanteilen erklärt das deutsche GmbH-Recht in § 5 Abs. Abs. 2 GmbHG ausdrücklich für möglich, wohingegen § 6 Abs. 3 öGmbH zumindest bei der Errichtung der GmbH mehrere Stammeinlagen zugunsten eines Gesellschafters nicht zulässt.

Der Nennbetrag des Geschäftsanteils kann für jeden Gesellschafter verschieden vereinbart werden, er muss allerdings auf volle Euro lauten. Die Summe der Geschäftsanteile aller Gesellschafter ergibt letztendlich das Stammkapital der Gesellschaft. Üblich ist mittlerweile eine Praxis, bei der im Gesellschaftervertrag ausschließlich Geschäftsanteile zu je 1 EUR ausgegeben werden. Jeder Gesellschafter erwirbt sodann eine entsprechende Anzahl der Geschäftsanteile. Dies hat den Vorteil, dass bei einer späteren teilweisen Übertragung oder gar Einziehung der Geschäftsanteile keine Probleme entstehen.

Bei der Anmeldung der Gesellschaft zum Handelsregister ist von den Geschäftsführern zu versichern, dass jeder Geschäftsanteil zu mindestens einem Viertel des Nennbetrages und das Mindeststammkapital insgesamt zur Hälfte geleistet wurden und der Gesellschaft zur freien Verfügung stehen, § 7 Abs. 2 GmbHG.

6.5.1.4. Geschäftsführung und Vertretung

Der Gesellschafter der GmbH kann selbst Geschäftsführer sein. Anders als bei der Personengesellschaft kann aber auch ein **unternehmensfremder Dritter** bestellt werden. Er ist zur Geschäftsführung und zur Vertretung der Gesellschaft nach außen hin befugt.

Die Bestellung der oder des Geschäftsführers im Gesellschaftsvertrag ist nicht zu empfehlen, obwohl dadurch der weitere Legitimationsnachweis bei der Anmeldung zum Handelsregister vermieden werden kann. Die Bestellung in der Satzung selbst führt dazu, dass jede Änderung dieser Geschäftsführung später als Satzungsänderung gilt. Sie ist in Folge dessen notariell zu beurkunden und erfordert eine 3/4-Mehrheit im Gesellschafterbeschluss, § 53 GmbHG. Häufig erfolgt in der Praxis daher die Bestellung des Geschäftsführers auch bei der Gründung gesondert durch Gesellschafterbeschluss.

Die Bestellung und auch Abberufung eines Geschäftsführers bedarf eines **Gesellschafterbeschlusses mit einfacher Mehrheit**, § 46 Nr. 5 GmbHG[251]. Häufig findet sich im Gesellschaftsvertrag auch ein Benennungsrecht einzelner Gesellschafter für einen jeweils von ihnen vorgeschlagenen Geschäftsführer.

Findet sich im Gesellschaftsvertrag keine Regelung, so schreibt § 35 Abs. 1 GmbHG eine gemeinsame Vertretung der Gesellschaft durch sämtliche Geschäftsführer vor. Es empfiehlt sich daher jedenfalls für den Fall, dass die Gesellschaft mehr als zwei Geschäftsführer hat, eine abweichende Regelung zu treffen, um die **Manövrierfähigkeit** der Gesellschaft zu erhalten. Auch wenn erst künftig weitere Geschäftsführer hinzukommen, ist bereits bei der Gründung eine entsprechende Regelung ratsam, um später eine Satzungsänderung zu vermeiden. Zumeist definiert der Gesellschaftsvertrag die Vertretungsbefugnisse der Geschäftsführer abweichend von den gesetzlichen Vorgaben des GmbHG, erteilt Einzelvertretungsbefugnis oder Gesamtvertretungsbefugnis in der Regel mit einem weiteren Geschäftsführer oder einem Prokuristen gemeinsam. Auch wird der Geschäftsführer in der Regel von der

[251] Zur Änderung des Geschäftsführerdienstvertrages nach Abberufung des Geschäftsführers: BGH, Urt. v. 3.7.2018, Az. II ZR 452/17 – NZG 2018, 1073.

Beschränkung des § 181 BGB und sohin vom Verbot der Insichgeschäfte befreit werden[252].

Die Gesellschaft muss mindestens einen Geschäftsführer haben. Will ein Geschäftsführer der GmbH seine Funktion niederlegen, so muss ein gern übersehener Unterschied zwischen dem österreichischen und dem deutschen GmbHRecht beachtet werden. Das deutsche GmbHG sieht zwingend jede Änderung und auch Löschung in der Person des Geschäftsführers durch ein zum Anmeldezeitpunkt vertretungsberechtigtes Organ der Gesellschaft vor. Dies gilt auch dann, wenn die Gesellschaft nur einen Geschäftsführer hat. Legt der Geschäftsführer sohin sein Amt mit sofortiger Wirkung nieder, kann er nicht mehr selbst für die Eintragung im Handelsregister sorgen[253].

Gemäß § 46 GmbH sind **gesellschaftswesentliche Geschäfte** den Gesellschaftern vorbehalten und können nicht von den Geschäftsführern ausgeübt werden. Eines Gesellschafterbeschlusses bedarf es insbesondere für die Feststellung des Jahresabschlusses und die Verwendung des Gewinns, die Einforderung von Einlagen, die Teilung, Zusammenlegung und Einziehung von Geschäftsanteilen und die Bestellung und Abberufung von Geschäftsführern sowie deren Überwachung. Der Gesellschaftsvertrag kann diesen Kreis erweitern.

6.5.1.5. Stimmrechte

Die Beschlussfassung in der Gesellschaft erfolgt in der Regel mittels **Gesellschafterversammlung**, welche auch fernmündlich oder mittels Videokommunikation abgehalten werden kann, wenn sämtliche Gesellschafter sich damit in Textform einverstanden erklären, § 48 Abs. 1 S. 2 GmbHG. Alternativ ist auch ein Umlaufbeschluss in der Praxis verbreitet, bei welchem die Gesellschafter auf die Einberufung der Gesellschafterversammlung und deren Formerfordernisse verzichten. § 48 Abs. 2 GmbHG schreibt dann die Abfassung des Beschlusses in Textform vor. Verweigert allerdings auch nur ein Gesellschafter seine Zustimmung, muss zwingend der Beschluss in einer förmlichen Gesellschafterversammlung gefasst werden. Hat die Gesellschaft nur einen Gesellschafter, stellt sich die Frage der Stimmrechte insofern nicht. Der Alleingesellschafter ist jedoch verpflichtet, über die Beschlussfassung eine Niederschrift unverzüglich anzufertigen und zu unterschreiben.

Mangels Regelung im Gesellschaftsvertrag erfolgt die **Beschlussfassung** der Gesellschafter durch einfache Mehrheit. Für einzelne Geschäfte ist die qualifizierte 3/4-Mehrheit vorbehalten, so für die Änderung des Gesellschaftsvertrages gemäß § 53 Abs. 2 GmbHG, die Erhöhung oder Herabsetzung des Stammkapitals oder die Auflösung der Gesellschaft gemäß § 60 Abs. 1 GmbHG. Bei der von Gesetzes wegen vorgesehenen qualifizierten Mehrheit darf auch die Bestimmung im Gesellschaftsvertrag nicht auf eine geringere Quote abweichen. In der Regel sieht der Ge-

[252] Fröhler, § *181 BGB in der notariellen Praxis*, BWNotZ 2006, 97.
[253] OLG Bamberg, Beschl. v. 26.6.2012, Az. 1 W 29/12 – NZG 2012, 1106.

sellschaftsvertrag eine Mehrheitsentscheidung auch dann vor, wenn Darlehen von bestimmter Größe aufgenommen werden oder der Erwerb von Grundstücken im Raum steht. Der Katalog hierzu kann beliebig ausgedehnt werden.

Die Verteilung der Stimmrechte regelt § 47 GmbHG und bestimmt, dass jeder Euro eines Geschäftsanteils eine Stimme gewährt. Das **Stimmgewicht** eines Gesellschafters richtet sich sohin nach der Höhe seines Geschäftsanteils. Der Gesellschaftervertrag kann allerdings eine abweichende Stimmverteilung bestimmen, etwa die Stimmgewichtung eines jeden Gesellschafters gesondert festlegen. Eine Eintragungspflicht in das Transparenzregister kann hierdurch ausgelöst werden[254].

6.5.1.6. Gewinn-/Verlustverteilung

Regelungen zur Gewinn- und Verlustverteilung finden sich im Gesellschaftervertrag oftmals nur rudimentär. § 29 GmbH regelt die Ergebnisverwendung und legt eine **Verteilung nach dem Verhältnis der Geschäftsanteile** zugrunde. Weiterhin sieht er einen Anspruch der Gesellschafter auf den Jahresüberschuss vor. Gleichzeitig besteht auch die Möglichkeit Gewinnrücklagen zu bilden oder den Gewinn vorzutragen. Die Geschäftsführer sind verpflichtet, den Jahresabschluss mit Bilanz und Gewinn- und Verlustrechnung sowie den Lagebericht den Gesellschaftern zur Feststellung vorzulegen. Diese beschließen sodann über dessen Feststellung sowie die Verwendung des Ergebnisses.

6.5.1.7. Verfügung über Geschäftsanteile

Auch bei der GmbH sind die Gesellschafter zumeist darauf bedacht, dass die Mitgesellschafter nicht ohne Zustimmung über ihren Geschäftsanteil verfügen können und so kein möglicherweise unliebsamer neuer Gesellschafter in die GmbH eintritt. Oftmals findet sich daher eine Regelung im Gesellschaftsvertrag, dass die Verfügung der Geschäftsanteile, ebenso wie die Verpfändung und Belastung, der **Zustimmung der** übrigen **Gesellschafter** bedarf. § 15 Abs. 5 GmbHG sieht diese Möglichkeit im Gesellschaftsvertrag ausdrücklich vor. Gleichzeitig muss bei derartigen Klauseln ein Gleichgewicht geschaffen werden, beispielsweise durch ein Vorerwerbsrecht der übrigen Gesellschafter. Dieses kann als Vorerwerbsrecht oder auch Vorkaufsrecht vereinbart werden, bei dem der veräußerungswillige Gesellschafter entweder seinen Veräußerungswillen oder sogar das bereits abgeschlossene Verfügungsgeschäft mit dem Erwerber den übrigen Gesellschaftern zur Kenntnis geben muss und diese binnen Frist erklären können, den Anteil zu denselben Konditionen zu erwerben. Derartige Klauseln sind oftmals umfangreich und regeln genau die Abfolge von Angebot und Annahme.

[254] Schaub, *Stimmbindungsvereinbarung im neuen Transparenzregister*, DStR 2018, 871.

6.5.1.8. Einziehung von Geschäftsanteilen

Die Einziehung von Geschäftsanteilen ist eine Besonderheit des deutschen GmbH-Rechts, bei der die Gesellschaft selbst Geschäftsanteile halten kann. Sie ist geregelt in § 34 GmbHG und **nur dann zulässig, wenn sie im Gesellschaftsvertrag zugelassen ist**. Mit dem Einziehungsbeschluss der Gesellschafter geht eine Kapitalherabsetzung oder eine Aufstockung der vorhandenen Geschäftsanteile oder die Neubildung der untergegangenen Geschäftsanteile und deren Übernahme durch die Gesellschaft einher. Der Einziehungsbeschluss ist sofort wirksam, sodass der Gesellschafter im Zweifel unabhängig von der tatsächlichen Zahlung des Einziehungsentgeltes ausscheidet[255]. Vorsicht ist bei der Einziehung mit Blick auf die Vermögenslage der GmbH geboten. Der Bundesgerichtshof hat seine Rechtsprechung dahingehend bestätigt, als dass die Einziehung nichtig ist, wenn das Einziehungsentgelt durch das freie Vermögen der Gesellschaft nicht gedeckt werden kann[256].

Die Einziehung kann einen Ausgleich dazu bilden, dass ein Gesellschafter keine Zustimmung zur Veräußerung seiner Anteile erhält. Ergänzend finden sich Klauseln, die die Einziehung auch gegen den Willen des Gesellschafters für möglich erklären bei Vorliegen eines wichtigen Grundes oder wenn der Geschäftsanteil gepfändet wird oder über das Vermögen des Gesellschafters das Insolvenzverfahren eröffnet wird. Die Einziehung kann auch durch ein Abtretungsverlangen an die verbleibenden Gesellschafter ersetzt werden.

In Fall der Einziehung kommt es nicht zur Enteignung. Vielmehr erhält der ausscheidende Gesellschafter eine angemessene Abfindung, die ebenfalls im Gesellschaftsvertrag bereits definiert sein sollte.

6.5.1.9. Wettbewerbsverbot

Im Gegensatz zu den Personengesellschaften kennt das GmbHG selbst keine Regelung zum Wettbewerbsverbot. Allerdings kann sich aus der **Treuepflicht** der einzelnen Gesellschafter gegenüber der GmbH heraus im Einzelfall ein Wettbewerbsverbot sehr wohl ergeben. Im Gesellschaftsvertrag empfiehlt sich daher die Aufnahme einer entsprechenden Klausel, ob und vor allem wie lange ein Wettbewerbsverbot der Gesellschafter besteht. Das Wettbewerbsverbot muss angemessen sein, zumal in der Rechtsprechung besagte Klauseln bereits für nichtig oder einschränkend auslegbar erklärt wurden, wenn sie ein schützenswertes Interesse der Gesellschaft übersteigen.

6.5.1.10. Dauer und Beendigung

Ist im Gesellschaftsbetrag nichts bestimmt, so gilt diese als auf unbestimmte Zeit geschlossen. Sofern eine zeitliche Beschränkung der Dauer der Gesellschaft gewollt

[255] Heckschen, *Aktuelle Entwicklungstendenzen des Gesellschaftsrechts (Teil 1)*, GWR 2020, 63.
[256] BGH, Urt. v. 26.6.2018, Az. II ZR 65/16 – DStR 2018, 1827.

wird, ist diese zwingend im Gesellschaftsvertrag zu benennen, § 3 Abs. 2 GmbHG. Eine Befristung werden die Gesellschafter beispielsweise dann vereinbaren, wenn die GmbH ausschließlich für die Durchführung eines bestimmten Projektes gegründet wurde. Mit Ablauf der Zeit kommt es sodann automatisch zur Auflösung der Gesellschaft, § 60 Abs. 1 Nr. 1 GmbHG.

6.5.2. Die Treuhandschaft

Sowohl der Gesellschaftsvertrag als auch die zugehörige Liste der Gesellschafter sind für jedermann öffentlich im Handelsregister einsehbar. Sohin besteht zuweilen das Bedürfnis aus vielfältigen Motivationen heraus, nicht nach außen hin als Gesellschafter einer Gesellschaft aufzutreten. In der Praxis wird ein Gesellschaftsanteil an der GmbH gelegentlich sodann treuhändisch für einen Dritten gehalten. Dem liegt ein Treuhandvertrag zugrunde, der den Treugeber **im Hintergrund als wirtschaftlich Berechtigten** festlegt und dem Treuhänder Pflichten bei der Ausübung seiner gesellschaftlichen Rechte auferlegt. So kann der Treuhänder etwa sein Stimmrecht nur im Sinne des Treugebers ausüben. Auch die Treuhandschaft mit einem Mitgesellschafter ist möglich, denn ein Gesellschafter kann selbst bei der Gründung mehrere Gesellschaftsanteile halten.

Beachtet werden muss für den Fall der Treuhandschaft die Eintragungspflicht in das Transparenzregister für alle juristischen Personen des Privatrechts, § 20 Geldwäschegesetz (GwG). Die Regelung geht auf die Geldwäsche-Richtlinie[257] zurück und wurde nochmals durch die Finanzinformationsrichtlinie 2021[258] verschäft. Sie wurden in Österreich ebenso mit dem Wirtschaftliche Eigentümer Registergesetz (WiEReG) umgesetzt. Die Verpflichtung zur Eintragung entsteht gemäß § 3 GwG für unmittelbar oder mittelbar berechtigte natürliche Personen mit einer wirtschaftlichen Beteiligung von mehr als 25 %.

Das GmbHG beinhaltet zur Treuhänderschaft von Gesellschaftsanteilen keine Regelung. Diese ist sohin grundsätzlich zulässig und abhängig vom Gesellschaftsvertrag, der Bestimmungen zur Zulässigkeit enthalten und diese insbesondere unter den Vorbehalt der Zustimmung der Gesellschafterversammlung oder der übrigen Gesellschafter stellen kann.

6.5.3. Übertragung

Grundsätzlich sind die Geschäftsanteile gemäß § 15 Abs. 1 GmbHG **veräußerlich und vererblich**. Einschränkungen können im Gesellschaftsvertrag vereinbart werden. Will ein Gesellschafter seinen Geschäftsanteil an einen Dritten oder auch an andere Gesellschafter übertragen, so bedarf es hierzu eines Abtretungsvertrages in notarieller Form. Der Kauf von Geschäftsanteilen wird als *„share deal“* bezeichnet,

[257] Richtlinie (EG) 2018/843 des Europäischen Parlaments und des Rates vom 30.5.2018.
[258] Richtlinie (EG) 2019/1153 des Europäischen Parlaments und des Rates vom 20.06.2019.

auf den nach ständiger Rechtsprechung des Bundesgerichtshofes die Vorschrift des Rechtskaufs gemäß § 453 Abs. 1 Alt. 1 BGB zur Anwendung kommt[259].

Erfolgt die Aufnahme eines neuen Gesellschafters, ohne dass dieser einen bereits bestehenden Geschäftsanteil übernimmt, so bedarf es der Schaffung eines neuen Geschäftsanteils und der Erhöhung des Stammkapitals der Gesellschaft. Eine Kapitalerhöhung findet sohin statt.

Die Änderung eines Gesellschafters erfolgt im Handelsregister durch Einreichung einer aktualisierten Gesellschafterliste. Da die Gesellschafterliste eine Legitimationswirkung nach außen hin entfaltet, ist eine zügige Einreichung ratsam[260]. Daneben bedarf es der unverzüglichen Anzeige der Abtretung des Geschäftsanteils.

Im Einzelfall kann auch der Abschluss eines **Optionsvertrages** sinnvoll sein, den § 15 Abs. 4 GmbHG ausdrücklich für zulässig erklärt. Dabei handelt es sich um ein einseitiges Versprechen, GmbH-Anteile entweder zu erwerben (Call-Option) oder zu veräußern (Put-Option). Auch der Optionsvertrag bedarf der notariellen Beurkundung, da er die zumindest einseitige Verpflichtung zur Verfügung über einen Geschäftsanteil enthält. Er muss hinreichend bestimmt sein und jedenfalls den für die Abtretung zu zahlenden Preis festlegen. Die Annahme des Optionsberechtigten bedarf dann vonseiten des Optionsgebers keiner weiteren Schritte und kann ohne dessen Zustimmung erfolgen. Meist sieht der Optionsvertrag für die Annahme eine gewisse zeitlich begrenzte Frist vor.

6.5.4. Beendigung

Das freiwillige oder unfreiwillige Ausscheiden eines Gesellschafters führt nicht zur Beendigung der Gesellschaft[261]. Die GmbH endet entweder durch Zeitablauf oder durch einen Auflösungsbeschluss der Gesellschafter. Dieser ist gemäß § 60 GmbHG mit einer 3/4-Mehrheit zu beschließen. Daneben ist auch die Auflösung durch **Auflösungsklage** möglich, wenn durch einen Gesellschafter die Unmöglichkeit der Erreichung des Gesellschaftszwecks oder ein anderer wichtiger Grund geltend gemacht wird. Die gerichtliche Auflösung können nur Gesellschafter begehren, deren Geschäftsanteile insgesamt mindestens 10 % des Stammkapitals betragen.

Die Gesellschaft erhält sodann **Liquidatoren**, die in der Regel die zuvor amtierenden Geschäftsführer sein werden. Sie melden die Auflösung der Gesellschaft zum Handelsregister an und machen diese in Gesellschaftsblättern bekannt verbunden mit der Aufforderung an die Gläubiger, sich bei der Gesellschaft zu melden. Die Liquidatoren werden in der Folge die laufenden Geschäfte beenden, Forderungen einziehen bzw. bezahlen und sodann das Gesellschaftsvermögen zwischen den Gesellschaftern im Verhältnis ihrer Geschäftsanteile aufteilen.

---

259 Zur Mängelgewährleistung beim Rechtskauf von GmbH-Anteilen: BGH, Urt. v. 26.9.2018, Az. VIII ZR 187/17 – NJW 2019, 145.

260 BGH, Urt. v. 20.11.2018, Az. II ZR 12/17 – NJW 2019, 993.

261 Stefanink/Punte, Der Ausschluss eines Gesellschafters aus der GmbH, GWR 2018, 403.

6.6. Die Mini-GmbH (1-EURO-GmbH)

Mit der Einführung des MoMiG hat der Gesetzgeber in § 5a GmbHG die Möglichkeit geschaffen, eine GmbH mit der für ihre Gesellschafter geltenden Haftungsbeschränkung auch ohne das erforderliche Mindeststammkapital zu gründen. Der Name der 1-EURO-GmbH hat sich etabliert, weil der Nennbetrag eines Geschäftsanteils mindestens 1 EUR betragen muss und sohin auch das Stammkapital diesen Betrag nicht unterschreiten kann.

Das im Gesellschaftsvertrag festgelegte Stammkapital von mindestens 1 EUR muss in voller Höhe eingezahlt werden und darf nicht durch Sacheinlagen erbracht werden. Weiterhin besteht in gewissem Umfang eine **Thesaurierungspflicht**, bis das gesetzliche Stammkapital der GmbH in Höhe von 25.000 EUR erreicht worden ist. § 5a Abs. 3 GmbH gibt vor, dass in der Bilanz eine gesetzliche Rücklage in der Höhe von einem Viertel des um den Verlustvortrag aus dem Vorjahr geminderten Jahresüberschusses zu bilden ist. Eine gewinnbringende UG wird sohin mit der Zeit immer zu einer GmbH werden, ohne dass es hierfür einer Umwandlung nach dem UmwG bedarf[262].

Die Gesellschaft firmiert bis zur Erreichung des gesetzlichen Mindeststammkapitals nicht mit dem Rechtsformzusatz *„GmbH"*, sondern als *„Unternehmergesellschaft (haftungsbeschränkt"* oder schlicht *„UG"*. Danach kann die Firma durch Gesellschafterbeschluss ihren Rechtsformzusatz ändern.

Eine ähnliche, wenn auch strengere Form des geminderten Stammkapitals kannte das österreichische GmbHG mit dem dort normierten sogenannten Gründungsprivileg und der auf 10.000 EUR geminderten Stammeinlage. Mit der Herabsetzung des Mindeststammkapitals auf 10.000 EUR zum 01.01.2024 ist diese Regelung hinfällig geworden.

6.7. Die Aktiengesellschaft (AG)

Die AG ist ebenfalls Kapitalgesellschaft, allerdings ohne festen Gesellschafterstamm. Einschlägige Regelungen finden sich im AktG. Neben der börsennotierten AG ist auch die sogenannte *„kleine AG"* zulässig, die nicht an der Börse notiert ist und nur über einen kleinen Kreis an Aktionären verfügt. Auch eine Ein-Mann-AG ist zulässig. Die AG wird im Außenverhältnis durch ihren Vorstand, dieser wiederum durch den Vorstandsvorsitzenden vertreten. Weitere Organe der AG sind der Aufsichtsrat in seiner Kontrollfunktion sowie die Hauptversammlung als Sprachorgan der Aktionäre. Für einzelne Wirtschaftszweige ist die Gesellschaftsform der AG zwingend vorgeschrieben, so beispielsweise für die Versicherungsunternehmen gemäß § 8 Abs. 2 VAG. Die für die AG relevanten Verträge sind vielschichtig und können hier nicht umfassend dargestellt werden[263].

---

262 Lange, *Wenn die UG erwachsen werden soll – „Umwandlung" in die GmbH*, NJW 2010, 3686.

263 Übersichtlich dargestellt in: Breithaupt/Ottersbach/Gabrysch, *Kompendium Gesellschaftsrecht*, E § 3.

6.8. Der Joint-Venture-Vertrag

Beim Joint-Venture-Vertrag beschließen mindestens zwei voneinander unabhängige Gesellschaften eine meist projektbezogene Kooperation und Zusammenarbeit. Joint-Venture-Verträge werden aber auch als Mittel neben der GmbHGründung und den Regelungen des Gesellschaftsvertrages genutzt, um die Publizität der Satzung einer Gesellschaft auf das Notwendige zu beschränken und weitere Vereinbarungen der Gesellschafter untereinander ohne Veröffentlichung im Handelsregister zu treffen. Der Inhalt des Joint-Venture-Vertrages ist komplex und erfährt dabei viele unterschiedliche Ausprägungen von Kooperationen[264].

[264] Ausführlich mit vielen Praxishinweisen: Fett/Spiering, *Handbuch Joint-Venture*.

7. Arbeitsvertrag

Regelungen zum Arbeitsvertragsrecht finden sich in den §§ 611 ff. BGB, in den allgemeinen arbeitsrechtlichen Grundsätzen der §§ 105 bis 110 Gewerbeordnung (GewO) und auch in diversen weiteren Gesetzen, wie dem Arbeitszeitgesetz (ArbZG), dem Bundesurlaubsgesetz (BUrlG), dem Allgemeinen Gleichbehandlungsgesetz (AGG) oder auch dem Kündigungsschutzgesetz (KSchG). Zusätzlich ist gegebenenfalls branchenabhängig auch der Tarifvertrag zu beachten.

7.1. Die Erstellung des Arbeitsvertrags

Der Arbeitsvertrag ist ein Dienstvertrag und regelt in § 611a BGB die Rechte und Pflichten des Arbeitgebers und des Arbeitnehmers. Darin verpflichtet sich der Arbeitnehmer zur Erbringung der Arbeitsleistung und der Arbeitgeber zur Zahlung des Arbeitsentgeltes. Der Arbeitsvertrag begründet ein Dauerschuldverhältnis, bei dem die Arbeitsleistung vom Arbeitnehmer persönlich zu erbringen ist. Der Abschluss des unbefristeten Arbeitsvertrages ist grundsätzlich formfrei, wobei Tarifbestimmungen eine Sonderregelung enthalten können.

7.1.1. Die Hauptleistungspflichten des Arbeitnehmers

Der Arbeitnehmer steht zum Arbeitgeber in einem **weisungsgebundenen, persönlichen und unselbstständigen Arbeitsverhältnis**. Die Aufgaben des Arbeitnehmers sollten im Arbeitsvertrag konkret geregelt werden. Eine genaue Definition der vom Arbeitnehmer auszuführenden Arbeiten ist für beide Seiten von Vorteil, denn der Arbeitnehmer weiß so um seine Leistungspflicht und wird seine Arbeitskraft gezielt einsetzen und der Arbeitgeber kann die Arbeitsleistung des Arbeitnehmers besser einschätzen und Fehlleistungen abgrenzen.

7.1.2. Das Entgelt

Der Arbeitgeber ist verpflichtet, dem Arbeitnehmer ein Entgelt zu zahlen. Diese Vergütung wird im Arbeitsvertrag als Bruttovergütung monatlich oder als Stundenlohn angegeben. Zum 01.01.2015 wurde in Deutschland der **gesetzliche Mindestlohn**[265] mit dem Mindestlohngesetz (MiLoG) eingeführt. Dieser beträgt mindestens 12,00 EUR brutto pro Zeitstunde und kann nur in einigen wenigen branchenspezifischen Tarifverträgen nach unten abweichen.

Das vereinbarte Arbeitsentgelt ist rechtzeitig **zum Ende des Monats** zu zahlen, der Arbeitnehmer muss sohin mit seiner Arbeit in Vorleistung gehen, § 614 BGB. Eine darüberhinausgehende Vereinbarung über eine spätere Zahlung muss für den Arbeitnehmer zumutbar bzw. durch schützenswerte Interessen des Arbeitgebers

[265] Stenslik, *Aktuelle Entwicklungen zum gesetzlichen Mindestlohn*, DStR 2019, 336.

gerechtfertigt sein. Die Rechtsprechung hat eine arbeitsvertragliche Klausel, die die Zahlung des Arbeitsentgeltes zum 20. des Folgemonats festlegen wollte, als unwirksam erachtet[266]. Daneben muss der Arbeitgeber die Lohnsteuer sowie die Sozialversicherungsbeiträge direkt an die jeweiligen Leistungsträger abführen.

Die in Österreich selbstverständliche Zahlung eines 13. und meist auch 14. Monatsgehaltes ist in Deutschland nicht derart weit verbreitet und abgesehen von einzelnen Regelungen in Tarifverträgen auch nicht zwingend. Ein sogenanntes **13. Monatsgehalt** kann vereinbart werden und ist dann eine freiwillige Zusatzleistung des Arbeitgebers. Haben die Parteien eine solche Vergütungsvereinbarung getroffen, erwirbt der Arbeitnehmer mit jedem Monat des laufenden Jahres einen entsprechenden Anteil des 13. Monatsgehaltes. Mit Ablauf des Jahres werden sodann die Leistungen der Vergangenheit vom Arbeitgeber abgegolten.

Will der Arbeitgeber zusätzliche Leistungen gewähren, wie beispielsweise ein **Urlaubs- oder ein Weihnachtsgeld**, so muss er darauf achten, ob er mit derartigen Sonderzahlungen einen grundsätzlichen Rechtsanspruch des Arbeitnehmers für die Zukunft schaffen möchte. In der Praxis werden solche Zusatzzahlungen oftmals abhängig vom Betriebsergebnis geleistet und sollen für die Zukunft freiwillig bleiben. Es bedarf dann einer besonderen Vereinbarung dieses Freiwilligkeitsvorbehaltes, für die ein entsprechender Hinweis im Arbeitsvertrag ausreicht[267]. Der Arbeitgeber muss weiterhin deutlich machen, dass er die Sonderzahlung für einen konkreten Zeitraum in der Vergangenheit erbringen möchte. Fehlt es an einem wirksamen Freiwilligkeitsvorbehalt, so schafft der Arbeitgeber bereits durch eine einmalige Zahlung einen Rechtsanspruch für den Arbeitnehmer, dass sich diese Zahlung auch in Zukunft wiederholen wird.

§ 108 GewO bestimmt die **Verpflichtung zur Gehaltsabrechnung**, indem der Arbeitgeber eine Abrechnung über das Arbeitsentgelt in Textform zu erteilen hat, aus der sich der Abrechnungszeitraum und die Zusammensetzung des Arbeitsentgeltes ergibt. Diese Gehaltsabrechnung muss nur dann nicht wiederholt werden, wenn und solange sich die Angaben bei den darauffolgenden Abrechnungen nicht geändert haben.

Der Arbeitgeber wird in § 612 Abs. 1 BGB verpflichtet, die vom Arbeitnehmer geleistete **Mehrarbeit** jedenfalls dann zu vergüten, wenn diese nach den Umständen nur gegen eine Vergütung zu erwarten war. Dies ist regelmäßig dann der Fall, wenn der Arbeitnehmer kein deutlich herausgehobenes Entgelt bezieht. Eine Klausel in den Allgemeinen Geschäftsbedingungen des Arbeitgebers mit dem Inhalt, dass für Über- und Mehrarbeit keine weitergehende Vergütung geleistet wird, wurde vom Bundesarbeitsgericht jedenfalls für intransparent und damit für unwirksam erachtet,

---

[266] LAG Stuttgart, Urt. v. 9.10.2017, Az. 4 Sa 8/17 – GWR 2017, 440.

[267] BAG, Urt. v. 30.7.2008, Az. 10 AZR 606/07 – NZA 2008, 1173; anders allerdings bei Festlegung der Höhe nach im Arbeitsvertrag: BAG, Urt. v. 20.2.2013, Az. 10 AZR 177/12 – NJW 2013, 2844.

da daraus weder Umfang noch Anlass der Mehrarbeit für den Arbeitnehmer erkennbar waren[268].

7.1.3. Die Probezeit

Wird das Arbeitsverhältnis auf unbestimmte Zeit geschlossen, so können die Vertragsparteien eine Probezeit gemäß § 622 Abs. 3 BGB vereinbaren. Die Probezeit dient beiden Seiten zum Kennenlernen. Der Arbeitnehmer soll sich in seine Aufgaben und die neue Umgebung einarbeiten und prüfen, ob ihm diese für eine dauerhafte Tätigkeit zusagen. Dem Arbeitgeber wird in dieser Zeit ebenfalls die Möglichkeit eingeräumt, seinen neuen Mitarbeiter kennenzulernen und seine Eignung einschätzen zu können. Die Probezeit ist begrenzt bis **maximal sechs Monate** möglich. Während dieser Probezeit können beide Parteien das Arbeitsverhältnis unter Einhaltung einer Kündigungsfrist von zwei Wochen kündigen, ohne dass es hierbei auf den Grund für die Beendigung ankommt. Es empfiehlt sich, die kürzere Kündigungsfrist während der Probezeit konkret bestimmt in den Arbeitsvertrag aufzunehmen[269].

7.1.4. Das Urlaubsrecht

Der Arbeitnehmer hat einen Anspruch auf Urlaubstage[270]. Einschlägig für die einzelnen Fragen des Urlaubsrechts ist das Bundesurlaubsgesetz (BUrlG). Dabei stellen die Regelungen im BUrlG eine unterste Grenze und somit den Mindestanspruch an den Arbeitgeber dar.

Der minimale gesetzliche Urlaubsanspruch beträgt **24 Werktage im Kalenderjahr**. Dabei definiert das BUrlG auch Samstage als Werktage, sodass sich das Mindestmaß bei einer Fünf-Tage-Woche auf derzeit 20 Arbeitstage im Kalenderjahr reduziert. Daneben gilt für Jugendliche und Schwerbehinderte ein höherer Mindestanspruch.

Der Arbeitnehmer erwirbt zum Jahresanfang den vollen Urlaubsanspruch für das Kalenderjahr. Bei Arbeitsverhältnissen, die weniger als sechs Monate bestehen, entsteht der Urlaubsanspruch zuerst einmal in Höhe von einem Zwölftel des Jahresanspruchs pro Monat. Erst nach dem sechsmonatigen Bestehen des Arbeitsverhältnisses erwirbt der Arbeitnehmer seinen vollen Urlaubsanspruch. Bis zum Ablauf der sechsmonatigen Wartezeit, die häufig auch Probezeit ist, sollen sich Arbeitgeber und Arbeitnehmer zuerst einmal kennenlernen, sodass sich ein langfristiger Urlaub des Arbeitnehmers kontraproduktiv auswirken würde.

Der Arbeitnehmer muss sich den Urlaub vorab vom Arbeitgeber genehmigen lassen. Dieser muss im Gegenzug die zeitliche Vorgabe des Arbeitnehmers berück-

---

[268] BAG, Urt. v. 22.2.2012, Az. 5 AZR 765/10 – NZA 2012, 861.

[269] BAG, Urt. v. 23.3.2017, Az. 6 AZR 705/15 – NZA 2017, 773.

[270] Bayreuther, *Urlaubsrecht – finalisiert*, NZA 2019, 945.

sichtigen und sich nach dieser richten, wenn nicht dringende betriebliche Belange oder Urlaubswünsche anderer Arbeitnehmer entgegenstehen. Bei der Überschneidung von Urlaubswünschen mehrerer Arbeitnehmer muss der Arbeitgeber die Entscheidung unter sozialen Gesichtspunkten treffen. Beispielsweise wird der Urlaub von Arbeitnehmern mit schulpflichtigen Kindern in der Schulferienzeit vorrangig zu gewähren sein.

Der Urlaub **verfällt** bei Übertragung zum 31.3. des Folgejahres, wenn der Arbeitnehmer diesen nicht in Anspruch nimmt. Hatte der Arbeitnehmer während des Kalenderjahres jedoch tatsächlich keine Möglichkeit, seinen Urlaub in Anspruch zu nehmen, beispielsweise bei Arbeitsunfähigkeit des Arbeitnehmers, so verfällt der Urlaubsanspruch nicht[271].

7.1.5. Die Erkrankung des Arbeitnehmers

Bei einer Erkrankung hat der Arbeitnehmer einen **Anspruch auf Lohnfortzahlung bis zu einer Dauer von sechs Wochen**. Der Arbeitnehmer ist verpflichtet, die Erkrankung dem Arbeitgeber unverzüglich mitzuteilen und auch eine Arbeitsunfähigkeitsbescheinigung vorzulegen. Regelmäßig findet sich in Arbeitsverträgen eine Regelung, nach der nur bei einer länger als drei Kalendertage dauernden Arbeitsunfähigkeit besagte Bescheinigung notwendig wird. Zwingend ist derartige Freizügigkeit des Arbeitgebers jedoch nicht.

7.1.6. Die Verschwiegenheitspflicht

Grundsätzlich ist die Verschwiegenheit des Arbeitnehmers eine vertragliche Nebenpflicht aus dem Arbeitsvertrag selbst. Dennoch ist eine klar definierte Verschwiegenheitsverpflichtung als Regelung im Arbeitsvertrag oftmals zum Schutz von Geschäftsgeheimnissen ratsam und sollte im Einklang mit der GeschGehG formuliert werden[272]. Eine Verschwiegenheitspflicht, die auch nach Beendigung des Arbeitsverhältnisses fortwirkt[273], kann zwischen Arbeitgeber und Arbeitnehmer jederzeit vereinbart werden. Oftmals erlangt der Arbeitnehmer durch seine Tätigkeit im Unternehmen Kenntnis über sensible Informationen. Der Arbeitgeber hat ein hohes Interesse daran, zum einen seine Betriebsgeheimnisse und zum anderen auch die hinterlegten Daten zu schützen. Bei der Vereinbarung einer solchen Verschwiegenheitsklausel im Vertrag sollte darauf geachtet werden, dass auch für den Arbeitnehmer klar und deutlich wird, welche Informationen und Daten der Geheimhaltung unterfallen.

Zu Problemen führt die Vereinbarung erst dann, wenn mit dem Verstoß gegen die Verschwiegenheit auch eine pauschalisierte monetäre **Vertragsstrafe** verbunden werden soll. Dies ist grundsätzlich zulässig, sollte jedoch nicht unverhältnismäßig

[271] BAG, Urt. v. 5.8.2014, Az. 9 AZR 77/13 – NZA 2015, 625.

[272] Holthausen, Die arbeitsvertragliche Verschwiegenheit, NZA 2019, 1377.

[273] Graf von Westphalen, *Vertragsrecht und AGB-Klauselwerke, Arbeitsverträge* Rn. 456.

ausfallen. Eine Strafe von einem Bruttomonatsgehalt wird man als zulässig annehmen können. Will der Arbeitgeber darüber hinaus oder stattdessen einen der Höhe nach konkret bezifferbaren und tatsächlich entstandenen Schaden beim Arbeitnehmer geltend machen, so steht ihm das frei.

7.1.7. Die Vertragsstrafe

Zumindest aus Arbeitgebersicht ist eine Regelung empfehlenswert, die dem Arbeitnehmer eine Vertragsstrafe bei nicht vertragsgemäßem Dienstantritt oder vertragswidriger Beendigung des Arbeitsverhältnisses auferlegt. Oftmals ist die Neubesetzung einer offenen Stelle mit erheblichen Aufwendungen an Zeit und Kosten für Stellengesuche verbunden. Entscheidet sich der Arbeitgeber sodann für einen der Kandidaten, so hat er auch ein berechtigtes Interesse daran, dass seine Bemühungen nicht umsonst gewesen sind. Gleiches gilt für die vertragswidrige Beendigung, bei der beispielsweise der Arbeitnehmer die ihm obliegende Kündigungsfrist nicht einhält. Bei derartigen Verfehlungen kann der Arbeitgeber eine Vertragsstrafe bis zur Höhe von einem Bruttomonatsgehalt vereinbaren[274]. Regelmäßig wird sich die klauselmäßige Vereinbarung einer Vertragsstrafe auch am AGB-Recht der §§ 307 ff. BGB messen lassen müssen, wobei aber nach höchstgerichtlicher Rechtsprechung die Vereinbarung über eine Vertragsstrafe selbst als nicht überraschend erachtet wird[275].

7.1.8. Die Kündigung

Während der Probezeit kann das Arbeitsverhältnis mit einer Kündigungsfrist von zwei Wochen ohne Angabe von Gründen gekündigt werden. Nach Ablauf der Probezeit richten sich die Kündigungsfristen nach § 622 Abs. 1 und 2 BGB, wobei eine Abweichung von den gesetzlich normierten Mindestfristen zulasten des Arbeitnehmers nicht zulässig ist.

Grundsätzlich kann ein Arbeitsverhältnis gemäß § 622 Abs. 1 BGB von beiden Seiten mit einer Frist von vier Wochen zum 15. oder zum Ende eines Kalendermonats gekündigt werden. Bei Kündigungen durch den Arbeitgeber ist weiterhin eine längere Kündigungsfrist **abhängig von der Dauer des Arbeitsverhältnisses** gemäß § 622 Abs. 2 BGB zu beachten. Die Kündigungsfrist verlängert sich bei einem mindestens über zwei Jahre bestehenden Arbeitsverhältnis auf einen Monat zum Ende eines Kalendermonats, bei fünf Jahren auf zwei Monate, bei acht Jahren auf drei Monate und so fort. Ausnahmen gelten für Arbeitnehmer, die zur vorübergehenden Aushilfe eingestellt wurden, oder wenn der Arbeitgeber in der Regel nicht mehr als 20 Arbeitnehmer in seinem Unternehmen beschäftigt und er eine Kündigungsfrist von vier Wochen nicht unterschreitet, § 622 Abs. 5 BGB.

---

274 Ausführliche Übersicht zur Vertragsstrafe im Arbeitsvertrag in MüKoBGB/Spinner, *BGB-Kommentar* § 611a Rn. 958 ff.

275 BAG, Urt. v. 20.10.2022, Az. 8 AZR 332/21 – NJW 2023, 1152.

7.1.9. Die Befristung

Die Befristung des Arbeitsvertrages ist bei der Neuanstellung eines Arbeitnehmers grundsätzlich möglich und geregelt im Teilzeitbefristungsgesetz (TzBfG)[276]. Sie setzt einen schriftlichen Arbeitsvertrag voraus, denn die Vereinbarung der Befristung bedarf für ihre Wirksamkeit der **Schriftform**. Ist die Befristung aus einem der oben benannten Gründe unzulässig vereinbart, so gilt der Arbeitsvertrag auf unbestimmte Zeit geschlossen. Das deutsche Arbeitsrecht kennt zwei Möglichkeiten der Befristung, nämlich die zeitliche Befristung und die Zweckbefristung.

7.1.9.1. Die zeitliche Befristung

Bei der zeitlichen Befristung ist im Arbeitsvertrag schlicht ein Datum definiert, zu welchem das Arbeitsverhältnis beendet ist. Der zeitlich befristete Arbeitsvertrag bedarf keiner Kündigung, sondern endet mit Zeitablauf.

Die zeitliche Befristung, ohne dass der Arbeitgeber einen sachlichen Grund benennt, ist maximal für die **Gesamtdauer von zwei Jahren** möglich. Während dieser Zeit darf die Befristung maximal drei Mal verlängert werden. Für Unternehmensgründer sieht § 14 Abs. 2a Teilzeit- und Befristungsgesetz (TzBfG) eine Erleichterung vor, indem in den ersten vier Jahren nach Gründung eine vierjährige Maximaldauer erlaubt ist. Eine weitere Ausnahme gilt unter bestimmten Voraussetzungen für Arbeitnehmer, die das 52. Lebensjahr vollendet haben. Für sie kann sogar eine fünfjährige Maximalbefristung vereinbart werden.

7.1.9.2. Die zweckbedingte Befristung

Will der Arbeitgeber im Arbeitsvertrag die Maximaldauer der zeitlichen Befristung überschreiten, so muss er hierfür einen **sachlichen Grund** aufweisen. Das Arbeitsverhältnis und damit auch die Befristung müssen einem bestimmten Zweck dienen. § 14 Abs. 1 TzBfG definiert einen nicht abschließenden Katalog der möglichen Gründe, die von der Vertretung über die Erprobung bis zum vorübergehenden betrieblichen Bedarf reichen. An die Begründung der zweckbedingten Befristung werden von der Rechtsprechung hohe Anforderungen gestellt, um den Schutz der Arbeitnehmer vor einer Aufweichung des Kündigungsschutzes und der damit verbundenen Sozialauswahl nicht zu unterwandern.

Bei der Zweckbefristung muss zuerst einmal im Arbeitsvertrag ein Zweck des Arbeitsverhältnisses definiert sein, auf welchen sodann während der Dienstzeit hinzuarbeiten ist. Der Arbeitsvertrag endet mit Erreichen dieses zukünftigen Ereignisses. Um Ungewissheiten zu vermeiden, hat der Arbeitgeber den Arbeitnehmer zwei Wochen vor Vollendung über den Zeitpunkt der Zweckerreichung schriftlich zu unterrichten.

---

[276] Arnold, *Aktuelle Rechtsprechung zum Befristungsrecht*, NZA-RR 2020, 1.

7.1.9.3. Die Kettenbefristung

Die Verlängerung des befristeten Arbeitsvertrages ist nur begrenzt möglich. Dem Arbeitgeber soll keine Hintertür geöffnet werden, um sich dem Kündigungsschutz des Arbeitnehmers beim unbefristeten Arbeitsvertrag zu entziehen. Vorsicht ist daher in der Praxis bei der sogenannten Kettenbefristung geboten, bei der ein befristeter Arbeitsvertrag immer wieder verlängert wird, ohne dabei ein zeitliches Ziel festzulegen. Dies kann unter **Missbrauchsgesichtspunkten** unwirksam sein, wenn der Arbeitgeber seine strukturelle Überlegenheit ausnutzt[277].

Bei der Verlängerung ist auch darauf Acht zu geben, dass diese nicht etwa ein neues Arbeitsverhältnis begründet, indem beispielsweise zwischen der Zweckerreichung des letzten Arbeitsvertrages und dem neuen Folgevertrag einige Tage dazwischenliegen. Eine Verlängerung ist dann nicht (mehr) möglich, weil der befristete Arbeitsvertrag bereits beendet ist. Für den neu begründeten Arbeitsvertrag ist keine Befristung mehr möglich, da der Arbeitnehmer im Unternehmen bereits beschäftigt war. Der Arbeitsvertrag würde unabhängig von seinem Inhalt als unbefristet geschlossen wirken.

7.1.10. Die geringfügige Beschäftigung

Die geringfügige Beschäftigung ist unter dem Schlagwort des sogenannten Minijobs bekannt und immer dann möglich, wenn der Arbeitnehmer im Monat nicht mehr als 538,00 EUR verdienen soll. Daneben gibt es eine sogenannte kurzfristige Beschäftigung, bei der von Anfang an vertraglich vereinbart ist, dass der Arbeitnehmer nicht mehr als drei Monate oder 70 Arbeitstage innerhalb eines Kalenderjahres beschäftigt werden soll. Dies ist in der Praxis bei der Saisonarbeit in der Landwirtschaft oder in Gastbetrieben häufig der Fall.

Beide Tätigkeiten sind zum Teil oder sogar vollständig sozialversicherungsfrei bzw. sind lediglich Pauschalen vom Arbeitgeber zu entrichten.

Davon zu unterscheiden ist der **Praktikumsvertrag**. Dieser soll jungen Menschen eine Orientierung nach der Schule oder im Studium für ihren beruflichen Weg in die Zukunft ermöglichen. Das Praktikum dient dann nicht vorrangig der Einbringung der Arbeitskraft, sondern dem Sammeln von Erfahrungen und geht mit der Verpflichtung des Arbeitgebers einher, dem Praktikanten Fähigkeiten und Kenntnisse des Berufsfeldes zu vermitteln[278]. Die Vergütung des Praktikanten ist geregelt in § 22 MiLoG. Sie wird bis auf wenige Ausnahmen vom Arbeitgeber geschuldet.

[277] BAG, Az. Urt. v. 12.6.2019, 7 AZR 477/17.

[278] Hirdina, *Rechtsfragen zur Kündigung eines Praktikumsvertrags*, NZA 2008, 916.

7.2. Die Zusatzvereinbarungen

Der Arbeitsvertrag kann eine Vereinbarung über weitere Zusatzleistungen enthalten, die je nach Berufszweig, Stellung des Arbeitnehmers im Unternehmen und sozialer Absicherung mehr oder weniger verbreitet sind.

7.2.1. Dienstwagenregelung

Grundsätzlich ist das Arbeitsentgelt als Geldbetrag zu berechnen und auszuzahlen, § 107 GewO. Ein Teil des Arbeitsentgeltes kann aber auch anderweitig abgegolten werden, beispielsweise durch einen Dienstwagen oder andere Sachbezüge. Der Dienstwagen kann dann vom Arbeitnehmer für Fahrten zwischen der Arbeitsstätte und seiner Wohnung sowie auch für private Zwecke genutzt werden und ist dem Arbeitnehmer mangels anderweitiger Vereinbarung auch für den Zeitraum seiner Erkrankung oder nach Kündigung bis zur Beendigung des Arbeitsvertrages zur Verfügung zu stellen.

7.2.2. Fortbildungsvereinbarung

Eine Fortbildungsvereinbarung wird zumeist nicht zu Anfang des Arbeitsverhältnisses geschlossen, sondern vielmehr äußert der Arbeitnehmer im Laufe des Vertragsverhältnisses den Wunsch einer beruflichen Fort- und Weiterbildung. Letztendlich profitieren beide Vertragsparteien in der Regel von einer solchen Maßnahme, zumal der Arbeitnehmer weitere Fertigkeiten und Erkenntnisse erwirbt und der Arbeitgeber einen besser qualifizierten Mitarbeiter im Unternehmen erhält. Daher spiegelt sich meist auch in der Fortbildungsvereinbarung wider, dass beide Vertragsparteien eben diesen Nutzen gesichert wissen wollen[279].

Der Arbeitgeber verpflichtet sich mit der Vereinbarung, den Arbeitnehmer für die Zeit der Fortbildung vom Dienst unter Fortzahlung der Bezüge freizustellen sowie auch die Kosten der Maßnahme zu tragen. Insbesondere können vom Arbeitgeber beispielsweise die Lehrgangskosten selbst sowie auch Reise- und Verpflegungskosten übernommen werden. Im Gegenzug dazu verpflichtet sich der Arbeitnehmer zur **Rückzahlung** der Fortbildungskosten, falls er innerhalb eines gewissen Zeitraums das Arbeitsverhältnis selbst kündigt bzw. die Kündigung durch den Arbeitgeber aus einem vom Arbeitnehmer zu vertretendem Grund erfolgt. Die Rückzahlung wird dann nicht bis zum Ende der Laufzeit in voller Höhe geschuldet, sondern vielmehr reduziert sich diese Verpflichtung zeitanteilig. Die gestaffelte Zahlungsverpflichtung sollte in der Fortbildungsvereinbarung konkret definiert sein.

Eine Höchstgrenze für die Vereinbarung einer **zeitlichen Bindung** gibt es nicht. Die Rechtsprechung beurteilt die Angemessenheit der Zeitstaffel und Bindungsdauer in Abhängigkeit zur Höhe der Bezüge des Arbeitnehmers. Weiterhin ist eine Vereinba-

[279] Bettinghausen, *Rückzahlungsvereinbarungen* über *Fortbildungskosten – Was Arbeitgeber zu beachten haben*, NZA-RR 2017, 573.

rung unangemessen, die den Arbeitnehmer auch dann zur Rückzahlung verpflichtet, wenn die Kündigung durch den Arbeitgeber veranlasst wurde[280].

7.2.3. Betriebliche Altersvorsorge

Die Grundvorsorge des Arbeitnehmers für das Einkommen im Alter erfolgt zwingend in der Regel durch die gesetzliche Rentenversicherung. Diese ist in voller Höhe monatlich vom Arbeitgeber direkt abzuführen. Dabei tragen der Arbeitnehmer und der Arbeitgeber jeweils den hälftigen Anteil. Daneben zahlen viele Arbeitnehmer in eine zusätzliche Rentenversicherung ein, die in der Praxis häufig als betriebliche Altersvorsorge angelegt ist[281]. Diese kann entweder vorsehen, dass im Fall des Ablebens des Arbeitnehmers eine finanzielle Versorgung der Angehörigen stattfindet, oder aber, dass im Alter oder bei Invalidität eine monatliche Zusatzrente finanziert wird. Hierfür gibt es verschiedene Modelle, welche an dieser Stelle nicht weiter erörtert werden sollen. Im Vertragswerk zu beachten ist aber jedenfalls der **gesetzliche Anspruch des Arbeitnehmers auf betriebliche Altersversorgung durch Entgeltumwandlung**. Dabei kann der Arbeitnehmer selbst entscheiden, ob und in welcher Art und Weise er einen Teil seines Gehaltes durch Beiträge für die Altersvorsorge anlegen möchte. Davon zu unterscheiden ist die freiwillige Zusatzleistung durch den Arbeitgeber in Form von Beiträgen für die betriebliche Altersvorsorge des Arbeitnehmers. Der Vorteil für beide Vertragspartner ist letztendlich, dass durch die Entgeltumwandlung auf den zurückgelegten Anteil des Gehaltes Steuern und Sozialabgaben gespart werden können.

7.2.4. Wettbewerbsverbot

Bereits aus den wechselseitigen Treuepflichten aus dem Vertragsverhältnis und der gesetzlichen Wertung in § 242 BGB ergibt sich, dass ein Arbeitnehmer während des aufrechten Arbeitsverhältnisses nicht bei einem unmittelbaren Konkurrenzunternehmen tätig sein, geschweige denn ein solches begründen darf. Diese Pflicht kann durch Vereinbarung zwischen Arbeitgeber und Arbeitnehmer entweder erweitert oder auch begrenzt werden. Jede Vereinbarung über das Wettbewerbsverbot bedarf der Schriftform. Mit einem minderjährigen Arbeitnehmer kann kein Wettbewerbsverbot vereinbart werden.

Bei dem vertraglich vereinbarten Wettbewerbsverbot unterscheidet man zwischen jenem während des aufrechten Arbeitsverhältnisses und demjenigen, welches nach Beendigung eintritt bzw. fortwirkt. Während Ersteres bereits aus den wechselseitigen Treuepflichten gedeckt ist und oftmals lediglich deklaratorisch sich nochmals im Vertrag niedergeschrieben wiederfindet, kann das nachvertragliche Wettbewerbsverbot unangemessen und damit nichtig sein.

---

[280] BAG, Urt. v. 18.3.2014, Az. 9 AZR 545/12 – NJW 2014, 3118.

[281] Seel, *Betriebliche Altersvorsorge – Eine* Übersicht über *die wesentlichen Rechtsgrundlagen*, JA 2012, 207.

Das **nachvertragliche Wettbewerbsverbot**[282] muss verhältnismäßig sein und kann maximal für die Dauer von zwei Jahren nach Ende des Arbeitsverhältnisses vereinbart werden. Die Grenzen der dem Arbeitnehmer verbotenen Tätigkeiten sollten klar definiert werden, um Streitigkeiten vorzubeugen. Für den Arbeitnehmer muss von Anfang an erkennbar sein, welche Art von Unternehmen und Bandbreite von Tätigkeiten unter die Wettbewerbsklausel fallen und für welchen Zeitraum das Verbot nach Beendigung des Arbeitsvertrages fortwirkt. Beispielsweise wird ein im Verkauf tätiger Mitarbeiter trotz Wettbewerbsverbot seine Arbeitsleistung in der Fertigung erbringen dürfen, auch wenn es sich dabei um ein Konkurrenzunternehmen handelt[283]. Letztendlich soll das Wettbewerbsverbot die berechtigten Interessen des Unternehmens schützen, indem für eine gewisse Zeit verhindert wird, dass der ehemalige Arbeitnehmer das im Unternehmen erworbene Wissen bei der Konkurrenz nützlich oder zum Nachteil des Arbeitgebers zum Einsatz bringt. Dabei darf die Einschränkung durch das Wettbewerbsverbot jedoch niemals dazu führen, dass das Verbot inhaltlich oder auch räumlich einem Berufsverbot entspricht. Beispielsweise wird es der Arbeitgeber nicht rechtfertigen können, wenn der örtliche Geltungsbereich des Wettbewerbsverbotes über das Gebiet hinausgeht, auf welchem der Arbeitgeber überhaupt unternehmerisch tätig ist.

Der Arbeitgeber ist weiterhin gemäß § 74 Abs. 2 HGB verpflichtet, dem Arbeitnehmer eine sogenannte **Karenzentschädigung** während der Dauer des Verbotes zu zahlen. Diese muss mindestens 50 % des durchschnittlichen, monatlichen Bruttoarbeitsentgeltes betragen. Letztendlich wird man sagen können, dass sich das Ausmaß der Einschränkung während der Karenzzeit auch in der Höhe der Entschädigung widerspiegeln muss. Sind diese Mindestanforderungen nicht erfüllt, so verbietet sich in der Regel eine geltungserhaltende Reduktion der Vereinbarung nach den Maßgaben des AGB-Rechts, sodass die gesamte Klausel und damit auch das Wettbewerbsverbot selbst unwirksam sind[284]. Die Anrechnung eines gegebenenfalls während der Karenzzeit vom Arbeitnehmer erzielten neuen Einkommens regelt § 74c HGB. Entscheidend ist die Differenz zwischen der Summe aus dem neuen Einkommen sowie der Karenzentschädigung und dem alten Einkommen aufgestockt um 10 %. Um den darüberhinausgehenden Betrag kann die Karenzentschädigung dann gekürzt werden. Hat der Arbeitnehmer für den neuen Arbeitsplatz seinen Wohnort gewechselt, so erhöht sich diese Grenze auf das bisherige Arbeitseinkommen plus 25 %.

7.2.5. Arbeitgeberdarlehen

Gelegentlich kommt es vor, dass der Arbeitgeber seinem Arbeitnehmer ein Darlehen gewährt. In der Regel wird dies nicht direkt bei Abschluss des Arbeitsvertrages geschehen, sondern vielmehr findet sich diese Konstellation im Laufe des aufrechten Arbeitsverhältnisses. Gerät beispielsweise der Arbeitnehmer in eine finanziel-

[282] Pauken, Know-How-Schutz im beendeten Arbeitsverhältnis, ArbRAktuell 2022, 171.

[283] BAG, Urt. v. 21.4.2010, Az. 10 AZR 288/09 – NZA 2010, 1175.

[284] BAG, Urt. v. 22.3.2017, Az. 10 AZR 448/15 – NJW 2017, 2363.

le Notsituation und drohen ihm hieraus der Verlust seiner Wohnung oder gar die Zwangsvollstreckung, so kann es für den Arbeitgeber sinnvoll sein, den Arbeitnehmer durch ein Darlehen finanziell zu unterstützen. Zum einen zeigt dies die Wertschätzung des Arbeitgebers für den Arbeitnehmer und zum anderen wird die Leistungsfähigkeit eines möglicherweise wertvollen Mitarbeiters nicht eingeschränkt.

Es handelt sich dabei um einen **Verbraucherdarlehensvertrag**, auf den die §§ 491 ff. BGB mit all ihren Rechten und Pflichten grundsätzlich anwendbar sind. Eine Ausnahme für den arbeitsrechtlichen Darlehensvertrag sieht ausdrücklich § 491 Abs. 2 Nr. 4 BGB vor. Gewährt der Arbeitgeber einem einzelnen Arbeitnehmer als Nebenleistung zum Arbeitsvertrag ein Darlehen, bei dem eine niedrigere als die dem marktüblichen effektiven Jahreszins entsprechende Verzinsung vereinbart wird, so handelt es sich nicht um einen Verbraucherdarlehensvertrag. Je nachdem, ob das Darlehen eine Vergünstigung für den Arbeitnehmer darstellt, sind Besonderheiten bei der Sozialversicherungspflicht und auch der Lohnsteuer zu beachten.

Bei der Vertragsausgestaltung ist darauf zu achten, dass der Darlehensvertrag bei vorheriger Beendigung des Arbeitsverhältnisses nicht beendet wird. So löst weder die Kündigung des Arbeitgebers noch die des Arbeitnehmers eine **vorzeitige Rückzahlungspflicht** des restlichen Darlehensvertrages aus. Diesbezügliche Vereinbarungen sind auch nur in engen Grenzen möglich und werden in der Regel vom Bundesarbeitsgericht als sittenwidrig angesehen. Der Arbeitgeber kann sein vorzeitiges Rückzahlungsverlangen auch nicht etwa darauf stützen, dass die Absicherung zum Darlehen in Form der direkten Einziehung vom monatlichen Nettogehalt durch die Beendigung des Arbeitsvertrages weggefallen sei. Offengelassen hat das Bundesarbeitsgericht hingegen bislang, ob eine solche Regelung dann angemessen wäre, wenn sich die Pflicht zur vorzeitigen Rückzahlung des Darlehens ausschließlich auf eine vom Arbeitnehmer veranlasste Kündigung beziehen würde[285].

Nicht zu verwechseln ist das Arbeitgeberdarlehen mit einem Lohnvorschuss des Arbeitgebers auf die künftige Vergütung des Arbeitnehmers.

7.3. Die Haftung

Bei der Haftung im Arbeitsrecht ist vorrangig an die sogenannte Arbeitgeberhaftung zu denken. Möglich sind daneben vielfältige Konstellationen, nämlich ein fehlerhaftes Verhalten des Arbeitnehmers bei der Ausübung seiner Tätigkeit oder auch ein Fehlverhalten der Arbeitnehmer untereinander.

7.3.1. Die Haftung des Arbeitgebers

Die Haftung des Arbeitgebers oder auch eines Arbeitskollegen für Personenschäden, die ein Arbeitnehmer bei einem Arbeitsunfall erleidet, besteht nur ein-

[285] BAG, Urt. v. 12.12.2013, Az. 8 AZR 829/12 – NJW 2014, 2138.

geschränkt bzw. ist ausgeschlossen[286]. Grundsätzlich ist der Arbeitnehmer in der **Berufsgenossenschaft** und der dort verankerten gesetzlichen Unfallversicherung, § 114 SGB VII, für die Folgen des Arbeitsunfalls abgesichert. Die Beiträge zu dieser gesetzlichen Unfallversicherung werden allein vom Arbeitgeber getragen und sind direkt abzuführen.

Das deutsche Recht kennt, ähnlich dem in Österreich verankerten **Dienstgeberhaftungsprivileg** des § 333 ASVG, einen Haftungsausschluss des Arbeitgebers gemäß § 104 SGB VII für den Fall der Verletzung oder der Tötung des Arbeitnehmers, wenn das Ereignis einen Versicherungsfall der gesetzlichen Unfallversicherung begründet und der Arbeitgeber den Unfall nicht vorsätzlich verursacht hat. Der Haftungsausschluss gilt nicht, wenn sich das Ereignis auf einem Dienstweg des Arbeitnehmers für den Arbeitgeber ereignet hat. Das Haftungsprivileg wurde von der Rechtsprechung des Bundesarbeitsgerichtes so weit fortentwickelt, dass auch Schmerzensgeldansprüche des Arbeitnehmers aus dem Unfallereignis heraus ausgeschlossen sind. Da auch die gesetzliche Unfallversicherung zur Zahlung von Schmerzensgeld nicht verpflichtet ist, kann der Arbeitnehmer einen Anspruch auf Schmerzensgeld aus dem Arbeitsverhältnis heraus überhaupt nicht geltend machen[287].

Dieser Haftungsausschluss gilt hingegen nicht für Sachschäden. Wird also beispielsweise die Kleidung oder auch ein Fahrzeug das Arbeitnehmers beschädigt, so kann er seine Forderung uneingeschränkt gegenüber dem Arbeitgeber geltend machen.

7.3.2. Die Haftung des Arbeitnehmers

Die Haftung des Arbeitnehmers für sein Fehlverhalten während der Ausübung seiner Tätigkeit für den Arbeitgeber richtet sich nicht nur nach den allgemeinen Haftungsgrundsätzen des BGB, sondern unterliegt vielmehr einem **besonderen Maßstab des innerbetrieblichen Schadensausgleichs**[288]. Hintergrund dieser Sonderbehandlung der Arbeitnehmerhaftung ist, dass der Arbeitnehmer zumeist weisungsgebunden und in Abhängigkeit der Arbeitsverteilung für den Arbeitgeber tätig ist.

Wesentlich ist zuerst einmal, ob es sich um eine betrieblich veranlasste Tätigkeit handelt, welche zu einem Schaden geführt hat. In der weiteren Frage unterscheidet das Arbeitsrecht nach dem Grad des Verschuldens und nach Berücksichtigung von Billigkeits- und Zumutbarkeitsgesichtspunkten. Vertragliche Abweichungen zulasten des Arbeitnehmers sind nicht möglich.

Leichte Fahrlässigkeit führt zu keiner Haftung des Arbeitnehmers. Aus einer mittleren bzw. normalen Fahrlässigkeit folgt eine anteilige Verschuldenshaftung, bei der der Schaden meist zur Hälfte vom Arbeitnehmer zu tragen ist. Lediglich dann,

[286] Schwab, *Haftung im Arbeitsverhältnis – 2. Teil: Die Haftung des Arbeitgebers*, NZA-RR 2016, 230.
[287] BVerfG, Beschl. v. 8.2.1995, Az. 1 BvR 753/94 – NJW 1995, 1607.
[288] Schwab, *Haftung im Arbeitsverhältnis – 1. Teil: Die Haftung des Arbeitnehmers*, NZA-RR 2016, 173.

wenn das Verhalten des Arbeitnehmers auf grober Fahrlässigkeit beruht, hat er den Schaden vollständig zu ersetzen, jedoch aus Billigkeitsgesichtspunkten oftmals nur bis zur Grenze von drei Bruttomonatsgehälter. Ausschließlich bei Vorsatz des Arbeitnehmers haftet dieser zur Gänze und auch ohne Beschränkung der Höhe nach. Zusätzlich dazu erfolgt bei der Haftung des Arbeitnehmers eine **Billigkeitsprüfung** insbesondere dann, wenn eine besonders hohe Schadenssumme zu zahlen ist.

Wurde von einem Arbeitnehmer ein Schaden bei der Ausübung seiner Tätigkeit bei einem Dritten verursacht, so hat der Arbeitnehmer gegen den Arbeitgeber einen **Freistellungsanspruch**, der ihn im Innenverhältnis von der Schuld gegenüber dem geschädigten Dritten befreit. Dabei gilt die Haftungsbeschränkung sowohl bei gesetzlichen als auch bei vertraglichen Ansprüchen. Eine weitere Besonderheit bei der Haftung des Arbeitnehmers ist die Beweislastumkehr, geregelt in § 619a BGB. Dabei muss der Arbeitgeber das Verschulden des Arbeitgebers darlegen und beweisen.

Die Haftung der Arbeitnehmer untereinander für Personenschäden ist ausgeschlossen gemäß § 105 SGB VII. Hier tritt die gesetzliche Unfallversicherung für den Schaden ein.

7.4. Die Beendigung des Arbeitsvertrages

Die Beendigung des Arbeitsvertrages kann entweder durch Kündigung vonseiten des Arbeitgebers oder des Arbeitnehmers erfolgen oder aber die Parteien schließen im beiderseitigen Einvernehmen einen Aufhebungsvertrag.

7.4.1. Die Kündigung

Der Kündigungsschutz von Arbeitnehmern ist in den §§ 623 ff BGB und im Kündigungsschutzgesetz (KSchG) geregelt. Den **Grundsatz des Kündigungsschutzes** im deutschen Arbeitsrecht stellt sodann gleich § 1 Abs. 2 S. 1 KSchG klar, in dem dieser besagt, dass die Kündigung grundsätzlich sozial ungerechtfertigt ist, wenn keine Rechtfertigung nach dem Kündigungsschutzgesetz vorliegt. Die Kündigung eines Arbeitnehmers ist also grundsätzlich unzulässig, es sei denn, der Arbeitgeber kann hierfür einen betriebsbedingten, personenbedingten oder verhaltensbedingten Grund anführen.

Zu unterscheiden ist zwischen der ordentlichen betriebsbedingten und der außerordentlichen Kündigung.

7.4.1.1. Die ordentliche betriebsbedingte Kündigung

Die ordentliche betriebsbedingte Kündigung ist nicht durch die Person des Arbeitnehmers bedingt, sondern entspricht vielmehr einer Unternehmensentscheidung aufgrund von Abbau oder **Umstrukturierung** des Arbeitsplatzes. Die Kündigungsfrist ist unbedingt einzuhalten und das Gehalt des Arbeitnehmers bis zur tatsächlichen Beendigung des Arbeitsverhältnisses weiterzuzahlen.

Einschlägige Regelungen zur ordentlichen betriebsbedingten Kündigung enthält das KSchG, welches nur dann anwendbar ist, wenn der Arbeitnehmer bereits mehr als sechs Monate im Unternehmen des Arbeitgebers beschäftigt ist und insgesamt mehr als zehn Arbeitnehmer existieren. Wesentlicher Grundpfeiler des Kündigungsschutzes und damit auch praxisrelevant für eine Vielzahl von Rechtsstreitigkeiten ist die vom Arbeitgeber bei der ordentlichen betriebsbedingten Kündigung vorzunehmende **Sozialauswahl**[289]. Diese sogenannte soziale Rechtfertigung soll sicherstellen, dass die Auswahl des Arbeitgebers bei mehreren zur Wahl stehenden Arbeitnehmern denjenigen trifft, welcher durch die Kündigung die geringsten sozialen Nachteile erfährt. Insofern spielen verschiedene Kriterien eine Rolle, wie beispielsweise die Beschäftigungsdauer der jeweiligen Mitarbeiter im Unternehmen, deren Alter sowie auch die Art und Anzahl der bestehenden Unterhaltsverpflichtungen. Sämtliche Kriterien sind dabei gegeneinander abzuwägen.

Die betriebsbedingte Kündigung setzt immer voraus, dass der Arbeitsplatz vom Arbeitgeber nach der Kündigung nicht erneut besetzt wird. Vielmehr muss der Grund der Kündigung gerade in einem betriebsbedingten Wegfall desselben liegen. Wird also der Arbeitgeber eine Kündigung aussprechen, ohne dabei Änderungen in seinem Unternehmen vorzunehmen, so geht dies immer nur über die ordentliche oder außerordentliche personenbedingte Kündigung, welche ebenfalls wiederum einer Rechtfertigung bedarf.

7.4.1.2. Die ordentliche personen- oder verhaltensbedingte Kündigung

Auch die ordentliche personen- oder verhaltensbedingte Kündigung erfolgt unter Einhaltung der Kündigungsfrist. Der Grund für die Kündigung liegt jedoch nicht in der Umstrukturierung des Unternehmens, sondern in der Person des Arbeitnehmers. In der Praxis kommt es zur personenbedingten Kündigung beispielsweise bei wiederholtem Zuspätkommen, begründeten Zweifeln an der Eignung des Arbeitnehmers für die Tätigkeit oder auch langer Krankheit[290]. Insbesondere bei Krankheit darf jedoch nicht zu erwarten sein, dass sich die Arbeitsfähigkeit des Arbeitnehmers in absehbarer Zeit wieder verbessert bzw. erreichen lässt[291].

Die soziale Rechtfertigung der Kündigung ist auch hier erforderlich und wird in den meisten Fällen nur dann erreicht, wenn der Arbeitgeber zuvor erfolglos den Einsatz des Arbeitnehmers an anderer, besser geeigneter Stelle in seinem Unternehmen geprüft und dem Arbeitnehmer gegebenenfalls die Möglichkeit zur Eingliederung gegeben hat. Bei einem nicht gravierenden, aber sich doch stetig wiederholenden Fehlverhalten des Arbeitnehmers ist eine **Abmahnung** erforderlich, welche dem Arbeitnehmer sein Fehlverhalten vor Augen führen und ihm die Gelegenheit zur Korrektur geben soll.

---

289 MüKoBGB/Hergenröder, *KSchG-Kommentar* §2 Rn. 99 f.

290 Weigert, *Die krankheitsbedingte Kündigung außerhalb des Kündigungsschutzgesetzes*, NZA 2019, 1671.

291 BAG, Urt. v. 29.4.1999, Az. 2 AZR 431/98 – NZA 1999, 978.

7.4.1.3. Die außerordentliche Kündigung

Die außerordentliche Kündigung wird der Arbeitgeber dann aussprechen, wenn eine Störung vorliegt, die aus Sicht des Arbeitgebers zur schnellen Beendigung des Arbeitsverhältnisses führt. Eine Kündigungsfrist muss bei einer außerordentlichen Kündigung nicht eingehalten werden, vielmehr endet das Arbeitsverhältnis mit sofortiger Wirkung.

Voraussetzung für eine außerordentliche Kündigung ist das **Vorliegen eines wichtigen Grundes**, geregelt in § 626 Abs. 1 BGB. Da weder die Kündigungsfrist eingehalten werden muss noch eine Sozialauswahl stattfindet, stellt das Arbeitsrecht an das Vorliegen eines solchen wichtigen Grundes hohe Anforderungen. Der Arbeitgeber muss die Umstände des Einzelfalls abwägen und die eigenen Interessen ebenso wie die Interessen des Arbeitnehmers auf Fortsetzung des Arbeitsverhältnisses berücksichtigen. Bei objektiver Beurteilung und Gewichtung dieser Interessensabwägung darf dem Arbeitgeber eine Fortsetzung des Arbeitsverhältnisses bis zum Ablauf der vertraglichen bzw. gesetzlichen Kündigungsfrist nicht zumutbar sein. Der Grund der Kündigung muss sohin eine gewisse Schwere aufweisen. Für den einzelnen Sachverhalt trifft das Gesetz keine abschließende Regelung.

Der Arbeitgeber kann die außerordentliche Kündigung auf betriebsbedingte, personenbedingte oder auch verhaltensbedingte Gründe stützen. Betriebsbedingte Gründe sind in der Praxis kaum denkbar, zumal eine Dringlichkeit für die Beendigung des Arbeitsverhältnisses vor der eigentlichen Kündigungsfrist in den seltensten Fällen begründet sein wird. Personenbedingte Gründe setzen voraus, dass der Arbeitnehmer in Person zur Verrichtung seiner Arbeitsleistung ab sofort nicht mehr in der Lage ist. Dazu zählen beispielsweise der Entzug der Fahrerlaubnis eines Berufskraftfahrers oder auch der Vollzug einer Freiheitsstrafe. Verhaltensbedingte Gründe müssen schwerwiegend sein und haben zumeist Einfluss auf das Vertrauensverhältnis zwischen Arbeitgeber und Arbeitnehmer[292]. In Betracht kommt beispielsweise ein schädigendes oder gar strafbares Verhalten gegen die Vermögensinteressen des Arbeitgebers, ein Fehlverhalten in Form von Beleidigungen oder auch ein in starkem Maße herbeigeführtes Unruhestiften zwischen den einzelnen Arbeitnehmern.

Will der Arbeitgeber die außerordentliche Kündigung aussprechen, so muss er die formellen Anforderungen beachten. In der Regel wird vom Arbeitgeber zuerst einmal verlangt, den Arbeitnehmer durch eine Abmahnung auf sein Fehlverhalten und die drohenden Konsequenzen aufmerksam zu machen. Nur bei sehr gravierenden Störungen lässt es die Interessenabwägung zu, dass der Arbeitgeber ohne diese Warnfunktion das Arbeitsverhältnis mit sofortiger Wirkung beendet. Weiterhin muss der Arbeitgeber die **Ausschlussfrist des § 626 Abs. 2 BGB** beachten. Zwischen der Kenntnis des Arbeitgebers von dem die Kündigung herbeiführenden Verhalten und der Kündigung selbst darf maximal ein Zeitraum von zwei Wochen liegen. Da die

[292] Schulte Westenberg, *Die außerordentliche Kündigung im Spiegel der Rechtsprechung*, NZA-RR 2018, 225.

außerordentliche Kündigung wesentlich darauf beruht, dass dem Arbeitgeber ein weiteres Festhalten am Arbeitsvertrag bis zum Ablauf der Kündigungsfrist nicht zumutbar ist, gilt dieses Interesse als widerlegt, wenn der Arbeitgeber mit seiner tatsächlichen Kündigung mehr als zwei Wochen zuwartet.

Sofern der Arbeitgeber über die Verhältnismäßigkeit seiner Maßnahme im Zweifel ist, sollte er die ordentliche personenbedingte Kündigung unter Einhaltung der jeweiligen Kündigungsfrist als milderes Mittel wählen, um nicht im späteren Kündigungsschutzprozess zu unterliegen. Will der Arbeitgeber sichergehen, dass durch die außerordentliche Kündigung das Arbeitsverhältnis in jedem Fall beendet wird, ist es ratsam, dass er in seinem Kündigungsschreiben **zusätzlich hilfsweise die ordentliche** Kündigung zum nächstmöglichen Termin ausspricht. Dies ist zulässig und schafft für den Arbeitnehmer Klarheit, dass der Arbeitgeber das Arbeitsverhältnis in jedem Fall beenden möchte. Jedenfalls muss der mutmaßliche Wille des Arbeitgebers zur Beendigung des Arbeitsverhältnisses erkennbar sein[293].

Ebenso kann eine fristlose Kündigung auch durch den Arbeitnehmer ausgesprochen werden. Für diesen Fall muss der Arbeitnehmer wichtige Gründe in seine Kündigung benennen, die es ihm unzumutbar machen, seine Arbeitsleistung noch während der Dauer der Kündigungsfrist weiter zu erbringen. Hierfür kommt ein gravierendes Fehlverhalten des Arbeitgebers in Betracht, wie beispielsweise eine sexuelle Belästigung oder auch die wiederholte grobe Verletzung des Arbeitsschutzes. Im Zweifel gilt auch hier, dass es zuerst einmal einer Abmahnung bedarf.

7.4.1.4. Die Kündigung im befristeten Arbeitsverhältnis

Handelt es sich um einen zeitlich befristeten oder zweckbefristeten Arbeitsvertrag, so kann dieser in der Regel vor Erreichen des vereinbarten Zeitpunktes bzw. Zwecks nicht vorzeitig mit einer ordentlichen betriebsbedingten Kündigung beendet werden. Der Arbeitgeber kann sich aber eine Möglichkeit der Kündigung im Arbeitsvertrag ausdrücklich ausverhandeln.

Eine außerordentliche Kündigung ist hingegen bei Vorliegen der Voraussetzungen jederzeit möglich. Insbesondere bei einem Fehlverhalten des Arbeitnehmers soll der Arbeitgeber auch unabhängig von einer Befristung nicht verpflichtet werden, am Arbeitsverhältnis festzuhalten.

7.4.1.5. Besonderer Kündigungsschutz

Weiterhin genießen die Mitglieder des Betriebsrates gemäß § 15 Abs. 1 S. 1 KSchG einen besonderen Kündigungsschutz. Die Beendigung eines Arbeitsvertrages mit einem Mitglied des Betriebsrates ist durch ordentliche Kündigung nicht zulässig. Ebenso genießen Schwangere gemäß § 17 MuSchG und Schwerbehinderte gemäß

[293] BAG, Urt. v. 15.11.2001, Az. 2 AZR 310/00 – NJW 2002, 2972.

§ 85 SGB IX einen erweiterten Kündigungsschutz. Ein weiterer Kündigungsschutz besteht beim Betriebsübergang gemäß § 613a Abs. 4 BGB.

7.4.1.6. Die Kündigungserklärung

Die Kündigung bedarf gemäß § 623 BGB der **Schriftform** und ist eine empfangsbedürftige Willenserklärung, die dem Arbeitnehmer zugehen muss. Auch hier meint der Begriff der Schriftform den Zugang eines eigenhändig vom Arbeitgeber unterzeichneten Dokumentes. Die Kündigung mittels E-Mail, SMS oder Fax ist sohin nicht wirksam. Soll die Kündigung durch einen Rechtsanwalt erfolgen, so ist der spezielle Stolperstein des § 174 BGB zu beachten. Dieser spricht dem Arbeitnehmer das Recht zu, die Kündigung unverzüglich zurückzuweisen, wenn der für den Arbeitgeber Handelnde keine Vollmachtsurkunde im Original seinem Kündigungsschreiben beifügt. Die Frist kann dann auch nicht durch späteres Nachreichen der Vollmachtsurkunde gewahrt werden.

Gibt es im Unternehmen einen Betriebsrat, so hat dieser bei ausnahmslos jeder Kündigung ein Mitspracherecht, welches in § 102 Betriebsverfassungsgesetz (BetrVG) verankert ist. Der Arbeitgeber muss sohin, bevor er die Kündigung gegenüber seinem Arbeitnehmer ausspricht, den **Betriebsrat anhören** und ihm die Gründe für seine Entscheidung mitteilen. Zwar ist der Arbeitgeber an die Entscheidung des Betriebsrates nicht gebunden, er muss jedoch für den Fall, dass der Betriebsrat der Kündigung widersprochen hat, diesen Widerspruch nebst Begründung seinem Kündigungsschreiben an den Arbeitnehmer beifügen[294]. Auch muss der Arbeitgeber den Arbeitnehmer in diesem Fall bis zum rechtskräftigen Abschluss des Verfahrens über die Kündigungsschutzklage weiter beschäftigen.

Das Kündigungsschreiben muss klar formuliert sein, sodass der Arbeitnehmer erkennen kann, zu welchem Zeitpunkt das Arbeitsverhältnis beendet werden soll. Oftmals will der Arbeitgeber Unsicherheiten in seinem Kündigungsschreiben vermeiden, die bei der Benennung des richtigen Datums zur Beendigung des Arbeitsverhältnisses bestehen. Deshalb werden in der Praxis häufig Formulierungen gebraucht, bei denen der Arbeitgeber zum „nächstmöglichen Termin" die Kündigung ausspricht. Die Rechtsprechung akzeptiert eine solche Formulierung, wenn dem Arbeitnehmer die Dauer der Kündigungsfrist bekannt ist oder er diese zumindest bestimmen kann[295]. Anerkannt ist dies beispielsweise für den Fall, dass es bei der Berechnung der Kündigungsfrist auf die Dauer der Betriebszugehörigkeit des Arbeitnehmers ankommt. Rechtssicherheit kann der Arbeitgeber dadurch schaffen, dass er zumindest die einschlägigen Vorschriften konkret benennt.

[294] Lingemann/Steinhauser, *Fallen beim Anspruch von Kündigungen – Betriebsratsanhörung*, NJW 2017, 937.

[295] BAG, Urt. v. 20.1.2016, Az. 6 AZR 782/14 – NJW 2016, 1117.

7.4.1.7. Die Folgen der Kündigung

In der Folge wird das Arbeitsverhältnis zu dem in der Kündigung genannten Zeitpunkt beendet. Der Urlaubsanspruch ist abzubauen, sofern dies möglich ist. Andernfalls ist der Urlaub finanziell abzugelten. Es liegt sohin in der Hand des Arbeitgebers, ob er dem Arbeitnehmer zum Ende des Dienstvertrages hin seinen Urlaub gewährt oder er diesen aufgrund von dringenden betrieblichen Belangen entsprechend vergütet.

Eine **Abfindung** muss der Arbeitgeber bei der betriebsbedingten Kündigung zahlen, wenn der Arbeitnehmer keine Kündigungsschutzklage erhebt, § 1a KSchG. Insofern gesteht der Gesetzgeber dem Arbeitnehmer eine Wahlmöglichkeit zu[296]. Der Arbeitnehmer kann entweder die sichere Abfindung gelten machen und auf eine klageweise Überprüfung der Rechtmäßigkeit der Kündigung verzichten oder aber den Weg der Kündigungsschutzklage beschreiten. Für den Fall der Klage geht der Arbeitnehmer dann das Risiko ein, dass er bei Unterliegen im Kündigungsschutzprozess auch den Anspruch auf die Zahlung einer Abfindung verloren hat. Der Anspruch auf die Abfindung entsteht erst mit dem Verstreichenlassen der Klagefrist.

Die Höhe der Abfindung richtet sich nach § 1a Abs. 2 KSchG und beträgt 0,5 Monatsverdienste für jedes Jahr des Arbeitsverhältnisses. Bei einem Zeitraum von mehr als sechs Monaten ist auf das volle Jahr aufzurunden. Ausnahmen gelten, wenn eine entsprechende Vereinbarung im Arbeitsvertrag oder in der Rahmenvereinbarung des Unternehmens oder aber in einem auf die Branche anwendbaren Tarifvertrag vorgesehen sind.

Weiterhin kann im Kündigungsschutzverfahren eine Abfindung durch Urteil des Gerichts zugesprochen werden. Wenn das Gericht zugunsten des Arbeitnehmers zu dem Schluss kommt, dass eine wirksame Kündigung nicht vorliegt, so kann es gleichzeitig auch feststellen, dass dem Arbeitnehmer dennoch eine Fortsetzung des Arbeitsverhältnisses nicht zumutbar ist. Für diesen durchaus praxisrelevanten Fall der §§ 9 und 10 KSchG verurteilt das Gericht den Arbeitgeber zur Zahlung einer angemessenen Abfindung von bis zu zwölf Monatsverdiensten.

7.4.2. Der Aufhebungsvertrag

Der Aufhebungsvertrag ist eine Vereinbarung zwischen Arbeitgeber und Arbeitnehmer, die auf freiwilliger Basis geschlossen wird und die Beendigung des Arbeitsverhältnisses zum Gegenstand hat. Ein wesentlicher Vorteil des Aufhebungsvertrages ist die **Vermeidung der Gefahren einer Kündigungsschutzklage**.

Für den Arbeitgeber bietet der Aufhebungsvertrag den wesentlichen Vorteil, dass sich dieser aufgrund der Zustimmung des Arbeitnehmers zur Beendigung des Arbeitsverhältnisses nicht dem Risiko aussetzt, dass der Arbeitnehmer gegen die Kün-

[296] Ausführlich zu dieser Kompromisslösung des Gesetzgebers: MüKoBGB/Hergenröder, *KSchG-Kommentar* § 1a Rn. 1 ff.

digung gerichtlich vorgeht. Der Arbeitgeber muss sich auch keine Gedanken über die Begründung der Kündigung machen, beispielsweise wie er die Verfehlungen des Arbeitnehmers darstellt oder ob die von ihm vorgenommene Sozialauswahl einem arbeitsgerichtlichen Klageverfahren standhält. Auch können beim Aufhebungsvertrag die gesetzlichen bzw. vertraglichen Kündigungsfristen unterschritten werden. Daraus folgt, dass der Arbeitgeber in der Praxis den Arbeitnehmer regelmäßig mit der Zahlung einer Abfindung und einem besonders guten Zeugnis von den beiderseitigen Vorteilen des Aufhebungsvertrages überzeugen wird.

Der Arbeitnehmer kann aufgrund der einvernehmlichen Auflösung eine **zwölfwöchige Sperrzeit bei der Zahlung von Arbeitslosengeld** erhalten, § 159 Abs. 1 Nr. 1 SGB III. Ebenso wie nach österreichischem Recht darf allerdings auch in Deutschland eine Sperrzeit dann nicht verhängt werden, wenn der Aufhebungsvertrag lediglich zur Vermeidung einer Kündigung geschlossen wurde. Macht also der Arbeitgeber gegenüber dem Arbeitnehmer deutlich, dass er ihn jedenfalls bei Scheitern des Aufhebungsvertrages kündigen wird, so kann von der willentlichen Auflösung des Arbeitsverhältnisses durch den Arbeitnehmer keine Rede sein. Beachtet werden muss allerdings, dass dann die gesetzlichen bzw. vertraglichen Kündigungsfristen, die der Arbeitgeber bei einer Kündigung beachten müsste, nicht unterschritten werden dürfen.

Der Aufhebungsvertrag bedarf ebenso wie die Kündigung der Schriftform nach § 623 BGB.

Bei der Ausgestaltung des Aufhebungsvertrages gilt es jedoch neben der Vermeidung von Irrtum und Täuschung auch das *„Gebot des fairen Verhandelns"* zu beachten, um eine erfolgreiche Anfechtung des Aufhebungsvertrages zu vermeiden[297]. Letztendlich muss der Aufhebungsvertrag von beiden Seiten **freiwillig** geschlossen worden sein. Nur dann, wenn der Arbeitgeber zu viel Druck ausübt oder eine sogenannte Überrumpelung stattfindet, um seine Forderungen gegen den Arbeitnehmer durchzusetzen, setzt er sich dem Risiko aus, dass der Aufhebungsvertrag später für unwirksam erklärt wird. Die Rechtsprechung hat erkannt, dass sich der Arbeitnehmer durch die drohende Beendigung des Arbeitsverhältnisses in einer unterlegenen Position befindet, und hat ihm durch das *„Gebot des fairen Verhandelns"* Schutz zugesprochen. Die Rechtsprechung des Bundesarbeitsgerichtes macht Anhaltspunkte für ein unfaires Verhandeln beispielsweise an ungewöhnlichen Zeiten oder ungewöhnlichen Orten fest, ohne hier einen abschließenden Katalog für das Fehlverhalten des Arbeitgebers zu schaffen. Letztendlich wird das Gebot zum fairen Verhandeln aus einer Nebenpflicht des Arbeitsvertrages abgeleitet und soll verhindern, dass die Entscheidungsfreiheit des Arbeitnehmers in einer missbilligenden Weise beeinflusst wird[298].

[297] Lingemann/Chakrabarti, *Ein Ende, das keines ist – Die Beseitigung von Aufhebungsverträgen*, NJW 2019, 2445.

[298] BAG, Urt. v. 7.2.2019, Az. 6 AZR 75/18 – NJW 2019, 1966.

7.4.3. Die Kündigungsschutzklage

Will der Arbeitnehmer gegen eine Kündigung des Arbeitgebers vorgehen, so muss er dies gerichtlich durch Klage vor dem Arbeitsgericht tun. Hingegen sind eigene Erklärungen des Arbeitnehmers gegenüber dem Arbeitgeber, dass er die Kündigung nicht akzeptiert oder gar Einspruch einlegt, rechtlich unbeachtlich.

Der Arbeitnehmer muss eine Kündigungsschutzklage **binnen einer Frist von drei Wochen** ab Zugang der Kündigung erheben. Die Anträge können eine Kombination aus dem Feststellungsbegehren, dass das Arbeitsverhältnis zwischen den Parteien durch besagte Kündigung nicht beendet wird, und dem Leistungsbegehren, dass der Arbeitnehmer weiter zu beschäftigen ist, beinhalten. In Folge einer erfolgreichen Kündigungsschutzklage muss der Arbeitnehmer weiter im Unternehmen des Arbeitgebers beschäftigt werden und kann hierfür den Lohn gemäß Arbeitsvertrag beanspruchen.

Ebenso wie das österreichische Arbeitsrecht kennt auch das deutsche Arbeitsrecht beim Kündigungsschutz kurze Fristen. Gemäß § 4 S. 1 KSchG muss der Arbeitnehmer innerhalb von drei Wochen ab Zugang der schriftlichen Kündigung seine Kündigungsschutzklage erheben. Entscheidend ist der Zugang der Klage beim Arbeitsgericht. Die Frist beginnt allerdings erst mit der Übergabe der schriftlichen Kündigungserklärung zu laufen und wird daher mangels Schriftform der Kündigung auch nicht in Gang gesetzt[299]. Hat der Arbeitnehmer die Frist für die Klage jedoch versäumt, ist die Kündigung als von Anfang an wirksam anzusehen ohne weitere Anfechtungsmöglichkeit.

Die Kündigungsschutzklage führt zu einem **zügigen Verfahren**. § 61a Abs. 2 Arbeitsgerichtsgesetz (ArbGG) bestimmt, dass das Verfahren vorrangig zu erledigen ist. Die Güteverhandlung soll innerhalb von zwei Wochen nach Klageerhebung stattfinden. Erst nach dem Scheitern dieser Güteverhandlung wird der Beklagten aufgetragen, auf die Klage zu erwidern. Es kommt daraufhin zum Austausch von Schriftsätzen und einer weiteren mündlichen Verhandlung, nach welcher in der Regel das Urteil gesprochen wird. Eine Kostenerstattung durch die unterliegende Partei kennt das erstinstanzliche Verfahren vor den Arbeitsgerichten nicht.

Da der Kündigung zumeist auch eine Zerrüttung des Verhältnisses zwischen Arbeitgeber und Arbeitnehmer zugrunde liegt, werden in der Praxis zur Beendigung des Kündigungsschutzprozesses regelmäßig Abfindungsvergleiche geschlossen. Im Ausnahmefall kann der Arbeitnehmer auch beantragen, dass das Arbeitsgericht das Arbeitsverhältnis auflöst und der Arbeitgeber eine Abfindung zahlen muss. Dafür muss der Arbeitnehmer nachweisen, dass ihm eine Fortsetzung des Arbeitsverhältnisses nicht zumutbar ist, wofür in der Regel hohe Schranken gelten.

---

[299] MüKoBGB/Hergenröder, *KSchG-Kommentar* § 4 Rn. 55.

8. Wettbewerbsrecht

Das Wettbewerbsrecht ist wichtig beim Interagieren der Unternehmer am Markt und stellt Verhaltensregeln für ein faires Verhalten bei der Marktteilnahme auf. Dabei wird das in Deutschland sogenannte Lauterkeitsrecht wesentlich vom europäischen Recht beeinflusst.

Kernvorschrift des Wettbewerbsrechts ist das **Gesetz gegen den unlauteren Wettbewerb (UWG)** mit den Ergänzungen in diversen Nebengesetzen, wie beispielsweise der Preisangabenverordnung. Zur juristischen Auslegung ist die Richtlinie über unlautere Geschäftspraktiken[300] als Orientierung heranzuziehen, die in den europäischen Mitgliedstaaten das unlautere Geschäftsverhalten der Unternehmen angleichen will. Dabei darf aber nicht aus den Augen verloren werden, dass die Richtlinie über unlautere Geschäftspraktiken ausschließlich dem Verbraucherschutz dient und das Verhalten der Unternehmen gegenüber dem Verbraucher harmonisiert. Das UWG geht in seinem Anwendungsbereich darüber hinaus, wenn es auch Verhaltensregeln von Mitbewerbern untereinander regelt und die Marktteilnehmer nicht auf ihre Verbrauchereigenschaft beschränkt. Daneben sei auch das Geschäftsgeheimnisgesetz (GeschGehG) erwähnt, welches in Umsetzung der Richtlinie zum Schutz von Geschäftsgeheimnissen[301] das Geschäftsgeheimnis vor rechtswidrigem Erwerb, Nutzung und Offenlegung schützt und auf privatrechtlicher Ebene das unerlaubte Verhalten Dritter regelt.

Das Wettbewerbsrecht ist vom Vertragsersteller unbedingt im Auge zu behalten, denn enthält der Vertrag zweier Parteien einen Wettbewerbsverstoß, so kann dies auch zur **Unwirksamkeit des Vertrages nach den §§ 134, 138 BGB oder zumindest zu dessen Anfechtbarkeit** führen. Auch wenn das Wettbewerbsrecht nicht vorrangig den Inhalt von zivilrechtlichen Verträgen regeln will, so kann eine vertragliche Vereinbarung, die zu einem Verstoß im Sinne des Wettbewerbsrechts verpflichtet, dennoch zur Nichtigkeit des Vertrages führen. Birgt die vertragliche Vereinbarung lediglich die Gefahr eines wettbewerbswidrigen Verhaltens einer der Vertragsparteien, reicht dies allerdings nicht aus.

8.1. Allgemeines

Das Wettbewerbsrecht dient sowohl der Regelung des Marktverhaltens im Interesse der anderen Marktteilnehmer als auch dem Verbraucherschutz.

Die Sanktionen des Wettbewerbsrechts sind vorrangig im zivilrechtlichen Bereich zu suchen, etwa wenn der Mitbewerber Schadensersatz durch das unlautere Marktverhalten des Unternehmers fordern kann. Daneben enthält das UWG aber auch strafrechtliche Sanktionen. So wird gemäß § 16 UWG mit Freiheitsstrafe von bis zu

[300] Richtlinie 2005/29/EG des Europäischen Parlaments und des Rates vom 11.5.2005.
[301] Richtlinie (EU) 2016/943 des Europäischen Parlaments und des Rates vom 8.6.2016.

zwei Jahren oder Geldstrafe bedroht, wer mittels Anschein eines besonders günstigen Angebotes durch unwahre Angaben die Öffentlichkeit in die Irre führt oder aber in sogenannten Schneeballsystemen Verbraucher zur Abnahme von Waren oder Dienstleistungen veranlasst.

8.1.1. Der Schutzzweck

Der Schutzmechanismus des UWG ist unterteilt in eine **vertikale und eine horizontale Wirkung**. Vertikal regelt das Wettbewerbsrecht den Schutz der Abnehmer vor dem Marktverhalten der Unternehmen. Horizontal entfaltet sich die Wirkung gegenüber anderen Marktteilnehmern, mit denen der Handelnde sozusagen auf einer Ebene steht. Dabei steht der Schutz der Marktteilnehmer und jener der Mitbewerber gleichwertig nebeneinander.

Weiterhin wird in § 1 Abs. 1 S. 2 UWG auch die Allgemeinheit an sich geschützt, wobei man von einem Allgemeininteresse an einem unverfälschten Wettbewerb ausgeht.

8.1.2. Die Personen im Wettbewerbsrecht

Die Personen im Wettbewerbsrecht sind in § 2 UWG legaldefiniert. Im Wettbewerbsverhältnis wird auf das Zusammenspiel von Unternehmern, Mitbewerbern und den sonstigen Marktteilnehmern abgestellt.

8.1.2.1. Der Unternehmer

Die Definition des Unternehmers setzt eine geschäftliche Handlung voraus, die im **gewerblichen, handwerklichen oder beruflichen Tätigkeitsfeld** des Unternehmers liegt. Eine selbständige wirtschaftliche Tätigkeit genügt. Eine Gewinnerzielungsabsicht oder gar ein in kaufmännischer Weise eingerichteter Geschäftsbetrieb ist hingegen nicht erforderlich[302].

Insbesondere im Onlinehandel ist die Abgrenzung zwischen einem privaten und einem gewerblichen Verkäufer oftmals schwierig. Der Unternehmerbegriff nach dem UWG orientiert sich dabei an einer Vielzahl von Kriterien, wie beispielsweise die Informationen und Fähigkeiten des Verkäufers, dessen planmäßiges Vorgehen, der von ihm verfolgte Erwerbszweck sowie auch die Regelmäßigkeit seiner Aktivität. Aber auch wer nicht selbst verkauft, muss die Regelungen des Wettbewerbsrechts beachten. Der „Online-Marktplatz“ als Dienst, der dem Verbraucher die Möglichkeiten verschiedener Kaufangebote von Unternehmern zusammengefasst präsentiert sowie auch das „Ranking“ als vom Unternehmer veranlasste Hervorhebung fremder Waren und Dienstleistungen werden in § 2 Abs. 1 Nr. 6 und 7 definiert. Davon erfasst werden sogenannte Internet-Plattformen ebenso wie Bewertungs- und Vergleichsportale. Voraussetzung ist lediglich, dass der Verbraucher auf der Platt-

[302] Emmerich/Lange, *Unlauterer Wettbewerb* § 4a Rn. 6.

form mit den teilnehmenden Unternehmern unmittelbar einen Vertrag abschließen, sohin einen Kauf tätigen kann[303].

Nach wie vor aktuell ist die Diskussion über die Einordnung von sogenannten Influencern als Unternehmer. Die Frage, ob das regelmäßige Posten von Fotos und Videosequenzen in sozialen Netzwerken, die neben dem eigenen Lifestyle auch gezielt das Zurschaustellen von Produkten zum Zwecke der Vermarktung zum Inhalt haben, dazu führt, dass hierdurch Influencer als Unternehmer zu werten sind, wird nach wie vor diskutiert. Mit der UWG-Reform vom 28.05.2022 wurden digitale Dienstleistungen explizit als geschäftliche Handlung in § 2 Abs. 1 Nr. 2 UWG definiert. Der Bundesgerichtshof hat mittlerweile seine Rechtsprechung mit den Entscheidungen „Influencer I bis III" weiterentwickelt.[304]. Auch wird mit § 5a Abs. 4 UWG nun das Irreführen durch Unterlassen bei fehlender Kennzeichnung von gezielter und entgeltlicher Produktplatzierung gesetzlich normiert. Ein Verstoß gegen die Kennzeichnungspflicht als wettbewerbswidriges Verhalten kann die Folge sein.

8.1.2.2. Der Verbraucher und sonstige Marktteilnehmer

Für eine Definition des Verbrauchers verweist das UWG in § 2 Abs. 2 UWG schlicht auf die Regelungen des § 13 BGB und will hier keinen Unterschied zwischen dem allgemeinen Zivilrecht und dem Wettbewerbsrecht machen. In der Person des Verbrauchers geht das UWG vom sogenannten **Durchschnittsverbraucher** aus, der angemessen gut unterrichtet ist und über eine durchschnittliche Aufmerksamkeit und Kritikfähigkeit verfügt. Ergänzende Regelungen finden sich in § 3 Abs. 4 UWG. Der Verbraucher ist sowohl als Abnehmer bzw. Käufer als auch als Anbieter von Waren und Dienstleistungen am Markt geschützt. Das Auftreten eines Verbrauchers als Anbieter ist beispielsweise dann denkbar, wenn er Gegenstände seines Privatgebrauchs bzw. Kunst verkauft oder seine Immobilie vermietet.

Dabei will das UWG die Entscheidungsfähigkeit des Verbrauchers schützen. Er soll am Markt teilnehmen können, ohne hierbei durch irreführende Handlungen oder einen unsachlichen Einfluss beeinträchtigt zu werden.

Der sonstige Marktteilnehmer ist nicht zwangsläufig Verbraucher, wohl aber jeder Anbieter oder Abnehmer des bestehenden Marktangebotes, der nicht zugleich Mitbewerber ist. Infrage kommen beispielsweise Freiberufler und Kaufleute ebenso wie Verbände und sonstige Organisationen.

[303] Ring, Stärkung des Verbraucherschutzes im Wettbewerbs- und Gewerberecht zum 28. Mai 2022, JN 2022, 206.

[304] BGH, Urt. v. 30.03.2022, Az. VIII ZR 109/20 NJW 2022, 2106; ders., Urt. v. 21.10.2021, Az. 1 BvR 781/21 – NJW 2021, 3450; ders., Urt. v. 09.09.2021, Az. I ZR 90/20 – GRUR 2021, 1400.

8.1.2.3. Der Mitbewerber

Die Legaldefinition des Mitbewerbers findet sich in § 2 Abs. 1 Nr 4 UWG und versteht darunter jeden Unternehmer, der mit anderen Unternehmern als Anbieter oder Nachfrager von Waren oder Dienstleistungen in einem konkreten Wettbewerbsverhältnis steht.

Der Begriff des konkreten Wettbewerbsverhältnisses wird in der deutschen Rechtsprechung sehr weit definiert und lässt bereits eine Wechselbeziehung zwischen den Vorteilen des einen und den Nachteilen des anderen Unternehmens ausreichen[305].

Weiter unterscheidet man zwischen dem sogenannten **Absatzwettbewerb und dem Behinderungswettbewerb**. Beim Absatzwettbewerb wird für die Ermittlung eines konkreten Wettbewerbsverhältnisses darauf abgestellt, ob sich die gleichen oder gleichartigen Waren oder Dienstleistungen an denselben Abnehmerkreis wenden. Sind die angebotenen Produkte aus Sicht des Abnehmers untereinander austauschbar, so handelt es sich bei den anbietenden Unternehmen um Mitbewerber. Im Gegensatz dazu stehen sich beim Behinderungswettbewerb Unternehmen gegenüber, deren Waren oder Dienstleistungen nicht substituierbar sind. Wohl aber schränkt die Absatzmaßnahme des einen Unternehmens das andere Unternehmen ein.

8.2. Der Wettbewerbsverstoß

Das deutsche Lauterkeitsrecht will nur solches Verhalten regeln, welches als **geschäftliche Handlung** zu werten ist. Eine solche ist nur dann gegeben, wenn die Handlung zur Förderung des Absatzes oder dem Bezug von Waren oder Dienstleistungen dient und im Rahmen der Anbahnung, des Abschlusses oder auch der Abwicklung eines Vertrages erfolgt. Dabei kommt es nicht darauf an, ob das wettbewerbswidrige Verhalten einmalig vorkommt. Unwesentlich ist auch, wie groß der Kreis der betroffenen Verbraucher ist[306]. Selbst ein einmaliger Verstoß gegenüber nur einem einzigen Verbraucher ist ausreichend.

Eine geschäftliche Handlung kann auch von einer dritten Person gesetzt werden, die im Auftrag des Unternehmers handelt. Unter den Anwendungsbereich des UWG fällt sogar das Verhalten Dritter, die den Absatz eines fremden Unternehmens fördern, ohne hierbei im Auftrag bzw. im Namen des Unternehmers zu agieren. So war beispielsweise ein in Österreich ansässiges Unternehmen erfolgreich gegen die unzulässige Produktwerbung eines Mitbewerbers vorgegangen, der auf seiner Homepage über eine Original Bach-Blütentherapie zu einem wettbewerbswidrigen Angebot eben dieser *„Originalprodukte"* eines bestimmten Herstellers verlinkt hatte[307].

[305] BGH, Urt. v. 10.4.2014, Az. I ZR 43/13 – GRUR 2014, 1114.
[306] EuGH, Urt. v. 16.4.2015, Az. C-388/13 – GRUR 2015, 600.
[307] BGH, Urt. v. 11.12.2014, Az. I ZR 113/13 – GRUR 2015, 695.

Neben einer subsidiären Generalklausel finden sich im UWG die nachfolgend im Einzelnen beschriebenen sanktionierten Verhaltensweisen, die einen Wettbewerbsverstoß begründen.

8.2.1. Die Generalklausel

Das vom UWG sanktionierte Verhalten ist überschrieben mit der Generalklausel des § 3 UWG, die zuerst einmal schlicht feststellt, dass die unlautere geschäftliche Handlung unzulässig ist. Dabei ist der Begriff der Unlauterkeit an sich im UWG nicht definiert. Er ergibt sich vielmehr im Gesamtbild der einzelnen besonderen Unlauterkeitstatbestände und der dort aufgestellten Verhaltensregeln. Dabei ist die konkrete Ausgestaltung der Unlauterkeit im ständigen Wandel der Zeit, denn was gestern noch gegen wirtschaftliche oder gesellschaftliche Sitten und Anschauungen verstoßen hat, ist heute als Marktverhalten akzeptiert. Um eben diesem Wandel gerecht werden zu können, arbeitet das UWG mit einer anpassungsfähigen Generalklausel, deren konkrete Auslegung den Gerichten obliegt.

Die Generalklausel soll Lücken schließen, die die speziellen und nachfolgend in den §§ 3 a ff. UWG im Einzelnen dargestellten Regelungen nicht abdecken können. Sie ist daher **nachranging** zu prüfen und nur dann einschlägig, wenn die Spezialnormen das Verhalten des Wettbewerbers nicht erfassen können.

8.2.1.1. Allgemeines

Die Generalklausel richtet sich ausschließlich an das Verhalten von Unternehmern gegenüber Verbrauchern. Geschäftliche Handlungen sind demnach unlauter, wenn sie **nicht der unternehmerischen Sorgfalt entsprechen** und dazu geeignet sind, das wirtschaftliche Verhalten des Verbrauchers wesentlich zu beeinflussen, § 3 Abs. 2 UWG.

Der Begriff der unternehmerischen Sorgfalt ist in § 2 Nr. 9 des UWG legaldefiniert und stellt auf diejenige Fachkenntnis und Sorgfalt ab, die nach Treu und Glauben unter Berücksichtigung der anständigen Marktgepflogenheit erwartet werden kann. Die Generalklausel soll als Auffang- und Sperrtatbestand Lücken schließen, die insbesondere durch immer wieder am Markt auftauchende, neue Wettbewerbsformen entstehen[308]. Nicht zu Unrecht wird aber diese Definition auch als beliebig und wenig griffig kritisiert. Letztendlich werden die Interessen aller Seiten gegeneinander abgewogen und so in einer Gesamtwürdigung aller Umstände das wettbewerbsrelevante Verhalten beurteilt. Bei der Anwendung der Generalklausel wird vermehrt auf den Schutzweck des Lauterkeitsrechts und seine Funktion des Marktverhaltensrechts abgestellt.

Zusätzlich muss die Beeinflussung durch das unlautere Verhalten **spürbar** sein. Damit wurde in die Generalklausel eine sogenannte Bagatellgrenze eingezogen. Im

[308] Emmerich/Lange, *Unlauterer Wettbewerb* §5 Rn. 19 f.

Unterschied zu den nachfolgend geregelten besonderen Tatbeständen des UWG, die unabhängig von einem gesonderten Spürbarkeitserfordernis immer unlauter und unzulässig sind, fragt die Generalklausel sehr wohl nach einer spürbaren Beeinträchtigung der Entscheidungsfreiheit der Verbraucher.

8.2.1.2. Der Anhang

Die Generalklausel ist weit gehalten und letztendlich durch die Rechtsprechung mit Leben gefüllt. So kann sich das Wettbewerbsrecht an die Entwicklung und die Neuerungen des Wirtschaftslebens anpassen und ständig aktuell sein. Gleichzeitig soll der Markt aber auch Rechtssicherheit erhalten durch die Vorgabe von Verhaltensregeln, die mit der offengehaltenen Generalklausel so nicht erreicht werden kann. Orientierung bietet daher der durch § 3 Abs. 3 dem UWG angefügte Anhang mit den dort aufgeführten stets unzulässigen Handlungen gegenüber Verbrauchern.

Der Anhang des UWG enthält eine sogenannte ***„Schwarze Liste“*** mit eigenständigen und von den übrigen Regelungen des UWG unabhängigen Verbotstatbeständen. Der Inhalt dieses Anhangs wird durch die Richtlinie über unlautere Geschäftspraktiken vorgegeben und gilt sohin in allen Mitgliedstaaten, wenngleich auch das deutsche UWG den Anhang der Richtlinie nicht spiegelgleich übernommen, sondern die einzelnen Verbotstatbestände zum Teil unterschiedlich integriert hat[309].

8.2.2. Die Zuwiderhandlung gegen eine gesetzliche Vorschrift

Unter dem Oberbegriff *„Rechtsbruch“* definiert § 3a UWG als unlautere Handlung, wenn der Unternehmer einer gesetzlichen Vorschrift zuwiderhandelt und diese Handlung dazu geeignet ist, das Marktverhalten spürbar zu beeinträchtigen.

8.2.2.1. Gesetzliche Vorschrift

Nicht jede Norm ist dazu geeignet, einen Wettbewerbsverstoß zu begründen. Als gesetzliche Vorschrift kann ein Gesetz, ebenso aber auch eine Rechtsverordnung, Kammersatzung oder auch ein für allgemeinverbindlich erklärter Tarifvertrag herangezogen werden. Hingegen nicht relevant sind Handelsbräuche, Wettbewerbsregeln der Privatwirtschaft oder auch Gerichtsentscheidungen.

Per Definition fallen unter § 3a UWG nur solche Vorschriften, die im Interesse des Marktteilnehmers das Marktverhalten regeln wollen, sohin einen **Marktbezug** aufweisen. Da hierfür allerdings jedes Verbraucherinteresse genügt, soweit dieses marktbezogen ausgelegt werden kann, ist der Anwendungsbereich diesbezüglich weit gefasst und eine Einschränkung durch dieses Kriterium von geringer Bedeutung. So kann beispielsweise der Verstoß gegen das Widerrufsrecht des Verbrau-

[309] Ausführliche Übersicht in BeckOK UWG/Alexander, *UWG-Kommentar* § 3 Rn. 125 ff.

chers gemäß § 312 g BGB dazu führen, dass die Verwendung der Allgemeinen Geschäftsbedingungen als unlauter im Wettbewerb eingestuft wird[310].

Hingegen fehlt ein unmittelbarer Marktbezug bei Normen des Steuerrechts, des Umweltrechts sowie auch des geistigen Eigentums. Weiterhin abzugrenzen sind Normen, die nicht nur das Marktverhalten, sondern auch oder ausschließlich des Marktzutrittsverhalten regeln. Hierzu gehören die Wettbewerbsverbote der §§ 60, 117 HGB und des § 88 AktG. Oftmals sind dort bereits zu den Verhaltensweisen konkrete Sanktionen abschließend geregelt, sodass es der zusätzlichen Anwendbarkeit des Lauterkeitsrechts nicht mehr bedarf.

8.2.2.2. Spürbare Beeinträchtigung

Weitere Voraussetzung eines Wettbewerbsverstoßes durch Zuwiderhandlung gegen eine gesetzliche Vorschrift ist die spürbare Beeinträchtigung durch die Wettbewerbshandlung. Dabei handelt es sich um ein Kriterium, welches nicht bereits durch das beanstandete Verhalten indiziert wird. Vielmehr muss der Anspruchsteller die **wettbewerbsrechtliche Relevanz** des beanstandeten Verhaltens darlegen und gegebenenfalls auch beweisen. Dabei können Kriterien wie beispielsweise die Eingriffsintensität und die durch das Marktverhalten begründeten Risiken angeführt werden. Entscheidend sind auch die Dauer und die Häufigkeit des Verstoßes. Die Interessen der Mitbewerber sind durch die Schädigung des Geschäftsrufs, die Behinderung der Geschäftstätigkeit und die Schädigung der übrigen immateriellen Geschäftswerte spürbar beeinträchtigt.

8.2.3. Die Beeinträchtigung des Mitbewerbers

In § 4 UWG wird der Mitbewerber in seinem Geschäftsbetrieb, seiner Produktion und seinem Ruf geschützt. Die Norm regelt damit das bereits angesprochene **horizontale Marktverhältnis im B2B-Geschäft**. Geltend machen kann das Recht aus § 4 UWG sohin ausschließlich der Mitbewerber, nicht aber der sonstige Marktteilnehmer oder gar Verbraucher.

Als unlauteres und damit unzulässiges Verhalten definiert § 4 UWG das Herabsetzen oder Verunglimpfen von Kennzeichen, Waren, Dienstleistungen, Tätigkeiten oder den persönlichen oder wirtschaftlichen Verhältnissen des Mitbewerbers. Ebenso dürfen über das Unternehmen eines Mitbewerbers bzw. über dessen Waren und Dienstleistungen keine Tatsachen behauptet oder verbreitet werden, die geeignet sind, den Betrieb oder die Kreditwürdigkeit des Unternehmens zu schädigen. Nachahmungen dürfen nicht mit der Beeinträchtigung oder Ausnutzung der Wertschätzung der nachgeahmten Ware arbeiten. Ein Mitbewerber darf von einem Unternehmen nicht gezielt beeinträchtigt werden.

---

[310] BGH, Urt. v. 20.10.2021, Az. I ZR 96/20 NJW-RR 2022, 121

8.2.3.1. Herabsetzen oder Verunglimpfen

Als unlauteres Verhalten ist es gemäß Art. 4 Nr. 1 UWG wettbewerbswidrig, die Produkte eines Mitbewerbers herabzusetzen oder zu verunglimpfen. Das Wettbewerbsrecht geht davon aus, dass der Goodwill eines Unternehmens einen wesentlichen Faktor für dessen erfolgreiche Markttätigkeit darstellt. In Schlussfolgerung dazu führt eine Beeinträchtigung dieser erarbeiteten Wertschätzung am Markt dazu, dass die Wettbewerbschancen des Unternehmens negativ beeinflusst werden.

Zum Herabsetzen und Verunglimpfen gehören Schmähkritik ohne erkennbar sachlichen Bezug. Die Äußerung muss einen **wertenden Charakter** haben, die reine Tatsachenbehauptung hingegen fällt unter den nachfolgend behandelten Tatbestand der Rufschädigung.

Dem Verbot der Herabsetzung oder Verunglimpfung gegenüber stehen das Grundrecht des Art. 5 Abs. 1 GG sowie Art. 10 EMRK, die das Recht auf kommerzielle Meinungsäußerung schützen und so auch Werbeaussagen zulassen, die einen wertenden Inhalt haben. Letztendlich muss eine Interessenabwägung zwischen dem Schutz des Mitbewerbers vor einer Herabsetzung und dem Grundrecht auf kommerzielle freie Meinungsäußerung vorgenommen werden. Häufig ausschlaggebend ist dabei, ob die Äußerung des Mitbewerbers der Wahrheitsfindung und Markttransparenz dient oder aber ob pauschale Äußerungen den Absatz des Mitbewerbers stören sollen.

8.2.3.2. Rufschädigung

Ist die Äußerung eines Mitbewerbers zwar nicht herabsetzend oder verunglimpfend, aber dennoch dazu geeignet, den Ruf des Unternehmers zu schädigen, so ist diese ebenfalls als unlauteres Verhalten unzulässig, § 4 Nr. 2 UWG. Der Tatbestand der Rufschädigung umfasst jede Tatsachenbehauptung, die falsch ist bzw. jedenfalls vom Mitbewerber nicht bewiesen werden kann.

8.2.3.3. Nachahmung

Wer nachgeahmte Produkte anbietet und damit die Abnehmer über die betriebliche Herkunft der Produkte täuscht, die Wertschätzung der nachgeahmten Produkte unangemessen ausnutzt oder beeinträchtigt oder gar die für die Nachahmung erforderlichen Kenntnisse unredlich erlangt, handelt unlauter, § 4 Nr. 3 UWG. Derartige Ansprüche überschneiden sich oftmals mit Marken- und Patentrechten.

Bei der Nachahmung einer Ware oder Dienstleistung muss zuerst einmal das Original eines Produktes als Vorbild bekannt sein. Die Produkte des Unternehmers und des Mitbewerbers müssen sich also **zeitlich nacheinander entwickelt** haben, um überhaupt als Nachahmung gelten zu können[311].

---

[311] BGH, Urt. v. 26.6.2008, Az. I ZR 170/05 – GRUR 2008, 1115.

Weiterhin muss das nachgeahmte Produkt dem Originalprodukt derart ähnlich sein, dass es sich in diesem wiedererkennen lässt. Den **Wiedererkennungswert** hatte beispielsweise das vor dem Bundesgerichtshof geführte Verfahren eines Herstellers der sogenannten *„Gummibärchen"* gegen einen Hersteller von Schokoladenfiguren unter der Bezeichnung *„Goldbären"* zum Gegenstand. Für die Beurteilung der Ähnlichkeit hat das Gericht auf die Gesamtwirkung beider Produkte abgestellt und ist dabei aufgrund der unterschiedlichen Materialien, Körperhaltung der Figuren und Farbgestaltung zu dem Schluss gekommen, dass eine für den Wiedererkennungswert erforderliche Ähnlichkeit nicht hinreichend gegeben ist[312].

8.2.3.4. Gezielte Behinderung

Ebenfalls ist die gezielte Behinderung der Mitbewerber ein unlauteres Verhalten, § 4 Nr. 4 UWG. Ein Fall der gezielten Behinderung wird oftmals mit dem Tatbestand der Herabsetzung oder Verunglimpfung des Mitbewerbers zusammenfallen. Ein besonderer Anwendungsfall ist aber wohl dann gegeben, wenn die Herabsetzung sich nur mittelbar aus dem Verhalten des Mitbewerbers ergibt.

Die Behinderung ist weit definiert als jede Beeinträchtigung der wettbewerblichen Entfaltungsmöglichkeiten des Mitbewerbers. Dabei soll der **positive Leistungswettbewerb**, der die eigene Absatzsteigerung zum Ziel hat und so gleichzeitig auch den Absatz des Mitbewerbers behindern kann, nicht eingeschränkt werden. Hinzutreten muss als abgrenzendes Merkmal der gezielte Zweck als Unlauterkeitsmerkmal, also die Absicht des Unternehmers, den Mitbewerber in seiner Entfaltung zu behindern und ihn dadurch zu beeinträchtigen. Das Verhalten im Behinderungswettbewerb hat sohin im Gegensatz zum Leistungswettbewerb eine negative Zielrichtung. Letztendlich kommt es zu einer Interessenabwägung zwischen dem eigenen Entfaltungsinteresse des Unternehmers und den Interessen der übrigen Mitbewerber sowie der Allgemeinheit. So hat beispielsweise der Bundesgerichtshof in einem Fall des sogenannten *„Screen Scrapings"* durch Interessenabwägung zugunsten des Unternehmers entschieden, der auf seinem Internetportal für die Vermittlung von Flugbuchungen eben jenes Verfahren verwendet hatte, bei dem die Information von der Webseite einer Fluggesellschaft automatisch in die eigene Homepage integriert wurde. Das Interesse der Fluggesellschaft an der Eigenvermarktung ihrer Flüge muss hinter dem Angebot des Vermittlers zurückstecken. Das Integrieren der von der Fluggesellschaft auf ihrer Homepage zur Verfügung gestellten Informationen ist in einer Gesamtwürdigung nicht darauf ausgerichtet, die Fluggesellschaft in ihrer wettbewerblichen Entfaltung zu behindern, sondern baut das Verhalten vielmehr aufeinander auf[313].

---

[312] BGH, Urt. v. 23.9.2015, Az. I ZR 105/14 – GRUR 2015, 1214.
[313] BGH, Urt. v. 30.4.2014, Az. I ZR 224/12 – GRUR 2014, 785.

8.2.4. Aggressive geschäftliche Handlung

Der Schutzzweck des Verbotes der aggressiven geschäftlichen Handlung[314] zielt auf die Entscheidungsfreiheit der Verbraucher und sonstigen Marktteilnehmer ab. Dabei definiert § 4a Abs. 1 S. 2 UWG eine geschäftliche Handlung als aggressiv, wenn sie dazu geeignet ist, die Entscheidungsfreiheit durch Belästigung, Nötigung einschließlich der Anwendung körperlicher Gewalt oder unzulässige Beeinflussung zu beeinträchtigen.

Der Normzweck dieser Vorschrift ist der **Schutz der geschäftlichen Entscheidungsfreiheit**. Der Verbraucher oder sonstige Marktteilnehmer muss durch die Beeinflussung eine andere geschäftliche Entscheidung treffen, als er dies ohne die aggressive geschäftliche Handlung getan hätte. Sohin muss sich die Beeinflussung zugunsten des Unternehmers auch auswirken.

Bei der Prüfung von Verträgen und den sich hieraus ergebenden Ansprüchen ist es wichtig, neben § 4a UWG auch den Anfechtungstatbestand des § 123 Abs. 1 BGB wegen widerrechtlicher Drohung zu erkennen. Beide Tatbestände setzen in der Regel das Ausnutzen eines Machtgefälles voraus und können, müssen jedoch nicht nebeneinander erfüllt sein.

8.2.4.1. Belästigung

§ 4a Abs. 1 S. 2 Nr. 1 UWG definiert die Belästigung als unlauteres Verhalten gegenüber Verbrauchern und sonstigen Marktteilnehmern. Unter dem Begriff der Belästigung ist eine geschäftliche Handlung zu verstehen, an der das Gegenüber erkennbar nicht interessiert ist. Dieser Eingriff in die Individualsphäre muss einen **störenden Charakter** haben, der zumindest nicht vollkommen unerheblich ist. So ist beispielsweise das Ansprechen in der Öffentlichkeit in der Regel keine wettbewerbswidrige Belästigung, sofern das Ansprechen im öffentlichen Verkaufs- oder Verkehrsraum keine Intensität erreicht, die objektiv als Beeinträchtigung der Privatsphäre im engeren Sinne angesehen wird. Anderes kann sich bereits dann ergeben, wenn der Adressat offen bekundet, dass er das Ansprechen nicht wünscht oder durch hartnäckige Wiederholungen eine relevante Belästigungsgrenze erreicht wird. Weitere Beispiele für eine unlautere Belästigung können eine als Auskunft getarnte Werbeaktion oder jede Art von Hausbesuchen sein, da diese Aktionen die Privatsphäre in besonders intensiver Art und Weise beeinträchtigen und die Situation eines Bedrohungsszenarios oder zumindest einer unangemessenen Beeinflussung leicht hervorrufen können.

Weiterhin können unter den Tatbestand der Belästigung jegliche Kaufappelle unmittelbar an Minderjährige fallen, nicht hingegen das schlichte Ansprechen von Kindern innerhalb der Werbung. Nicht ausreichend ist eine Werbung, die bei Kindern lediglich einen Kaufwunsch erweckt, da die Entscheidung über den tatsäch-

[314] Alexander, *Werbeblocker und Medienfinanzierung*, NJW 2018, 3620.

lichen Kauf noch immer bei den Eltern liegt und von diesen eine erzieherische Einflussnahme auch zu Ungunsten des Kinderwunsches erwartet werden kann. Die Grenze ist aber dort zu ziehen, wo eine Geschäftspraktik den Gruppenzwang der Kinder untereinander ausnutzt[315].

Ebenfalls als Belästigung gilt das Zusenden von unbestellter Ware sowie das Erbringen von nicht bestellten Dienstleistungen, sofern beides mit der Aufforderung zur Zahlung bzw. einer notwendigen Rücksendung verbunden wird.

8.2.4.2. Nötigung

Unter einer Nötigung versteht das Lauterkeitsrecht das In-Aussicht-Stellen eines empfindlichen Übels, auf das der Handelnde Einfluss hat oder zumindest einen solchen vorgibt. Das Drohen mit physischer Gewalt ist dabei nicht erforderlich. Vielmehr ist das Drohen mit jedem Übel, das beim Adressaten den Eindruck massiver Nachteile erweckt und ihn zum Erwerb von Waren oder Dienstleistungen bewegen soll, ausreichend. Ein klassisches Beispiel der unlauteren Nötigung ist das Ankündigen vonseiten Inkassounternehmen, die bei Nichtzahlung des Schuldners unterschwellig mit dem Besuch eines auf körperliche Gewalt spezialisierten Mitarbeiterteams drohen[316].

8.2.4.3. Unzulässige Beeinflussung

Zu guter Letzt definiert § 4a Abs. 1 S. 2 Nr. 3 UWG mit der unzulässigen Beeinflussung der Verbraucher und sonstigen Marktteilnehmer einen Oberbegriff, der in Abs. 2 weiter definiert wird als geschäftliche Handlung, die eine Machtposition des Unternehmers zur Ausübung von Druck derart ausnutzt, dass die Fähigkeit zu einer informierten Entscheidung wesentlich eingeschränkt wird. Die unzulässige Beeinflussung muss eine Intensität erreichen, die einer Belästigung oder Nötigung zumindest gleichkommt.

Zentrales Erfordernis der unzulässigen Beeinflussung ist die Machtposition des Unternehmens. Der Bundesgerichtshof stellte dafür auf eine ***„überlegene Stellung“ ab, die „situativ oder strukturell – etwa durch wirtschaftliche Überlegenheit – begründet sein kann“***[317]. Die Perspektive dieser Beurteilung ist immer die Sicht des Verbrauchers, da sich der Einfluss aus der Sicht des Unterlegenen im Marktverhältnis ergeben muss.

Eben diese Machtposition muss sodann vom Unternehmer auch ausgenutzt werden, um jenen Druck zu erzeugen, der die Entscheidungsfreiheit beeinflusst. Entscheidend ist, ob sich der Durchschnittsadressat durch das Verhalten des Unternehmers in seiner Entscheidungsfreiheit unter Druck gesetzt fühlt, ihm also die Gefahr eines

[315] BGH, Urt. v. 12.7.2007, Az. I ZR 82/05 – MMR 2208, 248.

[316] OLG München, Urt. v. 9.7.2009, Az. 29 U 1852/09 – GRUR-RR 2010, 50.

[317] BGH, Urt. v. 19.4.2018, Az. I ZR 154/16 – NJW 2018, 3640.

Nachteils den Erwerb der Waren oder Dienstleistungen des Unternehmers nahelegt. Geeignet kann auch das Drohen mit einem moralischen Druck sein.

Die unzulässige Beeinflussung durch den Unternehmer findet ihre Grenze in den sogenannten **Verkaufsförderungsmaßnahmen**. Dabei ist die Gewohnheit des durchschnittlichen Kaufadressaten entscheidend. Den Verbrauchern und sonstigen Marktteilnehmern wird ein eigenständiges Beurteilen von Angeboten zugemutet, wo sie regelmäßig an Kaufanreize gewöhnt sind. Wirbt also ein Unternehmen mit kurzfristig vergünstigten Angeboten, so stellt allein dies noch keine unangemessene Druckausübung dar.

Praktische Einzelfälle, in denen eine unzulässige Beeinflussung bejaht wurde, sind beispielsweise das Bestechen von Mitarbeitern, deren Entschluss auf die Entscheidungsfähigkeit des Geschäftsherrn durchschlägt, oder auch der Autoritätsmissbrauch von Arbeitgebern bei der Erwerbsempfehlung an ihre Arbeitnehmer. Nicht die erforderliche Intensität der Einflussnahme erreicht hingegen das Ausnutzen des Spiel- und Sammeltriebs durch Marketingmethoden sowie der schlichte Appell an die Dankbarkeit oder das soziale Gewissen.

8.2.5. Irreführende geschäftliche Handlungen

Das Verbot der irreführenden geschäftlichen Handlung steht im Einklang mit dem im Wettbewerbsrecht gewichtigen Wahrheitsgrundsatz. Neben der Vollharmonisierung des UWG im B2C-Bereich mit der Richtlinie über unlautere Geschäftspraktiken findet für die irreführende geschäftliche Handlung gegenüber sonstigen Marktteilnehmern im B2B-Geschäft auch eine europarechtliche Harmonisierung mit der Werberichtlinie[318] statt.

Eine irreführende geschäftliche Handlung gegenüber einem Verbraucher oder sonstigen Marktteilnehmer ist unlauter gemäß § 5 UWG. Die Beurteilung erfolgt aus der Sicht eines Durchschnittsverbrauchers, den die Rechtsprechung als normal informiert, angemessen aufmerksam und verständig definiert[319]. Normzweck ist der **Schutz der Entscheidungsfreiheit vor unlauterer Beeinträchtigung**. Irreführend sind unwahre Angaben des Unternehmers, die den Adressaten zu einer geschäftlichen Entscheidung veranlassen, aber auch sonstige zur Täuschung geeignete Angaben, die in § 5 Abs 2 UWG konkret in sieben Punkten benannt sind. Eine Täuschung liegt dann vor, wenn eine hervorgerufene Vorstellung des angesprochenen Durchschnittsadressaten von der Wirklichkeit abweicht. Dabei kommt es auf den Gesamteindruck beim Adressaten an. So vermittelt beispielsweise die Werbeaussage *„Direkt ab Werk"* den Eindruck, dass der Verkaufspreis mit dem Abgabepreis des Herstellers ohne Gewinnspanne des Verkäufers übereinstimmt[320]. Auch kann eine objektiv richtige Angabe dazu geeignet sein, beim Adressaten eine Fehlvor-

[318] Richtlinie 2006/114/EG des Europäischen Parlaments und des Rates vom 12.12.2006.

[319] Meier, Irreführung – „A more economic approach", GRUR 2022, 1185.

[320] BGH, Urt. v. 20.1.2005, Az. I ZR 96/02 – NJW-RR 2005, 684.

stellung hervorzurufen und damit irreführend zu sein, wobei die Anforderung an ein unlauteres Verhalten bei wahren Aussagen in der Interessensabwägung entsprechend höher gesetzt werden muss.

Der Vertragsersteller muss immer bedenken, dass die Vereinbarung von nichtigen Vertragsklauseln oder falsche Informationen über Kundenrechte dazu geeignet sind, ein unlauteres Verhalten im Sinne einer irreführenden geschäftlichen Handlung zu setzen. Wohl begründet derartiges Verhalten kein vertragliches Recht, es ist jedoch dazu geeignet, den Kunden von der Geltendmachung seines Rechtes potenziell abzuhalten. Vereinbart beispielsweise ein Unternehmer gegenüber dem Verbraucher einen Gewährleistungsausschluss, so ist dieser Ausschluss zwar nicht wirksam vereinbart im Sinne von § 476 BGB, unlauter ist aber das Täuschen über die Wirksamkeit dieser Vereinbarung. Gleiches gilt, wenn der Unternehmer in seiner Werbung darauf abzielt, seine Kunden zu übervorteilen ohne dahinterstehende Absicht, diesen Vorteil auch tatsächlich zu gewähren.

8.2.5.1. Irreführung durch aktives Tun

Der Unternehmer muss eine Angabe machen, die einer inhaltlichen Überprüfbarkeit zugänglich ist. Voraussetzung ist also überhaupt ein **Informationsgehalt der Äußerung**. Die irreführende Angabe kann in jeder möglichen Äußerungsform zum Ausdruck gekommen. Sie kann mündlich, schriftlich oder ebenso durch bildliche Darstellung veranlasst werden.

Von der unlauteren Handlung abzugrenzen sind Aussagen, die in den Bereich der freien Meinungsäußerung fallen und damit am Grundrechtsschutz der Allgemeinen Meinungsfreiheit nach Art. 5 GG zu messen sind. Schwierig ist die Abgrenzung dann, wenn in der Meinungsäußerung ein versteckter Tatsachenkern transportiert werden soll. Sogenannte nichtssagende Anpreisungen oder reklamehafte Übertreibungen bleiben in der Regel ohne Tatsachenangabe. Auch bei Aussagen mit Humor und Wortspiel wird vom Durchschnittsadressaten erwartet, dass er diese in der Regel als solche erkennt und deren Aussagegehalt richtig einordnen kann.

8.2.5.2. Irreführung durch Unterlassen

Mit der Irreführung durch Unterlassen, gesondert geregelt in § 5a UWG, sind die dem Unternehmer obliegenden **Informationspflichten** gegenüber Verbrauchern und sonstigen Marktteilnehmern gemeint. Im Einzelfall ist eine Irreführung daher durch Unterlassen möglich, auch wenn es zuerst einmal an einer sonst erforderlichen Angabe fehlt. Dabei reicht es aus, dass von der Angabe des Unternehmers unter anderem auch Verbraucher und sonstige Marktteilnehmer beeinflusst werden.

Grundsätzlich forderte das Wettbewerbsrecht keine Vollständigkeit in der Werbeaussage und normiert auch keine generelle Aufklärungspflicht. Der Unternehmer handelt jedoch unlauter, wenn er dem Verbraucher oder sonstigen Marktteilnehmer wesentliche Informationen vorenthält, die dieser für eine sogenannte *„informierte* *geschäftliche Entscheidung*" benötigt und durch deren Fehlen er möglicherweise eine andere Entscheidung getroffen hat. Für die Irreführung durch Unterlassen geeignet sind insbesondere vom Unionsrecht vorgegebene Informationspflichten des Unternehmers gegenüber Verbrauchern, denen der Unternehmer bei Vertragsschluss nicht nachkommt.

Ausdrücklich definiert ist auch in § 5a Abs. 4 UWB die Verpflichtung des Influencers, den kommerziellen Zweck seiner geschäftlichen Handlungen kenntlich zu machen. Diese Pflicht entfällt nur dann, wenn der Influencer kein Entgelt und auch keine ähnliche Gegenleistung erhält oder sich versprechen lässt. Eine Kennzeichnungspflicht besteht also bereits dann, wenn der Influencer die Produkte kostenlos vom Hersteller zur Verfügung gestellt bekommt.

Von praktischer Relevanz ist auch die Rechtsprechung des Bundesgerichtshofes zu den im Internet häufig anzutreffenden Preisvergleichsportalen, die darüber informieren müssen, dass nur Anbieter, die auch eine Provision für den Vertragsabschluss an das Portal zahlen, berücksichtigt werden[321]. Gleichzeitig gibt § 5bUWG einen Katalog über diejenigen Informationen vor, deren Fehlen ein unlauteres Verhalten begründet.

Sind Verbraucherinteressen betroffen, findet sich in § 5c UWG ein ergänzender strenger Katalog über die verbotene Verletzung von Verbraucherinteressen durch unlautere geschäftlichen Handlungen mit seinem Bezug zu einem weitverbreiteten Verstoß mit unionsrechtlicher Dimension. Die dort enthaltene „Black List" listet verbotene Handlungen auf, welche in Ergänzung mit der Bußgeldvorschrift des § 19 UWG zu einem empfindlichen Bußgeld für den Unternehmer führen können[322].

8.2.6. Vergleichende Werbung

Vergleichende Werbung ist **dem Grunde nach erlaubt**. § 6 UWG legt fest, dass vergleichende Werbung nur unter bestimmten Bedingungen ein unlauteres Verhalten begründen kann, und normiert anschließend insgesamt sechs Unlauterkeitstatbestände. Die Norm führt zu einer Vollharmonisierung des deutschen Rechts mit der Werberichtlinie und ist entsprechend richtlinienkonform auszulegen.

Um vergleichend zu sein, muss die Werbung einen Mitbewerber oder die von ihm angebotenen Waren oder Dienstleistungen erkennbar machen. Der Adressat muss also die verglichene Ware oder Dienstleistung erkennen können. Dabei ist nicht jegliche vergleichende Werbung unzulässig im Sinne des Wettbewerbsrechts. Grundsätzlich bietet der Vergleich von Waren und Dienstleistungen, sofern er auf wahrheitsgemäßen und für den Verbraucher relevanten Eigenschaften beruht, die Möglichkeit, der Informationsbeschaffung des Verbrauchers zu dienen und Markt-

---

[321] BGH, Urt. v. 27.4.2017, Az. I ZR 55/16 (KG) – GRUR 2017, 1265.

[322] Kalbfus/Uhlenhut/Feilke, Umwälzungen im Wettbewerbsrecht: Kommen jetzt Massenverfahren und Bußgelder?, CCZ 2022, 99.

transparenz herbeizuführen[323]. Von diesem positiven Effekt auf den Wettbewerb ist die negative Beeinflussung zu unterscheiden, die bei einem Marktverhalten gemäß den nachfolgend einzeln erörterten sechs Tatbeständen des § 6 Abs. 2 UWG zu befürchten ist.

8.2.6.1. Keine Waren und Dienstleistungen des gleichen Bedarfs oder derselben Zweckbestimmung

Eine Irreführung des Adressaten durch vergleichende Werbung unterschiedlicher Produktgruppen muss der Unternehmer vermeiden. Vergleicht ein Unternehmer in seiner Werbung seine Produkte mit denen eines Mitbewerbers, so muss es sich um Waren oder Dienstleistungen für den gleichen Bedarf oder dieselbe Zweckbestimmung handeln, § 6 Abs. 2 Nr. 1 UWG. Vergleichende Werbung außerhalb eines solchen Substitutionsverhältnisses ist unlauter. Die Waren müssen substituierbar sein und einen hinreichenden Grad an Austauschbarkeit besitzen, wobei die Anforderungen weit zu beurteilen sind[324]. Es reicht, wenn die Produkte dem Durchschnittsverbraucher als **zum gleichen Bedarf zugehörig** erscheinen. Dabei ist allein auf die beworbenen Produkte abzustellen, nicht auf das gesamte Angebotssortiment des Unternehmers. Beispielsweise dürfte ein Vergleich in der Werbung zwischen einem Lebensmittelprodukt und einem Arzneimittelprodukt als unlauter anzusehen sein.

8.2.6.2. Der Eigenschaftsvergleich

Der Vergleich des eigenen mit dem fremden Produkt muss objektiv sein und wesentliche, relevante, nachprüfbare und typische Eigenschaften oder den Preis zum Gegenstand haben, § 6 Abs. 2 Nr. 2 UWG. Dahinter steht die Überlegung, dass der positive Effekt der vergleichenden Werbung dem Adressaten die Kaufentscheidung erleichtern soll, indem ihm die wesentlichen Produkteigenschaften aufbereitet und nebeneinandergestellt werden. In der Praxis problematisch wird in der Regel die Objektivität des Vergleiches sein. Entscheidend ist nicht, welche Wertung der Werbende dem Vergleich beimisst. Vielmehr muss dieser auch objektiv nachvollziehbar sein.

8.2.6.3. Die Verwechslungsgefahr

Birgt die vergleichende Werbung eine Verwechslungsgefahr entweder zwischen dem Unternehmer und einem Mitbewerber oder zwischen den verglichenen Produkten oder den verwendeten Kennzeichen, so ist auch dies ein unlauteres Verhalten im Sinne von § 6 Abs. 2 Nr. 3 UWG. Will der Unternehmer sein Produkt neben jenem anderer erwähnen, kann er durch Zusätze wie *„ähnlich"* eine solche Verwechslungsgefahr ausschließen[325]. Für den Adressaten der Werbung muss klar

---

[323] Vergleiche Werberichtlinie Erwägungsgrund 6 und 8.

[324] EuGH, Urt. v. 18.11.2010, Az. C-159/09 – GRUR 2011, 159.

[325] BGH, Urt. v. 2.4.2014, Az. I ZR 167/13 – GRUR 2015, 1136.

erkennbar sein, welches Produkt zum Werbenden gehört und welches ein Erzeugnis des Mitbewerbers darstellt.

8.2.6.4. Die Rufausnutzung oder -beeinträchtigung

Grundsätzlich können die Produkte bei ihrer Gegenüberstellung durch Benennung von Marke oder Handelsnamen erkennbar gemacht werden, oftmals ist dies sogar unerlässlich[326]. Setzt aber ein Unternehmer bei dem Vergleich von Waren und Dienstleistungen erkennbar nicht auf die positive Wettbewerbsinformation für den Adressaten, sondern bezweckt er vielmehr die Ausbeutung des fremden Rufs des Konkurrenten für seine eigenen Zwecke, so ist derartiges Verhalten wettbewerbswidrig. Bei der Rufausnutzung muss die Werbung über die schlichte Benennung des Konkurrenten hinausgehen. Beispielsweise hat der Bundesgerichtshof die Verwendung der Formulierung *„a la Cartier"* für Schmuckstücke eines Drittunternehmers als Rufausnutzung angesehen[327]. Ebenso gilt für die Rufbeeinträchtigung, dass neben der schlichten Benennung oder Kennzeichnung ein besonderes schädigendes Moment hinzutreten muss.

8.2.6.5. Herabsetzen oder Verunglimpfen

Ein Unternehmer, der in seiner Werbung die Produkte, Tätigkeiten oder persönlichen bzw. geschäftlichen Verhältnisse eines Mitbewerbers herabsetzt oder verunglimpft, handelt unlauter im Sinne von § 6 Abs. 2 Nr. 5 UWG. Auch hier ist die Sicht des Durchschnittsverbrauchers maßgeblich, der die Äußerungen in der vergleichenden Werbung nicht nur als herabsetzend, sondern als unangemessen abfällig, abwertend oder verunglimpfend empfinden muss. Ironie und humoristische Vergleiche sind zulässig, sofern diese ein Maß an pointierter Aussage nicht überschreiten. Unzulässig sind hingegen pauschale Abwertungen, Spott und Hohn.

8.2.6.6. Imitation oder Nachahmung

Zu guter Letzt darf auch der Vergleich in der Werbung nicht das Produkt als Imitation oder Nachahmung eines anderen, unter einem geschützten Kennzeichen vertriebenen Produktes darstellen, § 6 Abs. 2 Nr. 6 UWG. Geschützt sind demnach nur solche Produkte, die unter einer eingetragenen oder nicht eingetragenen Marke oder einem Unternehmenskennzeichen am Markt angeboten werden. Erweckt sodann die vergleichende Werbung den Anschein, dass das beworbene Produkt die verglichene Ware oder Dienstleistung in seinen wesentlichen Eigenschaften imitiert, so ist die vergleichende Werbung unlauter. Problematisch ist die Abgrenzung insbesondere dann, wenn eine technische Gleichwertigkeit behauptet werden soll, was in der Regel für den Vorwurf der Imitation nicht ausreicht.

---

[326] Vgl. Werberichtlinie, Erwägungsgründe 8 und 14 f.

[327] BGH, Urt. v. 4.12.2008, Az. I ZR 3/06 – GRUR 2009, 871.

8.2.7. Unzumutbare Belästigung

Eine geschäftliche Handlung darf den Marktteilnehmer nicht in unzumutbarer Weise belästigen. Andernfalls ist dieses Verhalten unlauter, wobei § 7 Abs. 1 UWG besonders die **unerwünschte Werbung** hervorhebt. Gemeint ist ausschließlich die Belästigung des Verbrauchers und sonstigen Marktteilnehmers. Auch wenn sowohl § 4a UWG als auch § 7 UWG beide die Belästigung der Marktteilnehmer sanktionieren und das UWG damit scheinbar eine Doppelregelung gefunden hat, so haben beide Normen doch einen unterschiedlichen Schutzzweck. Denn während § 4a UWG die Entscheidungsfreiheit des Marktteilnehmers schützt, bezweckt § 7 UWG vorrangig den Schutz der Privatsphäre vor einem unerwünschten Eindringen[328]. Bekannte Anwendungsfälle der unzumutbaren Belästigung sind beispielsweise das Einwerfen von Briefkastenwerbung trotz Aufklebers „keine Werbung“ oder auch der Haustürvertrieb. Ergänzend formuliert § 7 Abs. 2 UWG sodann verschiedene stets unlautere Methoden, wie das hartnäckige Ansprechen im Fernabsatz, die Verwendung automatischer Anrufmaschinen oder Ähnliches sowie Werbung, die den Absender oder Kontaktdaten nicht offen erkennen lässt.

Auch das sogenannte *„Cold Calling“*, also Telefonanrufe zu Werbezwecken, in welche der Verbraucher vorher nicht ausdrücklich eingewilligt hat, fallen unter das unlautere Verhalten der unzumutbaren Belästigung. Die Einwilligung des Verbrauchers in Telefonwerbung ist grundsätzlich möglich. Der Unternehmer muss diese Einwilligung aber in angemessener Form dokumentieren und über den Zeitraum von fünf Jahren aufbewahren, § 7a UWG.

8.3. Ansprüche und Sanktionen

Die Rechtsfolge eines wettbewerbsrechtlichen Verstoßes ist im deutschen UWG hauptsächlich der zivilrechtliche Anspruch, der ein weiteres Fehlverhalten verhindern, aber auch die zu Unrecht erlangten wirtschaftlichen Vorteile abschöpfen will. Ebenso ist unter bestimmten Voraussetzungen auch ein individueller Schadensersatzanspruch des Verbrauchers möglich. Die Anspruchsgrundlage dazu bilden die §§ 8 bis 10 UWG in Verbindung mit den vorstehend beschriebenen Unlauterkeitstatbeständen.

8.3.1. Die Aktivlegitimation

Das Wettbewerbsrecht ist ein Marktordnungsrecht und regelt daher auch eine besondere Anspruchsberechtigung. Es liegt auf der Hand, dass nicht jedermann einen Wettbewerbsverstoß am Markt reklamieren und Ansprüche hieraus für sich geltend machen kann. Andernfalls bestände die Gefahr, dass der Wettbewerb durch Abmahnungen und einstweilige Verfügungen vieler Nichtbetroffener behindert würde. Aktivlegitimiert und damit anspruchsberechtigt kann nur sein, wer unmittelbar vom

[328] Emmerich/Lange, *Unlauterer Wettbewerb* § 13 Rn. 3.

unlauteren Verhalten des Unternehmers betroffen ist. Entscheidend ist die geschützte Zielgruppe des einzelnen Verstoßes.

8.3.1.1. Der anspruchsberechtigte Mitbewerber

Der Mitbewerber kann die ihn schützenden Rechte geltend machen, er kann den Unternehmer auf Unterlassung und Beseitigung des ihn schädigenden Verhaltens in Anspruch nehmen und Ersatz des ihm aus dem unlauteren Verhalten entstandenen Schadens fordern. Voraussetzung ist immer, dass sowohl der anspruchsberechtigte Mitbewerber als auch der wettbewerbswidrig handelnde Unternehmer in einem **konkreten Wettbewerbsverhältnis** stehen. Daneben hat der Mitbewerber darzulegen, dass er in nicht unerheblichem Maße und nicht nur gelegentlich Waren oder Dienstleistungen vertreibt oder nachfragt[329].

8.3.1.2. Der anspruchsberechtigte Verband

Auch wenn das Wettbewerbsrecht dem Verbraucherschutz bzw. dem Schutz der sonstigen Marktteilnehmer dient, kann doch der einzelne Verbraucher einen Beseitigungs- und Unterlassungsanspruch nicht selbst geltend machen. Das UWG begründet keinen diesbezüglichen individuellen Anspruch der Konsumenten. Stattdessen kann der Schutz der Verbraucher durch Verbände im Rahmen einer Verbandsklage gemäß § 8 Abs. 3 UWG wahrgenommen werden. Zu diesen Verbänden gehören in Deutschland die sogenannten qualifizierten Wirtschaftsverbände[330], Verbraucherverbände[331] sowie auch die Industrie- und Handelskammern oder Handwerkskammern. Der Grund für die Übertragung der Aktiv**legitimation auf Verbände** liegt im Zweck des Wettbewerbsrechtes, nämlich der Erhaltung eines fairen Wettbewerbs. Industrie- und Handelskammern aber auch Wirtschaftsverbände sollen bei unlauterem Wettbewerbsverhalten gebündelt und mit der ihnen immanenten Marktkenntnis vorgehen können. Dabei muss zwischen den Mitgliedern eines Verbandes und dem Anspruchsgegner grundsätzlich ein Wettbewerbsverhältnis bestehen.

Bei einem Verstoß gegen die Verordnung (EU) 2019/1150 des Europäischen Parlaments und des Rates vom 20. Juni 2019 zur Förderung von Fairness und Transparenz für gewerbliche Nutzer von Online-Vermittlungsdiensten sind in § 8a UWG abweichend Verbände, Organisationen und öffentliche Stellung definiert, die die Voraussetzungen des Art. 14 Abs. 3 und 4 der Verordnung (EU) 2019/1150 erfüllen.

---

[329] BGH, Urt. v. 24.02.2022, Az. I ZR 128/21 NJW-RR 2022, 691

[330] Definiert in § 8b UWG und als Liste einsehbar unter https://www.bundesjustizamt.de/SharedDocs/Downloads/DE/Verbraucherschutz/Liste_qualifizierter_Wirtschaftsverbaende_UWG.html

[331] Definiert in § 4 UKlaG und als Liste einsehbar unter https://www.bundesjustizamt.de/SharedDocs/Downloads/DE/Verbraucherschutz/Liste_qualifizierter_Einrichtungen.html

8.3.1.3. Der Verbraucher

Mit der Einführung des § 9 Abs. 2 UWG ist auch der Verbraucher selbst aktivlegitimiert, wenn er seinen individuellen Schadensersatzanspruch gegenüber dem Unternehmer durchsetzen will[332].

8.3.2. Beseitigung und Unterlassung

Der Unterlassungsanspruch zielt darauf ab, ein bereits praktiziertes wettbewerbswidriges Verhalten für die Zukunft zu unterbinden. Er ist damit das wichtigste Mittel, um schädigendes Verhalten vom Markt abzuwenden. Der Unterlassungs- und Beseitigungsanspruch ist geregelt in § 8 UWG und steht sowohl dem Mitbewerber als auch den die Interessen der Verbraucher und sonstigen Marktteilnehmer vertretenden Verbänden zu.

8.3.2.1. Unterlassung

Der Unterlassungsanspruch ist verschuldensunabhängig und kann bereits dann geltend gemacht werden, wenn ein Wettbewerbsverstoß droht. Er setzt eine **Wiederholungsgefahr** voraus, die aber bereits in der Praxis bei einem einmaligen Verstoß in der Regel vermutet wird[333].

8.3.2.2. Beseitigung

Mit der Aufforderung zur Unterlassung kann auch die Beseitigung des bereits eingetretenen Störungszustandes verlangt werden. Klassische Beispiele für eine solche Beseitigung sind die öffentliche Gegendarstellung oder auch das Entfernen von Werbeaktionen.

Der Anspruchsgegner wird auch innerhalb seiner Vertriebskette neben der passiven Unterlassung zu einem aktiven Tun verpflichtet, sofern die Beseitigung möglich und zumutbar ist. Hat beispielsweise ein Unternehmer wettbewerbswidrig gekennzeichnete Produkte im B2B-Geschäft für den Weiterverkauf an den Endverbraucher verkauft, so kann er nicht nur zur Unterlassung des eigenen Vertriebs, sondern auch zum aktiven Einwirken auf seinen Vertriebspartner dahingehend, dass dieser den Weiterverkauf stoppen möge, verpflichtet werden. Zwar kann der Anspruchsgegner nicht für das Verhalten seines Vertriebspartners als Dritten verantwortlich gemacht werden, er muss aber zumindest alles ihm Mögliche und Zumutbare getan haben, um auf seinen Vertragspartner im Sinne eines Verkaufsstopps einzuwirken[334].

---

[332] Scherer, Zahnloser Tiger oder schlagkräftiges Rechtsinstitut? Anspruchskonkurrenzen des Verbraucherschadensersatzes gemäß § 9 II UWG, GRUR 2022, 787.

[333] Emmerich/Lange, *Unlauterer Wettbewerb* § 21 Rn. 8.

[334] BGH, Beschl. v. 29.9.2016, Az. I ZB 34/15 – GRUR 2017, 208, ders. Urt. v. 4.5.2017, Az. I ZR 208/15 – GRUR 2017, 823.

8.3.2.3. Anspruchsgegner

Als Anspruchsgegner kommt in der Regel der Verletzer selbst in Betracht. Wird das wettbewerbswidrige Verhalten durch die Mitarbeiter eines Unternehmens gesetzt, so kann auch das Unternehmen selbst in Anspruch genommen werden. Hingegen begründet sich kein selbstständiger Anspruch gegen den Vorstand einer AG oder den Geschäftsführer einer GmbH, sofern das unlautere Verhalten nicht durch diese selbst begangen wird.

Problematisch kann weiterhin der richtige Anspruchsgegner dann werden, wenn in das wettbewerbswidrige Verhalten sogenannte Mittelspersonen involviert sind. Hierzu gehören diverse Plattform- oder Forenbetreiber im Internet ebenso wie der Inhaber eines Internetanschlusses. Diese sogenannte **Intermediärhaftung** richtet sich nicht gegen den Täter selbst, sondern gegen einen Dritten, der ein Medium für das wettbewerbswidrige Verhalten geschäftlich bietet[335]. So obliegt dem Betreiber einer Internet-Auktionsplattform nach der Rechtsansicht des Bundesgerichtshofs eine Prüfungspflicht der dort eingestellten Inhalte im Sinne einer wettbewerbsrechtlichen Verkehrspflicht jedenfalls dann, wenn konkret auf ein wettbewerbswidriges – hier jugendgefährdendes – Produkt hingewiesen worden ist. Diese Prüfpflicht erstreckt sich dann nicht nur auf das konkrete Produkt, sondern vielmehr muss der Plattformbetreiber auch dafür Sorge tragen, dass das Produkt nicht erneut eingestellt wird[336].

8.3.2.4. Missbrauch

Bei der Rechtsverfolgung des Anspruchs sollte auf die Besonderheit des § 8cUWG geachtet werden. Die Norm will der Gefahr des Missbrauchs des Anspruchs vorbeugen und definiert einen nicht abschließenden Katalog von Anhaltspunkten, bei denen im Zweifel ein Missbrauch anzunehmen ist. Dazu zählen unter anderem die Geltendmachung der Ansprüche zum Ersatz von Aufwendungen oder von Kosten der Rechtsverfolgung oder auch eine überhöhte Vertragsstrafe.. In diesen Fällen wechselt das Wettbewerbsrecht die Seiten und spricht dem Anspruchsgegner die Aufwendungen für die Verteidigung gegen den missbräuchlich begehrten Anspruch zu, § 8c Abs. 3 UWG.

8.3.3. Auskunft

Der Auskunftsanspruch des Wettbewerbsrechts ergibt sich aus § 8 Abs. 5 UWG i. V. m. dem dort enthaltenen Verweis auf § 13 Unterlassungsklagengesetz (UKlaG). Der Anspruch steht ausschließlich Wirtschafts- und Verbraucherverbänden sowie den Industrie- und Handelskammern zu. Dem Mitbewerber hingegen wird kein

[335] Ohly, Die Haftung von Internet-Dienstleistern für die Verletzung lauterkeitsrechtlicher Verkehrspflichten, GRUR 2017, 441.

[336] BGH, Urt. v. 12.7.2007, Az. I ZR 18/04 – GRUR 2007, 890.

Auskunftsanspruch eingeräumt, das Wettbewerbsrecht will keinen Anreiz zur Ausforschung von Konkurrenzunternehmen schaffen.

8.3.4. Schadensersatz

Das Recht auf Schadensersatz steht zum einendem **Mitbewerber** zu und setzt ein vorsätzliches oder fahrlässiges Handeln voraus. Geregelt in § 9 UWG ist neben dem eigentlichen Wettbewerbsverstoß des Konkurrenten auch eine sogenannte haftungsbegründende Kausalität zwischen dem Verstoß und dem eingetretenen Schaden erforderlich. Der Unwertgehalt des Wettbewerbsverstoßes muss sich in dem erlittenen Schaden widerspiegeln. Diese haftungsbegründende Kausalität bereitet des Öfteren Probleme, da sich der durch die Störung des Wettbewerbsverhältnisses konkret eingetretene Vermögensschaden kaum beziffern lässt. In der Regel wird man beim Mitbewerber zwar die Möglichkeit von Umsatzeinbußen vermuten können, der **Beweis der konkreten** Höhe selbiger ist aber schwer zu führen. Werden beispielsweise potenzielle Kunden durch wettbewerbswidriges Verhalten von einem Konkurrenten angezogen, so ist es beim betroffenen Mitbewerber letztendlich nie zu einem konkreten Auftrag gekommen, sodass für die Schadensberechnung eine beweisfähige Grundlage fehlt. Erfolgt eine gerichtliche Durchsetzung des Schadensersatzanspruchs, kann das Gericht eine Schätzung des Schadens unter Würdigung aller Umstände nach freier Überzeugung vornehmen. Erforderlich ist aber jedenfalls eine Darstellung konkreter Anhaltspunkte für die Berechnung, die nicht auf einer rein theoretischen Schätzung des Antragstellers beruhen darf[337]. Ein Schadensersatz ist daher nur schwer zu begründen und der Anspruch in der Praxis von recht geringer Bedeutung.

Daneben ist in § 9 Abs. 2 mit der Gesetzesnovelle des UWG aus dem Jahr 2022 erstmals ein **individueller Schadensersatzanspruch des Verbrauchers** vorgesehen. Der Verbraucher kann den Ersatz des negativen Interesses beanspruchen. Es ist ihm gegenüber derjenige Zustand wieder herzustellen, der ohne die unzulässige geschäftliche Handlung bestände, die den Verbraucher zu der konkreten geschäftlichen Entscheidung, in der Regel also dem Vertragsschluss, veranlasst hat. Der bisherige Hautpanwendungsfall in der Praxis ist die geltend gemachte Belastung mit einer Verbindlichkeit, beispielsweise durch ein für den Kauf aufgenommenes Darlehen[338].

8.3.5. Gewinnabschöpfung

Neben dem Schadensersatzanspruch regelt § 10 UWG unter der Voraussetzung eines vorsätzlichen oder zumindest grob fahrlässigen Handelns des Unternehmers die Möglichkeit der Gewinnabschöpfung. Dabei wird der Unternehmer zur Herausgabe

[337] BAG, Urt. v. 26.9.2012, Az. 10 AZR 370/10 – NJW 2013, 331.

[338] Kalbfus/Uhlenhut/Feilke, Umwälzungen im Wettbewerbsrecht: Kommen jetzt Massenverfahren und Bußgelder?, CCZ 2022, 99.

des durch die wettbewerbswidrige Handlung erzielten Gewinns an den Bundeshaushalt verpflichtet. Der Anspruch kann ausschließlich von den abmahnberechtigten Verbänden und Kammern geltend gemacht werden und wird in der Praxis bislang als kaum wirkungsvolles Marktsteuerungsinstrument angesehen[339].

8.3.6. Sanktionen

In seinem vierten und letzten Kapitel enthält das UWG eine geringe Anzahl an **Straf- und Bußgeldvorschriften**. Ausnahmsweise mit einer Freiheitsstrafe von bis zu zwei Jahren oder mit Geldstrafe wird belangt, wer vorsätzlich eine irreführende Werbung betreibt. Gleiches gilt für die sogenannten Schneeballsysteme in Form einer progressiven Kundenwerbung. Daneben sanktioniert § 20 UWG die unerlaubte Telefonwerbung mit einem Bußgeld von bis zu 300.000 EUR.

8.3.7. Verjährung

Das Lauterkeitsrecht regelt gesondert seine Verjährungsfristen in § 11 UWG. Diese sind kurz bemessen, sodass die Verjährung für den Anspruch auf Beseitigung und Unterlassung sowie auf Schadensersatz gegenüber dem Mitbewerber sowie den Verbänden und Kammern nach **sechs Monaten** eintritt. Gleiches gilt für die Erstattung der für die Abmahnung entstehenden Kosten. Die Verjährung des Schadensersatzanspruchs des Verbrauchers tritt hingegen erst nach **12 Monaten** ein.

Die Frist beginnt erst dann zu laufen, wenn der Gläubiger Kenntnis von der Person und den Umständen des wettbewerbswidrigen Verhaltens erhält oder grob fahrlässig nicht erlangt. Daneben gilt die lange Verjährungsfrist trotz Unkenntnis von zehn Jahren ab Entstehung des Anspruchs bzw. von 30 Jahren von der den Schaden auslösenden Handlung an gerechnet.

8.4. Das Verfahren

Bei der Durchsetzung der wettbewerbsrechtlichen Ansprüche stehen sich der Mitbewerber bzw. die Verbände und Kammern als Antragsteller bzw. Kläger und der das wettbewerbswidrige Verhalten setzende Unternehmer als Antragsgegner bzw. Beklagter gegenüber. Auf das Verfahren finden die Verfahrensvorschriften der §§ 12 bis 15a UWG sowie ergänzend die zivilrechtlichen Verfahrensvorschriften der ZPO Anwendung.

8.4.1. Die Abmahnung

Der Unterlassungs- und Beseitigungsanspruch gemäß § 8 UWG wird zuerst einmal durch eine vorprozessuale Abmahnung geltend gemacht, § 13 UWG. Das Abmahnschreiben muss den Anspruchsberechtigten offenbaren sowie den Anspruchsgegner auf die konkret beschriebene wettbewerbswidrige Handlung hinweisen. Damit ver-

[339] Henning-Bodewig, *Die Gewinnabschöpfung nach § 10 UWG – ein Flop?* GRUR 2015, 731.

bunden ist eine Aufforderung an den Unternehmer, diese Handlung künftighin zu unterlassen sowie eine strafbewehrten Unterlassungserklärung abzugeben[340].

Die Abmahnung beruht auf der Annahme, dass ein einmal gesetztes wettbewerbswidriges Verhalten eine **Wiederholungsgefahr** in sich birgt, welche dadurch beseitigt wird, dass der Unternehmer sich künftighin zur Unterlassung verpflichtet. Daher formuliert auch § 13 Abs. 1 UWG ausdrücklich, dass der Schuldner vor Einleitung eines gerichtlichen Verfahrens abgemahnt werden „soll“. § 13 Abs. 1 UWG statuiert weiterhin, dass der Streit durch Unterlassungsverpflichtung beizulegen ist und diese mit einer **angemessenen Vertragsstrafe** belegt werden kann.

Die so unterzeichnete Unterwerfungserklärung hat zwei wesentliche Vorteile für den Anspruchsberechtigten. Zum einen ist später ein Schadensersatzanspruch leichter durchsetzbar, da für jedes danach gesetzte Verhalten das Verschulden des Verletzers annähernd außer Frage steht. Zum anderen kann die in der Unterlassungserklärung enthaltene Vertragsstrafe bei weiteren Verstößen leicht eingefordert werden.

Erfolgt die Abmahnung durch einen Rechtsanwalt oder einen mit der Vertretung beauftragten Dritten, so muss dieser eine unterzeichnete **Vollmacht im Original** beigefügt werden. Andernfalls setzt sich der Abmahnende der Gefahr aus, dass bei unverzüglicher Zurückweisung die Abmahnung unwirksam ist. Einen Unterschied macht die Rechtsprechung des Bundesgerichtshofes nur dann, wenn die Abmahnung mit einem gleichzeitigen Angebot zum Abschluss eines Unterwerfungsvertrages verbunden ist[341].

Das Instrument der wettbewerbsrechtlichen Abmahnung sollte im Übrigen vorsichtig und nicht vorschnell verwendet werden. Wird der in Anspruch genommene Unternehmer zu Unrecht abgemahnt oder entspricht die Abmahnung nicht den Inhaltsvorgaben des § 13 Abs. 2 UWG, so kann der Abgemahnte die für seine Verteidigung erforderlichen Rechtsanwaltskosten beim Abmahnenden einfordern und so für eine Umkehr der schadensersatzberechtigten Seiten sorgen, § 13 Abs. 5 UWG› .

8.4.2. Die gerichtliche Durchsetzung

Für die gerichtliche Durchsetzung der Ansprüche aufgrund eines Wettbewerbsverstoßes sind die **Landgerichte** ausschließlich zuständig, § 14 UWG. Durch Rechtsverordnung können Wettbewerbsstreitigkeiten für Bezirke mehrerer Landgerichte auf ein hierfür zuständiges Gericht konzentriert werden.

Bei der örtlichen Zuständigkeit hat der Anspruchsteller das Wahlrecht zwischen dem Gericht am Wohnsitz, Sitz oder der Niederlassung des Anspruchsgegners. Ist der Anspruchsteller ein Mitbewerber oder hat der Anspruchsgegner im Inland we-

---

[340] Zur Wirkung der wettbewerbsrechtlichen Abmahnung mit Beispielsfällen: Frey, *Die wettbewerbsrechtliche Abmahnung*, JuS 2014, 968.

[341] BGH, Urt. v. 19.5.2010, Az. I ZR 140/08 – GRUR 2010, 1120.

der eine gewerbliche noch eine selbstständige berufliche Niederlassung noch einen Wohnsitz, so kann die gerichtliche Durchsetzung am sogenannten **Gerichtsstand des Begehungsortes** erfolgen. An diesem muss zumindest ein Teil der Verletzungshandlung erfolgt sein. Insofern kommen beispielsweise bei unlauterer Werbung, die weithin verbreitet wurde, oder auch beim Vertrieb von wettbewerbswidrigen Produkten durch verschiedene Filialen eine Vielzahl von Möglichkeiten zuständiger Gerichte infrage. Der Anspruchsteller kann sich also oftmals das zuständige Gericht aussuchen, was in der Praxis dazu führt, dass sich die komplexen UWG-Verfahren bei erfahrenen Gerichten bündeln.

Wichtig bei der gerichtlichen Durchsetzung ist die Formulierung des konkreten Antrages. Dieser muss bestimmt sein und den Wettbewerbsverstoß konkret bezeichnen, gleichzeitig aber auch abstrakt eine möglichst umfangreiche Absicherung gegen das wettbewerbswidrige Verhalten bringen. Für das Gericht muss erkennbar sein, welches Verhalten der Anspruchsteller genau beanstandet.

8.4.2.1. Einstweilige Verfügung

Der Antrag auf Erlass einer einstweiligen Verfügung ist das im Wettbewerbsrecht vorrangige Mittel, um durch eine gerichtliche Entscheidung weitere Verstöße schnell zu unterbinden.

Die für die einstweilige Verfügung erforderliche Dringlichkeit wird bei Wettbewerbssachen im Hinblick auf die Unterlassung gem. § 12 Abs. 1 UWG vermutet. Wird mit der einstweiligen Verfügung die Unterlassung begehrt, so kann diese daher auch ohne Darlegung und **Glaubhaftmachung der Dringlichkeit** erfolgen. Im Hinblick auf die Beseitigung wird in der Regel eine Eilbedürftigkeit nicht im gleichen Maße vermutet, wie dies bei der Gefahr durch künftige Wettbewerbsverstöße der Fall ist. Weiterhin fordert die Beseitigung des Unrechtstatbestandes eine Darlegung und Beweisaufnahme zu den Anspruchsvoraussetzungen. Ratsam ist daher die gesonderte Geltendmachung im späteren Klageverfahren.

Drohen dem Mitbewerber besonders schmerzhafte Nachteile durch das wettbewerbswidrige Verhalten und ist nicht davon auszugehen, dass eine Abmahnung zum schnell gewünschten Erfolg führt, mag eine einstweilige Verfügung ohne vorherige Abmahnung ein probates Mittel sein. Der Antragsteller muss dann aber damit rechnen, dass er im Fall eines sofortigen Anerkenntnisses des Verletzers die Kosten des Verfahrens trägt.

Der Verfahrensablauf der einstweiligen Verfügung führt dazu, dass kurzfristig eine mündliche Verhandlung anberaumt wird. In dringenden Fällen allerdings und in der Praxis durchaus üblich erfolgt die Entscheidung ohne diese und auch **ohne vorherige Anhörung des Antragsgegners**. Der Antragsgegner wird dann von der einstweiligen Verfügung überrascht. Um dem vorzubeugen, kann der Antragsgegner für den Fall, dass er entgegen der zuvor zugegangenen Abmahnung der Meinung ist, dass sein Verhalten nicht wettbewerbswidrig ist, bei Gericht eine sogenannte

Schutzschrift einreichen. Damit kann der Antragsgegner bereits vorab dem Gericht seine Argumente darlegen und so den Sachverhalt aus seiner Sicht schildern.

8.4.2.2. Hauptsacheverfahren

Die im einstweiligen Verfügungsverfahren ergangene Entscheidung regelt das Rechtsverhältnis nur vorläufig, wenngleich besagte Verfahren in der Praxis oftmals mit einem alles abschließenden Vergleich enden. Finden die Parteien allerdings keine Einigung, so führt das Hauptsacheverfahren zum Abschluss des Rechtstreits.

Wird eine einstweilige Verfügung ohne Abschluss und ohne anschließendes Hauptsacheverfahren im Raum stehen gelassen, so tritt **nach sechs Monaten Verjährung** des Anspruchs ein und der Antragsgegner kann die Aufhebung der Verfügung beantragen.

Die Parteien können aber auch eine anderweitige Möglichkeit finden, das Hauptsacheverfahren zu umgehen. Nach Erlass der einstweiligen Verfügung kann der Anspruchsteller an den Anspruchsgegner ein sogenanntes **Abschlussschreiben** richten, mit welchem er vom Anspruchsgegner eine Abschlusserklärung fordert. Will der Anspruchsgegner beispielsweise aus Kostengründen kein weiteres Verfahren, so kann er mit der Abschlusserklärung die einstweilige Verfügung als endgültige Regelung anerkennen. Das Abschlussschreiben löst für den anwaltlich vertretenen Anspruchsteller weitere nicht unerhebliche Kosten aus, die vom Anspruchsgegner zu tragen sind. Die Abschlusserklärung sollte daher vom Anspruchsgegner zur Vermeidung weiterer Kosten möglichst von selbst jedenfalls binnen 14 Tagen nach Zugang der einstweiligen Verfügung abgegeben werden[342]. Während dieser sogenannten Besinnungsfrist obliegt es dem Anspruchsteller, mit dem Versand seines Abschlussschreibens zuzuwarten. Das Abschlussschreiben ist jedenfalls ratsam, bevor der Anspruchsteller ein Hauptsacheverfahren beginnt, da andernfalls ein sofortiges Anerkenntnis des Anspruchsgegners dazu führen würde, dass der Anspruchsteller die Kosten des Hauptsacheverfahrens tragen muss. Das Abschlussschreiben hat also eine Doppelfunktion, zum einen zur endgültigen Streitbeilegung und zum anderen um einen Anlass zum Hauptsacheverfahren zu begründen.

8.4.3. Die Zuständigkeit der Einigungsstellen

In § 15 UWG ist weiterhin festgehalten, dass die Landesregierungen bei den Industrie- und Handelskammern Einigungsstellen errichten. Diese kann der Anspruchsteller ebenfalls anrufen, um einen gütlichen Ausgleich herbeizuführen.

[342] OLG Hamburg, Urt. v. 6.2.2014, Az. 3 U 119/13 – GRUR-RR 2014, 229.

9. Allgemeine Geschäftsbedingungen

Das Recht der Allgemeinen Geschäftsbedingungen[343] ist für das Vertragsrecht von erheblicher Bedeutung, ist es beim Vertragsschluss doch immer dann zu beachten, wenn Klauseln des Vertrages vorformuliert werden. Ebenso wie in Österreich die §§ 864a und 879 Abs. 2 öABGB sind die deutschen Regelungen zur Gestaltung rechtsgeschäftlicher Schuldverhältnisse durch Allgemeine Geschäftsbedingungen (AGB-Recht) nicht in einem eigenen Gesetz formuliert, sondern wurden durch das Schuldrechtsmodernisierungsgesetz für Verträge nach dem 31.12.2001 in das BGB integriert. Die verfahrensrechtlichen Vorschriften finden sich gesondert im UKlaG.

Allgemeine Geschäftsbedingungen werden aus verschiedenen Gründen verwendet. Der Verwender will für sich eine Rechtssicherheit schaffen, indem er für eine Vielzahl der von ihm mit verschiedenen Vertragspartnern geschlossenen Verträge von ein und derselben Rechtslage ausgehen kann. Der Verwender wird versuchen, die gegebene Rechtslage zu seinen Gunsten abzuändern, sofern die betreffenden Normen dies zulassen. Damit einher geht für den Verwender in der Regel auch eine Rationalisierung seiner Vertragsabläufe. Er muss sich nicht mit jedem Kunden einzeln über den Inhalt des Vertrages auseinandersetzen, sondern kann schlicht auf die Einbeziehung seiner Allgemeinen Geschäftsbedingungen verweisen. Es kommt zur Ersparnis von Zeit und auch Kosten. Hierfür ist es notwendig, dass der Verwender die Allgemeinen Geschäftsbedingungen zum einen wirksam in den Vertrag einbezieht und zum anderen der Inhalt seiner Allgemeinen Geschäftsbedingungen nicht über die Grenze des Zulässigen hinausgeht.

Zweck der AGB-rechtlichen Normen ist der Schutz des Vertragspartners vor einer einseitigen Risikoabwälzung. Charakteristisch ist der Umstand, dass der Vertragspartner des Verwenders keine Möglichkeit der Einflussnahme auf die ihm vorgeschlagenen Allgemeine Geschäftsbedingungen hat und sohin die Gefahr einer unangemessenen Benachteiligung entsteht. Dabei spielt auch die Marktmacht des Verwenders eine Rolle, da bei Ablehnung der Allgemeinen Geschäftsbedingungen durch den Vertragspartner der Vertrag in der Regel gar nicht zustande kommen wird.

Sämtliche Regelungen zum AGB-Recht sind gegenüber Verbrauchern europarechtskonform auszulegen, gehen sie doch auf die Umsetzung der Richtlinie über missbräuchliche Klauseln in Verbraucherverträgen[344] zurück.

9.1. Anwendungsbereich

Das AGB-Recht findet mit einigen Ausnahmen im gesamten zivilrechtlichen Bereich Anwendung. § 305 BGB definiert gemeinsam mit den Beschränkungen des § 310 BGB den Anwendungsbereich und nimmt lediglich Verträge des Erb-, Fami-

343 Lorenz/Gärtner, *Grundwissen – Zivilrecht: Allgemeine Geschäftsbedingungen*, JuS 2013, 199.

344 Richtlinie 93/13/EWG des Rates vom 5.4.1993.

lien- und Gesellschaftsrechts sowie diverse Verträge des Finanzdienstleistungs- und Arbeitsrechts davon aus. Weiterhin ist der Anwendungsbereich im B2B-Geschäft zumindest eingeschränkt, worauf zu den jeweils einschlägigen Normen später noch näher verwiesen werden wird.

Allgemeine Geschäftsbedingungen treten hauptsächlich in zwei Formen auf. Zum einen kennt das deutsche Recht die sogenannten **Formularverträge**, bei denen der Vertragsinhalt selbst bereits vorformuliert an den Vertragspartner übergeben wird und auch für eine Vielzahl von Vertragspartnern geeignet ist. Er ist nicht individuell zugeschnitten und auch für den Vertragspartner nicht verhandelbar. Ein gängiges Beispiel ist der Mietvertrag, der jedem Mieter vom Vermieter eines Mehrparteienhauses mit gleichem Regelungsinhalt vorgelegt wird und oftmals sogar vorgedruckt ist. Zum anderen werden ausformulierte Allgemeine Geschäftsbedingungen als gesonderter Bestandteil in Verträge integriert, insbesondere üblich im Onlinehandel.

9.2. Definition

Ob die Klauseln einer Vereinbarung als Allgemeine Geschäftsbedingungen zu behandeln sind, wird in § 305 Abs. 1 BGB legaldefiniert. Es muss sich um Vertragsbedingungen handeln, die für eine Vielzahl von Verträgen vorformuliert worden sind und die einseitig vom Verwender bei Vertragsschluss gestellt werden. Dabei wird das Kriterium der Vertragsbedingungen in den meisten Fällen unproblematisch gegeben sein. Darunter fallen alle Vereinbarungen, die auf die Herbeiführung einer Rechtsfolge abzielen. Die Verwendung in einer Vielzahl von Verträgen muss zumindest beabsichtigt, nicht aber bereits erfüllt sein. Entscheidend ist die Absicht des Verwenders. Eine Einordnung als Allgemeine Geschäftsbedingungen ist dann bereits bei der ersten Verwendung veranlasst. Die Rechtsprechung geht davon aus, dass jedenfalls eine **dreifache Verwendungsabsicht** ausreicht[345]. Bei der Verwendung gegenüber Verbrauchern genügt verschärft sogar ausdrücklich die einmalige Verwendung, sofern die Möglichkeit der Einflussnahme durch den Verbraucher ausgeschlossen ist, § 310 Abs. 3 Nr. 2 BGB.

In der Praxis kommt dem Merkmal des Aushandelns besondere Bedeutung zu. Dem AGB-Recht steht die Individualvereinbarung gegenüber, die nicht einseitig vom Verwender in den Vertrag einfließt, sondern vielmehr von beiden Seiten aktiv gestaltet werden kann. Der Bundesgerichtshof stellt in seiner ständigen Rechtsprechung auf das äußere Erscheinungsbild ab und sieht bei **gedruckten oder offenbar kopierten Klauselwerken eine vorformulierte Vereinbarung prima facie**[346]. Einem Aushandeln der Vertragsbedingungen kommt es nicht gleich, wenn der Vertrag dem Vertragspartner erklärt wird oder eine Erörterung der Bedeutung einzelner Klauseln stattfindet. Vielmehr muss der Verwender die einzelnen Klauseln und den darin befindlichen gesetzesfremden Kerngehalt ernsthaft zur Disposition stellen

[345] MüKoBGB/Basedow, *BGB-Kommentar* § 305 Rn. 18.
[346] BGH, Urt. v. 20.3.2014, Az. VII ZR 248/13 – NJW 2014, 1725.

und der Vertragspartner eine reale Möglichkeit haben, den vorformulierten Inhalt unter Wahrung seiner eigenen Interessen abzuändern[347]. Will der Unternehmer beim Vertragsschluss tatsächlich eine Individualvereinbarung mit seinem Vertragspartner aushandeln, kann er nicht deutlich genug die Regelungen seines Vertrages zur Disposition stellen, um den Anschein einer einseitigen Gestaltungsmacht zu umgehen. So hat der Bundesgerichtshof in einem Rechtsstreit zwischen Unternehmern kein individuelles Aushandeln aus dem Umstand geschlossen, dass der ausformulierte Vertrag der Vertragspartei mit der Bitte um Mitteilung ihrer *„Anmerkungen oder Änderungswünsche“* übersandt wurde[348]. Das Andeuten von Verhandlungsbereitschaft sei noch nicht mit der tatsächlichen Gelegenheit gleichzusetzen, dass der Vertragspartner eigene Textvorschläge effektiv durchsetzen könne. In der Praxis empfiehlt es sich sohin, das Verhandeln über den Vertragsinhalt deutlich zu kommunizieren und zu dokumentieren[349].

Ergänzungsmöglichkeiten oder Lücken in der Vertragsformulierung, die ein Ausfüllen des Vertragsformulars verlangen, stehen der Anwendung von AGBRecht ebenfalls nicht entgegen. Auch macht es keinen Unterschied, ob der Formularvertrag eine Klausel beinhaltet, mit welcher die Parteien ein individualvertragliches Aushandeln des Vertrages bestätigen, da sie mit einer derartigen Formulierung quasi die Anwendbarkeit des AGB-Rechts ausschließen könnten.

9.3. Wirksame Einbeziehung in den Vertrag

Die von einem Unternehmer formulierten Allgemeinen Geschäftsbedingungen gelten nicht grundsätzlich gegenüber allen Vertragspartnern, sondern müssen vielmehr in jeden Vertrag individuell einbezogen werden und gelten dann ausschließlich inter partes.

9.3.1. Einbeziehung gegenüber Verbrauchern

Die Allgemeinen Geschäftsbedingungen werden in den Vertrag einbezogen, wenn der Verwender seinen Vertragspartner vor oder bei Vertragsschluss auf die Einbeziehung der Allgemeinen Geschäftsbedingungen hinweist und ihm hinreichend die Möglichkeit verschafft, in zumutbarer Weise von deren Inhalt Kenntnis zu nehmen. Dies wird jedenfalls durch die Aushändigung der Allgemeinen Geschäftsbedingungen an den Vertragspartner vor oder bei Vertragsschluss erreicht. Findet der Vertragsschluss online statt, so genügt die **Möglichkeit des Abspeicherns** der Allgemeinen Geschäftsbedingungen.

Der Verbraucher muss sich ausdrücklich mit den Allgemeinen Geschäftsbedingungen einverstanden erklären.

[347] BGH, Urt. v. 22.11.2012, Az. VII ZR 222/12 – NJW 2013, 856.
[348] BGH, Urt. v. 20.1.2016, Az. VIII ZR 26/15 – NJW 2016, 1230.
[349] Graf v. Westphalen, *AGB-Recht im Jahr 2016*, NJW 2017, 2237.

Eine Ausnahme bildet § 305 Abs. 2 BGB. Ist ein Hinweis auf die Allgemeinen Geschäftsbedingungen bei Vertragsschluss unverhältnismäßig schwierig, so kann der Verwender vor Ort einen deutlich sichtbaren Aushang anbringen, den seine Kunden zur Kenntnis nehmen können. Derartiges Vorgehen ist oft bei Geschäften des täglichen Lebens und der Unterhaltung der Fall, beispielsweise bei Konzert- oder Sportveranstaltungen oder in der Autowaschanlage.

9.3.2. Einbeziehung gegenüber Unternehmern

Die Einbeziehung der Allgemeinen Geschäftsbedingungen ist in § 305 Abs. 2 und 3 BGB i. V. m. § 310 Abs. 1 S. 1. BGB gesondert geregelt, wenn der Vertragspartner des Verwenders ein Unternehmer ist. Das Integrieren in den Vertrag wird im B2B-Geschäft für den Verwender erleichtert, zumal der Vertragspartner im Geschäftsverkehr **grundsätzlich die Verwendung von Allgemeinen Geschäftsbedingungen erwartet**. Die Einbeziehung der Allgemeinen Geschäftsbedingungen in den Vertrag kann entweder ausdrücklich oder stillschweigend durch schlüssiges Verhalten erfolgen. Der Vertragspartner muss nach dem Hinweis des Verwenders auf seine Allgemeinen Geschäftsbedingungen zumindest in der Lage sein, sich Kenntnis von deren Inhalt zu verschaffen und durch sein Verhalten zu verstehen geben, dass er diese bei Vertragsschluss akzeptiert. Auch muss bei einer bestehenden Geschäftsbeziehung zwischen den Vertragspartnern nicht immer wieder erneut auf die Allgemeinen Geschäftsbedingungen verwiesen werden. Vielmehr ist es ausreichend, wenn am Anfang der Geschäftsbeziehung die Einbeziehung in alle Verträge vereinbart worden ist.

Daneben gibt es auch branchenübliche Allgemeine Geschäftsbedingungen, bei denen ein Hinweis nicht erforderlich ist, um diese wirksam in den Vertrag einzubeziehen. Zu nennen sind beispielsweise die Allgemeinen Deutschen Spediteurbedingungen (ADSp).

Bei sich **kreuzenden Allgemeinen Geschäftsbedingungen** stellt sich das Problem, dass beide Vertragspartner Allgemeine Geschäftsbedingungen verwenden.

Diese werden sich in der Regel in Teilen widersprechen, da jeder Verwender eine für sich günstige Rechtslage schaffen möchte. Entscheidend kann dann nicht sein, wer zuletzt oder gar deutlicher den anderen Vertragsteil auf seine Allgemeinen Geschäftsbedingungen verwiesen hat. Vielmehr findet bei sich widersprechenden Klauseln keine der beiden Allgemeinen Geschäftsbedingungen Anwendung, sondern gilt sodann die gesetzliche Regelung[350].

[350] BGH, Urt. v. 9.1.2002, Az. VIII ZR 304/00 – NJW 2002, 1651.

9.3.3. Incoterms

Eine besondere Erwähnung sollen an dieser Stelle die sogenannten Incoterms 2020 *(international commercial terms)*[351] finden. Dabei handelt es sich um ein vorgegebenes Klauselwerk als Empfehlung der Internationalen Handelskammer (ICC), die dann als vereinbart gelten, wenn dies vertraglich von den Parteien festgelegt wird. Als Werk der ICC gelten die Incoterms im internationalen Handelsverkehr und können sohin ausschließlich zwischen Unternehmern vereinbart werden. Insbesondere bei sich widersprechenden Allgemeinen Geschäftsbedingungen der Unternehmer können die Incoterms eine gangbare Lösung darstellen.

Die Incoterms beinhalten insgesamt elf Lieferklauseln, die eine standardisierte Abwicklung gewährleisten. Durch die Klauseln werden die Rechte und Pflichten beider Vertragsteile auf dem Weg der Ware vom Verkäufer bis zum Käufer definiert, die Kosten der Lieferung festgelegt und auch der Gefahrenübergang konkretisiert.

9.4. Überraschende und mehrdeutige Klauseln

Gemäß § 305c BGB werden überraschende und mehrdeutige Klauseln nicht Vertragsbestandteil. Die Regelung dient dem Schutz des Vertragspartners. Sie stellt auf einen durchschnittlich erfahrenen Kunden ab und hinterfragt, mit welchen Regelungen ein solcher vernünftigerweise bei Abschluss des Vertrages gerechnet hätte. Es müssen nicht Klauseln erwartet werden, die nach ihrem äußeren Erscheinungsbild oder ihrem Inhalt oder sonstigen Umständen so ungewöhnlich sind, dass der Vertragspartner von ihnen überrascht werden kann. Maßstab für die Erwartungen sind das gesetzliche Leitbild sowie die im Geschäftsverkehr gebräuchliche Gestaltung von Verträgen gleicher Art. Je weiter sich eine Regelung in den Allgemeinen Geschäftsbedingungen von der gesetzlichen Rechtsfolge entfernt, umso eher ist von einem Überraschungseffekt auszugehen. Im Vordergrund steht die Vermeidung des sogenannten Überrumpelungseffekts des Vertragspartners, der eine an sich wirksame Regelung unzulässig werden lässt. Dahinter liegt der Gedanke, dass der Vertragspartner insbesondere bei umfangreichen Klauselwerken nicht in der Lage sein wird, diese sofort vollständig zu erfassen und zu bewerten.

Gleiches gilt für Klauseln, die an **systematisch sachfremder Stelle** vom Verwender untergebracht sind, unabhängig davon ob eine Absicht der Irreführung damit verbunden ist oder nicht. So hat der Bundesgerichtshof bei der Beurteilung eines Mietvertrages allein aufgrund der Stellung einer Haftungsausschlussvereinbarung ohne systematischen Zusammenhang darauf geschlossen, dass diese für den Mieter überraschend und nicht bindend war[352]. Es kommt nicht auf die Verortung der Regelung am Anfang, der Mitte oder am Ende der Allgemeinen Geschäftsbedingungen an, sondern vielmehr war bei dem vom Bundesgerichtshof zu beurteilenden Sach-

[351] Beispielsweise einsehbar unter www.iccgermany.de/standards-incotermsr/incoterms2020/.

[352] BGH, Urt. v. 21.7.2010, Az. XII ZR 189/08 – NJW 2010, 3152.

verhalt kein Zusammenhang zwischen der Überschrift *„Aufrechnung, Zurückbehaltung"* und dem Haftungsausschluss gegeben.

Für den Kenntnisstand des Vertragspartners und damit den Maßstab des § 305c BGB stellt die Rechtsprechung des Bundesgerichtshofs auf den für Verträge dieser Art in Betracht kommenden Personenkreis ab. So hat der Bundesgerichtshof zugunsten des Auftraggebers eines Sachverständigengutachtens nach einem Verkehrsunfall entschieden, dass von diesem keine tiefgreifende rechtliche Beurteilung einer mehrstufigen und weitreichenden Abtretungsklausel erwartet werden kann[353].

Ein klassisches Beispiel für eine überraschende Klausel ist die Vereinbarung einer Rechtswahl in den Allgemeinen Geschäftsbedingungen. Während eine Rechtswahl zwischen Unternehmern üblich und daher auch für den Vertragspartner zu erwarten ist, kann diese gegenüber einem Verbraucher sehr wohl überraschend sein. Jedenfalls für den Fall, dass durch die geänderte Rechtswahl von nationalen zwingenden Bestimmungen abgewichen wird, hat auch der Europäische Gerichtshof eine Rechtswahlklausel in Allgemeinen Geschäftsbedingungen für unwirksam erklärt bzw. zumindest eine Hinweispflicht des Verwenders angenommen[354].

Daneben gilt auch für mehrdeutige Klauseln, dass Zweifel zugunsten der Vertragspartei gehen.

9.5. Inhaltskontrolle

Die Inhaltskontrolle von Allgemeinen Geschäftsbedingungen definieren die §§ 307 bis 309 BGB, die ein Stufenverhältnis vorgeben. Konkretes findet sich in den §§ 308 und 309 BGB als sogenannte **Verbotskataloge**, die zu verschiedenen Normen des BGB konkrete Grenzen der in Allgemeinen Geschäftsbedingungen zulässigen Regelungen definieren und entweder vollständige Verbote aussprechen oder zumindest eine Wertungsmöglichkeit zulassen. Ergänzend dazu findet sich in § 307 BGB eine Generalklausel.

9.5.1. Besonderheiten gegenüber Unternehmern

Das AGB-Recht unterscheidet bei der Zulässigkeit des Inhaltes von Klauseln zwischen Verträgen mit Unternehmern und jenen mit Verbrauchern. Im B2B-Geschäft sind § 308 Nr. 1, 2–9 BGB und § 309 BGB nicht anwendbar, sämtliche dort definierten Klauselverbote gelten sohin für Geschäfte zwischen Unternehmern nicht. § 310 Abs. 1 S. 2 BGB gebietet lediglich eine Rücksichtnahme auf die im Handelsverkehr geltenden Gewohnheiten und Gebräuche. Auf die Inhaltskontrolle der Allgemeinen Geschäftsbedingungen ist ausschließlich die Generalklausel des § 307 Abs. 1BGB anwendbar. Die Verbotsklauseln entfalten über die Generalklausel des

[353] BGH, Urt. v. 21.6.2016, Az. VI ZR 475/15 – NJW-RR 2017, 501.

[354] EuGH, Urt. v. 28.7.2016, Az. C-191/15 – Anmerkungen von Junker, *Grenzen der Rechtswahl? Zur Formulierung von Rechtswahlklauseln in AGB für Verbraucherverträge*, jurisPR-ITR 21/2006 Anm. 3.

§ 307 Abs. 1 und 2 BGB aber dennoch eine mittelbare Wirkung über die Wertung des Gebotes von Treu und Glauben und der guten Sitten. In diesem Zusammenhang hat der Bundesgerichtshof seine sogenannten **GleichschrittRechtsprechung** entwickelt. Fällt der Inhalt einer Klausel unter die absolute Verbotsnorm, so ist § 309 BGB zwar nicht unmittelbar anwendbar, entfaltet aber dennoch ein Indiz zugunsten einer unangemessenen Benachteiligung des Vertragspartners. Dies kann wiederum vom Verwender widerlegt werden, indem er sein ausnahmsweise gegebenes, besonderes Interesse und Bedürfnis an einer solchen Regelung begründet[355].

9.5.2. Absolute Klauselverbote

§ 309 BGB definiert die sogenannten absoluten **Klauselverbote ohne Wertungsmöglichkeit**. Bestimmungen in Allgemeinen Geschäftsbedingungen mit dem dort normierten Inhalt sind jedenfalls unwirksam. Nachfolgend werden ohne Anspruch auf Vollständigkeit die in der Praxis bedeutsamsten Klauselverbote kurz erläutert.

9.5.2.1. Kurzfristige Preiserhöhungen, § 309 Nr. 1 BGB

Eine Bestimmung in Allgemeinen Geschäftsbedingungen, welche dem Verwender eine kurzfristige Preiserhöhung erlaubt, ist unwirksam. § 309 Nr. 1 BGB ist anwendbar auf alle entgeltlichen **Verträge über Waren und Dienstleistungen mit Erfüllung binnen vier Monaten ab Vertragsschluss**. Das Verbot erfasst sämtliche Änderungen und Vorbehalte unabhängig von deren Begründung. Verboten ist die Erhöhung selbst dann, wenn sie mit der Marktentwicklung, den Einkaufspreisen oder schwankenden Lohnkosten begründet wird. Die Verträge über Dauerschuldverhältnisse sind von dem Verbot ausgenommen.

Klauseln gegenüber Unternehmern können eine Preiserhöhung festlegen, wobei die Interessen im Sinne des § 307 BGB angemessen gewahrt sein müssen, indem sich die Preisentwicklung beispielsweise am Lohnpreisindex, am Marktpreis oder am Kostendeckungsprinzip orientiert.

9.5.2.2. Leistungsverweigerungsrecht, § 309 Nr. 2 BGB

Das Leistungsverweigerungsrecht steht der anderen Vertragspartei zu, die ihre Leistung von der Gegenleistung abhängig machen kann, § 320 BGB. Ebenso kann der Vertragspartner ein Zurückbehaltungsrecht für sich beanspruchen, solange die ihm geschuldete Leistung nicht erbracht wird, § 273 BGB. Beide Rechte sind **Kerngehalt des synallagmatischen Vertrages** und können durch Allgemeine Geschäftsbedingungen gegenüber Verbrauchern nicht ausgeschlossen werden.

Bei Verträgen zwischen Unternehmern bestehen gegen eine derartige Vereinbarung keine Bedenken.

[355] BGH, Urt. v. 19.9.2007, Az. VIII ZR 141/06 – NJW 2007, 3774.

9.5.2.3. Aufrechnungsverbot, § 309 Nr. 3 BGB

Das Aufrechnungsverbot in Allgemeinen Geschäftsbedingungen gemäß § 309 Nr. 3 BGB beschränkt sich auf **unbestrittene oder rechtskräftig festgestellte Gegenforderungen**. Mit diesen darf dem Vertragspartner eine Aufrechnung nicht untersagt werden. Bei der Formulierung eines Aufrechnungsverbotes ist zu empfehlen, dass sich die gesetzliche Grenze durch den Zusatz *„ausgenommen sind"* in der Klausel widerfindet sowie die vom Gesetzestext verwendete Bezeichnung der *„unbestrittenen oder rechtskräftigen Forderung"* unverändert übernommen wird.

Das Aufrechnungsverbot entfaltet auch Indizienwirkung für Allgemeine Geschäftsbedingungen zwischen Unternehmern[356].

9.5.2.4. Begrenzung von Schadensersatz

Ein Versuch des Verwenders, eigene Ansprüche auf Schadensersatz zu sichern oder seine Haftung bei Pflichtverletzungen aus dem Vertrag und den von ihm geforderten Schadensersatz zu begrenzen, findet sich in annähernd allen Allgemeinen Geschäftsbedingungen wieder. Die Grenzen normiert umfangreich § 309 Nr. 5 sowie Nr. 7 und 8 BGB.

9.5.2.4.1. Pauschalisierter Schadensersatz, § 309 Nr. 5 BGB

Die Verpflichtung zum pauschalierten Schadensersatz zugunsten des Verwenders ohne Möglichkeit des Gegenbeweises lässt § 309 Nr. 5 lit. a BGB in den Allgemeinen Geschäftsbedingungen nicht zu. Die Vorschrift verbietet es dem Verwender, eigene Schadensersatzansprüche oder Ansprüche wegen Wertminderung gegen die Vertragspartei bereits durch seine Allgemeinen Geschäftsbedingungen pauschal zu bestimmen, **sofern diese Pauschale den für gewöhnlich zu erwartenden Wert übersteigt**. Entscheidend für die Ermittlung der zulässigen Höhe ist der branchenübliche Durchschnittsgewinn[357].

Die Pauschalierung in Verbindung mit der Möglichkeit der zulässigen Milderung im Sinne des § 309 Nr. 5 lit. b BGB durch Einbringen einer sogenannten Gegenbeweisklausel nutzen Verwender gerne. Der pauschalierte Schadensersatz soll demnach dann zulässig sein, wenn dem Vertragspartner der Gegenbeweis für einen niedrigeren oder fehlenden Schaden eröffnet wird. Diese Klauseln führen jedoch in der Praxis zumindest aus Sicht des Vertragspartners oftmals zu Problemen, denn der Verwender allein hat Einsicht in seine Organisation, die ihm entstandenen Aufwendungen und den eingetretenen Schaden. Dem Vertragspartner ist hingegen eine eigene Einschätzung kaum möglich.

Die Klausel entfaltet auch im Unternehmerverkehr ihre Wirkung über § 307 BGB. Sofern der Unternehmer den pauschalierten Schadensersatz der Höhe nach an dem

[356] BGH, Urt. v. 27.6.2007, Az. XII ZR 54/05 – NJW 2007, 3421.
[357] BGH, Urt. v. 7.10.1981, Az. VIII ZR 229/80 – NJW 1982, 331.

durchschnittlich zu erwartenden Schaden orientiert, bestehen keine Bedenken. Die Grenze der Unangemessenheit sieht die Rechtsprechung dort, wo die Pauschale in der Regel zu einer Bereicherung des Verwenders führen würde[358].

9.5.2.4.2. Haftungsausschluss bei Vorsatz und Fahrlässigkeit, § 309 Nr. 7 BGB

Bei der Verletzung von Leben, Körper oder Gesundheit lässt § 309 Nr. 7 lit. a BGB weder einen Ausschluss der Haftung noch eine Begrenzung selbiger zu. Dies gilt unabhängig davon, ob die Verletzung fahrlässig oder vorsätzlich herbeigeführt wurde. Bei der Haftung für sonstige Schäden macht § 307 Nr. 7 lit. b BGB eine Abstufung, indem nur bei grobem Verschulden, also einer grob fahrlässigen Pflichtverletzung oder bei Vorsatz, eine Haftungsbeschränkung nicht wirksam ist. Gleiches gilt für die Gehilfenhaftung.

Die Regelungen des § 309 Nr. 7 BGB entfalten auch im unternehmerischen Rechtsverkehr volle Indizwirkung, da eine Verletzung den Unternehmer als Vertragspartei ebenso trifft wie den Verbraucher.

9.5.2.5. Vertragsstrafe, § 309 Nr. 6 BGB

Gegenüber einem Verbraucher ist die Vereinbarung einer Vertragsstrafe mittels Allgemeinen Geschäftsbedingungen unzulässig. Dies gilt jedenfalls für Verträge, bei denen der Verwender eine Sachleistung erbringen und der Vertragspartner hierfür einen Preis zahlen muss.

Im Wirtschaftsleben hingegen ist die Vertragsstrafe als Vereinbarung zwischen Unternehmern üblich. Sohin kommt § 309 Nr. 6 BGB im B2B-Geschäftsverkehr keine Indizwirkung zu, sodass über die Wertungsmöglichkeit des § 307 BGB lediglich die Art und Höhe der Vereinbarung einer Überprüfung zugänglich ist. Dazu hat der Bundesgerichtshof in seiner Rechtsprechung bestätigt, dass zwar der Charakter der Vertragsstrafe als Druckmittel im Geschäftsverkehr anerkennungswürdig ist, die Höhe und der damit geahndete Verstoß aber im Verhältnis **angemessen** sein müssen[359]. Bei der Formulierung der Klausel empfiehlt es sich für den Verwender darauf zu achten, dass sich die Höhe der Strafe am Gewicht des Verstoßes orientiert und möglicherweise eine Abstufung verschiedener Strafhöhen zu einer Verhältnismäßigkeit führt.

9.5.2.6. Auflösung des Vertrages, § 309 Nr. 8 lit. a BGB

Steht dem Verbraucher aufgrund einer Pflichtverletzung des Verwenders ein gesetzlicher Anspruch zum Rücktritt vom Vertrag zu, so kann dieses Recht nicht mittels Allgemeinen Geschäftsbedingungen ausgeschlossen werden. Darunter fallen die

[358] BGH, Urt. v. 10.11.1976, Az. VIII ZR 115/75 – NJW 1977, 381.
[359] BGH, Urt. v. 13.11.2013, Az. I ZR 77/12 – GRUR 2014, 595.

Rücktrittsrechte wegen nicht oder nicht vertragsgemäß erbrachter Leistung gemäß § 323 BGB, wegen vertraglicher Rücksichtnahme gemäß § 241 Abs. 2 BGB oder wegen Unmöglichkeit der Leistung gemäß § 326 Abs. 5 BGB. Die Auflösung aus anderen Gründen wird von § 309 Nr. 8 lit. a BGB nicht berührt.

Auf Verträge im B2B-Geschäftsverkehr gilt die Klausel mit zum Teil umstrittenem Umfang über § 307 BGB[360].

9.5.2.7. Beschränkung der Mängelrechte, § 309 Nr. 8 lit. b BGB

Eine weitreichende Beschränkung der Mängelrechte der Vertragspartei verbietet § 309 Nr. 8 lit. b BGB. Ein gänzlicher Ausschluss der Mängelrechte ist unzulässig. Wohl kann der Verwender das gesetzliche Wahlrecht des Käufers zwischen Beseitigung eines Mangels und Neulieferung beschränken, er muss bei der Beschränkung des Vertragspartners auf Nacherfüllung diesem aber ausdrücklich das Recht auf Minderung oder Rücktritt vom Vertrag vorbehalten. Weiterhin kann der Verwender seinem Vertragspartner nicht die Kosten der Nacherfüllung auferlegen oder die Nacherfüllung gar von der vorherigen Zahlung des vollen Entgeltes abhängig machen. Auch darf der Verwender mit seinen Klauseln weder eine Ausschlussfrist für Mängelanzeigen noch eine Verkürzung der Verjährung vereinbaren, die bei Kauf- oder Werkverträgen die gesetzliche Frist unterschreitet. Bei der zulässigen Beschränkung ist darauf zu achten, dass die Regelung sowohl den Verwender als auch den Vertragspartner in gleicher Weise trifft, eine einseitige Vereinbarung ist hingegen unangemessen.

Das Verbot der Beschränkung der Mängelrechte entfaltet Indizwirkung auf Verträge zwischen Unternehmern. Eine Klausel, die nicht nur die Verjährungsfrist verkürzt, sondern auch den Verjährungsbeginn unabhängig von der Kenntnis des Mangels bestimmt, ist unzulässig, da sie bei verdeckten Mängeln einem Ausschluss des Gewährleistungsrechtes gleichkommt und damit den Vertragspartner auch im B2B-Geschäft unangemessen benachteiligt[361].

9.5.2.8. Laufzeit von Dauerschuldverhältnissen, § 309 Nr. 9 BGB

Eine grenzenlose Bindung an Verträge mit regelmäßiger Warenlieferung oder Dienstleistung zu Gunsten des Verwenders kann in den Allgemeinen Geschäftsbedingungen nicht vereinbart werden. Der andere Vertragsteil kann nicht länger als zwei Jahre an den Vertrag gebunden werden. Eine stillschweigende Verlängerung von Dauerschuldverhältnissen ist nur dann möglich, wenn diese nach Ablauf der ursprünglichen Vertragsdauer auf unbestimmte Zeit mit maximaler Kündigungsfrist von einem Monat vereinbart wird. Auch muss dem Vertragspartner eine Kündigungsfrist des ursprünglichen Vertrages von maximal einem Monat eingeräumt werden. Im unternehmerischen Verkehr findet § 309 Nr. 9 BGB keine Anwendung.

[360] Ausführliche Darstellung unter BeckOK BGB/Becker, *BGB-Kommentar* § 309 Nr. 8 Rn. 19.

[361] BGH, Urt. v. 3.4.1996, Az. VIII ZR 3/95 – NJW 1996, 2097.

9.5.3. Klauseln mit Wertungsmöglichkeit

Zusätzlich zu den absoluten Klauselverboten bestimmt § 308 BGB eine Vielzahl an Regelungsinhalten, die nicht per se unzulässig sind. Bei Verwendung der dort aufgeführten Inhalte muss jedoch eine Wertung vorgenommen werden. Nachfolgend werden die wichtigsten Klauseln aufgelistet und deren Grenzen aufgezeigt. Folgende praxisrelevante Klauselverbote sind besonders nennenswert:

9.5.3.1. Fristbestimmungen

Will der Verwender in seinen Allgemeinen Geschäftsbedingungen Fristen bestimmen, die seine Rechte erweitern oder seine eigenen Verpflichtungen einschränken, so darf die Bestimmung nicht zu einem unangemessenen Gleichgewicht im synallagmatischen Vertrag bzw. zur Aushöhlung der Rechte des Vertragspartners führen. Die nachfolgend aufgelisteten Klauselverbote zur Fristbestimmung sind auch auf Verträge zwischen Unternehmern über die Generalklausel des § 307 BGB anwendbar.

9.5.3.1.1. Lange oder unbestimmte Annahmefristen, § 308 Nr. 1 Var. 1 BGB

Der Verwender soll sich nicht eine unangemessen lang ausgestaltete Frist zur Annahme des Vertragsangebotes ausbedingen können oder den Vertragspartner durch unbestimmte Formulierungen in **Rechtsunsicherheit** belassen. Maßstab ist die Regelung des § 147 Abs. 2 BGB, welcher auf die regelmäßigen Umstände abstellt, binnen derer die Annahme eines Antrags zu erwarten ist. Die insofern offen formulierte Norm orientiert die Beurteilung einer unangemessenen Länge der Annahmefrist in Allgemeinen Geschäftsbedingungen nach dem Inhalt des Vertrages, den beiderseitigen Interessen der Vertragspartner und unter Berücksichtigung der Verkehrsanschauung. Die Rechtsprechung hat für die verschiedensten Gegenstände von Verträgen bereits eine individuelle Obergrenze ausgesprochen, die für Geschäfte des täglichen Lebens in der Regel bei 14 Tagen, bei hochwertigen Gütern wie dem Kaufvertrag über Wohnraum, über Kraftfahrzeuge oder auch Darlehensverträgen durchaus länger vereinbart werden kann[362]. Zugrunde liegt jedenfalls immer eine individuelle Einzelfallbeurteilung.

Der Anwendungsbereich der Norm setzt voraus, dass das Angebot vom Vertragspartner unterbreitet und vom Verwender angenommen wird. Es kommt dabei nicht auf die Formulierung, sondern auf die Wirkung der verwendeten Klausel an. Kommt diese sinngemäß einer Annahmefrist gleich, ist ebenfalls Vorsicht geboten. Dies gilt beispielsweise auch dann, wenn der Verwender das Angebot zwar annimmt, sich aber gleichzeitig ein **Lösungsrecht vom Vertrag** für unangemessen lange Zeit einräumt[363]. Gleiches gilt, wenn der Verwender das Angebot unter einer Bedingung annimmt, beispielsweise unter Liefervorbehalt.

---

[362] Übersicht bei Palandt/Grüneberg, *BGB-Kommentar* § 308 Rn. 4.

[363] BGH, Urt. v. 26.2.2016, Az. V ZR 208/14 – NJW 2016, 2173.

Auf Verträge mit Unternehmern findet der Rechtsgedanke des § 308 Nr. 1 BGB Anwendung[364].

9.5.3.1.2. Lange oder unbestimmte Leistungsfrist § 308 Nr. 1 Hs. 1 Var 2 BGB

In der Praxis von wesentlicher Bedeutung ist die unangemessen lang vereinbarte Leistungsfrist. Der Verwender ist in der Regel der Verkäufer oder Hersteller von Waren und sohin zur Leistung durch Übergabe und Übereignung verpflichtet. Er hat dann ein erhebliches Interesse daran, die hierfür bestimmte Frist so lang wie möglich zu vereinbaren, um bei Schwierigkeiten nicht in Verzug zu geraten. Damit aber geht eine Beeinträchtigung der Rechte des Vertragspartners auf Schadensersatz und Rücktritt vom Vertrag einher, die durch den Verwender nicht ausgehöhlt werden dürfen. Eine generelle Obergrenze gibt es nicht. Für Verträge, die mit einem gesetzlichen oder vertraglichen Widerrufsrecht des Vertragspartners verbunden sind, kann die Leistungsfrist ohne Weiteres ein Abwarten der Widerrufsfrist bedingen.

9.5.3.1.3. Sonstige Fristbestimmungen

Daneben gebietet § 308 Nr. 1 a BGB die Wertung der vom Verwender für sich vorbehaltenen Zahlungsfrist, die in der Regel 30 Tage nach Empfang der Gegenleistung vom Vertragspartner bzw. nach Erhalt der Rechnung nicht überschreiten sollte. Ebenso darf sich der Verwender keine Überprüfungs- und Abnahmefrist von mehr als 15 Tagen nach Empfang der Gegenleistung vorbehalten, wenn er davon seine Pflicht zur Entgeltzahlung abhängig macht, § 308 Nr. 1b BGB. Die Vereinbarung einer unangemessen langen oder unbestimmten Nachfrist zur Leistung zugunsten des Verwenders unterliegt dem Klauselverbot des § 308 Nr. 2 BGB.

9.5.3.2. Rücktrittsregelungen, § 308 Nr. 3 BGB

§ 308 Nr. 3 BGB verbietet die Vereinbarung einer Klausel mit einem Verbraucher, die dem Verwender einen **Rücktrittsvorbehalt ohne sachlichen Grund** gewährt. Der Grund muss in der Klausel angegeben sein. Rücktrittsregelungen können in Gestalt eines Rücktrittsvorbehaltes, aber auch durch das Recht der Anfechtung, der Auflösung oder der Kündigung vereinbart werden. Bei der Beurteilung kommt es auf die Rechtsfolge der Vereinbarung an, die konkrete Bezeichnung durch den Verwender ist nicht relevant. Dauerschuldverhältnisse sind von der Regelung ausgenommen, da sie ihrer Natur entsprechend mit einem Recht auf Kündigung und nicht auf Rücktritt vom Vertrag verbunden sind.

Zwischen Unternehmern ist die Verwendung von Rücktrittsklauseln möglich. Das Rücktrittsrecht muss aber auf einem sachlich gerechtfertigten Grund beruhen, der an den kaufmännischen Gepflogenheiten zu messen und einer weiten Auslegung zugänglich ist. Klauseln, die ein grundloses und damit willkürliches Rücktrittsrecht

---

[364] MüKoBGB/Wurmnest, *BGB-Kommentar* § 308 Nr. 1 Rn. 26.

vorsehen, stehen im Widerspruch zum Grundsatz der Verbindlichkeit von Verträgen und sind daher vom Bundesgerichtshof als unangemessen angesehen worden[365].

Sofern die Wertungsmöglichkeit eine Vereinbarung des Rücktrittsvorbehaltes zulässt, muss sich der Verwender zusätzlich verpflichten, den Vertragspartner unverzüglich über die Nichtverfügbarkeit zu informieren und die Gegenleistung zu erstatten, § 308 Nr. 8 BGB.

9.5.3.3. Leistungsänderung, § 308 Nr. 4 BGB

Die Vereinbarung einer Leistungsänderung gehört ebenfalls zu den häufig genutzten Möglichkeiten in den Allgemeinen Geschäftsbedingungen. Deren Grenze ist unter § 308 Nr. 4 BGB definiert. Verboten sind Klauseln, die dem Verwender das Recht einräumen, die versprochene Leistung einseitig zu ändern oder von ihr abzuweichen. Eine Ausnahme ist dann gegeben, wenn die vorbehaltene Änderungsmöglichkeit unter Berücksichtigung der Interessen des Verwenders für den Vertragspartner **zumutbar** ist. Bei der Beurteilung der Zulässigkeit findet eine Abwägung statt zwischen dem vom Verwender angegebenen triftigen Grund und den Auswirkungen für den Vertragspartner. So hat beispielsweise der Bundesgerichtshof zu der vom Reiseveranstalter oftmals vorbehaltenen nachträglichen Leistungsänderung in den Allgemeinen Geschäftsbedingungen entschieden, dass nur solche Änderungen für den Reisenden zumutbar sind, die den Gesamtcharakter der Reise nicht anders gestalten. Weiterhin betonte der Bundesgerichtshof, dass die Möglichkeit der Änderung auf solche Umstände zu beschränken ist, die nach Vertragsschluss eingetreten sind und auch nicht für den Verwender vorhersehbar waren[366].

Im B2B-Geschäftsverkehr entfaltet § 308 Nr. 4 BGB Indizwirkung. Auch der kaufmännische Vertragspartner soll nicht uferlos einem Leistungsänderungsvorbehalt ausgesetzt sein. Entscheidend sind die kaufmännischen Gepflogenheiten und handelsüblichen Toleranzen.

9.5.3.4. Fingierte Erklärungen, § 308 Nr. 5 BGB

Im nichtkaufmännischen Geschäftsverkehr gilt der Grundsatz, dass Schweigen nicht als Abgabe einer Willenserklärung behandelt werden darf. Das **Schweigen des Verbrauchers hat keinen Erklärungsinhalt** und stellt erst recht keine Zustimmung dar. Für den Verwender scheint es verlockend, durch Vereinbarung einer entsprechenden Klausel davon abzuweichen und so die für ihn günstigen Rechtsfolgen leicht herbeizuführen. Praktisch bedeutsames Beispiel ist die fingierte Zustimmung zu einer dem Vertragspartner angetragenen Preiserhöhung.

Eine Abänderung dieses Grundsatzes ist mittels Allgemeinen Geschäftsbedingungen nur in engen Grenzen möglich, wenn der Verwender dem Vertragspartner eine

[365] BGH, Urt. v. 29.10.2008, Az. VIII ZR 258/07 – NJW 2009, 575.

[366] BGH, Urt. v. 16.1.2018, Az. X ZR 44/17 – NJW 2018, 1534.

angemessene Frist zur Abgabe einer ausdrücklichen Erklärung einräumt und gleichzeitig eine Verpflichtung des Verwenders festlegt, den Vertragspartner zu Beginn dieser Frist auf die Konsequenzen hinzuweisen. Insbesondere diese **gesonderte Hinweispflicht** erfüllt eine Warnfunktion, die verhindern soll, dass der Vertragspartner durch sein Schweigen nicht unbewusst eine Rechtsfolge auslöst. Daneben wird auf Seiten des Verwenders ein berechtigtes Interesse an der Vereinbarung einer solchen fingierten Erklärung verlangt im Sinne der Generalklausel des § 307 BGB.

Zwischen Kaufleuten gilt weiterhin der Grundsatz, dass Schweigen die Bedeutung einer Genehmigung bzw. Zustimmung im Sinne der einschlägigen Regelungen des HGB entfalten kann. Im Übrigen kann der Rechtsgedanke des § 308 Nr. 5 BGB bei der Bewertung einer Klausel nach § 307 BGB aber herangezogen werden.

9.5.3.5. Fiktion des Zugangs, § 308 Nr. 6 BGB

Der Vorschrift behandelt die Beweislastumkehr für den Zugang von Willenserklärungen beim Vertragspartner. Der Verwender darf in seinen Allgemeinen Geschäftsbedingungen keine Bestimmung vorsehen, die den Zugang seiner **Erklärungen von besonderer Bedeutung** beim Vertragspartner fingiert. Im Umkehrschluss ist die Vereinbarung einer Zugangsfiktion von Erklärungen mit geringer Bedeutung zwar zulässig, im Rechtsverkehr allerdings kaum von Interesse.

Die Aufnahme einer Zugangsfiktion für die kaufmännische Mängelrüge ist zulässig aber unnötig. Bei der Verwendung der Allgemeinen Geschäftsbedingungen zwischen Kaufleuten kommt § 377 Abs. 4 HGB besondere Bedeutung bei der Wertung nach Treu und Glauben zu. Dieser regelt eine Zugangsfiktion, indem der Käufer lediglich die rechtzeitige Absendung seiner Erklärung nachweisen muss.

9.5.3.6. Nutzungsentgelt und Aufwendungsersatz bei der Abwicklung von Verträgen, § 308 Nr. 7 BGB

Die Regelung betrifft die **vorzeitige Vertragsbeendigung durch Rücktritt oder Kündigung**. § 308 Nr. 7 BGB verbietet es dem Verwender, für seine bereits erbrachte Leistung ein unangemessen hohes Entgelt zu vereinbaren oder einen unangemessen hohen Aufwendungsersatz zu verlangen. Die Norm will nicht die Pauschalierung bzw. Festlegung des Entgeltanspruchs an sich verbieten, setzt wohl aber dort eine Grenze, wo die Höhe über den gesetzlich geschuldeten Anspruch hinausgeht. Will der Verwender seinen Anspruch pauschalieren, muss er jedenfalls dem Vertragspartner den Gegenbeweis für ein tatsächlich niedrigeres Entgelt in der Formulierung seiner Allgemeinen Geschäftsbedingungen zugestehen[367]. Die Vereinbarung der vollen vertraglichen Vergütung bei vorzeitiger Beendigung wird sohin in der Regel unwirksam sein.

[367] BGH, Urt. v. 9.12.2014, Az. X ZR 13/14 – RRa 2015, 144–148.

Die Klausel entfaltet für Verträge zwischen Unternehmern Indizwirkung, wobei allerdings branchenabhängig bei der Beurteilung der Angemessenheit des Entgeltes ein größerer Spielraum zuzugestehen sein wird[368].

9.5.3.7. Abtretungsausschluss, § 308 Nr. 9 BGB

Für einen auf Geld gerichteten Anspruch gegen den Verwender kann die Abtretbarkeit der Forderung vom Verwender nicht ausgeschlossen werden. Ist der Anspruch nicht auf Geld gerichtet, kann der Verwender die Abtretbarkeit nicht ausschließen, wenn er kein schützenswertes Interesse hat oder aber berechtigte Belange des Vertragspartners an der Abtretbarkeit des Rechts die schützenswerten Interessen des Verwenders überwiegen.

9.5.4. Generalklausel des § 307 BGB

Ist eine Klausel weder gemäß den absoluten Klauselverboten des § 309 BGB noch nach der Wertung im Sinne von § 308 BGB unzulässig, so setzt § 307 Abs. 1 S. 1 BGB noch einen Auffangtatbestand, indem die Klausel entgegen dem Gebot von Treu und Glauben den Verwender nicht **unangemessen benachteiligen** darf. Dabei handelt es sich um eine Generalklausel, die sich den Werten und Gepflogenheiten der Gesellschaft mit der Zeit anpassen kann und deren Inhalt durch die Rechtsprechung ausgefüllt worden ist.

Die Prüfung der Angemessenheit orientiert sich an dem Grundgedanken der zur Klausel passenden Norm und hinterfragt, ob beides miteinander vereinbar ist. Eine unangemessene Benachteiligung gemäß § 307 Abs. 2 BGB ist im Zweifel dann anzunehmen, wenn die Bestimmung

- *„mit einem wesentlichen Grundgedanken der gesetzlichen Regelung, von der abgewichen wird, nicht zu vereinbaren ist"* (Nr. 1) oder
- „wesentliche Rechte und Pflichten, die sich aus der Natur des Vertrages ergeben, so einschränkt, dass die Erreichung des Vertragszwecks gefährdet ist" (Nr. 2).

Nachfolgende Beispiele sind typische Anwendungsfälle, bei der die Beurteilung der Angemessenheit der Klausel in der Praxis eine Rolle spielt:

9.5.4.1. Pflicht zur Vorauszahlung

Den Grundgedanken des synallagmatischen Vertrages spiegelt § 320 Abs. 1. S. 1 BGB mit seiner Leitbildfunktion und dem Grundsatz, dass die Partei eines gegenseitigen Vertrages zur Leistung nur gegen die geschuldete Gegenleistung verpflichtet ist, wider. Die **einseitige Vorausleistungspflicht** des Vertragspartners an den Verwender ist mit diesem Prinzip nicht vereinbar, sofern nicht im Ausnahmefall die

[368] MüKoBGB/Wurmnest, *BGB-Kommentar* § 308 Nr. 7 Rn. 17; BGH, Urt. v. 3.2.2005, Az. III ZR 268/04 – NJW-RR 2005, 642.

besondere Interessenlage die Benachteiligung des Vertragspartners rechtfertigt. So hat der Bundesgerichtshof beispielsweise bei der Vorauszahlungspflicht von Flugpreisen einen solchen angemessenen Interessensausgleich angenommen und mit den Besonderheiten der Personenbeförderung begründet[369].

9.5.4.2. Abtretungsverbot

Hat der Verwender ein Abtretungsverbot vereinbart, so darf der Vertragspartner seinen später entstehenden Anspruch gegen den Verwender nicht an Dritte per Rechtsgeschäft übertragen. Das Verbot zur Abtretung eines Anspruchs ist gegenüber Verbrauchern nur in den Grenzen des § 308 Nr. 9 BGB möglich, wenn es sich nicht um eine Geldforderung handelt, und wird aus dem Umkehrschluss des § 399 BGB abgeleitet. Dieser räumt die Möglichkeit des Ausschlusses der Abtretung ausdrücklich ein. Ein schützenswertes Interesse des Verwenders ist jedenfalls erforderlich. Regelmäßig geht bei Verbraucherverträgen aber das berechtigte Interesse des Verbrauchers an einer Vereinfachung der Vertragsabwicklung dem Interesse des Verwenders vor[370]. Für Unternehmer gilt es im B2B-Verkehr wiederum die nicht abdingbare Regelung des § 354a HGB zu beachten. Bei Handelsgeschäften ist für Geldforderungen kein Abtretungsverbot möglich und entfaltet auch § 308 Nr. 9 BGB keine Indizwirkung[371].

9.5.4.3. Einzugsermächtigung

Eine Klausel, die den Verwender zum Einzug seiner Forderung vom Vertragspartner ermächtigt, ist in den Allgemeinen Geschäftsbedingungen grundsätzlich möglich. Der Inhaltskontrolle gegenüber Verbrauchern genügt eine solche Klausel nur dann, wenn der Verwender eine sogenannte **einfache Einzugsermächtigung** vereinbart. Diese betrifft das Lastschriftverfahren, bei welchem dem Vertragspartner gegenüber seiner Bank bei Abbuchungen zumindest noch die Möglichkeit des Widerspruchs verbleibt.

9.5.4.4. Ausschluss der kaufmännischen Untersuchungs- und Rügepflicht

§ 377 Abs. 2 Nr. 1 HGB verpflichtet den Vertragspartner im kaufmännischen Geschäftsverkehr zu einer Prüfung der Ware und zur Rüge von offenen Mängeln unverzüglich nach Erhalt. Rechtsfolge einer versäumten Mängelanzeige ist der Verlust der sich daraus ergebenden Mängelrechte für den Erwerber der Ware. Vielmehr wird seine Genehmigung der erhaltenen Waren fingiert, § 377 Abs. 2 HGB. Der Ausschluss dieser Verpflichtung in den Allgemeinen Geschäftsbedingungen ist un-

---

[369] BGH, Urt. v. 16.2.2016, Az. X ZR 97/14 – NJW 2018, 1534.
[370] Palandt/Grüneberg, BGB-Kommentar § 399 Rd. 10.
[371] BeckOK BGB/Becker, BGB-Kommentar § 308 Nr. 9 Rn. 11.

zulässig[372]. Dies gilt allerdings auch für die Erweiterung der Untersuchungs- und Rügepflicht[373].

9.5.5. Transparenzgebot

Ein Verstoß gegen das Transparenzgebot stellt eine besondere Form der unangemessenen Benachteiligung dar. Explizit stellt § 307 Abs. 1 S. 2 BGB klar, dass eine Klausel den Vertragspartner auch dann unangemessen benachteiligt und damit unwirksam ist, wenn sie nicht klar und verständlich abgefasst ist. Der Maßstab für die Beurteilung des Transparenzgebotes ist fließend und reicht vom rechtlich nicht informierten Durchschnittskunden bis hin zum aufmerksamen und sorgfältigen Teilnehmer am Wirtschaftsverkehr[374]. Der Bundesgerichtshof geht in mehrfach bestätigter Rechtsprechung von einem **juristisch nicht vorgebildeten Durchschnittskunden** aus und betont, dass der Vertragspartner *„ohne fremde Hilfe seine Rechte möglichst klar und einfach feststellen"* können muss und die Voraussetzungen und Rechtsfolgen vom Verwender entsprechend genau dargestellt werden müssen[375].

Es empfiehlt sich daher bei der Erstellung von Allgemeinen Geschäftsbedingungen darauf zu achten, dass Verweise auf teils branchenübliche Regelwerke so gering wie möglich verwendet und Fachbegriffe aus Wirtschaft oder Recht in kurzen Sätzen verständlich erklärt werden. Dies geht aber nicht so weit, dass der Vertragspartner durch das Zitieren von ganzen gesetzlichen Normen über die Rechtslage an sich umfassend aufzuklären wäre. Zu ausschweifende Erklärungen bergen die Gefahr, aus sich heraus wiederum zu Intransparenz zu führen[376].

9.6. Nachträgliche Abänderung von Klauseln

Die nachträgliche Änderung der Allgemeinen Geschäftsbedingungen ist grundsätzlich möglich und wird auch in der Praxis häufig vorgenommen. So ändern etwa Energielieferanten ihre Bedingungen ebenso regelmäßig wie beispielsweise auch der Versandhandel oder Onlineplattformen wie Facebook. Die Voraussetzungen einer wirksamen Einbeziehung der Änderungen sind gleich der anfänglichen Vereinbarung. Sie müssen Vertragsbestandteil werden, indem der Verwender dem Vertragspartner die geänderten Allgemeinen Geschäftsbedingungen zur Verfügung stellt und dieser selbige akzeptiert.

[372] BGH, Urt. v. 17.4.2012, Az. X ZR 76/11 – NJW 2012, 2107.
[373] BGH, Urt. v. 19.6.1991, Az. VIII ZR 149/90 – NJW 1991, 2633.
[374] Palandt/Grüneberg, *BGB-Kommentar* § 307 Rn. 23.
[375] BGH, Urt. v. 12.12.2019, Az. IX ZR 77/19 – NJW-RR 2020, 121.
[376] Ausführlich zum Transparenzgebot: Schmitt/Herrmann, *Vertragsklauseln im Wirtschaftsrecht* §3 Rn. 31 ff.

BGH, Urt. v. 10.10.1991, Az. III ZR 141/90 – NJW 1992, 575.

9.7. Rechtsfolgen unzulässiger Klauseln

Ist eine Klausel unwirksam, wird hierdurch die Durchsetzung des sich aus dieser Klausel ergebenden Anspruchs gegenüber dem Vertragspartner scheitern. Weiterhin setzt sich der Verwender einer solchen Klausel im Rechtsverkehr der Gefahr einer Unterlassungsklage und Abmahnung aus.

9.7.1. Einwand im individuellen Vertragsverhältnis

Nur wer individuell von einer unzulässigen Klausel betroffen ist, sohin im eigenen Vertragsverhältnis vom Inhalt der Klausel beeinträchtigt wird, kann die Unzulässigkeit selbiger geltend machen. Will der Verwender einen späteren Anspruch gegen seinen Vertragspartner durchsetzen, der sich aus einer unzulässigen AGB-Klausel ergibt, so prüft das Gericht sowohl den Anwendungsbereich des AGB-Rechts als auch die Wirksamkeit der Klausel.

§ 306 Abs. 2 BGB **verbietet eine geltungserhaltende Reduktion** der Klausel. Ist eine Klausel in den Allgemeinen Geschäftsbedingungen unwirksam, so führt dies allerdings nicht dazu, dass die Allgemeinen Geschäftsbedingungen insgesamt ausgeschlossen sind oder gar der Vertrag unwirksam ist. Vielmehr tritt anstelle der einzelnen unwirksamen Klausel die gesetzlich vorgesehene Regelung. Der Bundesgerichtshof sieht in seiner ständigen Rechtsprechung die Grenze zwischen einem zur unwirksamen Klausel gehörenden Vertragsinhalt und dem restlichen, erhalten bleibenden Vertrag dort, wo sich eine Klausel inhaltlich und sprachlich in zwei Teile trennen lässt und der verbleibende Rest ohne sprachliche Umgestaltung mit eigenständigen und sinnvollen Inhalt verbleibt[377]. Eine Ausnahme ist nur dann zu beachten, wenn ein Festhalten am Vertrag selbst eine unzumutbare Härte darstellen würde.

Darüber hinaus sieht die Rechtsprechung das AGB-Recht als Marktverhaltensregel im Sinne des UWG an, sodass die Verwendung von unwirksamen Allgemeinen Geschäftsbedingungen im Rechtsverkehr zur Abmahnung verbunden mit einem gerichtlich durchsetzbaren Unterlassungsanspruch führen kann[378].

9.7.2. Das Unterlassungsklagengesetz (UKlaG)

Eine Klage auf Unterlassung der Verwendung von unwirksamen Allgemeinen Geschäftsbedingungen ohne individuelle Beeinträchtigung ist **ausschließlich den qualifizierten Einrichtungen** vorbehalten. Der Kreis dieser Klagebefugnis ist in § 3 UKlaG definiert und umfasst qualifizierte Verbraucher- und Wirtschaftsverbände sowie Industrie- und Handelskammern. Gemäß § 1 UKlaG kann bei Verstößen gegen die §§ 307 bis 309 BGB der Anspruch auf Unterlassung und Widerruf geltend gemacht werden. Der Verwender ist vor Erhebung der Klage abzumahnen. Stellt

[377] BGH, Urt. v. 26.6.1991, Az. VIII ZR 231/90 – NJW 1991, 1522.

[378] BGH, Urt. v. 31.5.2012, Az. I ZR 45/11 – GRUR 2012, 949.

das Gericht die Unwirksamkeit der beanstandeten Klausel fest, so kann die Veröffentlichung der Urteilsformel unter Bezeichnung des Verwenders auf dessen Kosten im Bundesanzeiger beantragt werden.

10. Praktische Anmerkungen

Zu guter Letzt soll dieses abschließende Kapitel noch praktische Anmerkungen für den Umgang mit der deutschen Gesetzesmaterie und den Besonderheiten bei der Durchsetzung von Ansprüchen mit auf den Weg geben.

10.1. Anwendbares Recht

Hat der Vertrag eine grenzüberschreitende innereuropäische Komponente, so stellt sich die Frage, welches Recht auf Ansprüche aus dem Vertrag anwendbar ist. Die einschlägigen Regelungen finden sich in der **Rom-I-Verordnung**[379]. Sie gilt für vertragliche Schuldverhältnisse in Zivil- und Handelssachen mit Auslandsbezug mit Ausnahme Dänemarks und unterscheidet zwischen Verträgen mit vertraglich vereinbarter Rechtswahl in Art. 3 und solchen ohne eine solche Vereinbarung in Art. 4 der Rom-I-Verordnung[380].

Art. 3 Rom-I-Verordnung gesteht den Vertragsparteien die **freie Rechtswahl** zu. Sie kann für den gesamten Vertrag oder nur für Teile hieraus getroffen werden. Die Rechtswahl der Parteien wird in den Absätzen 3 und 4 des Art. 3 Rom-I-Verordnung lediglich für den Fall eingeschränkt, dass die Parteien das Recht eines Staates vereinbart haben, zu dem der Sachverhalt selbst keinerlei Bezug aufweist. In diesem Fall ist zwingendes inländisches Recht bzw. Gemeinschaftsrecht trotz Rechtswahl anwendbar. Für Verbraucherverträge schränkt Art. 6 Abs. 1 Rom-IVerordnung die Rechtswahl weiter ein und erklärt diese für unzulässig, wenn das gewählte Recht zu einer Schlechterstellung des Verbrauchers führt. Für die Wirksamkeit der Vereinbarung der Rechtswahl wiederum ist das Recht des Staates entscheidend, dessen Recht ohne Rechtswahlvereinbarung anwendbar gewesen wäre, Art. 10 Rom-I-Verordnung.

Wollen die Parteien im Vertrag die Anwendung des deutschen Rechts vereinbaren, so müssen sie bei Verträgen mit grenzüberschreitendem Warenkauf auch das **UN-Kaufrecht (CISG)**[381] bedenken. Dieses ist Teil der Rechtsordnung und kann auch dann einschlägig sein, wenn die Parteien nicht neben der Vereinbarung des deutschen Rechts das UN-Kaufrecht ausdrücklich ausgeschlossen haben[382].

Haben die Parteien **keine Rechtswahl** in ihrem Vertrag getroffen, so sind die Art. 4 ff. Rom-I-Verordnung einschlägig und definieren für die verschiedenen Vertragsarten ihre Anknüpfungspunkte. So richtet sich beim Kaufvertrag das Recht nach dem gewöhnlichen Aufenthalt des Verkäufers, beim Dienstleistungsvertrag nach

---

379 Verordnung (EG) Nr. 593/2008 des Europäischen Parlaments und des Rates vom 17.6.2008.

380 Kindt, *Grundfälle zur Rom-I-VO*, JuS 2020, 12.

381 Übereinkommen der Vereinten Nationen über Verträge über den internationalen Warenkauf vom 11.4.1980.

382 Schlechtriem/Schwenzer/Schroeter/Ferrari, *CISG-Kommentar*, Art. 1 Rn. 69–76; Piltz, Neue Entwicklungen im UN-Kaufrecht, NJW 2021, 3636.

dem gewöhnlichen Aufenthalt des Dienstleisters und beim Vertriebsvertrag nach dem Sitz des Vertriebshändlers. Ist der zwischen den Parteien geschlossene Vertrag keinem der in Art. 4 Abs. 1 Rom-I-Verordnung benannten Vertragstypen zuzuordnen, so ist der Ort entscheidend, in welchem die Partei ihren gewöhnlichen Aufenthalt hat, die die charakteristische Leistung des Vertrages zu erbringen hat. Verbraucherverträge sind unter Art. 6 Rom-I-Verordnung gesondert normiert und bestimmen das anwendbare Recht nach dem gewöhnlichen Aufenthalt des Verbrauchers, von dem auch durch vertragliche Rechtswahl nicht zu Ungunsten des Verbrauchers abgewichen werden darf, sofern unabdingbare Normen des nationalen Rechts betroffen sind.

10.2. Vertragsauslegung

Vordergründig entscheidend ist der hypothetische Wille der Parteien, wobei auf die Interessen beider Seiten Rücksichtnahme geboten ist. Der Vertrag kommt durch mindestens zwei Willenserklärungen der beiden Vertragsparteien zustande, die bestenfalls einen übereinstimmenden Inhalt haben. Besteht später Uneinigkeit darüber, was gemeint gewesen ist, so kommt es zum Streit. Zu hinterfragen ist dann zum einen der subjektive Erklärungsgehalt, sohin was von der erklärenden Partei eigentlich gemeint war, und zum anderen darf auch der objektive Empfängerhorizont nicht vernachlässigt werden, also welcher Erklärungsinhalt der andere Teil verstanden hat bzw. verstehen konnte[383]. Maßstab der Vertragsauslegung sind die §§ 133 und 157 BGB. Bei grenzüberschreitenden Verträgen entscheidet über die Auslegung das nationale Recht, welches für den Vertrag an sich anwendbar ist, Art. 12 Abs. 1 lit. a ROM-I-Verordnung.

Gemäß § 133 BGB ist bei der Auslegung nicht der buchstäbliche Sinn, sondern der wirkliche Wille der Vertragspartei entscheidend. Bei dessen Ermittlung spielt der Wortlaut und die Ausgestaltung des Vertrages, aber auch die zugehörigen Begleitumstände eine Rolle, indem beispielsweise die Vorverhandlung zum Vertrag, das Verhalten bei Vertragsschluss oder auch vorangegangene Rechtsgeschäfte zwischen den Parteien hinterfragt werden.

Ergänzt werden die Kriterien der Vertragsauslegung durch § 157 BGB, der ausschließlich auf Verträge anwendbar ist und normative Kriterien wie Treu und Glauben oder auch die Verkehrssitte in die Vertragsauslegung einfließen lässt[384].

Eine besondere Bedeutung kommt dabei dem in § 346 HGB definierten **Handelsbrauch** zu.

Bei der Auslegung von formbedürftigen Verträgen ist Vorsicht geboten, denn das Heranziehen von Umständen gänzlich außerhalb des beurkundungsbedürftigen Vertrages würde dazu führen, dass der Vertrag wegen Formmangels unwirksam

---

[383] Guter Überblick in: Biehl, *Grundsätze der Vertragsauslegung*, JuS 2010, 195 ff.

[384] Ausführlich mit einer Vielzahl von Einzelfallbeispielen: Palandt/ Ellenberger, *BGB-Kommentar* § 157 Rn. 12.

wäre. Die deutsche Rechtsprechung vertritt als Lösungsansatz die sogenannte **Andeutungstheorie**, nach welcher die zur Auslegung herangezogenen Umstände im Vertrag selbst zumindest einen unvollkommenen oder andeutungsweisen Ausdruck gefunden haben müssen. So hat der Bundesgerichtshof in einem Fall, in welchem ein Grundstück im notariell zu beurkundenden Grundstückskaufvertrag zum Teil falsch bezeichnet war, entschieden, dass der Warn- und Schutzfunktion der notariellen Beurkundung genüge getan wird, wenn der Vertragstext selbst zumindest einen Anhaltspunkt zum Umfang der verkauften Fläche gibt[385].

Neben der Uneinigkeit über die Auslegung von Verträgen stellt eine sich im Laufe der Zeit zeigende Lücke im Vertrag die Parteien vor die Herausforderung der **ergänzenden Vertragsauslegung**[386]. Sofern das Gesetz selbst für den jeweiligen Vertragstyp eine Regelung vorsieht, ist diese vorrangig anzuwenden. Erst wenn weder der Vertrag noch eine gesetzliche Normierung geeignet sind, den offenen Punkt zu regeln, kann auf die ergänzende Vertragsauslegung zurückgegriffen werden. Der Parteiwille ist dann durch Bewertung der konkreten Interessenlage der Parteien zum Zeitpunkt des Vertragsschlusses und bei vernünftiger Abwägung der Gesamtumstände zu ermitteln.

10.3. Aufrechnung

Die Aufrechnung ist von wesentlicher Bedeutung im Wirtschaftsverkehr. Dabei kommt es zu einer Verrechnungswirkung, indem der Schuldner eine eigene Forderung gegen die von ihm zu erbringende Schuld einwendet. Der Schuldner wird so nicht nur von seiner Schuld frei, er kann auch gleichzeitig die Erfüllung seiner eigenen Forderung herbeiführen. Dem Konstrukt der Aufrechnung liegt der Gedanke zugrunde, dass der eine Teil nicht etwas fordern können soll, was er sodann wieder zurückgeben müsste[387]. Der Ausschluss der Aufrechnung kann vertraglich vereinbart werden.

Die Aufrechnung setzt eine Aufrechnungslage voraus, für welche § 387 BGB drei Voraussetzungen definiert:

- Gegenseitigkeit,
- Gleichartigkeit und
- Durchsetzbarkeit der Forderung.

Eine Konnexität zwischen den Forderungen ist nicht erforderlich, vielmehr kann der Schuldner auch dann aufrechnen, wenn seine Forderung aus einem anderen Rechtsverhältnis bzw. Vertrag stammt. Die Aufrechnung erfolgt durch Erklärung gegenüber dem anderen oder auch stillschweigend und gelegentlich auch im Rahmen eines Zivilprozesses. Die Aufrechnungserklärung kann nicht unter eine Bedingung gesetzt oder mit einer Zeitbestimmung abgegeben werden. Gesetzliche **Auf-**

[385] BGH, Urt. v. 25.3.1983, Az. V ZR 268/81 – NJW 1983, 1610.
[386] Kötz, *Dispositives Recht und ergänzende Vertragsauslegung*, JuS 2013, 289 ff.
[387] MüKoBGB/Schlüter, *BGB-Kommentar* § 387 Rn. 1.

rechnungsverbote finden sich in den §§ 390 bis 395 BGB für einredebehaftete, unpfändbare und beschlagnahmte Forderungen. Die Aufrechnung gegen Forderungen aus unerlaubter Handlung[388] ist gänzlich ausgeschlossen.

Die Aufrechnung ist eine wichtige Verteidigungsmöglichkeit im Zivilprozess. Ebenso wie in Österreich kann die Aufrechnungseinrede im Prozess erklärt werden und hat dann eine Doppelnatur. Sie hat materiellrechtlichen Charakter durch die Aufrechnung selbst und entfaltet gleichzeitig einen Prozesshandlungscharakter. Der Schuldner wird die Aufrechnung in der Regel hilfsweise erklären. Die Hilfsaufrechnung entspricht der in Österreich gebräuchlichen Bezeichnung *„Eventualaufrechnung"*. Damit erhält sich der Schuldner alle Einwendungen gegen die gegen ihn erhobene Forderung und wendet nur für den Fall, dass das Gericht den Anspruch dennoch zusprechen würde, die eigene Forderung zur Aufrechnung ein. Sind die Voraussetzungen der Aufrechnung nicht erfüllt, so kann der Schuldner nur Widerklage erheben.

Rechtsfolge der Aufrechnung ist das Erlöschen von Forderung und Gegenforderung. Es handelt sich um eine rechtsvernichtende Einwendung. Die Aufrechnungserklärung entfaltet eine Rückwirkung bis zu dem Zeitpunkt, zu welchem sich die beiden Forderungen erstmals in Aufrechnungslage gegenüberstanden.

10.4. Schiedsgerichtsvereinbarung

Die Parteien können im Vertrag vereinbaren, dass über Streitigkeiten aus dem zwischen ihnen entstehenden Rechtsverhältnis nicht die ordentlichen Zivilgerichte entscheiden sollen, sondern vielmehr ein Schiedsgerichtsverfahren geführt wird. Das Schiedsgerichtsverfahren ist ein Privatverfahren und gehört nicht zur staatlichen Gerichtsbarkeit. Die einschlägigen, aber dispositiven Regelungen finden sind in den §§ 1025 ff. ZPO sowie für Streitigkeiten des Arbeitsrechts gesondert in den §§ 101 ff. ArbGG. Besonderes für die Privatwirtschaft bietet das Verfahren verschiedene Vorteile. Zum einen ist das Verfahren **nicht öffentlich**, sodass die in der Regel schützenswerten Interessen, Geschäftsinterna und auch der Ruf eines Unternehmens nicht nach außen dringen können. Zum anderen ist das Verfahren effizient und die Schiedsrichter verfügen in der Regel über die erforderliche Sachkunde.

Die Schiedsgerichtsvereinbarung bedarf der **Schriftform**, § 1031 ZPO. Sie muss sich auf ein bestimmtes Rechtsverhältnis beziehen. Eine Vereinbarung, die zwischen zwei Vertragsparteien die Schiedsgerichtsbarkeit für alle künftigen Rechtsverhältnisse begründen will, ist unbestimmt und sohin unwirksam.

Im Verfahren selbst entscheiden Privatpersonen als Schiedsrichter, die entweder von den Parteien zu benennen oder aber zu bestellen sind. Oftmals bieten die **Industrie- und Handelskammern** bzw. die für den jeweiligen Berufsstand einschlä-

[388] Gesetzlicher Anspruch des Deliktsrechts gemäß § 823 ff. BGB, Überblick in: Röthel, *Unerlaubte Handlung*, Jura 2013, 95.

gigen Kammern einen Pool aus sachkundigen Schiedsrichtern an. Im Verfahren werden zuerst die Schriftsätze und Standpunkte ähnlich einem zivilgerichtlichen Verfahren ausgetauscht, worauf in der Regel eine mündliche Verhandlung folgt. Der Schiedsspruch wird schriftlich abgefasst und hat die Wirkung eines rechtskräftigen gerichtlichen Urteils, § 1055 ZPO. Er soll damit für die Parteien Rechtssicherheit und Rechtsfrieden bringen[389]. Eine Anfechtungsmöglichkeit oder ein Rechtsmittel kennt das Schiedsverfahren nicht. Einzig möglich ist ein Aufhebungsantrag gemäß § 1059 ZPO, der aber nicht mit einer Rechtsmittelinstanz vergleichbar ist[390]. Das zuständige Oberlandesgericht prüft dabei nur, ob das Verfahren gemäß der Schiedsvereinbarung durchgeführt wurde.

10.5. Vertragsstrafe und Strafschadensersatz

Die Vertragsstrafe wird in der Regel in Geld geschuldet und für den Fall vereinbart, dass der Schuldner eine Schuld nicht oder nicht gehörig erbringt bzw. eine Handlung erfüllt oder auch unterlässt[391]. Daneben sind auch sogenannte Verfallklauseln gebräuchlich, bei denen die Vertragspartei bei Fehlverhalten eigene Rechte verliert. Das Versprechen einer Vertragsstrafe bedarf der Form des Hauptvertrages und ist sohin beispielsweise bei Grundstücksverkäufen ebenfalls notariell zu beurkunden.

Die Verpflichtung zur Vertragsstrafe wird zum einen als Druckmittel eingesetzt, um eine bestimmte Handlung oder ein Unterlassen vom Vertragspartner zu erzwingen. Zum anderen soll die Vereinbarung spätere Streitigkeiten über das Bestehen einer Schuld vermeiden und dem Unternehmer so eine einfache Durchsetzung seines monetären Interesses ermöglichen. Daneben dient die Vereinbarung auch dem Zweck, den Vertragspartner zur Einhaltung seiner Verpflichtung zu drängen. Im Unterschied zum pauschalisierten Schadensersatz, der die Abgeltung eines tatsächlichen Schadens lediglich pauschalisiert, wird die Vertragsstrafe **unabhängig von einem tatsächlichen Schaden** vereinbart.

Allgemeine Regelungen zur Vertragsstrafe finden sich in den §§ 339 bis 345 BGB. Daneben gilt es, die bereits erwähnte Einschränkung für Allgemeine Geschäftsbedingungen gemäß § 309 Nr. 6 BGB zu beachten, die eine Vertragsstrafe gegenüber Verbrauchern nicht zulässt. Die Vereinbarung darf weder gegen die guten Sitten verstoßen noch ihrer Höhe nach die Grenze des Wuchers im Sinne von § 138 Abs. 2 BGB überschreiten.

10.6. Anwaltliche Vertretung

Eine Partei kann sich anwaltlich vertreten lassen. Eine Verpflichtung zur Vertretung durch einen Rechtsanwalt besteht vor allen Land- und Oberlandesgerichten ebenso

[389] Musielak/Voit/Voit, *ZPO-Kommentar* § 1055 Rn. 1.

[390] MüKoZPO/Münch, *ZPO-Kommentar* § 1059 Rn. 1.

[391] Ostendorf, *Vertragsstrafe und pauschalisierter Schadenersatz als Instrumente der Vertragsgestaltung*, JuS 2015, 977.

wie vor dem Bundesgerichtshof. Weiterhin besteht ein **Anwaltszwang** vor allen Landesarbeitsgerichten und dem Bundesarbeitsgericht mit der Einschränkung, dass eine Vertretung auch durch die Gewerkschaft oder den Arbeitgeberverband möglich ist. Die Bundesrechtanwaltskammer führt das Bundesweite Amtliche Anwaltsverzeichnis aller in Deutschland zugelassenen Rechtsanwälte. Dieses ist öffentlich einsehbar unter www.bea-brak.de.

Der Rechtsanwalt ist jederzeit zur Vorlage der ihm erteilten **Vollmacht im Original** verpflichtet, § 80 S. 1 ZPO. Die Gegenpartei kann den Mangel der Vollmacht jederzeit rügen. Im Gegensatz dazu kann sich der Rechtsanwalt in Österreich als Prozessvertreter seiner Partei auf die ihm erteilte Vollmacht gem. § 8 Abs. 1 S. 2 öRAO berufen. Der vor dem deutschen Gericht auftretende Rechtsanwalt hingegen muss auf schlichtes Verlangen der Gegenpartei seine Vollmacht durch Vorlage eines eigenhändig unterschriebenen Originals der Vollmacht an das Gericht nachweisen, andernfalls die Klage allein aus diesem Grund zurückzuweisen ist. Die Vorlage der Vollmacht sollte bis zum Schluss der mündlichen Verhandlung erfolgen, kann aber auch innerhalb der Rechtsmittelinstanz noch nachgereicht werden[392].

Die **Vergütung** der anwaltlichen Vertretung richtet sich nach dem Rechtsanwaltsvergütungsgesetz (RVG)[393]. Es handelt sich dabei ebenso wie das österreichische Rechtsanwaltstarifgesetz (RATG) um eine Tarifordnung, welche für zivilrechtliche Mandate streitwertabhängige Beträge zur Entlohnung des Rechtsanwaltes festlegt. Statt einer tätigkeitsabhängigen Vergütung, wie dies in Österreich vorgesehen ist, berechnet sich der Vergütungsanspruch des deutschen Rechtsanwaltes phasenpauschalisiert. Dies hat insbesondere für den Mandanten, aber auch für den Prozessgegner den Vorteil, dass die Kosten eines Prozesses von vorneherein kalkuliert werden können und sich sohin der Höhe nach in festen Bahnen bewegen. Die Vereinbarung eines Erfolgshonorars ist dem Rechtsanwalt verboten, § 49b Abs. 2 S. 2 BRAO[394].

10.7. Genehmigungsbedürftige Rechtsdienstleister

Wer in Deutschland nicht als Rechtanwalt zugelassen ist, bedarf für seine rechtsberatende Tätigkeit einer Genehmigung, sofern er diese gewerblich ausübt. Grenzen und Möglichkeiten der Rechtsberatung durch sogenannte Dienstleister regelt das Rechtsdienstleistungsgesetz (RDG). Zweck desselben ist der Schutz des Rechtsverkehrs und der Rechtsordnung vor unqualifizierten Rechtsdienstleistungen, §1 RDG.

Insbesondere davon betroffen sind **Inkassounternehmen**, deren Geschäft auf die Beitreibung von Forderungen ihrer Kunden gegen Entgelt gerichtet ist. Die Erlaubnis dazu regelt § 2 Abs. 2 i. V. m. § 10 Abs. 1 Nr. 1 RDG. Die persönliche Eignung

[392] BGH, Urt. v. 7.3.2002, Az. VII ZR 193/01 – NJW 2002, 1957.

[393] Kurzer Überblick zum Aufbau des RVG in: Kroiß, *Das neue Rechtsanwaltsvergütungsgesetz*, JuS 2004, 679.

[394] Ausführlich zur Ausgestaltung der Vergütungsvereinbarung: BeckOK BGB/Fischer, *BGB-Kommentar* § 675 Rn. 13 ff.

und Zuverlässigkeit des Unternehmers ist ebenso Voraussetzung wie geordnete Vermögensverhältnisse, seine besondere Sachkunde sowie die Unterhaltung einer Berufshaftpflichtversicherung. Das Register aller in Deutschland zugelassenen Inkassounternehmen ist öffentlich einsehbar unter www.rechtsdienstleistungsregister.de.

Der Verstoß gegen das RDG ist immer wieder Gegenstand von Verfahren. Die Inkassozession an einen Dienstleister, der nicht über die hierfür erforderliche Genehmigung verfügt, ist nichtig im Sinne von § 134 BGB und daher auch gegenüber dem Schuldner nicht durchsetzbar[395].

Im Übrigen sind den Inkassounternehmen aber auch bei ordnungsgemäßer Registrierung Grenzen gesetzt. Inkasso meint die Eintreibung einer Forderung, nicht hingegen eine umfassende rechtsberatende Tätigkeit wie beispielsweise die Forderungsabwehr oder gar die Rechtsberatung an sich als Geschäftsmodell. Insbesondere im Bereich des Legal Tech verwischt sich die Grenze immer mehr[396]. Der Bundesgerichtshof hat zuletzt in seiner Entscheidung zum Betreiben eines *„Mietpreisrechners“* die Dienstleistungsbefugnis großzügig ausgelegt und die rechtsberatende Tätigkeit eines Rechtsdienstleisters als zulässig angesehen, sofern diese letztendlich der Einziehung der Forderung dient[397].

10.8. Zivilprozess

Bei Streitigkeiten aus Verträgen kommen die Parteien manchmal zu keiner Einigung, sodass sie zur Durchsetzung ihrer Forderung bzw. Feststellung eines Rechtsverhältnisses den Rechtsweg beschreiten müssen. Hierfür stehen ihr die Amtsgerichte, die Landgerichte, das jeweilige Oberlandesgericht eines jeden Bundeslandes und zu guter Letzt der Bundesgerichtshof in Karlsruhe zur Verfügung.

10.8.1. Die Kommunikation mit den Gerichten

Anträge, Klagen und Schriftsätze können durch Übergabe, aber auch per Fax, Post oder mittlerweile elektronisch mittels des *„besonderen elektronischen Anwaltspostfachs“* (kurz beA) eingereicht werden[398]. Der Versand mittels E-Mail ist grundsätzlich nicht zugelassen. Weiterhin besteht in einigen Verfahrensarten ein Formularzwang, wie beispielsweise dem Mahnverfahren oder auch dem Zwangsvollstreckungsverfahren.

10.8.2. Verfahrensarten

Will eine Partei ihren Anspruch aus dem Vertrag gerichtlich durchsetzen, so stehen

395 BGH, Urt. v. 30.10.2012, Az. XI ZR 324/11 – NJW 2013, 59.

396 Römermann/Günther, *Legal Tech als berufsrechtliche Herausforderung*, NJW 2019, 551.

397 BGH, Urt. v. 27.11.2019, Az. VIII ZR 285/18 – NJW 2020, 208, mit sehr ausführlicher Historie zur Rechtsprechung und zum Schutzzweck des RDG.

398 Kritische Betrachtung mit konstruktiven Ansätzen: Greger, *Der Zivilprozess auf dem Weg in die digitale Sackgasse*, NJW 2019, 3429.

ihr hierfür verschiedene Verfahrensarten offen. Es empfiehlt sich, die Auswahl des richtigen Verfahrens vorher gut zu überdenken.

10.8.2.1. Mahnverfahren

Das Mahnverfahren in Deutschland ist vergleichbar mit dem in Österreich gebräuchlichen Mahnklageverfahren. Es ist ein schnelles, einfaches und kostengünstiges Verfahren zur **Durchsetzung von Geldforderungen**. Eine obere Streitwertgrenze, wie etwa in Österreich die Deckelung der Zulässigkeit für den Zahlungsbefehl auf 75.000 EUR, kennt das deutsche Mahnverfahren nicht.

Regelungen zum Mahnverfahren finden sich in den §§ 688 bis 703d ZPO. Das Mahnverfahren ist grundsätzliche für alle Geldforderungen, die die Zahlung einer Schuld in EURO zum Gegenstand haben, zulässig, wobei § 688 Abs. 2 und 3 ZPO einige Ausnahmen der Unzulässigkeit definiert. So kann die Durchsetzung von hochverzinslichen Verbraucherdarlehen nicht mittels Mahnverfahren erfolgen. Weiterhin unzulässig ist das Mahnverfahren, wenn die Geldforderung von einer Gegenleistung abhängt, die bislang nicht erbracht wurde. Zu guter Letzt kann das Mahnverfahren auch nicht verwendet werden, wenn die Zustellung des Mahnbescheides durch öffentliche Bekanntmachung erfolgen müsste, weil beispielsweise eine zustellfähige Adresse des Schuldners nicht vorhanden ist. Muss der Mahnbescheid im Ausland zugestellt werden, so differenziert das deutsche Mahnverfahrens anders als die österreichische ZPO zur Mahnklage nach der Zustellmöglichkeit. Das Mahnverfahren ist jedenfalls möglich, wenn die Zustellung an einen Schuldner innerhalb der EU erfolgen soll. Bei der Zustellung in Drittstatten richtet sich die Zulässigkeit nach dem Anerkennungs- und Vollstreckungsausführungsgesetz vom 30.11.2015 (AVAG).

Das Verfahren ist in Deutschland standardisiert und wird formulargebunden in maschineller Bearbeitung abgewickelt[399]. Es besteht **Formularzwang**. Zuständig sind ausschließlich die Amtsgerichte am Wohnsitz bzw. Sitz des Antragstellers, wobei die Bundesländer für die Abwicklung der Mahnverfahren zentrale Mahngerichte eingerichtet haben. Hat der Antragsteller keinen Sitz im Inland, so ist für alle diesbezüglichen Verfahren zentralisiert das Amtsgericht Wedding ausschließlich zuständig.

Will der Antragsteller seinen Anspruch mittels Mahnverfahren durchsetzen, so muss er einen Antrag auf Erlass eines Mahnbescheides vor dem zuständigen Amtsgericht stellen. Während in Österreich die Mahnklage zwingend als Verfahrensart gewählt werden muss, wenn diese zulässig ist, ist das Mahnverfahren in Deutschland **nicht verpflichtend**. Der Antragsteller kann sich vielmehr zwischen der Möglichkeit der Klage oder derjenigen des Mahnverfahrens frei entscheiden. Erwartet der Antragsteller sohin eine Gegenwehr des Schuldners, wird er aus Zeitgründen in der Regel sogleich die Klage beim zuständigen Gericht einreichen, um so nicht die

[399] Hein, *Der Mahn- und Vollstreckungsbescheidsantrag*, JuS 2018, 1269.

Verfahrensdauer des Mahnverfahrens zusätzlich zu riskieren[400]. Andererseits müssen für das Mahnverfahren nur ein Sechstel der Gerichtskosten des Klageverfahrens eingezahlt werden und auch die Anwaltsvergütung fällt geringer aus, sodass das Mahnverfahren eine praktisch bedeutsame Variante der Durchsetzung darstellt[401]. Eine zwingende anwaltliche Vertretung ist im Übrigen für das Mahnbescheidsverfahren auch bei höheren Streitwerten nicht vorgeschrieben.

Auf den Antrag hin wird das Gericht einen Mahnbescheid erlassen und dem Antragsgegner zustellen. Dieser hat nunmehr die Möglichkeit, binnen einer **Frist von zwei Wochen einen Widerspruch beim Gericht einzureichen**, der nicht begründet werden muss. Legt der Antragsgegner fristgerecht Widerspruch ein, wird wiederum auf Antrag des Antragstellers das Verfahren in ein streitiges Verfahren übergeleitet und an das hierfür zuständige Gericht abgegeben.

Geht ein Widerspruch nicht ein, erlässt das Amtsgericht auf einen weiteren Antrag des Antragstellers den sogenannten Vollstreckungsbescheid. Gegen diesen kann der Schuldner erneut **binnen 14 Tagen Einspruch** einlegen mit der Folge, dass auch dann das Verfahren auf Antrag in das streitige Verfahren übergeht. Legt der Antragsgegner auch keinen Einspruch ein, so wird der Vollstreckungsbescheid formell und materiell rechtskräftig und ist Vollstreckungstitel mit einer Verjährungsfrist von nunmehr 30 Jahren.

Sohin geht mit einem ersten Versäumen der Widerspruchsfrist kein endgültiger Schaden einher. Bei einem Abwarten bis zur Einspruchsfrist ist jedenfalls Vorsicht geboten, denn der einmal erlassene Vollstreckungsbescheid ist ein **vorläufig sofort vollstreckbarer Titel**, mit dem der Antragsteller ohne Sicherheitsleistung sofort in das Vermögen des Antragsgegners pfänden kann.

10.8.2.2. Klageverfahren

Das Klageverfahren ist der klassische Weg im deutschen Zivilprozess, der für alle zivilrechtlichen Forderungen und alle Arten von Prozessparteien offensteht. Möglich ist dabei die Leistungsklage, die Feststellungsklage sowie auch die Gestaltungsklage[402].

10.8.2.2.1. Klageschrift

Das Verfahren wird durch die ordnungsgemäße Klageerhebung eingeleitet, deren Mindestinhalt § 253 Abs. 2 ZPO definiert. Die Klageschrift muss die Bezeichnung der Parteien und des Gerichtes enthalten. Danach erfolgt ein bestimmter Klageantrag und sodann erst folgen der Gegenstand und der Grund des Anspruchs. Am Ende der Klageschrift ist diese vom Kläger oder seinem Prozessvertreter eigenhändig zu

---

[400] Glasmacher, *Zweckmäßigkeitserwägungen bei der Durchsetzung von Zahlungsansprüchen*, JA 2018, 207.

[401] Schneider, *Gerichtskosten im zivilrechtlichen Mahnverfahren*, NJW 2020, 378.

[402] Zöller/Greger, *ZPO-Kommentar* Vor § 253 Rn. 1 ff.

unterzeichnen oder alternativ mit einer qualifizierten elektronischen Signatur zu versehen.

10.8.2.2.2. Zuständigkeit der Gerichte

Zuständig für vertragliche Angelegenheiten ist die Zivilgerichtsbarkeit, unterteilt in Amtsgericht, Landgericht, Oberlandesgericht und zu guter Letzt den Bundesgerichtshof. Die Zuständigkeit in erster Instanz ist streitwertabhängig, wobei das Amtsgericht gemäß §§ 23 Abs. 1 GVG für Forderungen bis 5.000 EUR und das Landgericht gemäß §§ 23, 71 GVG für darüber hinausgehende Forderungen angerufen werden kann. Eine streitwertunabhängige Zuständigkeit der Amtsgerichte ist gesondert in § 23 GVG unter anderem für Mietstreitigkeiten geregelt. Daneben unterhalten die Landgerichte noch Zivilkammern für Handelssachen, die auf Antrag einer Partei angerufen werden können. § 95 GVG definiert die hierfür in Frage kommenden Handelssachen, wie beispielsweise Handelsgeschäfte zwischen Kaufleuten, Streitigkeiten zwischen Personengesellschaften oder Forderungen aus unlauterem Wettbewerb.

Die örtliche Zuständigkeit der Gerichte ist in der ZPO in den §§ 12 bis 37 geregelt. Die ZPO unterscheidet zwischen dem allgemeinen, dem besonderen und dem ausschließlichen Gerichtsstand. Gerichtsstandsvereinbarungen vor Entstehen einer Streitigkeit sind in der Regel nur zwischen Kaufleuten zulässig, § 38 Abs. 1 ZPO[403].

Der allgemeine Gerichtsstand befindet sich am Wohnsitz der natürlichen oder am Sitz der juristischen Personen. Liegt kein ausschließlicher Gerichtsstand vor, ist das Gericht am allgemeinen Gerichtsstand der beklagten Partei zuständig, § 12 ZPO. Daneben sind in den §§ 20 ff. ZPO verschiedene besondere Gerichtsstände definiert, bei denen dem Kläger ein Wahlrecht zukommt. Hierzu zählt unter anderem der im Vertragsrecht oftmals angerufene **Gerichtsstand des Erfüllungsortes** gemäß § 29 ZPO, bei dem anders als in Österreich der Erfüllungsort nicht explizit vereinbart sein muss, sondern sich vielmehr aus der gesetzlichen Regelung zur Hol-, Bring- oder Schickschuld ergibt[404]. Wollen die Parteien den Erfüllungsort vertraglich abweichend von der gesetzlichen Regelung vereinbaren, so führt dies im Einklang mit § 38 Abs. 2 ZPO nur zu einer Änderung des Gerichtsstandes, wenn beide Kaufleute sind. Ist hingegen ein ausschließlicher Gerichtsstand einschlägig, kann die Klage nur am Ort des hierfür zuständigen Gerichtes erhoben werden. Dazu zählen Rechtstreitigkeiten wegen Grundstücken bzw. Miet- und Pachtsachen am Ort der belegenen Sache und Musterfeststellungsverfahren am Sitz der beklagten Partei.

[403] MüKoZPO/Patzina, *ZPO-Kommentar* § 38 Rn. 15 ff.
[404] Musielak/Voit/Heinrich, *ZPO-Kommentar* § 29 Rn. 14 ff.

10.8.2.2.3. Postulationsfähigkeit

Vor den Amtsgerichten können sich die Parteien selbst vertreten und alle Prozesshandlungen wirksam vornehmen. Daneben sind vertretungsbefugt im Zivilprozess die Rechtsanwälte, Unternehmensjuristen, volljährige Familienangehörige, Verbraucherzentralen und Inkassodienstleistungsunternehmen, letztere eingeschränkt auf das Mahnverfahren.

Ein Anwaltszwang besteht vor allen Land- und Oberlandesgerichten, § 78 Abs. 1 ZPO. Ein auch online einsehbares Anwaltsverzeichnis aller zugelassenen Rechtsanwälte führt die Bundesrechtsanwaltskammer (https://www.bea-brak.de/bravsearch/search.brak). Am Bundesgerichtshof ist eine besondere Postulationsfähigkeit zu beachten, denn ausschließlich am Bundesgerichtshof zugelassene Rechtsanwälte können dort vertreten. Eine Liste dieser Rechtsanwälte, die in der Regel ausschließlich mit ihrer Tätigkeit vor dem Bundesgerichtshof beschäftigt sind, findet sich auf der Homepage des Bundesgerichtshofes und umfasst aktuell ca. 40 Berufsträger https://www.bundesgerichtshof.de/DE/DasGericht/Organisation/WeitereVerfahrensbeteiligte/weitereVerfahrensbeteiligte_node.html).

10.8.2.2.4. Verfahrensablauf

Mit Eingang der Klage wird der Anspruch bei Gericht anhängig, mit Zugang bei der beklagten Partei wird er sodann rechtshängig.

Im Zivilverfahren gilt kein Amtsermittlungsgrundsatz. Der Richter kann und darf sohin nicht aus eigener Ambition heraus den Sachverhalt vervollständigen oder Beweise suchen. Beide Parteien sind zur Darlegung des Sachverhaltes angehalten und müssen die jeweils für sich sprechenden Tatsachen unter Beweis stellen. Das Gericht trifft lediglich die Verpflichtung zur Prozessleitung und Hinweiserteilung, § 139 ZPO.

Das Gericht wird zuerst die Klage an die beklagte Partei zustellen und diese auffordern, binnen einer **Notfrist von zwei Wochen** ihre Verteidigungsabsicht dem Gericht mitzuteilen. Damit verbunden ist ein Beschluss, welcher entweder einen frühen ersten Termin bestimmt oder das schriftliche Vorverfahren anordnet, beides verbunden mit einer weiteren Frist zur Erwiderung auf den Sachverhalt der Klage[405]. Der Mündlichkeitsgrundsatz verlangt eine sich anschließende mündliche Verhandlung vor Gericht unter Teilnahme beider Parteien bzw. Parteivertreter.

Eine in der Praxis bedeutende Ausnahmen vom Mündlichkeitsgrundsatz bildet das sogenannte **vereinfachte Verfahren**, das vom Gericht bei einem Streitwert bis zu 600 EUR angeordnet werden kann und bei dem ein Urteil, anders als in Österreich, ohne mündliche Verhandlung möglich ist, § 495a ZPO. Gleiches gilt für alle Klage-

[405] Huber, *Grundwissen – Zivilprozessrecht: Früher erster Termin und schriftliches Vorverfahren*, JuS 2009, 683.

verfahren, sofern die Parteien der Entscheidung im schriftlichen Verfahren zustimmen, § 128 Abs. 2 ZPO.

Das erstinstanzliche Verfahren wird durch Endurteil, Versäumnisurteil oder Anerkenntnisurteil abgeschlossen, sofern die Parteien sich nicht zuvor geeinigt haben. Haben die Parteien einen Vergleich geschlossen, so kann auch dieser mit verfahrensbeendender Wirkung durch Beschluss festgestellt werden, ohne dass es hierfür einer mündlichen Verhandlung bedarf, § 278 Abs. 6 ZPO. Weitere Möglichkeiten bieten die Erledigungserklärung oder die Klagerücknahme unter Verwahrung gegen die Kostenlast[406]. Hingegen kennt das deutsche Zivilverfahren nicht das in Österreich weithin praktizierte ewige Ruhen des Verfahrens. Haben die Parteien sich geeinigt, so wird dies entweder durch Beschluss festgestellt oder die Klage ohne beiderseitige Kostenanträge zurückgenommen.

Im Klageverfahren besteht ebenso wie in Österreich die Möglichkeit der Säumnis mit beachtenswerten Unterschieden. Die Säumnis kann im Laufe des Verfahrens durch zwei verschiedene Möglichkeiten zu einem **Versäumnisurteil** führen. Zum einen stellt das Gericht die Klage an die beklagte Partei zu und gibt dieser mittels einer Notfrist von zwei Wochen auf, gegenüber dem Gericht anzuzeigen, dass sie sich gegen die Klage verteidigen will, § 276 Abs. 1 ZPO. Geht keine oder lediglich eine verfristete Anzeige der Verteidigung bei Gericht ein, kommt es zum Erlass des Versäumnisurteils. Zum anderen besteht die Möglichkeit bei der Säumnis einer Partei in der mündlichen Verhandlung sowohl auf klägerischer als auch auf beklagter Seite. Während in Österreich der Einspruch gegen ein Versäumnisurteil an strenge Voraussetzungen gebunden ist, kann dieser in Deutschland ohne weitere Begründung binnen 14 Tagen eingelegt werden mit der Wirkung, dass das Gericht über den Einspruch und die Hauptsache in einem weiteren Termin verhandeln wird[407]. Ist die beklagte Partei daraufhin allerdings erneut säumig, so ergeht ein sogenanntes Zweites Versäumnisurteil mit der Folge, dass dieses ausschließlich noch mittels Berufung angefochten werden kann. Insofern ist die unter deutschen Juristen gerne so bezeichnete *„Flucht in die Säumnis"* ein gängiges und viel genutztes prozesstaktisches Mittel[408]. Es gibt einer Partei mehr Zeit um Prozessstoff zu sammeln, ihre Darlegung zu verbessern und Beweismittel zu organisieren. Aber auch hier ist Vorsicht geboten, denn zum einen ist bereits das erste Versäumnisurteil ein sofort vollstreckbarer Vollstreckungstitel, mit dem ohne Sicherheitsleistung in das Vermögen der beklagten Partei vollstreckt werden kann. Zum anderen besteht bei geringen Streitwerten bis zu 600 EUR die Möglichkeit, dass das Gericht ins schriftliche Verfahren überleitet und sofort ein Urteil anhand des bis dahin dargelegten Sachverhaltes fällt, § 495a ZPO.

[406] Becker, *Erledigung und Klagerücknahme im Zivilprozess*, JuS 2018, 1050.

[407] Metzing, *Der Einspruch gegen das Versäumnisurteil*, JuS 2016, 678.

[408] Musielak/Voit/Huber, *ZPO-Kommentar* § 296 Rn. 41.

10.8.2.2.5. Widerklage

Ist eine Klage vor einem deutschen Gericht rechtshängig, so kann die beklagte Partei eigene Ansprüche gegen die klagende Partei mittels einer Widerklage durchsetzen[409]. Die Widerklage führt zur Zeitersparnis bei zum Teil geringeren Kosten für den Prozess, da das Verfahren und auch die Beweisaufnahme nur einmal für beide Ansprüche stattfinden. Beide Ansprüche stehen sich dann in ein und demselben Verfahren gegenüber und werden vom Gericht abgehandelt. Dabei kann die Widerklage beim Gericht der Klage auch dann erhoben werden, wenn dieses nach den regulären Zuständigkeitsnormen nicht zuständig wäre. Einen besonderen Gerichtsstand gibt hierfür § 33 ZPO. Die Parteien der Klage und der Widerklage müssen identisch sein. Andernfalls kommt eine Drittwiderklage in Betracht.

Die Widerklage setzt einen rechtlichen Zusammenhang zwischen dem Anspruch der Klage und jenem der Widerklage voraus. Diese sogenannte **Konnexität**[410] sichert die Prozessökonomie als Zweck der Widerklage. Macht beispielsweise die klagende Partei ihren Kaufpreis in der Klage geltend, so kann die beklagte Partei mittels Widerklage ihren Schadensersatzanspruch aus demselben Kaufvertrag heraus beanspruchen. Daneben besteht noch die Möglichkeit der Drittwiderklage, wenn sich die Widerklage auch gegen eine dritte Person richtet[411].

10.8.2.3. Die Rechtsmittel

Das deutsche Verfahrensrecht kennt als Rechtsmittel die Berufung, die Revision sowie die Beschwerde.

10.8.2.3.1. Die Berufung

Die Berufung gegen Urteile des Amtsgerichtes ist beim Landgericht, jene gegen erstinstanzliche Urteile des Landgerichtes beim Oberlandesgericht einzureichen.

Dabei gilt eine Grenze des Beschwerdewertes von über 600 EUR. Bei einer Beschwer von 600 EUR oder weniger ist eine Berufung grundsätzlich nicht zulässig[412], es sei denn, das Amtsgericht lässt die Berufung ausdrücklich zu. Anders als in Österreich bei der **Bagatellberufung** des § 501 öZPO ist sohin das erstinstanzliche Urteil bei einer Beschwer von bis zu 600 EUR auch dann nicht angreifbar, wenn lediglich Fehler in der rechtlichen Beurteilung gerügt werden. Ist der Beschwerdewert nicht erreicht, muss aber das erstinstanzliche Gericht in seinem Urteil die Berufung ausdrücklich zulassen, wenn die Rechtslage grundsätzliche Bedeutung hat oder dies zur Sicherung einer einheitlichen Rechtsprechung oder der Fortbildung des Rechts erforderlich erscheint, § 511 Abs. 4 ZPO. Die Berufung hat einen Sus-

[409] Wagner, *Die Widerklage*, JA 2014, 655.
[410] BeckOK ZPO/Toussaint, *ZPO-Kommentar* § 33 Rn. 11 ff.
[411] Koch, *Wider- und Drittwiderklage*, JA 2013, 95.
[412] Längsfeld, *Grundfälle zur Berufung in der ZPO – Teil I: Zulässigkeit*, JA 2013, 289.

pensiveffekt, das angegriffene Urteil wird sohin bis zum Abschluss des Berufungsverfahrens nicht rechtskräftig.

Die Berufung ist immer bei dem für das Berufungsverfahren zuständige Gericht einzulegen. Auch hier ist ein wesentlicher Unterschied zur österreichischen Zivilprozessordnung, nach welcher das Rechtsmittel an das Gericht der ersten Instanz mit dem Antrag zu Abgabe des Verfahrens an das Berufungsgericht zu richten ist.

Da die Berufung beim Landgericht oder Oberlandesgericht einzulegen ist, muss sich die Partei von einem Rechtsanwalt vertreten lassen.

Die Frist zur Einlegung der Berufung beträgt **einen Monat ab Zugang des Urteils**, § 519 ZPO. Anders als in Österreich muss die Berufung nicht sofort begründet werden. Diese ist lediglich einzulegen und binnen einer Frist von zwei Monaten ab Zustellung des Urteils in einem gesonderten Schriftsatz zu begründen.

Beim Berufungsverfahren handelt es sich um eine sogenannte Tatsacheninstanz, bei der das erstinstanzliche Urteil in tatsächlicher und rechtlicher Hinsicht geprüft wird. Die **Berufungsbegründung** muss die Erklärung enthalten, inwieweit das Urteil angefochten wird, sowie die Bezeichnung und Begründung der Rechtsverletzung bzw. der Umstände, die Zweifel an der Richtigkeit oder Vollständigkeit der Tatsachenfeststellung gebieten, § 520 Abs. 3 ZPO. Jedoch ist die Berufungsbegründung der deutschen Zivilprozessordnung bei Weitem nicht so formalistisch zu halten, wie dies in Österreich der Fall wäre[413]. Es gilt im Berufungsverfahren die in Österreich als Neuerungsverbot bezeichnete Präklusion von neuen Angriffs- und Verteidigungsmitteln nur in Abwägung mit dem Anspruch auf rechtliches Gehör, Art. 103 Abs. 1 GG. Der Bundesgerichtshof nimmt eine Abwägung vor und lässt einen neuen Sachverhalt zu, wenn dieser erkennbar in erster Instanz übersehen oder für unbeachtlich gehalten wurde und erst durch richterlichen Hinweis in der zweiten Instanz eine Gelegenheit zur Äußerung für die Partei bestand[414]. Im Zweifel wird man daher keine Präklusion annehmen können, es sei denn, im erstinstanzlichen Verfahren ist bereits ein ausdrücklicher Hinweis durch Prozessanleitung im Sinne von § 139 Abs. 1 S. 1 ZPO erfolgt.

Im weiteren Verfahrensablauf wird die Berufungsbegründungsschrift der Gegenseite zur Stellungnahme zugesandt und sodann eine **mündliche Verhandlung** anberaumt. Die Berufung kann aber auch in Ausnahmefällen bei Unzulässigkeit oder offensichtlicher Aussichtslosigkeit ohne mündliche Verhandlung durch einstimmigen Beschluss der Berufungskammer zurückgewiesen oder verworfen werden, § 522 ZPO.

Weiterhin beachtenswert ist auch die **Anschlussberufung**, § 524 ZPO. Spricht das Gericht sein erstinstanzliches Urteil in einer Quote, sodass sowohl die klagende als auch die beklagte Partei zum Teil unterliegen, können auch beide die Möglich-

[413] Längsfeld, *Grundfälle zur Berufung in der ZPO – Teil II: Begründetheit*, JA 2013, 362.
[414] BGH, Beschl. v. 1.10.2014, Az. VII ZR 28/13.

keit der Berufung in Betracht ziehen. Legt nur eine der beiden Prozessparteien nun fristgemäß Berufung ein, so kann die andere Partei ihre Berufung binnen der Frist zur Berufungserwiderung *„nachholen"*, um hierdurch wieder Waffengleichheit zu schaffen[415].

10.8.2.3.2. Die Revision

Die Revision ist lediglich gegen Berufungsentscheidungen der Landgerichte und Oberlandesgerichte statthaft, wenn sie ausdrücklich vom Berufungsgericht zugelassen wurde, § 542 ZPO. Eine sogenannte Werterevision ab einer gewissen Streitwertgrenze kennt das deutsche Zivilprozessrecht nicht. Andernfalls hat die beschwerte Partei noch die Möglichkeit der Nichtzulassungsbeschwerde zum Bundesgerichtshof bei einer Beschwer über 20.000 EUR. Gemäß § 543 ZPO ist die Revision dann zuzulassen, wenn eine Rechtssache grundsätzliche Bedeutung hat oder zur Fortbildung des Rechts oder der Sicherung einer einheitlichen Rechtsprechung erforderlich ist.

10.8.2.3.3. Die Beschwerde

Die sofortige Beschwerde kann gegen eine erstinstanzliche Entscheidung erhoben werden, die kein Urteil ist. In Frage kommen sohin verfahrensleitende Entscheidungen, wie Beschlüsse oder Verfügungen. Die sofortige Beschwerde ist binnen einer Notfrist von zwei Wochen nach Wahl des Beschwerdeführers entweder beim Ausgangsgericht oder beim Beschwerdegericht einzureichen, § 569 ZPO. Gegen die Entscheidung über die sofortige Beschwerde gibt es das Rechtsmittel der Rechtsbeschwerde gegen Beschlüsse der Landgerichte oder Oberlandesgerichte im Beschwerdeverfahren.

10.8.2.4. Der europäische Zahlungsbefehl

Insbesondere bei Streitigkeiten, die einen grenzüberschreitenden Bezug haben, kann der europäische Zahlungsbefehl ein weiteres probates Mittel zur Durchsetzung von Forderungen sein. Dieser ist für die europäischen Mitgliedsstaaten normiert in der europäischen Mahnverfahrensverordnung[416]. Die Zulässigkeit eines Antrages setzt einen **grenzüberschreitenden zivil- oder handelsrechtlichen Sachverhalt** voraus. Der Anspruch muss eine Geldforderung und als solche bezifferbar sein. Der europäische Zahlungsbefehl eignet sich sohin insbesondere für Forderungen gegen Verbraucher, die in Deutschland ihren allgemeinen Wohnsitz unterhalten. Ein Anwaltszwang besteht im Verfahren nicht.

Sowohl für Anträge auf einen europäischen Zahlungsbefehl als auch für Vollstreckbarerklärungen selbiger ist in Deutschland das **Amtsgericht Wedding in Berlin** ausschließlich zuständig, § 1087 ZPO. Das Verfahren selbst ist formblattgebunden.

---

415 MüKoZPO/Rimmelspacher, *ZPO-Kommentar* § 524 Rn. 1.

416 Verordnung (EG) Nr. 1896/2006 des Europäischen Parlaments und des Rates vom 12.12.2006.

Sind alle Voraussetzungen erfüllt, so erlässt das Gericht in der Regel innerhalb von 30 Tagen den Zahlungsbefehl und stellt diesen mit einer Rechtsmittelbelehrung an den Schuldner zu. Dieser kann nunmehr binnen einer Frist von 30 Tagen ab Zustellung gegen den europäischen Zahlungsbefehl Einspruch einlegen mit der Folge, dass das Verfahren in ein nationales zivilrechtliches Verfahren übergeleitet wird. Daneben ist auch die Überleitung in ein europäisches Bagatellverfahren möglich. Andernfalls wird der Zahlungsbefehl rechtskräftig und kann nun nach Ausstellung der Vollstreckbarerklärung vollstreckt werden.

10.8.2.5. Das europäische Bagatellverfahren

Das europäische Verfahren für geringfügige Forderungen basiert auf der Geringfügige-Forderungen-VO[417] und ist für die Geltendmachung von grenzüberschreitenden Forderungen vorgesehen, die **unterhalb eines Betrages von 5.000 EUR** liegen. Auch dieses sogenannten Small-Claims-Verfahren ist formblattgebunden und bietet gegenüber dem Antrag auf Erlass eines europäischen Zahlungsbefehls den Vorteil, dass kein Einspruch und keine Überleitung in ein nationales Zivilverfahren notwendig werden. Der Antrag ist mittels Formular beim zuständigen Amtsgericht einzureichen. Die örtliche Zuständigkeit richtet sich nach den allgemeinen Vorschriften der deutschen ZPO und verfügt im Gegensatz zum europäischen Zahlungsbefehl über kein Zentralgericht in Deutschland. Das Gericht stellt binnen 14 Tagen nach Eingang des Klageformblattes selbiges an die Gegenseite zu, welches diese wiederum binnen 30 Tagen ab Zugang beantworten kann. Das Gericht hat sodann wiederum 30 Tage Zeit, um bestenfalls bereits das Urteil zu erlassen oder eine weitere Stellungnahme einzuholen oder eine mündliche Verhandlung anzuberaumen. Das Verfahren ist damit eine schnelle und kostengünstige Variante, die aufgrund der Anleitung in den Formularen auch von der nicht anwaltlich vertretenen Partei ohne wesentliche Vorkenntnisse geführt werden kann.

10.8.3. Einstweiliger Rechtschutz

Oftmals reichen die regulären Möglichkeiten des Zivilverfahrens in Form der Klage oder des Mahnbescheides nicht aus, um einen dringlichen Anspruch schnellstmöglich zu sichern. Der einstweilige Rechtschutz bietet hierfür die Möglichkeit einer vorläufigen, aber schnellen Sicherung des in Streit stehenden Rechts. Die durch eine Verzögerung drohenden Nachteile können so oft vermieden werden. Von der Möglichkeit des einstweiligen Rechtsschutzverfahrens kann während, aber auch bereits vor der Rechtshängigkeit der Klage Gebrauch gemacht werden[418]. Die ergangene Entscheidung ist ohne Sicherheitsleistung sofort vollstreckbar. Für die Vollziehung hat der Antragsteller sodann einen Monat bei inländischen Arrestbefehlen und zwei

[417] Verordnung (EG) Nr. 861/2007 des Europäischen Parlaments und des Rates vom 11.7.2007.

[418] Kellermann-Schröder, *Gerichtliche Entscheidungen im einstweiligen Rechtsschutz nach der ZPO*, JA 2018, 535.

Monate bei ausländischen Sicherungstiteln Zeit, § 929 Abs. 2 ZPO, danach kann die Anordnung nicht mehr vollstreckt werden.

10.8.3.1. Die einstweilige Verfügung

Die einstweilige Verfügung dient der Sicherung von Ansprüchen, die keine Geldforderungen sind. In Frage kommt vielmehr der **Anspruch auf eine Handlung, Duldung oder Unterlassung**. Dabei unterscheidet man zwischen der Sicherungsverfügung, der Regelungsverfügung und der Leistungsverfügung[419]. Der Antrag auf einstweilige Verfügung kann bei dem Gericht eingereicht werden, welches für das Hauptsacheverfahren zuständig ist.

Der Inhalt des Antrages auf Erlass einer einstweiligen Verfügung setzt sich zusammen aus dem Verfügungsanspruch und dem Verfügungsgrund. Neben der eigentlichen Anspruchsgrundlage, auf welche die begehrte Forderung gestützt wird, muss der Antragsteller darlegen, warum eine **Dringlichkeit** für eine Entscheidung durch einstweilige Verfügung besteht. Dazu gehört die Darlegung, dass durch eine Veränderung des bestehenden Zustandes die Verwirklichung des Rechts einer Partei vereitelt oder wesentlich erschwert werden könnte, § 935 ZPO. Diese Dringlichkeit muss vom Antragsteller auch glaubhaft gemacht werden. Die Glaubhaftmachung entspricht dem üblichen Beweisangebot des Klageverfahrens. Hinzu tritt die Möglichkeit der eidesstattlichen Versicherung durch den Antragsteller, § 294 ZPO.

Der Antrag wird sodann vom Gericht an den Antragsgegner mit der Aufforderung zur Stellungnahme zugestellt. Bei besonderer Dringlichkeit kann das Gericht aber auch sofort entscheiden, sodass in weiterer Folge der Antrag gemeinsam mit der bereits erlassenen Verfügung an den Antragsgegner zugestellt wird. Ein Termin zur mündlichen Verhandlung muss jedenfalls nicht zwingend anberaumt werden, wobei das Bundesverfassungsgericht klargestellt hat, dass eine restriktive Handlung und Abwägung mit dem Recht auf prozessuale Waffengleichheit des Antragsgegners aus Art. 3 Abs. 1 i.V.m. Art. 20 Abs. 3 Grundgesetz (GG) erfolgen muss[420].

Der Inhalt der Verfügung steht im Ermessen des Gerichtes, er darf jedoch nicht über das Begehren im Antrag des Antragstellers hinausgehen[421]. Das Gericht muss eine Anordnung erlassen, die erforderlich, aber auch angemessen ist, um die begehrte Handlung, Duldung oder Unterlassung zu sichern. Die Verfügung muss sich dabei auf den geringstmöglichen Eingriff beschränken und soll der Hauptsache nicht vorgreifen. § 938 Abs. 2 ZPO nennt hierfür Beispiele in Form der Sequestration oder der Verfügung, dass dem Schuldner eine Handlung geboten oder verboten wird.

---

[419] Musielak/Voit/Huber, *ZPO-Kommentar* § 938 Rn. 1.

[420] BVerfG, Beschl. v. 30.9.2018, Az. 1 BvR 2421/17 – NJW 2018, 3634; ders., Beschl. v. 30.9.2018, Az. 1 BvR 1783/17 – NJW 2018, 3634; Mantz, *Das Recht auf Waffengleichheit und die Praxis im Verfahren der einstweiligen Verfügung*, NJW 2019, 953.

[421] Musielak/Voit/Huber, *ZPO-Kommentar* § 938 Rn. 5.

Denkbar sind weiterhin Verfügungs- und Erwerbsverbote oder auch der Zutritt zu Grundstücken oder Räumlichkeiten.

10.8.3.2. Der Arrest

Der Arrest ist geregelt in den §§ 916 ff ZPO und ausschließlich Mittel für die einstweilige Sicherung von **Geldforderungen**. Einzelne Vermögensgegenstände des Schuldners werden beschlagnahmt und damit bis zur rechtskräftigen Entscheidung im Klageverfahren gesichert. Der Inhalt des Antrages gliedert sich in die Darlegung des Arrestanspruchs, sohin den Anspruchsvoraussetzungen der Geldforderung selbst, und des Arrestgrundes.

Als Arrestgrund muss der Antragsteller darlegen, dass ohne den Arrest zu besorgen ist, dass die Vollstreckung des später ergehenden Urteils vereitelt oder zumindest wesentlich erschwert werden würde, § 917 Abs. 1 ZPO. Der Antragsteller muss konkrete Tatsachen vortragen, die die Annahme rechtfertigen, dass eine **Verringerung des Schuldnervermögens unmittelbar bevorsteht**. Infrage kommt dafür etwa der Boykott des Gewerbebetriebes eines Schuldners, das Verschenken des gesamten Vermögens oder gar bevorstehende Straftaten. In der Praxis ist es oftmals schwierig, hinreichend konkrete Tatsachen genau beschreiben zu können, die eine solche Gefahr belegen. Die vage Umschreibung der Möglichkeit allein reicht hierfür nicht aus. Allein die schwierige Vermögenslage eines Schuldners oder der Wettlauf mit anderen Gläubigern genügen als Arrestgrund ebenfalls nicht. Ausdrücklich geregelt ist der Fall des grenzüberschreitenden Sachverhaltes, wenn das Urteil im Ausland vollstreckt werden müsste und die Gegenseite nicht verbürgt ist, § 917 Abs. 2 ZPO. Tatsächlich meint diese Regelung ausschließlich Drittstaaten, in denen keine dem deutschen Recht vergleichbare Vollstreckungsmöglichkeit besteht. In Staaten der EU gilt sohin die Vermutung des § 917 Abs. 2 ZPO nicht.

Für den Arrestantrag ist das Gericht zuständig, bei dem das Hauptsacheverfahren zu führen ist, oder wahlweise das Gericht, an welchem sich die Arrestsache befindet. Auch besteht ebenso wie bei der einstweiligen Verfügung neben den allgemeinen zivilrechtlichen Beweismöglichkeiten die Option der Versicherung an Eides statt durch den Antragsteller. Das Gericht kann nach Sach- und Beweislage entscheiden, ob eine mündliche Verhandlung anberaumt wird oder das Eilbedürfnis eine Entscheidung durch umgehende Zustellung des Arrestes an den Antragsgegner rechtfertigt. Auch ist die Anordnung des Arrestes gegen Sicherheitsleistung des Antragstellers möglich und in der Regel zu empfehlen, um nicht dem Hauptsacheverfahren vorzugreifen und vollendete Tatsachen für den Schuldner zu schaffen.

10.8.3.3. Die Schutzschrift

Erlangt der Antragsgegner Kenntnis von einem drohenden einstweiligen Rechtsschutzverfahren, so empfiehlt es sich, zuvor eine sogenannte Schutzschrift einzureichen[422]. In der Regel trifft den Antragsgegner eines Arrestes oder einer einstweiligen Verfügung der Antrag nicht ganz unverhofft. Zumeist versucht der Antragsteller zuvor, durch Versenden beispielsweise einer Abmahnung oder eines Forderungsschreibens seine Rechte ohne Gerichtsverfahren durchzusetzen. Die Schutzschrift ist dabei ein **vorbeugender Verteidigungsschriftsatz** gegen einen Arrest oder erwartete Anträge auf einstweilige Verfügung, § 945a ZPO. Mit dieser kann der Antragsgegner bereits vorab seine Argumente darlegen und läuft hierdurch nicht Gefahr, von einer Entscheidung überrascht zu werden. Das Gericht hingegen muss den Inhalt der Schutzschrift bei seiner Entscheidung im Sinne einer Abfragepflicht[423] berücksichtigen, was in der Praxis zumeist dazu führt, dass eine mündliche Verhandlung anberaumt wird bzw. bestenfalls der Antrag zurückgewiesen wird. Die Kosten für die Einreichung der Schutzschrift hat dann der Antragsteller zu tragen.

Da der Antragsgegner oftmals zuvor nicht mit Sicherheit weiß, welches Gericht vom Antragsteller angerufen wird, führt die Landesjustizverwaltung Hessen ein zentrales, länderübergreifendes elektronisches Register für Schutzschriften. Die Schutzschrift ist sohin im ZSSR (Zentralen elektronischen Schutzschriftenregister) einzureichen und wird dort eingestellt.

10.8.3.4. Rechtsmittel

Nach Erlass von Arrest oder einstweiliger Verfügung kann die Erhebung eines Rechtsmittels verschiedenen Zielen dienen. Zum einen kann der Antragsgegner die Entscheidung selbst anfechten, da sie seiner Meinung nach falsch ist. Er kann aber auch auf eine schnelle Entscheidung im Klageverfahren hinwirken wollen, um hierdurch eine abschließend gesicherte Rechtsposition zu erlangen. Weiterhin können sich im Laufe der Zeit die Umstände ändern, die einen Sicherungsgrund gegeben haben.

10.8.3.4.1. Widerspruch, § 924 ZPO

Wenn die Verfügung oder der Arrest durch das Gericht ohne mündliche Verhandlung erlassen worden ist, so ergehen sie durch Beschluss. Dieser kann durch den Widerspruch vom Antragsgegner angegriffen werden. Im Widerspruchsverfahren überprüft das Gericht die Voraussetzungen von Arrest oder Verfügung zum Schluss der mündlichen Verhandlung, sohin können Änderungen während des Widerspruchsverfahrens noch einfließen, § 927 ZPO.

10.8.3.4.2. Berufung

Hat im einstweiligen Rechtsschutzverfahren eine mündliche Verhandlung stattgefunden, so entscheidet das Gericht über die einstweilige Verfügung oder den Arrest durch Urteil. Dieses ist sodann ausschließlich mittels Berufung angreifbar

[422] Huber, *Zivilprozessrecht: Schutzschrift und Schutzschriftregister*, JuS 2018, 1266.
[423] MüKoZPO/Drescher, *ZPO-Kommentar* § 945a Rn. 6.

und nimmt den regulären zweitinstanzlichen Weg gemäß den §§ 511 ff. ZPO. Eine Revision gegen das sodann ergehende Berufungsurteil ist allerdings nicht möglich, § 542 Abs. 2 S. 1 ZPO.

10.8.3.4.3. Anordnung der Klageerhebung, § 926 ZPO

Sofern der Antragsteller seinen Antrag auf einstweiligen Rechtsschutz vor Beginn des Hauptsacheverfahrens eingereicht hat, so kann er je nach Inhalt von Verfügung oder Arrest bereits sein Ziel erreicht haben oder aber sich vorläufig mit der Sicherung zufriedengeben. Er wird sich möglicherweise mit der anschließenden Klage zuerst einmal Zeit lassen. Dem Antragsgegner hingegen sind die Hände gebunden, er kann nicht selbst die Klage gegen sich einreichen. Daher hat der Antragsgegner einen **Anspruch auf Beschleunigung bis zur rechtskräftigen Hauptsacheentscheidung** durch einen Antrag gemäß § 926 ZPO. Das Gericht gibt sodann dem Antragsteller eine Frist zur Erhebung der Klage auf. Lässt der Antragsteller die Frist ungenutzt verstreichen, so kann in einem zweiten Schritt der Antragsgegner ohne weitere Angabe von Gründen die Aufhebung des Arrestes oder der einstweiligen Verfügung durch Endurteil beantragen.

10.8.3.4.4. Aufhebung wegen veränderter Umstände, § 927 ZPO

Weiterhin rechtfertigen geänderte Umstände einen Antrag des Antragsgegners auf Aufhebung des Arrestes oder der einstweiligen Verfügung. § 927 ZPO normiert als Aufhebungsgrund ausdrücklich die Erledigung des Arrestgrundes oder das Angebot des Antragsgegners auf Einzahlung einer Sicherheitsleistung. Daneben sind aber auch andere Umstände denkbar, etwa dass dem Antragsgegner erst nachträglich entscheidungserhebliche Tatsachen bekannt geworden sind oder ihm eine Glaubhaftmachung bei Erlass noch nicht möglich war[424].

10.8.4. Die Vollstreckung

Hat der Gläubiger einen rechtskräftigen oder vorläufig vollstreckbaren Titel erworben und lässt sich der Schuldner auch hierdurch nicht zu einer Erfüllung der Forderung bewegen, so erfolgt die weitere Durchsetzung mittels Zwangsvollstreckungsverfahren. Der in Österreich gebräuchliche Begriff der Exekution ist in Deutschland nicht üblich. Regelungen zur Zwangsvollstreckung finden sich in den §§ 704 bis 945b ZPO.

Für die Verfahren zur Vollstreckung von Forderungen sind die Vollstreckungsgerichte bei den jeweiligen Amtsgerichten sowie die Gerichtsvollzieher zuständig. Für die Anträge besteht Formularpflicht gemäß der ZwangsvollstreckungsformularVerordnung (ZVFV)[425]. Ein Anwaltszwang besteht für das Vollstreckungsverfahren

[424] BeckOK ZPO/Mayer, *ZPO-Kommentar* § 927 Rn. 5.
[425] Udo Brückner, *Die Gerichtsvollzieherformular-Verordnung aus Gläubigersicht*, DGVZ 2015, 237.

nicht. Jede Vollstreckungsmaßnahme steht unter drei Grundvoraussetzungen mit den Schlagworten:

- Titel,
- Klausel und
- Zustellung.

Besonders zu beachten gilt, dass für alle Vollstreckungsaufträge und -anträge in Deutschland die **vollstreckbare Ausfertigung der Entscheidung im Original** beizufügen sind (Titel). Dies impliziert zwangsläufig eine notwendige Übersendung per Post. Der sogenannte Vollstreckungstitel ist in der Regel als *„vollstreckbare Ausfertigung"* auf dem Dokument selbst bezeichnet. Weiterhin bedarf der Vollstreckungstitel des gerichtlichen Vermerkes, dass die vorstehende Ausfertigung zum Zwecke der Zwangsvollstreckung erteilt wird (Klausel). Durch diese Klausel wird bestätigt, dass es sich um das einzige Dokument handelt, aus welchem vollstreckt werden kann. Mehrere vollstreckbare Ausfertigungen dürfen vom Gericht nicht erteilt werden. Der Grund hierfür ist der Schutz vor Doppelvollstreckung, § 733 ZPO. Zum Dritten muss der Titel einen Zustellvermerk enthalten, der Auskunft über die Zustellung der Entscheidung an den Schuldner gibt und diese bestätigt (Zustellung). Diese vollstreckbare Ausfertigung eines Titels wird nur einmal erteilt und sollte daher für alle Maßnahmen bis zur Erfüllung der Schuld gut aufgehoben werden. Nach Beendigung der Zwangsvollstreckungsmaßnahme wird der Titel wieder an den Gläubiger zurückgegeben. Geht sie einmal verloren, so kann eine Zweitausfertigung nur unter der Versicherung des Verlustes beim Gericht beantragt werden. Da der Gläubiger jederzeit aus dem Titel vollstrecken kann, hat der Schuldner nach Erfüllung der Schuld ein Recht auf Herausgabe desselben. Dieses Recht ist wiederum einklagbar[426].

Die Vollstreckung wegen Geldforderungen erfolgt entweder in die körperlichen Sachen des Schuldners durch einen Zwangsvollstreckungsauftrag oder in Forderungen und andere Vermögensrechte durch einen Antrag auf Erlass eines Pfändungs- und Überweisungsbeschlusses.

10.8.4.1. Zwangsvollstreckungsauftrag

Der Zwangsvollstreckungsauftrag entspricht weitgehend der in Österreich gebräuchlichen Fahrnisexekution und vollstreckt in die **körperlichen Sachen** des Schuldners[427]. Das Verfahren ist normiert in den §§ 808 ff. ZPO. Der Auftrag ist direkt an den Gerichtsvollzieher zu richten und zu senden. Der Einfachheit halber kann der Gläubiger hierfür die bei jedem Amtsgericht eingerichtete Gerichtsvollzieherverteilerstelle nutzen. Diese bearbeitet nicht die Aufträge selbst, sondern verteilt sie vielmehr an den für den Sitz des Schuldners zuständigen Gerichtsvollzieher.

[426] Wendt, *Die Klage auf Titelherausgabe*, JuS 2013, 33.

[427] Übersichtliche Darstellung der Möglichkeiten in: Kindl/Meller-Hannich/Wolf/Kindl, *Gesamtes Recht der Zwangsvollstreckung*, § 808 Rn. 2 ff.

Dieser begibt sich sodann vor Ort zum Schuldner bzw. dem vom Gläubiger benannten Ort, an welchem dieser Vermögensgegenstände des Schuldners vermutet. Die Vollstreckung erfolgt durch Pfändung des Gegenstandes und Verwertung durch öffentliche Versteigerung.

Im Gegensatz zu den Möglichkeiten in Österreich können der Zwangsvollstreckungsauftrag und der Antrag auf Pfändungs- und Überweisungsbeschluss nicht miteinander verbunden werden.

10.8.4.2. Pfändungs- und Überweisungsbeschluss

Die Vollstreckung in **Forderungen und andere Vermögensgegenstände** ist in den §§ 828 ff. ZPO geregelt. Typische Beispiele sind das Bankguthaben, Arbeitseinkommen oder andere Forderungen, die der Schuldner gegenüber einem Dritten, dem sogenannten Drittschuldner, hat. Zuerst ist ein Antrag beim Vollstreckungsgericht einzureichen. Dieses erlässt sodann den Pfändungs- und Überweisungsbeschluss, der auf Antrag des Gläubigers vom Gerichtsvollzieher an den Drittschuldner zugestellt wird. Mit der Zustellung des Beschlusses an den Drittschuldner ist die Pfändung der Forderung bewirkt. Sie ist dem Gläubiger sodann nach seiner Wahl zur Einziehung oder an Zahlungs statt vom Drittschuldner zu überweisen. Daneben trifft den Drittschuldner eine Pflicht, auf Verlangen an den Gläubiger eine Drittschuldnererklärung innerhalb einer Frist von zwei Wochen abzugeben. Tut er dies nicht oder nur unvollständig, kann der Gläubiger eine Drittschuldnerklage erheben[428].

10.8.4.3. Vollstreckung einer Handlung oder Unterlassung

Ist der Schuldner zur Herausgabe einer Sache oder einer Handlung oder Unterlassung verpflichtet, so richtet sich die Vollstreckung nach den §§ 883 ff. ZPO. Der Antrag ist beim Gericht der ersten Instanz einzureichen. Die Herausgabe einer Sache wird mittels Wegnahme durch den Gerichtsvollzieher und Übergabe an den Gläubiger bewirkt. Bei der Vollstreckung von Handlungen unterscheidet man zwischen vertretbaren und nicht vertretbaren Handlungen. Ist eine Handlung vertretbar, kann sie also von einem Dritten ersatzweise vorgenommen werden, erfolgt die Vollstreckung durch Ersatzvornahme. Kann nur der Schuldner selbst die Handlung vornehmen, so wird er mit Zwangsgeld oder der Anordnung von Zwangshaftung belegt. Bei der Vollstreckung von Unterlassungen sind Ordnungsgeld und Ordnungshaft das einschlägige Mittel, um eine Zuwiderhandlung zu verhindern.

10.8.4.4. Anerkennung und Vollstreckung ausländischer Titel in Deutschland

In § 794 ZPO sind alle Vollstreckungstitel aufgelistet, aus welchen in Deutschland die Zwangsvollstreckung betrieben werden kann. Darunter fallen gemäß § 974 Abs. 1 Nr. 6 ZPO der Europäische Zahlungsbefehl, gemäß § 974 Abs. 1 Nr. 7 und 8 ZPO der Europäische Vollstreckungstitel über unbestrittene oder geringfügige For-

[428] Jäckel, *Die Rechtsstellung Dritter in der Zwangsvollstreckung*, JA 2010, 357.

derungen sowie der Vollstreckungstitel eines anderen Mitgliedstaates der EU nach der EuGVVO[429] gemäß § 794 Abs. 1 Nr. 9 ZPO.

[429] Verordnung (EU) 1215/2012 des Europäischen Parlaments und des Rates vom 12.12.2012.

Stichwortverzeichnis